El mito del idealismo americano

Noam Chomsky y Nathan J. Robinson

El mito del idealismo americano

Cómo la política exterior de EE.UU. pone el mundo en peligro

Traducción de María Serrano

Ariel

Obra editada en colaboración con Editorial Planeta - España

Título original: *The Myth of American Idealism. How U.S. Foreign Policy Endangers the World*

© Noam Chomsky y Nathan J. Robinson, 2024
Esta edición se publicó por acuerdo con Penguin Press, un sello de Penguin Publishing Group, una división de Penguin Random House LLC

© por la traducción, María Serrano, 2025

© 2025, Editorial Planeta, S. A. – Barcelona, España

Derechos reservados

© 2025, Ediciones Culturales Paidós, S.A. de C.V.
Bajo el sello editorial ARIEL M.R.
Avenida Presidente Masarik núm. 111,
Piso 2, Polanco V Sección, Miguel Hidalgo
C.P. 11560, Ciudad de México
www.planetadelibros.com.mx
www.paidos.com.mx

Primera edición impresa en España: abril de 2025
ISBN: 978-84-344-3857-6

Primera edición impresa en México: julio de 2025
ISBN: 978-607-639-024-5

Impreso en los talleres de Impregráfica Digital, S.A. de C.V.
Av. Coyoacán 100-D, Valle Norte, Benito Juárez
Ciudad de México, C.P. 03103
Impreso en México – *Printed in Mexico*

El ideal más profundo del pueblo estadounidense es el idealismo. No me canso de repetir que Estados Unidos es una nación de idealistas. Es la única motivación que provoca siempre una reacción fuerte y duradera.

CALVIN COOLIDGE

El poder siempre cree estar dotado de un alma grande y de vastas visiones, más allá de lo que los débiles pueden comprender; y está convencido de que sirve a Dios, incluso cuando viola todas sus leyes.

JOHN ADAMS

Y nosotros, los americanos, somos el pueblo especial, elegido, el Israel de nuestra época. Nosotros llevamos el arca de las libertades del mundo. [...] Dios nos ha predestinado para grandes cosas, y la humanidad las espera de nosotros [...]. Somos los pioneros del mundo, la vanguardia, enviada a la selva de lo no experimentado, para abrir nuevas sendas en el Nuevo Mundo que nos pertenece.

HERMAN MELVILLE, *Chaqueta blanca*

Índice

Índice

Prefacio

Descubrí a Noam Chomsky cuando estaba en la escuela secundaria, gracias a un amigo que me regaló dos de sus libros, *Hegemonía o supervivencia* y *Estados fallidos*. Estos fueron mi verdadera primera introducción a la política de izquierdas y marcaron un antes y un después en mi vida. Durante los años de Bush, con todo el país sumido en una fiebre bélica, Chomsky se erigió como una muy necesaria voz de cordura que lograba hacerse oír entre la propaganda patriotera y visibilizar el coste humano que comportaban las guerras estadounidenses. Planteaba preguntas que casi nadie más se atrevía a formular y ponía el foco en hechos que no aparecían jamás mencionados en la prensa. Leyendo a Chomsky, aprendí a cuestionar el sentido común generalizado y a analizar minuciosamente tanto los documentos gubernamentales como los medios de comunicación convencionales.

Son cientos de miles las personas a las que, de forma similar, Chomsky ha educado e inspirado, en particular por su legendaria disposición para comunicarse pacientemente con el público y responder sus miles de cartas y correos electrónicos. A muchas de las personas que han tenido contacto con sus textos, han escuchado sus charlas o han interactuado con él, Chomsky les ha cambiado la vida. Son innumerables las que tienen alguna anécdota sobre aquella ocasión en la que enviaron una pregunta por email a Noam Chomsky o le escribieron pidiendo consejo y se sorprendieron al recibir una respuesta personalizada y extensa. Así fue como lo conocí yo también. No recuerdo cuál fue el primer email que le envié, pero sí tengo grabada la sensación de regocijo cuando recibí su respuesta, tan bien pensada.

En 2015, fundé una revista de izquierdas, *Current Affairs*, que servía como plataforma para difundir la cosmovisión socialista, libertaria y humanista que Chomsky representaba. Me emocionó que se convirtiera en uno de nuestros primeros suscriptores. Siempre ha sido un firme defensor de los medios de comunicación independientes de izquierda, y nunca ha dudado en elogiar incontables libros de editoriales pequeñas y en promocionar a escritores poco conocidos. Respaldó nuestro trabajo brindándonos su apoyo público y difundiendo artículos de *Current Affairs* entre sus contactos.

En 2018, fui a entrevistarlo a Tucson, donde daba clase en la Universidad de Arizona. Después de la entrevista, me llevó en coche por todo el campus y me sorprendió el tiempo que dedicó a buscar un lugar para aparcar. Era surrealista ver a alguien cuya mente se ha comparado con la de Platón y Marx preocupado por encontrar aparcamiento. En 2022, otra entrevista que realizamos captó mucha atención después de que Chomsky sugiriera que Estados Unidos tenía una gran responsabilidad en la guerra en Ucrania. A sus noventa años, no había perdido la capacidad de provocar fuertes reacciones con su marcado disenso frente a la ortodoxia de la política exterior.

Siempre he deseado que existiera un único volumen que presentara de manera más sistemática algunas de sus ideas. En 2022, le propuse colaborar en un libro. Le expliqué que me gustaría recopilar algunas de sus reflexiones más relevantes sobre cómo hace uso de su poder Estados Unidos en todo el mundo y cómo la violencia de nuestro país se encubre detrás de una mitología autocomplaciente. Esto nos daría la oportunidad de reunir conceptos de toda su obra en un solo volumen y presentar sus críticas más fundamentales a la política exterior estadounidense, incluyendo su deconstrucción de los relatos y la propaganda utilizados para justificar el detestable y extremado militarismo de nuestro país.[1] Chomsky aceptó el proyecto de inmediato y nos pasamos un año enviándonos y devolviéndonos capítulos el uno al otro. Primero, yo reunía una compilación de cosas que él hubiera dicho sobre el tema en concreto en entrevistas, artículos, prefacios, introducciones, correspondencia, debates y libros. Después, trabajábamos juntos en la edición, para convertir esos textos en una declaración diáfana de su postura, añadiendo detalles, argumentos y datos. Por último, incorporábamos sus comentarios, correcciones y reescritura posteriores.

Ha sido un verdadero placer y un privilegio poder colaborar estrechamente con uno de mis héroes intelectuales en un proyecto tan importante. Aun así, a medida que avanzábamos en la elaboración del libro, esa alegría se vio atenuada por la oscuridad que encierra la mayor parte del tema tratado y por la conciencia de que no estábamos escribiendo sobre cuestiones de mero interés intelectual, sino sobre amenazas urgentes y terribles. Este libro no es solo un intento de poner ciertos temas en claro, sino también un llamamiento a la acción masiva por parte de alguien que se está acercando al final de su propia vida de activismo.

Chomsky nunca ha sido un cínico. Es crítico con la hipocresía de quienes disfrazan el afán del poder con una retórica idealista, pero él sigue siendo un auténtico idealista. Cree en la expansión de la libertad y la democracia por todo el mundo, y por ello detesta a quienes pervierten estos conceptos. Tiene fe en las capacidades morales e intelectuales de la gente común y rechaza la idea de que para entender los asuntos globales hace falta estar dotado de un genio o una perspicacia especiales.

Chomsky no cree que debamos resignarnos a un futuro de guerra y devastación del medio ambiente. Podemos y debemos luchar por un futuro de paz mundial. Su visión, en parte inspirada por el anarquismo, es la de una democracia descentralizada en la que la gente común tenga una participación significativa en la política, en lugar de permitir que las decisiones importantes las tomen un pequeño grupo de plutócratas. Leer la obra de Chomsky puede constituir una experiencia inquietante, pues está llena de visiones de explotación y de atrocidades. Sin embargo, es importante recordar que, debajo de lo que podría parecer un marco pesimista, subyace un profundo amor por la humanidad, el rechazo de la violencia y la firme creencia de que las cosas pueden llegar a ser distintas.

NATHAN J. ROBINSON

Introducción

Nobles fines, lógica mafiosa

Todo poder en el gobierno se cuenta un relato para justificar su dominio. Nadie se ve a sí mismo como el villano en su propia historia. Las declaraciones de buenas intenciones y principios humanitarios son una constante. Hasta Heinrich Himmler afirmó, hablando del exterminio de los judíos, que los nazis únicamente habían llevado a cabo esa «ingrata tarea» por amor a su pueblo y, por tanto, no habían sufrido «ningún defecto» en ellos, ni en su alma ni en su carácter. El mismo Hitler dijo que al ocupar Checoslovaquia solo trataba de «fomentar la paz y el bienestar social de todos» acabando con los conflictos étnicos y permitiendo la convivencia en armonía bajo la benévola tutela de la Alemania civilizada. Con frecuencia, los peores malhechores de la historia se han autoproclamado como algunos de los mayores héroes de la humanidad.[1]

Empresas imperialistas de conquista violenta se ven constantemente caracterizadas como misiones civilizadoras, emprendidas con una gran preocupación por los intereses de la población indígena. En la década de 1930, durante la invasión japonesa de China, al tiempo que las fuerzas japonesas llevaban a cabo la masacre de Nankín, sus líderes afirmaban que tenían la misión de crear un «paraíso terrenal» para el pueblo chino y protegerlo de los «bandidos» chinos (es decir, aquellos que se resistían a la invasión). El emperador Hirohito, en su discurso de rendición de 1945, insistió: «Declaramos la guerra a Estados Unidos y Gran Bretaña por nuestro sincero deseo de garantizar la preservación de Japón y la estabilización de Asia

Oriental, lejos de nuestra intención estaba infringir la soberanía de otras naciones o embarcarnos en una expansión territorial». Como señaló el difunto académico palestino-estadounidense Edward Said, hay una clase de personas que siempre están dispuestas a producir argumentos intelectuales engañosos en defensa de la dominación: «Todos los imperios han proclamado en su discurso oficial que no son como el resto, que sus circunstancias son especiales, que su misión es ilustrar, civilizar, llevar el orden y la democracia, y que si emplean la fuerza es solo como un último recurso».[2]

Prácticamente cualquier acción que comporte una matanza masiva o una agresión criminal puede racionalizarse mediante la apelación a un principio moral elevado. Maximilien Robespierre justificó el Reinado del Terror francés en 1794 afirmando que «el terror no es otra cosa que la justicia expeditiva, severa, inflexible; es, pues, una emanación de virtud». Quienes ostentan el poder generalmente se presentan como seres altruistas, desinteresados y generosos. El difunto periodista de izquierda Andrew Kopkind señaló que «es el deseo universal de los estadistas hacer que sus misiones más monstruosas parezcan actos de misericordia». Es difícil emprender acciones que uno considera activamente inmorales, por lo que la gente necesita convencerse de que lo que está haciendo es lo correcto, de que su violencia tiene justificación. Cuando alguien (ya sea un colono, un dictador, un burócrata, un cónyuge o un jefe) ejerce su poder sobre otra persona, necesita una ideología, y esa ideología generalmente viene a convencerle de que su dominación es en bien de los dominados.[3]

Los líderes de Estados Unidos siempre han ido perorando acerca de los principios sagrados del país, relato que se ha mantenido invariable desde su fundación. Estados Unidos es una «ciudad que resplandece sobre la colina», un ejemplo para el mundo, una excepcional «nación indispensable» consagrada a la libertad y la democracia.[4] El presidente es el «líder del mundo libre». Estados Unidos «es y seguirá siendo la mayor fuerza en pro de la libertad que el mundo haya conocido», como dijo Barack Obama. George W. Bush habló de Estados

Unidos como «una nación con una misión, misión que emana de nuestras creencias más básicas». Y añadió: «No tenemos ningún deseo de dominación, ni ambición imperial alguna. Nuestro objetivo es una paz democrática». El Gobierno de Estados Unidos es un Gobierno honorable. Quizá pueda cometer errores, pero no crímenes. Un crimen implicaría una intención maliciosa, de la cual carecemos. Estados Unidos se ve continuamente engañado por otros. Es posible que se muestre como un país bobo, ingenuo e idealista, pero nunca malvado.[5]

Y, fundamentalmente, Estados Unidos no opera sobre la base de los intereses creados de los grupos dominantes de la sociedad. Eso solo lo hacen otros Estados. «Una de las dificultades que comporta explicar la política [norteamericana]», declaró el embajador Charles Bohlen en la Universidad de Columbia en 1969, es que su política «no está arraigada en ningún interés material nacional [...] como sí lo ha estado la política exterior de la mayoría de los países en el pasado». En el debate sobre las relaciones internacionales, el principio fundamental es que nosotros somos los buenos. Y «nosotros», aquí, quiere decir el Gobierno (según el principio totalitario de que el Estado y el pueblo son uno y lo mismo). «Nosotros» somos benéficos, buscamos la paz y la justicia, aunque a veces, en la práctica, puedan producirse errores. «Nosotros» vemos nuestros planes frustrados por los villanos que no consiguen estar a la altura de nuestro exaltado nivel. La «ortodoxia predominante» quedó bien resumida por el distinguido historiador de Oxford y Yale, Michael Howard: «Durante doscientos años, Estados Unidos ha preservado casi inmaculados los ideales originales de la Ilustración [...] y, sobre todo, la universalidad de estos valores», aunque «no goza del lugar en el mundo que debería haberse granjeado por sus logros, su generosidad y su buena voluntad mostrada desde la Segunda Guerra Mundial».[6]

El planteamiento de que Estados Unidos es una nación excepcional no solo se ha convertido en una declaración común entre todas las figuras políticas, sino también entre algunos destacados académicos e intelectuales. Samuel Huntington, que impartía en Harvard un curso llamado Government, afirmó en la prestigiosa revista *International Security* que, a diferencia de otros países, la «identidad nacional» de Estados Unidos está «definida por un conjunto de valores políticos y económicos universales», a saber, «libertad, democracia, igualdad, propiedad privada y mercados». Por lo tanto, a Estados Unidos le corresponde el solemne deber de mantener su «primacía internacional» en beneficio del mundo. En la principal revista intelectual de izquierda liberal, *The New York Review of Books*, el expresidente del Carnegie Endowment for International Peace afirmaba como un hecho evidente que «la contribución americana a la seguridad internacional, el crecimiento económico global, la libertad y el bienestar humano ha sido tan evidentemente única y ha estado tan claramente dirigida al beneficio ajeno que los americanos han creído durante mucho tiempo que [Estados Unidos] es un tipo de país distinto». Mientras otros países trabajan por la defensa de sus intereses nacionales, Estados Unidos «trata de promover principios universales».[7]

Por lo general, no se aportan pruebas para sostener estas afirmaciones. No son necesarias, ya que se consideran verdaderas por definición. Incluso podría decirse que, en el caso particular de Estados Unidos, los hechos en sí son irrelevantes. Hans Morgenthau, uno de los fundadores de la teoría realista de las relaciones internacionales, desarrolló la visión ampliamente aceptada de que Estados Unidos tiene un «propósito trascendente»: establecer la paz y la libertad no solo en su país, sino también en todo el mundo, ya que «el ámbito en el que Estados Unidos debe defender y promover su propósito se ha vuelto global». Como erudito riguroso, Morgenthau reconoció que el registro histórico se muestra radicalmente incompatible con este «propósito trascendente», pero también insistió en que no nos dejáramos engañar por esta discrepancia. No debíamos «confundir el abuso de la realidad con la realidad misma». La realidad es el «propósito nacional» inalcanzado, que se revela en «la evidencia de la historia tal como la reflejan nuestras mentes». Y, en cambio, lo que en verdad ocurre es tan solo el «abuso de la realidad».[8]

No hace falta ni decir que, dado que hasta los Gobiernos más opresivos, criminales y genocidas visten sus atrocidades con el lenguaje de la virtud, no hay un mínimo ápice de esta retórica que debamos tomarnos en serio. Y tampoco hay razón alguna para suponer que los estadounidenses sean seres excepcionalmente inmunes al autoengaño. Si tanto quienes hacen el mal como quienes hacen el bien profesan siempre estar obrando el bien, los relatos nacionales no tienen ningún valor como prueba de la verdad. La gente sensata presta poca atención a lo que los líderes declaren sobre sus nobles intenciones, porque estas declaraciones son universales. Lo que en realidad cuenta es el registro histórico.

La creencia convencional es que Estados Unidos mantiene un compromiso con la defensa de la democracia y de los derechos humanos (lo que a veces se llama «idealismo wilsoniano» o «excepcionalismo estadounidense»). Sin embargo, la realidad de los hechos concuerda más con la siguiente teoría: Estados Unidos es enormemente parecido a cualquier otro país poderoso. El Gobierno actúa en favor de los intereses estratégicos y económicos de los sectores dominantes de la población.[9] En la práctica, esto significa que Estados Unidos ha actuado típicamente mostrando un desprecio casi total por los principios morales y el imperio de la ley, salvo en los casos en que su cumplimiento estaba al servicio de los intereses de las élites norteamericanas. Hay pocas muestras de que exista una preocupación humanitaria auténtica entre los principales estadistas, y cuando existe, tan solo se actúa en consecuencia si hacerlo no va en contra de los intereses de las élites nacionales. La política exterior estadounidense rara vez está alineada con los ideales que se declaran y, de hecho, es mucho más coherente con lo que Adam Smith llamó «la vil máxima de los amos de la humanidad» en «todas las épocas del mundo», a saber: «Todo para nosotros y nada para los demás».[10] A este hecho podríamos llamarlo también «la doctrina de la mafia». Su lógica es sencilla y completamente racional. La palabra del padrino es ley. Quienes retan al padrino son castigados. El padrino puede mostrarse generoso en ocasiones, pero no tolera los desacuerdos. Si algún pequeño tendero no paga el dinero que cuesta su protección, el padrino envía a sus matones, no solo para cobrar una deuda que a buen seguro es de tan poco valor que él ni siquiera la acusaría, sino para darle una paliza hasta dejarlo hecho papilla, como advertencia para que los demás entiendan que la desobediencia no está permitida. Y, sin embargo, es sabido que lo que los padrinos se cuentan a sí mismos es que son seres bondadosos y benéficos.[11]

También podríamos pensar en esta prerrogativa de la violencia como la «Quinta Libertad». Aquella que Franklin D. Roosevelt olvidó mencionar cuando expuso ante el Congreso su célebre «Discurso de las cuatro libertades»: libertad de expresión, libertad religiosa, libertad para vivir sin pasar necesidades y libertad para vivir sin miedo. Estados Unidos siempre ha reclamado una libertad adicional, fundamental y subyacente a las demás: dicho sin rodeos, la libertad de dominar, de emprender cualquier acción necesaria para asegurar que el privilegio existente sea protegido y promovido. El mantenimiento de esta libertad es el principio operativo que explica gran parte de las acciones del Gobierno de Estados Unidos en el mundo. Cuando las Cuatro Libertades parecen incompatibles con la Quinta (lo que ocurre con más o menos frecuencia), estas se dejan de lado sin mayor preocupación o reparo.[12]

No hace falta más que recurrir a una sola página de la historia para comprobar cómo opera la lógica mafiosa. Seguidamente, se reproduce un extracto de un documento redactado en 1958 por la Junta de Planificación del Consejo de Seguridad Nacional en el que se analizan algunos problemas que se estaban planteando en Oriente Medio. El documento formula una pregunta a la que debe hacer frente Estados Unidos y expone argumentos en favor de dos posibles posturas:

PREGUNTA: ¿Debería Estados Unidos estar dispuesto a apoyar a los británicos, o, si es necesario, a ayudarlos, en el uso de la fuerza para conservar el control de Kuwait y del golfo Pérsico?

1. Argumento a favor de esta acción: Para la viabilidad económica permanente de Europa occidental es esencial una fuente segura de petróleo. Además, el Reino Unido sostiene que su estabilidad económica se vería gravemente amenazada si el petróleo de Kuwait y de la zona del golfo Pérsico dejara de estar disponible para el Reino Unido en términos razonables, si el Reino Unido se viera privado de las grandes inversiones realizadas por los países de esa zona en el Reino Unido y si la libra esterlina se viera privada del sostén que constituye el petróleo del golfo Pérsico. Si [el presidente egipcio Gamal Abdel] Nasser ganara una influencia dominante sobre las zonas productoras de petróleo del golfo Pérsico, el acceso a ese petróleo en términos aceptables podría verse seriamente amenazado para Occidente. La única manera de garantizar un acceso continuado al petróleo del golfo Pérsico en términos aceptables es insistir en que se mantengan las concesiones actuales y estar preparados para defender nuestra posición actual, por la fuerza si fuera necesario.

2. Argumento en contra de esta acción: Si se recurre a la fuerza armada para retener esta área (o si siquiera se dieran públicamente señales de que existe una disposición a usarla), los beneficios que pudieran derivarse de cualquier acción orientada a alcanzar un acuerdo con el nacionalismo panárabe radical estarían, en gran medida, perdidos y las relaciones de Estados Unidos con otros países neutrales se verían negativamente afectadas. Un acuerdo proporcionaría una base mejor para garantizar que se mantiene el acceso al petróleo de Kuwait y del golfo Pérsico.[13]

Nótese la total falta de consideración por los intereses de los kuwaitíes, que, en términos efectivos, no cuentan como personas. Son un «no pueblo» (*unpeople*), término que emplea Mark Curtis actualizando el orwelliano «no persona» (*unperson*).[14] También es notable la ausencia de cualquier planteamiento en términos de derechos. ¿Qué derecho tiene Estados Unidos a usar la fuerza para ayudar a los británicos a retener el control de Kuwait y el golfo Pérsico? ¿Qué derecho tienen los británicos a ejercer ese control? Desde una perspectiva moral, la respuesta es, evidentemente, «ninguno en absoluto», pero se da por sentado y se acepta que tenemos permitido usar la fuerza cuando y donde lo deseemos en pro de nuestros «intereses». El único debate procedente, por tanto, es si nos conviene usar la fuerza como recurso para nuestros intereses. (Podría producirse una reacción en contra, por ejemplo, de los nacionalistas árabes agraviados.) Si bien las acciones inmorales generan problemas de relaciones públicas, su inmoralidad es irrelevante. Del mismo modo, al padrino quizá le preocupe que el uso excesivo de la fuerza pueda poner en peligro determinadas relaciones importantes, pero cuando muestra moderación no es por motivos morales.[15]

En el punto álgido de la agresión de John F. Kennedy a Cuba, por poner otro ejemplo, las consecuencias pragmáticas que ello pudiera acarrear para Estados Unidos sí eran un tema de discusión, pero los derechos de las personas a las que se agredía resultaban completamente irrelevantes. En su revisión de algunos documentos internos, el latinoamericanista Jorge Domínguez señala: «Tan solo una vez en estas casi mil páginas de documentación plantea débilmente un alto cargo de la administración norteamericana algo que se asemejara a una objeción moral al terrorismo patrocinado por el Gobierno de Estados Unidos». Un miembro del personal del Consejo de Seguridad Nacional sugirió que las incursiones «aleatorias en las que mueren personas inocentes [...] podrían crear mala prensa entre algunos países amigos». Las mismas consideraciones asomaron en los debates internos durante la crisis de los misiles de Cuba, como cuando Robert Kennedy advirtió que una invasión a gran escala del país caribeño «causaría una enorme cantidad de muertos», lo que provocaría que les cayeran encima «una enorme cantidad de críticas». Son estas actitudes, con únicamente contadas excepciones, las que prevalecen en el presente. Son los «intereses de Estados Unidos» los que importan.[16]

Pero el término *intereses nacionales* es en realidad un eufemismo, ya que habitualmente se refiere al interés de un pequeño sector de las élites nacionales adineradas. La clase trabajadora estadounidense, cuyos integrantes son los que mueren en las guerras del país, no ve sus «intereses» atendidos de ninguna manera por las guerras que los matan. Tampoco está al servicio de sus intereses que el Gobierno se gaste en armas un dinero que podría destinarse a rehabilitar escuelas. De hecho, cuando las acciones de Estados Unidos en el exterior se someten al juicio de la opinión pública, suelen resultar muy impopulares incluso entre la misma «nación» cuyos «intereses», supuestamente, se están sirviendo. Y hace falta un sofisticado sistema de propaganda para mantener al público desinformado, porque si se supiera la verdad, quedaría claro que la visión que tiene el pueblo de sus propios intereses es muy distinta a la de las élites estadounidenses.

Esto es algo que deberíamos tener presente la próxima vez que oigamos hablar de lo que han hecho «los rusos» o «Irán». Los totalitaristas desean hacernos pensar que un país habla con una sola voz, que mantiene un «interés nacional». Aunque es común referirse a las acciones de un Estado como si representaran a las del país en su conjunto, y aunque tal forma de hablar es inevitable en los debates sobre decisiones políticas, el planteamiento es en último término engañoso. Los miles de heroicos manifestantes encarcelados por Vladímir Putin en su lucha contra la guerra tienen tanto derecho a representar a Rusia como su propio dirigente.[17] Por eso sería un error interpretar que este libro defiende el argumento de que «Estados Unidos es un país terrorista y destructivo», si entendemos que «Estados Unidos» hace referencia a la colectividad de todos los estadounidenses. Muchos de ellos han salido a las calles y han arriesgado sus vidas y medios de subsistencia para oponerse a las acciones de su Gobierno. Es decir, al menos cuando se les ha permitido tener conocimiento de ellas.

LOS PRINCIPIOS DE LA GRAN ESTRATEGIA IMPERIAL: SOMOS LOS DUEÑOS DEL MUNDO

Los principios fundamentales de la estrategia estadounidense contemporánea se establecieron durante la Segunda Guerra Mundial. A medida que el conflicto se acercaba a su fin, los planificadores norteamericanos ya eran conscientes de que Estados Unidos emergería de él como la potencia dominante en el mundo, ocupando una posición hegemónica sin precedentes en la historia. Durante la guerra, la producción industrial de Estados Unidos se triplicó, mientras que sus principales rivales se encontraban gravemente debilitados o prácticamente arrasados. Estados Unidos tenía la fuerza militar más poderosa del planeta y un firme control sobre el hemisferio occidental y los océanos. Los principales estrategas y asesores en política exterior determinaron que, en el nuevo orden global, Estados Unidos debía «mantener un poder incuestionable» y, al mismo tiempo, garantizar la «limitación de cualquier ejercicio de soberanía» por parte de aquellos Estados que pudieran interferir con sus designios globales.[18]

Winston Churchill reflejó bien el sentimiento dominante al afirmar que «el gobierno del mundo debe estar en manos de naciones satisfechas», pues los países ricos no tenían «motivos para buscar nada más», mientras que «si el gobierno mundial estuviera en manos de naciones hambrientas, siempre habría peligro». Leo Welch, de la Standard Oil Company, expresó una aspiración similar cuando dijo que Estados Unidos debía «asumir la responsabilidad del accionista mayoritario en esta corporación llamada mundo», y no solo de forma temporal, sino como una «obligación permanente».[19]

Entre 1939 y 1945, los exhaustivos estudios llevados a cabo por el Consejo de Relaciones Exteriores y el Departamento de Estado resultaron en el diseño de una política a la que llamaron la estrategia de la «Gran Área». Esta Gran Área abarcaba cualquier región que debiera subordinarse a las necesidades de la economía estadounidense y que se considerara «estratégicamente necesaria para el control mundial». «El Imperio británico, tal como fue en el pasado, no volverá a existir», reflexionó uno de los estrategas; por tanto, «Estados Unidos podría tener que ocupar su lugar». Otro de ellos afirmó con toda franqueza que Estados Unidos debía adoptar «una mentalidad de colonización mundial». Dicha Gran Área debía incluir, como mínimo, el hemisferio occidental, el Lejano Oriente y el antiguo Imperio británico, que Estados Unidos estaba entonces en proceso de desmantelar para tomarlo bajo su control. Idealmente, también debía abarcar la Europa occidental y meridional, así como las regiones productoras de petróleo de Oriente Medio. La verdad es que, de ser posible, debía abarcar todo el mundo. Se trazaron planes detallados para regiones específicas dentro de la Gran Área, así como para las instituciones internacionales que debían organizarla y tenerla bajo vigilancia.[20]

George Kennan, jefe del equipo de estrategia del Departamento de Estado y uno de los principales arquitectos del orden internacional posterior a la Segunda Guerra Mundial, resumió la idea básica en un importante documento de planificación de 1948:

> Tenemos en torno al 50 por ciento de la riqueza mundial, pero solo el 6,3 por ciento de su población. [...] En esta situación, seremos, inevitablemente, objeto de envidia y resentimiento. Nuestra verdadera tarea para el futuro es diseñar un modelo de relaciones que nos permita mantener esta disparidad. [...] No debemos engañarnos pensando que hoy podemos permitirnos el lujo del altruismo, de ser los benefactores globales. [...] Deberíamos dejar de hablar de objetivos vagos e [...] irreales como los derechos humanos, la mejora del nivel de vida y la democratización. No está lejos el día en que tendremos que operar en términos puramente de poder. Cuanto menos nos dejemos distraer por eslóganes idealistas, mejor.[21]

El equipo de planificación reconoció también que «el requisito más importante» para alcanzar estos objetivos era «implementar con rapidez un programa completo de rearme», que entonces, como ahora, era un pilar central de «una política integral para asegurar la supremacía militar y económica de Estados Unidos». Esta política de supremacía militar y económica se ha declarado abiertamente en muchos lugares, desde los documentos de planificación de la década de 1940 hasta las Estrategias de Seguridad Nacional de las administraciones de George W. Bush, Obama, Trump y Biden. Su implementación no solo ha supuesto pasar por alto la democracia y los derechos humanos, sino, con frecuencia, oponerse activamente a ellos con tremenda ferocidad.[22]

Los estrategas norteamericanos delinearon el papel que debía desempeñar cada región del mundo en el marco del sistema global dominado por Estados Unidos. Según afirmaba el equipo de planificación de estrategia política del Departamento de Estado de Kennan en 1949, la «principal función» del sudeste asiático era la de servir como «fuente de materias primas y mercado para Japón y Europa occidental». Por su parte, Oriente Medio era «una fuente extraordinaria de poder estratégico y uno de los mayores botines materiales de la historia mundial», así como «probablemente la recompensa económica más valiosa del mundo en el ámbito de la inversión extranjera». Eso significaba que nadie más debía interferir y que el «nacionalismo» (es decir, el control de los recursos del país por parte de su propio pueblo) constituía una grave amenaza. Tal como advertía un memorando del Departamento de Estado de 1958, «en un Oriente Próximo controlado por el nacionalismo radical, el acceso de Occidente a los recursos de la zona estaría constantemente amenazado».[23]

En cuanto a América Latina, el historiador de la CIA Gerald Haines explicó que la política estaba diseñada «con el fin de desarrollar mayores y más eficientes fuentes de suministro para la economía estadounidense, así como de ampliar los mercados para las exportaciones estadounidenses y crear nuevas oportunidades para la inversión de capital estadounidense», permitiendo el desarrollo local siempre y cuando «no interfiriera con las ganancias y el dominio estadounidense». Con respecto a América Latina, el secretario de Guerra Henry Stimson dijo: «Creo que no es demasiado pedir tener nuestra pequeña región por aquí». Anteriormente, el presidente Taft había predicho que no estaba «muy lejano el día» en que «todo el hemisferio» sería suyo «de hecho», como, en virtud de su «superioridad racial», lo era ya moralmente.[24]

Los países latinoamericanos defendían lo que un miembro del Departamento de Estado denominó «la filosofía del Nuevo Nacionalismo», que «favorecía unas políticas diseñadas para garantizar una mayor distribución de la riqueza y una mejora en el nivel de vida de las masas». Otro experto del Departamento de Estado añadía: «Los latinoamericanos están convencidos de que los primeros beneficiarios del desarrollo de los recursos de un país deben ser sus propios habitantes». Estas desorientadas prioridades chocaban directamente con los planes de Washington. La cuestión alcanzó un punto crítico en una conferencia hemisférica celebrada en febrero de 1945, en la que Estados Unidos presentó su «Carta económica de las Américas», que exigía el fin del nacionalismo económico «en todas sus formas». Los primeros beneficiarios de los recursos de un país debían ser los inversores estadounidenses y sus socios locales, no «sus propios habitantes». No podía haber una «mayor distribución de la riqueza» ni una mejora del «nivel de vida de las masas», a menos que, por un improbable accidente, estas fueran las consecuencias de unas políticas diseñadas para servir los intereses de quienes tenían prioridad.[25]

Los objetivos básicos de la gestión global se han mantenido hasta el día de hoy, entre ellos: contener a otros centros de poder global dentro del «marco general de orden» administrado por Estados Unidos; conservar el control de los suministros energéticos mundiales; impedir formas inaceptables de nacionalismo independiente; y evitar que la población estadounidense meta las narices en todo ello.[26]

HACER FRENTE A LAS IMPLICACIONES: LA REALIDAD DE LA VIOLENCIA PARA SUS VÍCTIMAS

El coste humano derivado de estos proyectos de dominación no suele aparecer en los medios de comunicación, o apenas se reflexiona sobre ello, lo que impide que la mayoría del público llegue a conocerlo. Las guerras se presentan de manera higiénica. Tal como señaló Adam Smith, para quienes viven lejos de los campos de batalla pueden incluso convertirse en una especie de «entretenimiento», pues solo ven el conflicto como una abstracción o una simple recopilación de estadísticas. Para quienes habitan con seguridad en los «grandes imperios», dijo Smith, «leer en los diarios las hazañas de sus propias flotas y ejércitos» resulta emocionante, y la paz puede ser incluso decepcionante, pues «pone fin a su entretenimiento y a mil ilusiones visionarias de conquista y gloria nacional derivadas de una guerra prolongada».[27]

Los debates sobre política exterior suelen ser fríos, abstractos y asépticos. La investigadora feminista Carol Cohn, que estudió el discurso de los «intelectuales de defensa» especializados en la planificación de una guerra nuclear, encontró perturbador «el elaborado uso de la abstracción y el eufemismo, con palabras tan vacías que ni obligaban al hablante ni permitían al oyente enfrentarse a la realidad del holocausto nuclear que esas palabras escondían». Aquellos hombres le parecieron «amables y admirables», pero se veía «continuamente sorprendida por [...] la aterradora naturalidad con la que solían conversar tan tranquilos junto a la cafetera acerca de volar el mundo entero». La abstracción y el eufemismo también nos protegen de tener que mirar a los ojos a las víctimas. Estas quedan relegadas fuera de nuestra conciencia. No tienen voz.[28]

Quienes viven la guerra de cerca saben que es mucho peor de lo que pueden llegar a transmitir las palabras *horror* y *sufrimiento*. Ashleigh Banfield, que fue despedida de la NBC tras criticar abiertamente la guerra de Irak, dijo en la conferencia que le granjeó su despido que los estadounidenses no estaban llegando a comprender realmente cómo era la guerra, porque no estaban viendo más que una selección de imágenes que no mostraban la realidad de las bajas civiles. Los reporteros que acompañaban a las tropas estadounidenses, por ejemplo, enseñaban a los soldados disparando sus M16 contra un edificio, pero no mostraban «dónde caían esas balas» o lo que sucedía cuando explotaba un mortero. «Una nube de humo no es lo que provoca un mortero cuando explota, créanme», dijo. Pero esa nube de humo era lo que veían los estadounidenses y, como resultado, había horrores que se habían «dejado completamente fuera» de esa guerra. A los norteamericanos jamás se les enseña lo que en realidad sucede cuando un dron ataca una boda, o cuando un tanque aplasta a un niño. Rara vez se les dan a conocer los testimonios de quienes han presenciado estas atroces escenas, ni las voces de los familiares que lloran a las víctimas.[29]

Chris Hedges, que fue durante décadas corresponsal de guerra para *The New York Times*, escribe:

> Si viéramos de verdad la guerra, lo que hace la guerra a las mentes y los cuerpos de los jóvenes, sería más difícil aceptar el mito de la guerra. Si nos viéramos junto a los cadáveres destrozados de los escolares asesinados en Afganistán o en Ucrania y tuviéramos que escuchar el llanto de sus padres, los clichés sobre la liberación de las mujeres afganas o llevar la libertad al pueblo afgano o ucraniano, nos sonarían obscenos. [...] Los reportajes televisivos nos brindan solo la emoción visceral de la fuerza, pero nos ocultan los efectos de las balas, la munición de los tanques, las bombas de racimo y los proyectiles de artillería. Nos permiten saborear un poco de la euforia de la guerra, pero nos protegen de la visión de lo que la guerra hace realmente, de sus olores, el ruido, la confusión y, sobre todo, el miedo insoportable.[30]

Las víctimas de la guerra no aparecen en los anuncios de reclutamiento de las fuerzas armadas de Estados Unidos, y el propio Donald Trump precisó, de forma infame, que no quería ver a «tipos heridos» en su desfile militar, porque no quedarían bien. La guerra debe presentarse inmaculadamente limpia.[31]

UNA CORTINA DE HUMO DE MITO Y PROPAGANDA

En Estados Unidos, hasta la mera insinuación de que podría ser que el país hubiera cometido crímenes de gravedad puede considerarse un planteamiento escandaloso y antipatriótico. Por ejemplo, cuando, en 2013, Samantha Power fue propuesta como embajadora de Estados Unidos ante las Naciones Unidas, en su comparecencia ante el Senado se le exigió que se retractara de cualquier comentario previo que pudiera sugerir que los presidentes norteamericanos habían «cometido» o «respaldado» crímenes. «No pediré disculpas por Estados Unidos», le prometió Power al senador Marco Rubio, y afirmó que este país es una «luz para el mundo». Power, ampliamente considerada como una persona crítica con la política exterior estadounidense, tan solo reconoció: «A veces, en cuanto que seres humanos imperfectos, hacemos cosas que quizá desearíamos haber hecho de otra manera», en referencia a la no intervención de Estados Unidos en el genocidio de Ruanda. Rubio la presionó para asegurarse de que se retractara de cualquier insinuación de que el país hubiera cometido un crimen:

SENADOR RUBIO: Entonces, yo caracterizaría la situación de Ruanda como un crimen «permitido» por Estados Unidos. ¿A qué otros estaba haciendo referencia que hubiera «cometido» o «apoyado» el país?

SRA. POWER: Insisto, señor, en que creo que este es el mejor país del mundo. No tenemos nada por lo que disculparnos.

SENADOR RUBIO: ¿Entonces ahora no tiene ninguno en mente que hayamos cometido o apoyado?

SRA. POWER: No pediré disculpas por Estados Unidos. Si confirman mi nombramiento, me alzaré con mucho orgullo tras la insignia de Estados Unidos.

SENADOR RUBIO: Lo entiendo, pero ¿cree que Estados Unidos ha cometido o apoyado crímenes?

SRA. POWER: Creo que Estados Unidos es el mejor país del mundo. Lo creo firmemente.

SENADOR RUBIO: Así que su respuesta a si hemos cometido o apoyado crímenes es que Estados Unidos es el mejor país de la Tierra.

SRA. POWER: Estados Unidos es un líder en materia de derechos humanos, es un líder en dignidad humana. Como usted sabe, una de las cosas que nos distingue como líderes en materia de derechos humanos es que cuando cometemos errores, y los errores ocurren, por ejemplo, en el caso de Abu Ghraib en Irak, no nos sentimos orgullosos de ello. En términos generales, los soldados estadounidenses que operan en el mundo lo hacen con un enorme sentido del honor y una gran dignidad. Hacemos que las personas rindan cuentas. Eso es lo que hacemos porque creemos en los derechos humanos. Creemos en el derecho humanitario internacional y respetamos esas leyes. Somos, a diferencia de cualquier otro país, una nación que se mantiene fiel a sus principios.[32]

Es cierto que entre la élite política estadounidense hay quienes admiten abiertamente que a la hora de diseñar políticas no caben las consideraciones morales básicas y creen que cualquier brutalidad es justificable si sirve al interés nacional. Tom Cotton, senador republicano por Arkansas, escribió en su manifiesto sobre política exterior que «el objetivo de la estrategia estadounidense es la seguridad, la libertad y la prosperidad del pueblo estadounidense». Desde su punto de vista, esto significa que el hecho de que algo sea beneficioso para Estados Unidos importa mucho más que el hecho de que sea legal, democrático o moral. Hacer daño a otros para nuestro propio beneficio es legítimo. Cotton es franco en su afirmación de que Estados Unidos debería apoyar a las dictaduras siempre y cuando estas apoyen a Estados Unidos: «Nadie ha confundido jamás a Diem, Somoza, el sah o Mubarak [todos ellos dictadores apoyados por Estados Unidos] con las Hermanitas de los Pobres [...]. Pero lo que importa, en último término, no es tanto si un país es democrático o no, sino más bien si es proamericano o antiamericano».[33] No obstante, incluso Cotton, que respalda sin reparos el principio de que las dictaduras son aceptables si nos apoyan, ignora lo que realmente significa la violencia en la práctica. Se limita a hablar con cómodas abstracciones sobre la libertad. Sin duda, preferiría que el público no viera a las víctimas ni pensara demasiado en ellas.

Sería fácil, pero ilógico, confundir el argumento central de este libro con algo en la línea de «Estados Unidos es el peor país del mundo» o «Estados Unidos es responsable de todos los problemas sobre la faz de la Tierra». A quienes se muestran críticos con el Gobierno de Estados Unidos se les ha tildado de «*haters* de América» o se les ha acusado de una actitud «blame America first» («culpar a Estados Unidos lo primero»).[34] Sin embargo, la afirmación principal de este libro es mucho más modesta: Estados Unidos no es inherentemente malvado, ni peor que otros poderes dominantes a lo largo de la historia.[35] Tan solo es una superpotencia especialmente poderosa, cautivada por una peligrosa mitología falsa. Y, en cuanto que superpotencia global, plantea riesgos específicos, pues cuando un país con tanto poder se desvía de las normas morales, las consecuencias son mucho más graves que si lo hace una nación más débil.

Estados Unidos no es la primera potencia en la historia que combina intereses materiales con una gran capacidad tecnológica y un absoluto desprecio por el sufrimiento y la miseria de las clases inferiores. El autoengaño arrogante es algo común en la historia de los Estados-nación, y peligroso, pues impide que los países evalúen honestamente su propia conducta. Nadie se molestaría si se analizaran las acciones políticas de rusos, franceses o tanzanos poniendo en cuestión sus motivaciones e interpretándolas en términos de intereses particulares ocultos detrás de la retórica oficial. Sin embargo, existe una especie de dogma que impide hacer lo mismo con las motivaciones estadounidenses, como si fueran puras y no pudieran someterse a ningún análisis. La larga tradición de ingenuidad y doble moral que desfigura nuestra historia intelectual debería ser una advertencia para el mundo sobre cómo interpretar nuestras exculpaciones y la defensa que solemos hacer de nuestra honestidad y buenas intenciones.

Ahora bien, ¿por qué centrarse en los crímenes de Estados Unidos en lugar de en los de Rusia o China? No es que estos países no cometan graves delitos. Se trata, más bien, de una cuestión ética muy sencilla: condenar las malas acciones de otra persona mientras se ignoran las propias tiene poco valor moral. Además, somos responsables de las consecuencias predecibles de nuestras acciones, no de las de otros.

Por lo tanto, los estadounidenses deberíamos criticar principalmente la conducta de nuestro propio Gobierno, porque es el Gobierno del que somos responsables y sobre el que tenemos más capacidad de influir. Aun si llegáramos a la conclusión de que Estados Unidos es responsable tan solo del 2 por ciento de las atrocidades evitables que suceden en el mundo, deberíamos seguir enfocando nuestras críticas principalmente en su Gobierno, porque es sobre el que podemos ejercer una influencia directa.

Un principio moral obvio que no debería suscitar controversia es el de la universalidad: deberíamos aplicarnos a nosotros mismos los mismos estándares que aplicamos a los demás. De hecho, con nosotros mismos deberíamos aplicar unos estándares más estrictos. En el templo de Delfos estaba inscrita una famosa máxima: «Conócete a ti mismo». Al evaluar la conducta de Estados Unidos es útil hacerse una pregunta simple: ¿cómo juzgaríamos una acción determinada si la hubiera realizado una potencia rival en vez de nosotros? Si la respondemos con sinceridad, no nos será difícil encontrar acciones que consideraríamos graves crímenes si las cometieran otros.

Por tanto, tratemos de aplicarnos un estándar moral básico. Si condenamos el terrorismo, evaluemos las acciones de Estados Unidos y veamos si constituyen actos terroristas, sin dar por sentado que estos son algo que solo cometen los demás. Si estamos en contra de la guerra de agresión y creemos que quienes la practican deberían sentarse ante el tribunal de La Haya, veamos si estamos dispuestos a aplicarnos esa norma a nosotros mismos. Pongamos a prueba la idea de que Estados Unidos está comprometido con el humanitarismo y la democracia frente a la hipótesis alternativa de que, al igual que prácticamente todos los poderes a lo largo de la historia, actúa conforme a la doctrina de la mafia o la máxima vil. Examinemos los intereses y la ideología que guían la toma de decisiones y el uso del poder en Estados Unidos, y tengamos el coraje de mirar con honestidad lo que nos encontramos.

Estos planteamientos no tienen tan solo interés académico. Precisamente porque las consecuencias de las decisiones políticas de Estados Unidos son de tal calibre y entrañan tanto peligro, alterarlas es de una extrema urgencia moral.

Sistemas de poder en general

Romper con la suposición dominante de que uno debe alinearse con un bando u otro —de que uno o bien está del lado de Estados Unidos, o bien está defendiendo a sus adversarios— puede no ser fácil.[36] Sin embargo, si queremos aspirar a un mundo donde las personas se gobiernen a sí mismas en lugar de ser gobernadas por otros, debemos ser capaces de reconocer las características ilegítimas comunes a los Estados-nación de todo el planeta.

Cuando analizamos la política exterior de cualquier Estado, lo primero que encontramos es una doctrina oficial que atribuye a las políticas del Gobierno intenciones honorables, aun con fracasos ocasionales, debidos generalmente a las maquinaciones de enemigos perversos. Por ejemplo, durante la Guerra Fría, la propaganda rusa proclamaba el compromiso de la Unión Soviética con la paz, la democracia y los derechos humanos, describía su postura como de legítima defensa y señalaba al imperialismo estadounidense como la principal fuente de desorden y sufrimiento en el mundo. La doctrina oficial de Estados Unidos era, prácticamente, un reflejo.

La Guerra Fría se entendió como un enfrentamiento entre dos sistemas opuestos, y algunos sectores de la izquierda creyeron erróneamente que la Unión Soviética constituía una forma de sociedad superior y más igualitaria. Pero las similitudes entre Estados Unidos y la Unión Soviética eran tan significativas como sus diferencias. Ambas eran superpotencias en las que no existía un control popular real sobre sus Gobiernos. En ambos casos, las ideologías dominantes —el comunismo marxista-leninista y el capitalismo de libre mercado— eran, en gran medida, descripciones falsas de cómo funcionaban realmente aquellas sociedades.[37] La estructura de poder también era en ambos casos una pirámide: con un pequeño grupo en la cúspide que tomaba las decisiones y una gran masa de ciudadanos anónimos en la base. Un cartel clásico de principios del siglo XX de los Industrial Workers of the World en el que se representa la «pirámide del sistema capitalista», aunque simplista, sigue siendo bastante certero. En la cima están los líderes («Nosotros gobernamos»), mientras que en la base están los trabajadores, que «alimentan a todos» y «trabajan para todos». Si bien muchos conflictos internacionales afectan principalmente a los intereses de quienes están en el nivel superior, el sufrimiento y el sacrificio que esos conflictos comportan recae por entero en quienes ocupan el nivel inferior.

El propósito de este libro es mostrar cómo ha ejercido realmente Estados Unidos su poder en el mundo, cuáles han sido las consecuencias de tal cosa para muchas personas inocentes y qué riesgos representa actualmente la política exterior estadounidense para el futuro de la humanidad. Para ello, es necesario ir más allá de los mitos interesados y examinar de cerca la gran cantidad de pruebas que nos brindan los hechos reales. La única manera de descubrir cuáles son los verdaderos valores de los líderes estadounidenses es observar lo que hacen, no lo que dicen. Y aquí nos encontramos un historial inquietante, que incluye el derrocamiento de Gobiernos extranjeros inconvenientes, el apoyo a algunas de las dictaduras más opresivas de la historia, la violación flagrante del derecho internacional, el desprecio por la opinión pública mundial y guerras ilegales que han comportado consecuencias humanitarias catastróficas. El historial incluye injerencias electorales, amenazas nucleares, crímenes ecológicos y masacres descaradas; si cualquier otro país hubiese cometido estos actos, sería clasificado como un Estado terrorista.

Comenzaremos documentando la conducta que ha mantenido Estados Unidos hacia el resto del mundo en los últimos cincuenta años, con la idea de que un recuento exhaustivo de los hechos nos muestre la enorme distancia que separa la retórica de la realidad. Los siguientes capítulos no pretenden ser historias completas de los acontecimientos particulares que abordan, sino más bien demostraciones del grado en que los mitos nacionales han eclipsado la verdad. Los crímenes que aquí se discuten no son cosa del pasado. Las personas que los sufrieron siguen hoy con vida. Aunque sus voces no sean escuchadas, las heridas continúan abiertas.

En la segunda parte del libro, abordaremos los puntos en común entre estos casos. Analizaremos las técnicas que se emplean para reforzar nuestra ceguera moral, nuestra admirable capacidad de autocomplacencia y la coraza intelectual que garantiza que no aprendamos nada. Primero, examinaremos cómo la estructura interna de poder ayuda a explicar la conducta de Estados Unidos ante el mundo. Veremos que lo que se llama «interés nacional» en realidad no sirve a los intereses de la gran mayoría de la población estadounidense, a la que se mantiene en la ignorancia y se excluye constantemente de la toma de decisiones significativas. Luego, analizaremos la relación de Estados Unidos con el derecho internacional y la falta de voluntad de los presidentes de la posguerra para someter al país a las mismas reglas que exigían a los demás. Finalmente, estudiaremos el papel de la propaganda de la prensa y el Estado en la «fabricación del consentimiento» para las políticas de Estados Unidos.

Concluimos con un repaso a los peligros que hoy en día amenazan de forma más apremiante al mundo, y valoraremos las posibilidades de evitar el desastre mediante una acción activista coordinada de los movimientos populares. La humanidad se enfrenta hoy en día a graves crisis que ponen en peligro el futuro de toda la especie, como la catástrofe ecológica y la amenaza de una guerra nuclear. El reto que tenemos por delante es estar a la altura de la responsabilidad moral que implica vivir en el país más poderoso del mundo en el momento más peligroso de la historia de la humanidad.

En una encuesta realizada entre personas de todo el mundo sobre qué países suponían una mayor amenaza para la paz y la democracia global, estas clasificaron a Estados Unidos por delante de Rusia o China. Gran parte de lo que se documenta en este libro lleva mucho tiempo siendo tan obvio para quienes han sufrido las agresiones de Estados Unidos que no pueden sino reírse cuando oyen a los presidentes norteamericanos hablar del compromiso del país con los valores humanos.[38]

Pero, para quienes viven en Estados Unidos, ver más allá de la mitología estadounidense del «Noble Intent», la 'nobleza de las intenciones', resulta de vital importancia. Quizá parezca una obviedad afirmar que, en la política exterior, los intereses de las élites dominantes son más importantes que los principios morales básicos, y que la «excepcionalidad estadounidense» no es más que una ficción. La cuestión fundamental es que se trata de una ficción peligrosa. El mito del idealismo estadounidense se emplea para excusar un comportamiento que ha provocado una destrucción colosal y la pérdida de numerosísimas vidas. Nos ha impedido obligar a nuestros criminales de guerra a que rindan cuentas. Y ahora mantiene a muchos norteamericanos cegados ante las formas en que las políticas de su país amenazan con la destrucción violenta de la propia humanidad.

Pero podemos cambiar esta situación. Podemos actuar. Tanto el «orden mundial» como el «orden interno» se sustentan sobre decisiones tomadas en el marco de instituciones que son reflejo de unas estructuras de poder preexistentes. Las decisiones se pueden tomar de otra manera y las instituciones pueden ser transformadas o sustituidas. Aquellos que se benefician de la articulación existente de los poderes públicos y privados afirmarán, naturalmente, que los acuerdos existentes son algo inevitable. Pero no hay razón para creerlos. Especialmente en los países ricos que dominan los asuntos globales, los ciudadanos pueden actuar con facilidad para construir alternativas incluso en el marco de los acuerdos formales que ya existen. No están grabados en piedra.

Primera parte

LA CRÓNICA: EL IDEALISMO EN ACCIÓN

Las naciones grandes hacen lo que quieren, las naciones
pequeñas aceptan lo que deben.

Tucídides

1

Disciplinar el sur global

El 11 de septiembre de 1973, el general Augusto Pinochet derrocó al presidente democráticamente electo, Salvador Allende, y se hizo con el poder en Chile. Pinochet, uno de los dictadores más brutales de la historia reciente, llevó a cabo matanzas masivas, torturas sistemáticas, orquestó un programa de asesinatos para perseguir a los disidentes que habían conseguido huir al extranjero y metió en la cárcel a decenas de miles de personas. Acabó con la democracia en Chile por toda una generación. Traducido a términos per cápita, si el terror impuesto por Pinochet se hubiera producido en Estados Unidos, habría supuesto 150.000 muertos y un millón de personas torturadas, además del derrocamiento del presidente y el fin del sistema electoral. El primer 11 de septiembre fue puro terrorismo de Estado.

En sus memorias, el exasesor de seguridad nacional y exsecretario de Estado, Henry Kissinger, es franco acerca del papel que desempeñó Estados Unidos en estos acontecimientos. La presidencia izquierdista de Allende representaba, según Kissinger, «un desafío permanente» a la posición de Estados Unidos «en el hemisferio occidental». Kissinger desestima todo debate sobre la legitimidad de interferir en las elecciones de otros países o de planificar golpes de Estado, afirmando: «No puedo aceptar el planteamiento de que Estados Unidos esté excluido de actuar en esa zona gris entre la diplomacia y la intervención militar». Relata que Richard Nixon se puso furioso ante la elección de Allende: «Quería hacer todo lo posible para impedir que accediera al poder: si había una posibilidad entre diez de librarnos de Allende, debíamos intentarlo». Bajo la administración Nixon, la CIA alentó y financió un complot que resultó en el asesinato del general René Schneider, comandante en jefe del ejército chileno, cuyo firme compromiso con la Constitución del país se consideraba un obstáculo para un golpe de Estado exitoso. La orden de Nixon fue que «los programas de ayuda a Chile debían ser recortados y su economía estrangulada hasta que "gritara"», es decir, había que hacerle la vida imposible al pueblo chileno para castigarlo por votar de manera incorrecta.[1]

El libro de Peter Kornbluh, *Pinochet: los archivos secretos*, publicado por el Archivo de Seguridad Nacional, se basa en documentos desclasificados para mostrar cómo el Gobierno de Estados Unidos operó para socavar y destruir a Allende desde el momento en que fue elegido, y cómo prodigó su apoyo a Pinochet después del golpe, al tiempo que mentía sistemáticamente sobre su implicación. La administración Nixon no solo impuso un «bloqueo invisible», sino que «los registros del Consejo de Seguridad Nacional muestran de manera inequívoca que [...] actuó políticamente con rapidez y secretismo para cortar la ayuda multilateral y bilateral a Chile» una vez que Allende asumió el cargo, y culpó del caos económico resultante a las propias políticas de este. Kissinger testificó en falso ante el Senado en 1974, afirmando que «la intención de Estados Unidos no era desestabilizar ni subvertir» al presidente chileno, a pesar de que, internamente, había recomendado acciones que «podrían llevar al colapso o al derrocamiento de [Allende]». Kissinger fue claro al explicar a Nixon por qué no se podía permitir que Allende triunfara. «No veo por qué tenemos que quedarnos de brazos cruzados viendo cómo un país se vuelve comunista debido a la irresponsabilidad de su pueblo. Son asuntos demasiado importantes como para dejar que los votantes chilenos decidan por sí mismos», afirmó Kissinger. Allende representaba «amenazas muy graves» para los intereses estadounidenses, incluidas la posible pérdida de «inversiones norteamericanas (por un total de unos mil millones de dólares)», y el posible «efecto modelo» que podría tener Allende en el mundo si su país lograba prosperar. El «ejemplo que sentaría el éxito de un Gobierno marxista» tendría «valor de precedente» en otras partes del mundo y la «propagación de fenómenos similares» afectaría «de manera significativa el equilibrio global» y a la posición de Estados Unidos en él. El propio Nixon declaró: «Nuestra principal preocupación en Chile es la posibilidad de que [Allende] pueda consolidarse y proyecte al mundo una imagen de éxito».[2]

Así, pocos días después de que Allende asumiera el cargo, Nixon convocó al Consejo de Seguridad Nacional para valorar formas de «provocar su caída». Un telegrama de la CIA de 1970 manifestaba: «Es una política firme y continuada que Allende sea derrocado mediante un golpe», y prometía «máxima presión para lograr ese fin utilizando todos los recursos apropiados». Al tiempo, advertía: «Es imperativo que estas acciones se lleven a cabo de manera clandestina y segura para que el USG [Gobierno de los Estados Unidos] y la mano americana se mantengan ocultas».[3]

Stephen M. Streeter, en un estudio exhaustivo basado en los archivos estadounidenses, concluye que «el objetivo fundamental de la administración Nixon fue impedir que Allende llegara a la presidencia, bien por medios constitucionales, o bien promoviendo un golpe militar», mientras que «el objetivo mínimo era castigar a Chile para que ningún otro país latinoamericano se sintiera tentado a seguir la vía chilena hacia el socialismo». Una vez que Allende fue derrocado, la administración Nixon apoyó inmediatamente la junta de Pinochet. Kissinger le dijo al militar que había hecho un «gran servicio a Occidente» poniendo fin a la democracia chilena.[4]

El problema con Allende era que representaba la amenaza de un buen ejemplo. Si hubiera tenido éxito en su proyecto de nacionalismo independiente y economía de izquierdas, habría inspirado a otros países a seguir un camino similar, lo que habría reducido el poder de Estados Unidos en la región. Había que acabar con él.

Tras la Segunda Guerra Mundial, diseñadores de la agenda política como George Kennan entendieron que para las corporaciones estadounidenses era crucial la reconstrucción de las sociedades industriales occidentales, pues debían tener capacidad para importar productos manufacturados estadounidenses y generar oportunidades de inversión.

No obstante, también era fundamental restablecer el orden tradicional, donde las empresas ocupaban una posición dominante y la capacidad de organización de los trabajadores estaba debilitada y fragmentada, y que la carga de la reconstrucción recayese directamente sobre los hombros de las clases pobres y trabajadoras. El principal obstáculo que se presentaba ante ello era la resistencia antifascista. De modo que Estados Unidos la reprimió activamente en todo el mundo, en muchos casos prefiriendo que fueran antiguos fascistas y colaboradores nazis quienes ocuparan el poder.[5] A veces eso requirió el uso de una violencia extrema, pero otras veces se llevó a cabo por medio de métodos más sutiles; por ejemplo, manipulando elecciones o reteniendo unos suministros alimentarios desesperadamente necesarios.

Los estrategas estadounidenses reconocían que lo que planteaba una «amenaza» en la Europa de posguerra no era una posible agresión soviética, aunque la administración Truman se encargó de hacer creer al público lo contrario. «No es el poder militar ruso el que nos amenaza, sino su poder político», concluyó George Kennan en 1947. El historiador Melvyn Leffler ha argumentado que «el poder soviético palidecía frente al de Estados Unidos», pues era una «nación devastada y exhausta», y por ello, los altos cargos de la administración estadounidenses «no creían probable una agresión militar soviética». Lo que suponía una amenaza era «el posible renacimiento de un nacionalismo virulento o el desarrollo de una postura neutral independiente». Los estrategas «definían la seguridad en términos de correlaciones de poder» y «concebía el poder en términos de control sobre los recursos o acceso a ellos». Desde esta lógica, cualquier amenaza que se planteara al control estadounidense de los recursos suponía una amenaza para la seguridad nacional.[6]

Leffler señala que, después de la guerra, la ciudadanía de cualquier lugar del mundo «deseaba un orden social y económico más justo y equitativo» y exigía «reformas, nacionalizaciones y bienestar social». Lo que en ese momento todas las sociedades esperaban era «que sus Gobiernos las protegieran de los caprichos de las fluctuaciones del mercado, la codicia de los capitalistas y las ocasionales catástrofes naturales», y consideraban que todo ello era «lo que les correspondía por los sacrificios que habían soportado y las dificultades por las que habían pasado».

Un ejemplo es Italia, donde un movimiento popular de obreros y campesinos, liderado por el Partido Comunista, había logrado reprimir a seis divisiones alemanas durante la guerra y liberar el norte del país. Sin embargo, a medida que las fuerzas estadounidenses fueron avanzando, dispersaron esta resistencia antifascista y restauraron la estructura básica del régimen fascista anterior a la guerra. La CIA temía que los comunistas accedieran legalmente al poder en las cruciales elecciones italianas de 1948 y se implementaron muchas técnicas para evitarlo, entre ellas el restablecimiento de la antigua policía fascista, la disolución de los sindicatos y la retención de la ayuda internacional. Con todo, seguía sin estar claro que al Partido Comunista se le pudiera derrotar. El primer memorando del Consejo de Seguridad Nacional estadounidense, el NSC 1 (1948), detallaba toda una serie de medidas que adoptaría Estados Unidos en caso de que los comunistas fueran los vencedores de aquellas elecciones. Una de las respuestas que se contemplaba era la intervención armada en forma de apoyo militar para operaciones clandestinas en Italia. Incluso se consideraba la opción de respaldar un golpe de Estado para detener a la izquierda, a pesar de la conciencia de que ello encerraba la «probabilidad [de] sumir a Italia en [una] sangrienta guerra civil y un serio riesgo [de] detonar [la] Tercera Guerra Mundial». El derecho a invalidar la voluntad popular era algo que se daba por hecho.[7]

La interferencia electoral fue una práctica constante. Entre 1948 y principios de la década de 1970, la CIA financió con más de 65 millones de dólares a partidos políticos que contaban con el beneplácito de Estados Unidos y sus aliados. «Teníamos bolsas de dinero que entregábamos a políticos seleccionados para sufragar sus gastos», admitió un exagente de la CIA, F. Mark Wyatt.[8] De hecho, entre 1946 y 2000, Estados Unidos llevó a cabo por todo el mundo más de ochenta operaciones para intervenir en procesos electorales. Scott Shane, corresponsal de seguridad nacional de *The New York Times*, sugiere que tales operaciones, que incluyen la difusión de noticias falsas y la entrega de «maletas con dinero» a candidatos afines, se mantienen aún hoy. Según Shane, «lo que haya hecho la CIA en los últimos años para manipular elecciones en países extranjeros sigue siendo un secreto, y puede que la verdad no llegue a saberse hasta dentro de varias décadas». Shane cita a un exoficial de la CIA que confirma que estas prácticas «no cambian nunca», y a otro que asegura: «Espero que sigamos haciéndolo». La cuestión de su legitimidad no se plantea en el debate público. No obstante, ante el intento de Vladímir Putin de influir en las elecciones presidenciales estadounidenses sí se produjo un gran histerismo.[9]

En Grecia, los soldados británicos entraron en el país tras la retirada nazi e impusieron un régimen corrupto que generó una renovada resistencia. Gran Bretaña, en pleno declive de posguerra, fue incapaz de mantener el control y, en 1947, Estados Unidos intervino, apoyando una guerra brutal contra el Gobierno provisional en la que murieron 160.000 personas, según los cálculos más pesimistas. En el marco de la guerra se produjeron torturas, el exilio político para decenas de miles de griegos, un programa de «reeducación» para izquierdistas encarcelados y la destrucción de los sindicatos, así como de cualquier posibilidad de desarrollar una política independiente.

Gran parte de la población tuvo que emigrar para sobrevivir. Entre los beneficiarios de esta situación estuvieron los inversores estadounidenses y sus colaboradores nazis, mientras que las principales víctimas fueron los trabajadores y los campesinos que integraron la resistencia antifascista, dirigida por los comunistas. Nuestra exitosa defensa de Grecia contra su propia población fue el modelo que seguimos en la guerra de Vietnam, tal como Adlai Stevenson explicó ante las Naciones Unidas en 1964: «La cuestión en Vietnam hoy es la misma que en Grecia en 1947 y en Corea en 1950». Los asesores de Reagan recurrieron exactamente al mismo modelo para referirse a América Central, y el patrón se siguió también en muchos otros lugares.[10]

En Japón, Washington inició, en 1947, el llamado «curso inverso», que puso fin a los primeros intentos de democratización emprendidos por la administración militar del general MacArthur. El curso inverso supuso la supresión de los sindicatos y otras fuerzas democráticas. Casi 30.000 personas sospechosas de ser izquierdistas fueron purgadas de sus empleos en los sectores público y privado, así como de los centros de enseñanza. El país quedó firmemente bajo el control de elementos corporativos que habían apoyado al fascismo japonés (y Estados Unidos encubrió incluso los crímenes de guerra cometidos por Japón). Como señalan los historiadores John Dower y Hirata Tetsuo, si bien la «Purga Roja se llevó a cabo agresivamente como parte de la política anticomunista de la ocupación [...], fue, en realidad, una confrontación entre la mano de obra y el capital». Dower escribe que, andando el tiempo, Estados Unidos «comenzó a desechar muchos de sus ideales originales de "desmilitarización y democratización"» y «se fue alineando cada vez de forma más abierta con los elementos conservadores e incluso con la derecha de la sociedad japonesa, incluidos individuos que habían estado estrechamente vinculados con la guerra perdida».[11] Cuando las fuerzas estadounidenses entraron en Corea en 1945, disolvieron el Gobierno popular, compuesto principalmente por antifascistas que habían resistido ante los japoneses, e iniciaron una brutal represión, empleando a la policía fascista japonesa y a coreanos colaboracionistas de la época de la ocupación. En Corea del Sur, antes de lo que hoy llamamos la guerra de Corea, murieron cerca de cien mil personas, de ellas entre treinta y cuarenta mil durante la represión de una revuelta campesina en una pequeña región, la isla de Jeju. Esa masacre, en la que Estados Unidos tiene una «hondísima responsabilidad» (en palabras del historiador Bruce Cumings), la llevaron a cabo militares y policías surcoreanos bajo el mando norteamericano. A uno de los supervivientes de la masacre de la isla de Jeju, de ochenta y tres años, se le preguntó en 2022 sobre lo que esperaba de Estados Unidos. Dijo que lo único que necesitaba era una «disculpa humana sincera», la voluntad de que viniera y le diese la mano. Aún está esperando.[12]

LA AMENAZA DE UN BUEN EJEMPLO

El objetivo de la estrategia norteamericana era evitar cualquier posible desafío al «poder, la posición y el prestigio de Estados Unidos», tal como lo expresó el reconocido estadista liberal Dean Acheson en 1963. A menudo, son los países más débiles y pobres los que generan mayor histeria. Al fin y al cabo, si un país pequeño y con poco poder desafía a Estados Unidos, lo deja expuesto a los ojos de los demás como un «tigre de papel». Michael Grow lo explica bien en su libro *U.S. Presidents and Latin American Interventions: Pursuing Regime Change in the Cold War*, donde expone que los países considerados «amenazas» no lo eran ni para la seguridad de Estados Unidos ni para sus intereses económicos; sin embargo, podían inspirar otros desafíos en nuevos lugares y socavar la «credibilidad» norteamericana.[13]

Veamos un ejemplo menor: la Guayana Británica, donde la administración Kennedy aprobó una operación encubierta de la CIA para influir en las elecciones nacionales. El objetivo de la operación era impedir que el partido de Cheddi Jagan, un dentista con inclinaciones socialistas, ganara las elecciones. No iban a tolerar una «segunda Cuba», es decir, otro Gobierno de izquierdas en el hemisferio. Los documentos desclasificados y los registros históricos revelan que la CIA fue autorizada a destinar importantes recursos para sabotear la democracia en ese país. Estados Unidos intentó impedir que la Guayana Británica obtuviera la independencia de Gran Bretaña para frenar la expansión de la socialdemocracia. Las acciones estadounidenses también incluyeron incitación a la violencia y agitación, y hay informes que señalan que agentes y ciudadanos estadounidenses promovieron asesinatos, incendios y atentados con bombas, y participaron en la creación de una atmósfera general de miedo. Dean Rusk, secretario de Estado, comunicó a Gran Bretaña que había llegado a la conclusión de que no podían tolerar «una Guayana Británica independiente bajo el mando de Jagan». Estados Unidos asumía, simplemente, que era prerrogativa suya decidir a qué líderes iban a «tolerar». Stephen Rabe, el principal historiador de la intervención estadounidense en la Guayana Británica, resume así los horrendos resultados de todo aquello: «La aniquilación de un Gobierno elegido democráticamente, el debilitamiento de los procedimientos electorales democráticos, la destrucción de la economía de un país pobre y la incitación a la guerra racial. Forbes Burnham, el racista despiadado que Estados Unidos apoyó, convirtió la Guayana en un lugar peligroso y brutal, una pesadilla diaria para la mayoría de la población india». Se trataba de un país que no tenía ninguna importancia económica para Estados Unidos y sin duda tampoco representaba una amenaza para la «seguridad nacional». La intervención fue una muestra clara de lógica mafiosa: lo que nosotros decimos se hace. La necesidad de humillar a quienes levantan la cabeza es un elemento indisociable de la mentalidad imperial.[14]

Otro ejemplo es la República Democrática del Congo, un país enorme, rico en recursos y con una de las historias de terror más oscuras de la era contemporánea. En 1960, con la llegada al poder de Patrice Lumumba como primer ministro, el país tenía la oportunidad de progresar de forma exitosa, pero Occidente no quiso ni contemplar la posibilidad de que tal cosa sucediese. El director de la CIA, Allen Dulles, determinó que la eliminación de Lumumba debía ser «un objetivo urgente y primordial» de las operaciones encubiertas, principalmente porque las inversiones estadounidenses podrían verse amenazadas por lo que los documentos internos denominaban «nacionalistas radicales». La CIA centró su esfuerzo en organizar la «eliminación permanente» de Lumumba y, bajo la supervisión de oficiales belgas, este fue asesinado, cumpliendo el deseo del presidente Eisenhower de que «cayera en un río lleno de cocodrilos». En su definitivo estudio sobre el asesinato, los autores Emmanuel Gerard y Bruce Kuklick concluyen que «los europeos y los estadounidenses incitaron a los africanos a encarcelar a Lumumba y a conseguir su sentencia de muerte» pues «Occidente no podía concebir un Estado africano independiente con capacidades económicas y políticas comparables a las de los países europeos». Y «Lumumba aspiraba a una grandeza que Occidente no iba a tolerar». Y este no fue un caso aislado. Estados Unidos intervino en el África poscolonial por extenso y en secreto. Como escribe Susan Williams en *White Malice: The CIA and the Covert Recolonization of Africa*, los años de la independencia africana «fueron también años de una intensa y rápida infiltración de la CIA» en el continente, y los registros «muestran una magnitud y amplitud de las actividades de la CIA en África que rozan lo increíble». El propio Congo fue entregado a manos del favorito de Estados Unidos, el dictador corrupto y asesino Mobutu Sese Seko. Stuart Reid, en *El complot Lumumba*, cuenta que, dado que «un líder aparentemente prosoviético fue eliminado y reemplazado por otro manifiestamente proamericano [...], desde la perspectiva de Washington, el Congo fue un éxito».[15]

La guerra contra Vietnam también surgió de la necesidad de asegurarse el dominio de la zona. Los nacionalistas vietnamitas no querían aceptarlo, por lo que debían ser aplastados. La amenaza no consistió nunca en que aquella población mayoritariamente campesina fuera a conquistar nada. El verdadero peligro estaba en que podían convertirse en un ejemplo de independencia nacional que sirviera de inspiración a otros países de la región. El temor real era que, si el pueblo de Indochina lograba la independencia y creaba una sociedad más justa, el de Tailandia podría seguir su ejemplo, y si también tenía éxito, Malasia haría lo mismo. Muy pronto, Indonesia seguiría un camino independiente y una parte significativa de nuestra «Gran Área» se habría perdido.

Esto significa que, en cierto sentido, lo que se conoció como la «teoría del dominó» tenía algo de verdad. La versión oficial de la teoría era, obviamente, ridícula: sugería que el comunismo, de no ser derrotado en Vietnam, acabaría llegando hasta las costas de Estados Unidos. La verdadera amenaza era, en cambio, el «buen ejemplo». Los diseñadores de la agenda política estadounidenses, desde Dean Acheson a finales de la década de 1940 hasta la actualidad, han advertido sobre el peligro de que «una manzana eche a perder toda la cesta». La preocupación era que esa «podredumbre», es decir, el desarrollo social y económico, se extendiera. Por eso había que mantener a raya a países pequeños como la Guayana Británica, Granada o Laos.

El argumento de la seguridad es demasiado ridículo para tomarlo en serio, y tampoco es el caso que los recursos de estos países fueran demasiado valiosos para perderlos. La verdadera preocupación, más bien, estaba en el efecto «dominó». Y de la teoría de la manzana podrida se deduce que cuanto más pequeño y débil es el país, cuantos menos recursos posee, más peligroso resulta. Tal como explicó George H. W. Bush en su análisis de la política de seguridad nacional con respecto a las «amenazas del tercer mundo», no se trata solo de derrotar simplemente a los «enemigos mucho más débiles», sino de derrotarlos de manera rápida y decisiva, porque cualquier otro desenlace sería «vergonzoso» y podría «minar el apoyo político». Aunque un enemigo «mucho más débil» no represente una amenaza seria, hay que destruirlo para que la lección quede clara. Si un país marginal y empobrecido consigue emprender un camino independiente, otros podrían imitarlo.[16]

Si lo que se busca es un sistema global que esté subordinado a las necesidades de los inversores estadounidenses, no se puede permitir que se pierdan partes de ese sistema. Chile, por ejemplo, podría comunicar un mensaje indeseado a los votantes de otros países. ¿Qué ocurriría si decidieran tomar el control de su propio país? Eso no se puede permitir. John Foster Dulles, secretario de Estado, llegó a describir a los latinoamericanos como «niños indisciplinados que pretenden atribuirse todos los privilegios y los derechos de los adultos» y, por tanto, requieren «una mano dura, una mano autoritaria» (aunque también aconsejó al presidente Eisenhower que, para controlar eficazmente a los niños indisciplinados, podría ser útil «darles una palmadita y hacerles creer que se les tiene cariño»). Como señala el historiador Lars Schoultz, destacado especialista académico en derechos humanos en América Latina, el objetivo de instalar unos Estados de Seguridad Nacional era «eliminar de forma permanente cualquier posible amenaza a la estructura de privilegio socioeconómico existente, suprimiendo la participación política de la mayoría numérica».[17]

A veces, esta idea ha llegado a expresarse con gran claridad. Cuando Estados Unidos estaba diseñando sus planes para derrocar la democracia guatemalteca, en 1954, uno de los trabajadores del Departamento de Estado advirtió que la «reforma agraria» de Guatemala era una poderosa herramienta propagandística, y que su «amplio programa social de ayudas para los trabajadores y campesinos» entrañaba un «enorme atractivo» para otros países centroamericanos con altos niveles de desigualdad social. Por eso, Guatemala representaba una «amenaza a la estabilidad de Honduras y El Salvador».[18]

En otras palabras, lo que Estados Unidos busca es «estabilidad», es decir, seguridad para las «clases altas y las grandes empresas extranjeras». Si esto puede lograrse por medio de mecanismos democráticos formales, tanto mejor. Pero si no es posible, la «amenaza a la estabilidad» que el «buen ejemplo» plantea debe ser eliminada antes de que se extienda el contagio. De ahí que hasta la más ínfima mota pueda ser vista como una enorme amenaza.

CUBA: LA PEQUEÑA REPÚBLICA INFERNAL

Poco después de que Cuba derrocara a su dictador, Fulgencio Batista, que contaba con el apoyo de Estados Unidos, la pequeña isla fue sometida a un ferocísimo ataque por parte de la superpotencia mundial. Fidel Castro llegó al poder a principios de 1959. Para marzo de 1960 ya se había tomado la decisión secreta de derrocarlo. En 1961, la administración Kennedy emprendió la invasión de la bahía de Cochinos, enviando una fuerza paramilitar para acabar con el Gobierno cubano, lo que terminó en una derrota humillante.

Este fracaso desató el histerismo en Washington. Chester Bowles, quien trabajaba entonces en el Departamento de Estado, contó que entre los altos cargos de la administración se generó una actitud «emocional, casi salvaje»: «[Castro] no puede hacernos esto. Tenemos que darle una lección». Kennedy lanzó una guerra para infligir sobre Cuba «los terrores de la tierra». Su hermano, Robert Kennedy, que estuvo a cargo de la operación, buscaba cubanos que pudieran «agitar las cosas en [la] isla mediante el espionaje, el sabotaje, desórdenes en general». La Cuba Task Force puso en marcha una campaña destinada a «la destrucción de objetivos clave para la economía».[19]

Los numerosos complots de la CIA para asesinar a Castro son ahora notorios y hasta pueden contemplarse como algo cómico (el uso de un puro explosivo, un traje de buceo envenenado...). No obstante, cualquier otro país que pusiera el mismo empeño en asesinar a un mandatario sería considerado un Estado terrorista. De hecho, llegaron a idearse planes criminales aún más desquiciados, entre ellos una «propuesta de la CIA para que agentes de Estados Unidos secuestraran aviones norteamericanos o bombardearan objetivos norteamericanos, culpando luego a Cuba de los ataques para justificar una invasión». Aunque este plan no se llevó a cabo, sí lo hicieron muchas otras acciones terroristas. En una de las misiones, «un equipo de siete hombres voló un puente ferroviario, provocó que un tren descarrilara y quemó un almacén de azúcar». «En realidad hacíamos prácticamente cualquier cosa que se pueda imaginar», relató más tarde un miembro de la CIA, desde poner agentes contaminantes en el azúcar hasta verter «químicos invisibles e imposibles de rastrear en fluidos lubricantes que se enviaban a Cuba» para dañar los motores diésel. Como Keith Bolender documenta en su inquietante estudio *Voices from the Other Side: An Oral History of Terrorism Against Cuba*, «el pueblo cubano ha soportado durante medio siglo casi todas las formas de terrorismo imaginables»: bombas contra objetivos civiles, atentados en aldeas y hasta terrorismo biológico. «Los responsables —escribe— han sido sobre todo contrarrevolucionarios cubanoamericanos, muchos de ellos supuestamente entrenados, financiados y apoyados por varias agencias del Gobierno estadounidense.»[20]

En 1962, Kennedy ordenó un embargo total contra Cuba. En una violación directa del derecho internacional, el embargo incluía la prohibición de exportar productos alimentarios y medicinas. La explicación interna de los altos cargos de la administración estadounidenses era que el pueblo cubano era «responsable de su régimen». Por tanto, Estados Unidos consideraba que tenía derecho a castigarlos y, además, que si el pueblo cubano pasaba hambre, expulsaría a Castro. Kennedy estuvo de acuerdo en que el embargo aceleraría la salida de Fidel Castro al provocar «un creciente malestar entre los cubanos hambrientos». En 1960, un alto cargo del Departamento de Estado expuso claramente la estrategia: puesto que Castro podría ser derrocado «por medio del desencanto y la desafección causados por las dificultades económicas y la insatisfacción», debían «emprenderse rápidamente todas las acciones posibles para debilitar la vida económica de Cuba [a fin de] provocar el hambre, la desesperación y [el] derrocamiento del Gobierno». Estas medidas económicas «tendrían el efecto de dejarle claro al pueblo cubano el coste de su orientación comunista». Aunque Estados Unidos logró aislar diplomáticamente a Cuba, los intentos que llevó a cabo en 1961 para que otros países latinoamericanos se sumaran a este proyecto de Kennedy fracasaron. Quizá el motivo fuera el problema que señaló un diplomático mexicano: «Si declaramos públicamente que Cuba es una amenaza a nuestra seguridad, cuarenta millones de mexicanos se morirán de risa».[21] En su estudio definitivo sobre el embargo, Salim Lamrani destaca lo extremas que han sido las restricciones. Estados Unidos ejerció una «fuerte presión diplomática» sobre los países que se negaron a colaborar en el aislamiento de la isla, llegando incluso a amenazar con cortarles la ayuda económica. En 1999, el Departamento de Estado presionó a una empresa jamaicana para que no construyera un complejo hotelero en Cuba, y logró su objetivo. La empresa sueca Ericsson fue multada con 1,75 millones de dólares por haber reparado equipos cubanos, y el Departamento del Tesoro multó a una compañía estadounidense con 1,35 millones de dólares por vender cebada (Lamrani señala, de nuevo, que esto constituye una violación del derecho internacional, que prohíbe impedir el comercio de alimentos, incluso en tiempos de guerra.) Los efectos de la política de embargo han sido, por supuesto, devastadores.[22]

Particularmente duro ha sido su impacto sobre el sistema de salud cubano, que se ha visto privado de suministros médicos esenciales. Amnistía Internacional demostró que «el embargo ha contribuido a la desnutrición, que ha afectado principalmente a mujeres y niños, así como al mal abastecimiento de agua y a la falta de medicamentos». En 1992, el Congreso aprobó lo que se llamó la «Ley de Democracia Cubana» (CDA), impulsada por demócratas liberales y con un fuerte respaldo del presidente Clinton. Una investigación llevada a cabo durante un año por la American Association of World Health afirmó que esta intensificación de la guerra económica por parte de Estados Unidos había tenido unos «trágicos costes humanos», provocando «graves déficits nutricionales» y «un devastador brote de neuropatía que ha afectado a decenas de miles de personas». «Únicamente se ha evitado una catástrofe humanitaria porque el Gobierno cubano ha mantenido» un sistema de salud que «se considera, de forma unánime, el modelo preeminente en el tercer mundo». El Consejo de Derechos Humanos de la ONU ha concluido que el embargo impone «limitaciones directas al disfrute de los derechos humanos por parte de los ciudadanos de Cuba». Sin embargo, tales limitaciones no se entienden como violaciones de los derechos humanos en el marco doctrinal hegemónico; muy al contrario, la versión oficial defiende que el objetivo de las sanciones es confrontar las violaciones de los derechos humanos que se producen en Cuba.[23]

Es significativo que apenas se hayan producido protestas entre los círculos de la élite. El resto del mundo, e incluso la mayoría de la población norteamericana, se opone a la política de Estados Unidos hacia Cuba. Pero sus sucesivos Gobiernos han mantenido, con un fanatismo implacable, unas políticas brutales e ilegales hacia la isla. Como Lars Schoultz señaló en un estudio de 2009, Estados Unidos «no solo se ha negado durante medio siglo a mantener unas relaciones diplomáticas y económicas de normalidad con La Habana», sino que «ha pasado la mayor parte de estas últimas cinco décadas tratando abierta y activamente de derrocar al Gobierno de la isla, o, en los circunloquios disfrazados de eufemismos que emplea la actual Comisión para la Asistencia a una Cuba Libre, tratando de "acelerar la transición de Cuba"».[24]

¿Cuál fue el crimen cometido por Cuba contra Estados Unidos? ¿Cómo se explica la actitud de histerismo, el castigo colectivo, las décadas de apoyo declarado al terrorismo? ¿Por qué estaba dispuesto Estados Unidos a desafiar el derecho internacional y a la opinión pública del mundo entero en su intento de acabar con una pequeña nación insular? Lamrani señala que las justificaciones públicas oficiales fueron variando a lo largo de las décadas. Primero se habló de la nacionalización por parte de Castro de bienes de propiedad estadounidense (es decir, la devolución de la riqueza de Cuba a la propia Cuba). Después se adujeron los vínculos del país caribeño con la Unión Soviética (justificación que tenía poco sentido, ya que dicha relación era tanto consecuencia de la política estadounidense como su causa). Posteriormente, se mencionó el apoyo de Cuba a los movimientos de liberación en el sur global. Y, por último, una vez terminada la Guerra Fría, cuando ya no existían las justificaciones habituales para mantener una política de tanta dureza contra Cuba, los responsables políticos estadouinidenses manifestaron encontrarse profundamente preocupados por los abusos contra los derechos humanos en la isla (argumento que es casi cosa de risa, pues el apoyo internacional de Estados Unidos a regímenes que violan los derechos humanos se mantiene inalterable).[25]

De hecho, gracias a los anales de los registros del Departamento de Estado sabemos exactamente cuál era la verdadera «amenaza cubana»: el «desafío exitoso». Castro había demostrado claramente su desprecio por los intereses de los inversores estadounidenses y estaba comprometido con las políticas de redistribución. Si ese modelo tenía éxito, podría extenderse y representar una amenaza para los «intereses estadounidenses» (es decir, los intereses comerciales estadounidenses) en todo el mundo. Durante su campaña electoral, John F. Kennedy había manifestado su preocupación por el hecho de que «la misma pobreza, descontento y desconfianza hacia Estados Unidos que auparon a Castro al poder» se encontraban latentes «en casi todos los países latinoamericanos». Richard Nixon, en su memorando sobre su reunión de 1959 con Fidel Castro, dejó claro que lo que más le preocupaba era «la casi servil sumisión de Castro a la opinión predominante de la mayoría —la voz de la multitud— más que su ingenua actitud hacia el comunismo». Castro «parecía estar obsesionado con la idea de que su responsabilidad era llevar a cabo la voluntad del pueblo, cualquiera que esta fuera en un momento dado».[26]

Arthur Schlesinger Jr., en su calidad de jefe de una misión latinoamericana, informó a Kennedy de que la revolución cubana corría el riesgo de «propagar la idea castrista de que uno podía hacerse cargo de sus propios asuntos». Esta idea, explicó, entrañaba un gran atractivo en toda América Latina, donde «la distribución de la tierra y otras formas de riqueza nacional favorece enormemente a las clases propietarias» y «los pobres y los desfavorecidos, inspirados por el ejemplo de la revolución cubana, exigen ahora tener oportunidades para llevar una vida digna». La CIA también advirtió: «La sombra de Castro se cierne sobre nosotros porque las condiciones sociales y económicas en toda América Latina fomentan la oposición a las autoridades gobernantes y alientan la demanda de un cambio radical».[27]

Los intentos de Estados Unidos por controlar Cuba se remontan a la Doctrina Monroe de 1823, que proclamaba el derecho de Washington a dominar todo el hemisferio. John Quincy Adams instruyó a su gabinete señalando que el poder de Estados Unidos iba en aumento mientras que el de Gran Bretaña estaba en declive, de modo que Cuba (y, de hecho, todo el hemisferio) acabaría cayendo en manos de Estados Unidos por las leyes de la «gravitación política», como una manzana cae de un árbol. La historiadora Ada Ferrer documenta que Estados Unidos reivindicó el derecho «a ejercer un dominio permanente e indirecto» y a «intervenir militarmente en Cuba, sin necesidad de ser invitado». De hecho, como explica Keith Bolender, Estados Unidos estaba convencido de que «la posesión de Cuba era algo natural, predestinado y clave para cumplir con las expectativas nacionales fundamentales». En la propaganda estadounidense, los cubanos solían ser representados como incapaces de gobernar su propio país, país que se describía alternativamente como «una mujer indefensa, un bebé desvalido, un niño necesitado de orientación, un luchador incompetente por la libertad, un campesino ignorante, un ingrato innoble, un revolucionario mal educado o un comunista contagioso».[28]

Para 1898, las leyes de la gravitación política de Adams habían obrado su magia permitiendo a Estados Unidos llevar a cabo la operación militar conocida como «la liberación de Cuba», que, en realidad, fue una intervención para evitar que la isla se liberara del dominio español, convirtiéndola en lo que los historiadores Ernest May y Philip Zelikow describen acertadamente como una «colonia virtual» de Estados Unidos. El principal puerto de Cuba, en la bahía de Guantánamo, sigue siendo hoy en día una colonia real, que se retiene en virtud de un tratado de 1903 que Cuba se vio forzada a firmar bajo presión militar. En años recientes, y en flagrante violación de los términos de dicho tratado, este enclave se ha utilizado como campo de detención para los haitianos que huían del terror de la junta militar apoyada por Estados Unidos y como centro de tortura para sospechosos de haber atacado, o intentado atacar, a Estados Unidos.[29]

La «colonia virtual» logró su liberación en 1959. Pero en cuestión de meses comenzó el asalto, llevado a cabo con las armas de la violencia y la asfixia económica, para castigar a los habitantes de «esa pequeña república infernal», como la había llamado el expansionista racista Theodore Roosevelt, al que enfurecía tanto que deseaba «borrar a su pueblo de la faz de la Tierra». Hasta el día de hoy, los cubanos se niegan a aceptar que su papel es servir al amo, no jugar a la independencia. Lamrani concluye que «el estado de sitio económico del que es víctima el pueblo cubano nos recuerda que Estados Unidos, al aplicar medidas de guerra en tiempos de paz contra una nación que jamás ha sido una amenaza para su seguridad nacional, claramente no ha renunciado a su antigua aspiración colonial de integrar a Cuba dentro de su territorio».[30]

Nuestra pequeña región

La manera de lidiar con un virus es matarlo e inocular a todas sus posibles víctimas. Cuba sobrevivió, pero sin la capacidad de alcanzar su temido potencial, y América Latina fue «inoculada» con brutales dictaduras, como el golpe de Estado en Brasil que instauró un régimen militar en 1964. Los generales, según telegrafió el embajador norteamericano Lincoln Gordon, habían llevado a cabo una «rebelión democrática». Esta rebelión, proclamó, fue «una gran victoria para el mundo libre», que debería «crear un clima mucho más favorable para las inversiones privadas». Al acabar con lo que Washington consideraba un clon de Castro, los generales lograron «la victoria más decisiva para la libertad de mediados del siglo xx». Brasil permaneció bajo un régimen militar hasta 1985.[31]

Un documento político del Consejo de Seguridad Nacional de 1954 expone con claridad la doctrina estadounidense. Con el reconocimiento de la existencia de una «tendencia en América Latina hacia regímenes nacionalistas que se sostienen en gran parte por su interpelación a la masa de la población», y ante la preocupación tanto por el «sentimiento antiestadounidense» como por las «crecientes demandas populares de mejora inmediata del bajo nivel de vida de las mayorías», la política oficial establecía «detener la deriva de la región hacia regímenes radicales y nacionalistas». El nacionalismo, según dicha doctrina, está fuera del alcance de los latinoamericanos, ya que implica un Gobierno que prioriza los intereses de la población por encima de los intereses estadounidenses. La tarea de Estados Unidos era asegurar que los países basaran «sus economías en un sistema de empresa privada» y crearan «un clima político y económico favorable a la inversión», con ejércitos que comprendiesen «los objetivos de Estados Unidos» y se alineasen con ellos. Los objetivos declarados para la política estadounidense en América Latina incluían «la solidaridad hemisférica» en apoyo de sus «políticas mundiales», el desarrollo «ordenado», «la salvaguarda del hemisferio» a través del fortalecimiento de las fuerzas militares, la eliminación de la «amenaza» comunista, el acceso de Estados Unidos a las materias primas, la obtención de apoyo para nuestra política exterior en otros lugares del mundo y la «estandarización de la organización, el entrenamiento, la doctrina y el equipamiento militar latinoamericano bajo las directrices de Estados Unidos». Nótese la clara ausencia de cualquier retórica idealista sobre autogobierno y libertades civiles.[32]

Comunista era un término que la teología política estadounidense empleaba con frecuencia para referirse a las personas que se mostraban comprometidas con la idea de que «el Gobierno tiene la responsabilidad directa del bienestar del pueblo», tal como lo expresa un informe del Departamento de Estado de 1949. O, en palabras de John Foster Dulles, los «comunistas» son aquellos que apelan a «los pobres [que] siempre han querido saquear a los ricos». La mayor amenaza, según ellos, era que llevarían a las naciones a transformar su economía de modos que reducirían «su disposición y capacidad para complementar las economías industriales de Occidente» (planteamiento que es esencialmente acertado y una buena definición operativa de *comunismo* en el discurso político estadounidense). Con ese trasfondo, no sorprende que John F. Kennedy afirmara: «Los Gobiernos del tipo civil-militar de El Salvador son los más eficaces para contener la penetración comunista en América Latina».[33]

El modelo ya estaba trazado. En Guatemala, por ejemplo, el presidente democrático y capitalista Jacobo Árbenz había implementado algunas de las temidas políticas nacionalistas al ampliar el derecho al voto, permitir la organización de los trabajadores y distribuir tierras no cultivadas entre los pobres. Naturalmente, esto desató el pánico. Un informe de la CIA de 1953 describía la situación en Guatemala como «adversa a los intereses estadounidenses» debido a la «influencia comunista [...] basada en la defensa militante de reformas sociales y políticas nacionalistas». Estas políticas «radicales» incluían «la persecución de los intereses económicos extranjeros, en particular los de la United Fruit Company», una medida que había recibido «el apoyo o la aquiescencia de casi todos los guatemaltecos». El Gobierno estaba procediendo a «movilizar al campesinado, hasta entonces políticamente inerte», al tiempo que debilitaba el poder de los grandes terratenientes. Para empeorar la situación, había surgido «un fuerte movimiento nacional» con el objetivo de «liberar a Guatemala de la dictadura militar, el atraso social y el "colonialismo económico"» que habían marcado su historia. El éxito de la reforma agraria amenazaba la «estabilidad» de los países vecinos, donde la gente que pasaba dificultades estaba tomando buena nota. El historiador Greg Grandin destaca que Árbenz era «enormemente popular» y tenía «el mandato de extender los ideales de la democracia política al ámbito social». En resumen, la situación era intolerable.[34]

En consecuencia, la CIA organizó un golpe de Estado exitoso, utilizando «todos los avances de la guerra psicológica». La democracia guatemalteca llegó a su fin y el país se convertiría en uno de los peores mataderos del hemisferio.[35]

Tras el golpe de Estado que destruyó la democracia guatemalteca en 1954, el país fue gobernado por una serie de oficiales militares brutales y pronto cayó en una larga guerra civil. Durante ese periodo, como relata la historiadora Kirsten Weld, especialista en América Latina, «en su afán por mantener la influencia de Estados Unidos, proteger sus intereses comerciales y contener el "comunismo" global», los asesores estadounidenses en Guatemala «incitaron y alentaron los esfuerzos de las élites nacionales por acallar cualquier voz que exigiera una transformación de la sociedad». Estados Unidos era plenamente consciente, como reconocía un memorando del Departamento de Estado en 1968, de que las fuerzas de seguridad guatemaltecas seguirían «siendo utilizadas, igual que en el pasado, no tanto como protectores del país contra la esclavitud comunista, sino como herramienta de opresión de la oligarquía contra una legítima transformación social».[36]

En 1977, los abusos a los derechos humanos se volvieron tan atroces que la administración Carter hizo alarde de suspender la ayuda militar al país (en realidad, entre 1978 y 1980, el Gobierno supuestamente centrado en los derechos humanos de Carter entregó millones de dólares a Guatemala a través del Programa de Asistencia Militar y el Programa de Ventas Militares al Exterior del Departamento de Estado). La administración Reagan, por su parte, abandonó hasta la mera pretensión de estar preocupada por los derechos humanos en Guatemala. Reagan respaldó abiertamente al dictador militar del país, diciendo que Ríos Montt había sido objeto de «calumnias» y describiéndolo como un «hombre de gran integridad personal» que estaba «totalmente comprometido con la democracia en Guatemala». Reagan prometió restablecer la ayuda militar, aun cuando las organizaciones internacionales de derechos humanos documentaban masacres perpetradas por el ejército guatemalteco. El Gobierno del país estaba, en realidad, llevando a cabo uno de los peores genocidios de la historia moderna de las Américas, con la estrecha colaboración de las unidades militares y de inteligencia estadounidenses. Ríos Montt fue finalmente condenado a ochenta años de prisión, la primera vez que un exjefe de Estado ha sido condenado por genocidio en su propio país. «Uno se siente tentado a creer —dijo el periodista guatemalteco Julio Godoy— que había personas en la Casa Blanca que adoran a los dioses aztecas y les hacían ofrendas de sangre centroamericana.»[37]

La historia del apoyo de Estados Unidos a regímenes asesinos en el hemisferio occidental ocuparía muchos volúmenes.[38] Como afirma Greg Grandin, «para finales de la Guerra Fría, las fuerzas de seguridad latinoamericanas entrenadas, financiadas, equipadas e instigadas por Washington habían ejecutado un régimen de terror sanguinario —cientos de miles de muertos, un número similar de torturados y millones de personas forzadas al exilio— del que la región aún no se ha recuperado». En Bolivia, por ejemplo, en 1971, el presidente Juan José Torres fue derrocado por el general Hugo Banzer. Torres había creado una Asamblea Popular que representaba a la clase trabajadora (campesinos, estudiantes, maestros, mineros, etcétera), una de esas políticas «radicales» que lo hacían inaceptable para Washington. Henry Kissinger temía que Torres fuera «ultranacionalista, izquierdista y antiestadounidense», por lo que no tardó en ordenar a la CIA que «activara con urgencia una operación» para derrocarlo. El golpe de Estado de Banzer contó con el respaldo de Estados Unidos y, una vez en el poder, fue apoyado con una importante ayuda militar estadounidense (63 millones de dólares solo en el primer año). El régimen de Banzer detuvo y torturó a miles de personas, «hizo desaparecer» sin dejar rastro a ciento cincuenta y cinco y expulsó del país a otras diecinueve mil. A pesar de ello, el embajador estadounidense Ernest Siracusa describió a Banzer como un «atractivo», «simpático», «clásico padre de familia católico» que no tenía «intenciones» de ser represivo.[39]

Torres fue secuestrado y asesinado en 1976 como parte de la Operación Cóndor, un programa de terrorismo de Estado que estuvo operativo durante décadas y que contaba con el respaldo de Estados Unidos. La Operación Cóndor la llevaron a cabo de forma conjunta diversos Gobiernos militares de derechas de América Latina, con el objetivo de «encontrar y eliminar» a quienes consideraran «terroristas» o «subversivos», según declaraba un memorando del Departamento de Estado norteamericano de 1976, donde se señalaba que en el término *subversivo* entraba «casi cualquiera» que se opusiera «a la política del Gobierno». Como ha explicado John Dinges, uno de los principales expertos en la Operación Cóndor, a partir de la información de archivos desclasificados, Estados Unidos se encontraba «encerrado en un íntimo abrazo con perpetradores de masacres que dirigían campos de tortura, vertederos de cadáveres y crematorios, y que llevaron sus operaciones terroristas hasta nuestras propias calles» (en referencia al economista Orlando Letelier, que estaba refugiado en Washington D. C. y cuyo asesinato fue perpetrado por agentes de Pinochet en las calles de la capital estadounidense). Según cuenta Dinges, «[a los Gobiernos militares latinoamericanos] no es solo que se les diera a entender, sino que se les dijo de forma explícita, en reuniones secretas, que la política de derechos humanos norteamericana era meramente táctica y de cara al público, y que Estados Unidos simpatizaba con los regímenes que habían derrocado las democracias y estaban asesinando por miles a sus propios ciudadanos».[40]

En Argentina, en 1976, un golpe de Estado derrocó a la presidenta Isabel Perón y dejó preparado el camino para la dictadura militar del general Jorge Rafael Videla, a la que se le dio el nombre de Proceso de Reorganización Nacional. Este golpe contó con la aquiescencia y el apoyo implícitos del Gobierno estadounidense de Gerald Ford. Videla calificó de «terrorista» a cualquiera que «alentara ideas contrarias a nuestra civilización occidental y cristiana», y respondió a ese supuesto «terror» con otro enteramente real. Como relata Stephen Rabe, las fuerzas de seguridad argentinas «secuestraron en La Plata a siete estudiantes de secundaria, y a seis de ellos los mataron porque mostraron la temeridad de protestar contra la eliminación de las ayudas estudiantiles en las tarifas de los autobuses de la ciudad». También «asesinaron a un parapléjico, José Liborio Poblete, porque redactó una petición instando a las empresas a contratar un porcentaje fijo de trabajadores discapacitados». Durante el mandato de Videla, Estados Unidos mantuvo estrechos vínculos diplomáticos con Argentina, como ponen de manifiesto las múltiples visitas oficiales que realizó el secretario de Estado Henry Kissinger. Rabe señala que Kissinger «dio su aprobación manifiesta al terrorismo de Estado» de la dictadura, pues le comunicó al ministro argentino de Asuntos Exteriores: «Entendemos que deben instaurar la autoridad», y solo le puso una condición: «Si hay cosas que deban hacerse, deben hacerlas con rapidez».[41]

TUMOR MALIGNO EN MANAGUA

Durante la década de 1980, la política estadounidense relacionada con Centroamérica se caracterizó por un brutal empeño en acabar con cualquier movimiento de izquierdas o popular, generalmente con el pretexto de impedir la propagación del comunismo. La intervención estadounidense en Nicaragua, tras el derrocamiento de la dictadura de Somoza por parte de los sandinistas, constituye un ejemplo particularmente atroz. Al principio, Estados Unidos intentó garantizar el mantenimiento del *statu quo* con un «somocismo sin Somoza», es decir, preservando intacto el sistema del dictador con otra figura decorativa al frente. Según el embajador Lawrence Pezzullo, «con una cuidadosa orquestación, tenemos más posibilidades que nunca de preservar lo suficiente de la GN [la Guardia Nacional, la infame milicia de Somoza] para custodiar el orden y mantener a raya a los sandinistas una vez que Somoza renuncie». Zbigniew Brzezinski, asesor de Carter, declaró: «Debemos demostrar que seguimos siendo la fuerza decisiva para determinar los resultados políticos en América Central y que no permitiremos la intervención de otros». Cuando este plan fracasó, la administración Carter intentó mantener a la Guardia Nacional de Somoza como base del poder estadounidense en la región.[42]

Con Ronald Reagan, esta estrategia se intensificó hasta convertirse en una brutal campaña a gran escala contra Nicaragua.

Estados Unidos libró una guerra terrorista, acompañada de una guerra económica, para desestabilizar al Gobierno sandinista, que mantenía un compromiso firme con la mejora de las condiciones de vida de la población, a la que implicaba activamente en el proceso de desarrollo. Este compromiso entrañaba una amenaza para la hegemonía de Estados Unidos, pues constituía un ejemplo de éxito de un Gobierno independiente y de izquierdas en la región. Henry Kissinger lo explicó con claridad: «Si no podemos controlar Centroamérica», surgirá en otras zonas la duda «de nuestra capacidad para manejar el equilibrio global». Ronald Reagan, que había declarado que Nicaragua era una «amenaza extraordinaria» para la «seguridad nacional de Estados Unidos», admitió que los estadounidenses podrían preguntarse: «¿Cómo puede un país tan pequeño representar una amenaza tan grande?». Insistió en que no debíamos «ignorar el tumor maligno en Managua», para evitar que se extendiese y se convirtiera «en una amenaza mortal para todo el Nuevo Mundo».[43]

Como escriben los latinoamericanistas Thomas W. Walker y Christine J. Wade, «la preocupación más importante a largo plazo de la Revolución Sandinista», durante sus primeros años, «era mejorar las condiciones de vida de la mayoría oprimida del pueblo nicaragüense». Sin embargo, este proyecto se vio dificultado por la «terrible situación económica interna y la enorme deuda internacional heredada del dictador saliente y sus compinches». A pesar de ello, el Gobierno logró avances impresionantes en algunos ámbitos, como la disminución de la desnutrición, la reducción de los alquileres y la implementación de una Cruzada Nacional de Alfabetización que produjo mejoras drásticas en la tasa de alfabetización (y ganó el premio de la Unesco en 1980 al mejor programa de su clase). No obstante, como señalan Walker y Wade, la «guerra subsidiaria alentada por Estados Unidos junto con otras formas añadidas de agresión económica» destruyeron «escuelas rurales, clínicas, almacenes de alimentos, guarderías y proyectos básicos de desarrollo». En la segunda parte de la década, los gastos relacionados con la guerra consumieron más de la mitad del presupuesto nacional, privando inevitablemente a los programas sociales de los recursos que tanto necesitaban.[44] Greg Grandin ha analizado más a fondo las consecuencias de la política de la era Reagan para Nicaragua. En 1984, utilizando un «manual de tortura» estadounidense, la Contra había «asesinado, torturado [...] y mutilado a miles de civiles en las zonas rurales». Cuando la guerra finalmente concluyó, decenas de miles de nicaragüenses habían perdido la vida.[45]

En el vecino El Salvador, Estados Unidos apoyó durante mucho tiempo a dictadores que imponían un régimen severo de represión, tortura y muerte. Sin embargo, a finales de la década de 1970, se produjo un auge de las denominadas «organizaciones populares»: asociaciones campesinas, cooperativas, sindicatos o grupos de estudio de la Biblia vinculados a la Iglesia que, entre otras cosas, evolucionaron hacia grupos de ayuda mutua. Y con ello creció la amenaza de la democratización.

En febrero de 1980, el arzobispo de El Salvador, Óscar Romero, escribió al presidente Carter rogándole que no enviara ayuda militar a la junta que gobernaba el país. Romero expresó su profunda preocupación por el hecho de que Estados Unidos estuviera planteándose un nuevo envío de ayuda militar a El Salvador. Le advertía que, de producirse, «su Gobierno, en lugar de favorecer una mayor justicia y paz», estaría agudizando «sin duda la injusticia y la represión contra el pueblo organizado que ha luchado incansablemente por que se respeten sus derechos humanos más fundamentales».[46]

Pocas semanas después, monseñor Romero fue asesinado mientras celebraba la misa. Se cree generalmente que el responsable de este asesinato (entre otras muchas atrocidades) fue el neonazi Roberto d'Aubuisson. El 7 de marzo de 1980, dos semanas antes de la muerte de Romero, se había declarado el estado de sitio en El Salvador y se inició una intensa guerra contra la población civil (con el apoyo y la participación continuados de Estados Unidos). El primer golpe significativo fue la masacre perpetrada en el río Sumpul, una operación militar coordinada entre los ejércitos de Honduras y El Salvador en la que fueron asesinadas entre trescientas y seiscientas personas. Hubo bebés descuartizados con machetes y mujeres torturadas y ahogadas. Durante días, los cuerpos aparecieron flotando en el río. Las principales víctimas de esta guerra fueron los campesinos, junto con los organizadores sindicales, los estudiantes, los sacerdotes o cualquier persona que fuera sospechosa de estar trabajando por los intereses del pueblo.[47]

Durante el último año de mandato de Carter y a lo largo de toda la presidencia de Ronald Reagan, el número de muertos en El Salvador creció drásticamente como resultado del apoyo de Estados Unidos al ejército salvadoreño. Como resume la NPR: «Mientras los responsables políticos estadounidenses defendían la necesidad de mantener un Gobierno democrático en El Salvador, la realidad era que Washington estaba financiando a un ejército corrupto, conocido por secuestrar, torturar y masacrar a civiles inocentes». Citan al periodista Víctor Ábalos, quien en ese momento informaba desde el país: «No dejaban de aparecer cadáveres en los basureros. [...] Jóvenes, ancianos, mujeres, hombres... La cuestión era que, para mucha gente, la vida se había vuelto barata». Debido a que la Iglesia había adoptado una «opción preferencial por los pobres», el clero se encontraba especialmente bajo sospecha, y la Biblia se consideraba subversiva. En las puertas de las iglesias aparecían pasquines que decían: «Sé patriota, mata a un sacerdote».[48]

La implicación del Batallón Atlácatl, una unidad creada, entrenada y equipada por Estados Unidos y cuyas acciones —que incluyeron asesinatos, violaciones y torturas— se caracterizaron por mostrar una violencia extrema, revela la magnitud de la complicidad norteamericana. El batallón se formó en marzo de 1981, cuando el ejército estadounidense envió a El Salvador a unos especialistas en contrainsurgencia. Desde el principio, se especializó en la perpetración de masacres. Uno de los entrenadores militares estadounidenses dijo de sus soldados que eran «particularmente feroces», y añadió: «Siempre nos ha costado mucho trabajo conseguir que nos traigan prisioneros en lugar de orejas». En diciembre de 1981, el batallón participó en una operación en la que murieron más de mil civiles en una orgía de asesinatos, violaciones e incendios conocida como «la masacre de El Mozote». El Gobierno de Reagan restó importancia a los informes sobre el asunto, la prensa de derechas los desestimó como «propaganda» e incluso *The New York Times* reasignó al reportero que publicó la noticia. Como ha explicado el periodista Mark Hertsgaard, los informes sobre la masacre eran una amenaza para el Gobierno de Estados Unidos porque «contradecían la afirmación moral fundamental en la que se sustentaba la política norteamericana», y sacaban a la luz que «lo que Estados Unidos estaba apoyando en América Central no era la democracia, sino la represión».[49]

Los logros de Estados Unidos en Centroamérica durante la década de 1980 constituyen una tragedia de enormes proporciones, no solo por el terrible coste en vidas humanas, sino porque se habían abierto verdaderas oportunidades de avanzar hacia una democracia real con los éxitos incipientes de El Salvador, Guatemala y Nicaragua. Estos esfuerzos iniciales podrían haber funcionado y haber servido como ejemplo para otros países aquejados de problemas similares. Pero tal amenaza fue efectivamente neutralizada.[50]

Masacres constructivas: Indonesia y Timor oriental

Entre 1965 y 1966, el Partido Comunista de Indonesia fue completamente exterminado en lo que un análisis de la CIA calificó como «una de las peores masacres del siglo xx». Las estimaciones sobre el número de muertos son imprecisas, ya que los perpetradores gobernaron el país durante décadas y nunca se llevó a cabo una investigación seria. El consenso general sugiere una cifra de quinientas mil personas, aunque algunos cálculos elevan ese número a un millón. El Partido Comunista de Indonesia había sido uno de los partidos de izquierda más exitosos del mundo y era la única asociación política del país con una estructura de base. Sin embargo, en poco tiempo los comunistas fueron aniquilados, el presidente Sukarno, nacionalista independiente, fue derrocado y lo sustituyó el dictador homicida Suharto.[51]

Geoffrey Robinson ofrece más detalles sobre esas masacres en su libro *The Killing Season: A History of the Indonesian Massacres, 1965-66*. Las víctimas eran «en su mayoría personas pobres o de clase media baja —campesinos, trabajadores de plantaciones, obreros fabriles, maestros de escuela, estudiantes, artistas, bailarines y funcionarios públicos— que vivían en aldeas rurales y plantaciones, o en humildes *kampungs* en las afueras de ciudades y aldeas de las provincias». Fueron asesinados en «campos de exterminio [...] repartidos por todo el archipiélago», «abatidos con cuchillos, hoces, machetes, espadas, picahielos, lanzas de bambú, barras de hierro y otros utensilios de uso cotidiano». La barbarie fue inconmensurable. Vincent Bevins cuenta que los testigos describían «escenas estremecedoras más allá de lo imaginable, una manifestación de violencia tan aterradora que siquiera hablar de lo ocurrido ya hacía que las personas se derrumbaran y se cuestionaran su propia cordura».[52]

En Estados Unidos, al tiempo que se informaba de las atrocidades, se celebraba la formación del nuevo Gobierno indonesio. La matanza, similar a lo sucedido en Ruanda, se consideraba un triunfo para el mundo libre, pues al eliminar a la oposición de izquierda independiente los asesinos habían asegurado que Indonesia tuviera un Gobierno prooccidental. La revista *Time* calificó la aniquilación de los comunistas indonesios de «la mejor noticia en años para Occidente en Asia», y *The Atlantic* aseguró a sus lectores que «al atacar a los comunistas» el «incorruptible» Suharto «solo estaba haciendo lo que creía que era mejor para Indonesia». *The New York Times* se mostró directamente pletórico, y describió los sucesos como un nuevo «rayo de luz en Asia». El *Times* afirmó que, a pesar de nuestros «problemas políticos en Vietnam», se estaban produciendo «sucesos políticos más esperanzadores en otras partes de Asia». Y, aunque lo calificaba de «masacre», también expresó que «el control de este gran y estratégico archipiélago ya no está en manos de hombres ferozmente hostiles a Estados Unidos».[53]

Estados Unidos no solo celebró el genocidio, también colaboró activamente con sus perpetradores. Esto ya era conocido en su momento: el informe del *Times* reconocía que, si bien «Washington está teniendo cuidado de no atribuirse ningún mérito [...], es dudoso que el golpe hubiera llegado a intentarse sin la demostración de fuerza estadounidense en Vietnam, o que se hubiera sostenido sin la ayuda clandestina que ha recibido indirectamente desde aquí». Años después, los documentos han confirmado la magnitud de la implicación de Estados Unidos. Hay telegramas enviados desde la embajada estadounidense que solicitan ayuda clandestina para fortalecer a aquellos a quienes desean «ver triunfar en esta lucha mortal por el poder político», y señalan que «posiblemente se necesitarán armas ligeras y equipamiento para enfrentarse al PKI [el Partido Comunista de Indonesia]». Estados Unidos llegó a proporcionar al ejército indonesio listados con los nombres de miles de comunistas, teniendo pleno conocimiento de que serían ejecutados.[54]

De hecho, según cuenta Robinson, desde la década de 1940, Estados Unidos había «trabajado de forma incansable para socavar al PKI y debilitar o derrocar al presidente Sukarno», instigando a los militares durante mucho tiempo a tomar el poder. Bevins concluye a partir de los registros: «Desde la década de 1950, la estrategia de Estados Unidos había consistido en buscar la manera de destruir al Partido Comunista Indonesio, no porque se hubiera hecho con el poder por medios antidemocráticos, sino justamente por su popularidad». Las masacres fueron resultado de un esfuerzo prolongado por destruir a la izquierda y poner a Indonesia bajo control militar. En 1958, la Embajada de Estados Unidos en Yakarta informaba de que era cada vez más probable que no fuese posible «derrotar a los comunistas por medios democráticos en elecciones ordinarias», por lo que no parecía improbable que en un futuro relativamente cercano se pusiera en marcha «un programa de eliminación gradual de los comunistas por parte de la policía y el ejército, seguido de la ilegalización del Partido Comunista». Ese mismo día, el Estado Mayor Conjunto de Estados Unidos instó a «tomar medidas, incluidas acciones abiertas si fuera necesario, para asegurar el éxito de los disidentes o la supresión de los elementos procomunistas del Gobierno de Sukarno».[55]

Robert Martens, que trabajaba como secretario político en la Embajada de Estados Unidos en Yakarta, admitió sin remordimientos haber proporcionado los listados de comunistas que facilitaron su eliminación:

> No cabe duda de que fue de gran ayuda para el ejército. Probablemente mataron a mucha gente, y probablemente yo tenga mucha sangre en mis manos, pero esto no es algo malo del todo. Hay momentos en los que se debe golpear con fuerza en el momento decisivo.[56]

Howard Federspiel, un experto en Indonesia que trabajaba en el Departamento de Estado en ese momento, comentó en 1990: «A nadie le importaba que los estuvieran masacrando mientras se tratara de comunistas. [...] Nadie tenía demasiada preocupación por ello». Bradley Simpson, director del Proyecto de Documentación sobre Indonesia y Timor Oriental en el Archivo de Seguridad Nacional, concluye a partir de los registros que «Estados Unidos y sus aliados consideraban la total aniquilación del PKI y de sus partidarios civiles como un requisito indispensable para la reintegración de Indonesia en la economía política regional». Y, por ello, «Washington hizo todo lo que estaba en su poder para alentar y facilitar la masacre de supuestos miembros del PKI orquestada por el ejército, y lo único que temían los altos cargos de la administración estadounidense era que el asesinato de los partidarios desarmados del partido no fuera suficiente». Geoffrey Robinson defiende que las potencias occidentales «no fueron espectadores inocentes», sino que llevaron a cabo una «campaña coordinada para contribuir a la destrucción política y física del PKI y sus seguidores» y a que Suharto se consolidara en el poder. El planteamiento de que la violencia «fue producto de unas fuerzas políticas internas sobre las que las potencias externas tenían poca o ninguna influencia» es «falso», pues «los países occidentales alentaron al ejército a emplearse con fuerza contra la izquierda, facilitaron la violencia generalizada, matanzas masivas incluidas, y contribuyeron a la consolidación del poder político del ejército».[57]

De modo que el Gobierno de los Estados Unidos fue directamente responsable de instigar y apoyar lo que la propia CIA ha calificado como una de las peores atrocidades del siglo XX.[58] Sobre este episodio no se habla nunca. Bevins sugiere un motivo para que sea así: la verdad de que Estados Unidos «orquestó las condiciones para un enfrentamiento violento» y después «asistió y guio a sus antiguos socios para llevar a cabo el asesinato masivo de civiles con el fin de alcanzar sus objetivos geopolíticos particulares» es tan espantoso que resulta imposible reconocerlo, al menos para cualquier norteamericano que desee seguir creyendo en el papel benigno o positivo que supuestamente desempeña Estados Unidos en el mundo. Bevins reflexiona: «Lo que ocurrió contradice de un modo tan profundo nuestra idea de lo que fue la Guerra Fría, de lo que significa ser estadounidense o de cómo se ha desarrollado la globalización, que simplemente ha sido más fácil ignorarlo».

En otras palabras, la historia resulta tan reveladora que no puede ser conocida. Y, por tanto, no se conoce. Los hechos quedan relegados al agujero de la memoria de Orwell, olvidados de la misma manera que la masacre de cientos de miles de filipinos a principios del siglo XX, la aniquilación genocida de los nativos americanos y otros episodios que no encajan en la historia oficial.

El apoyo y la asistencia de Estados Unidos al régimen de Suharto se mantuvieron durante décadas después de la exitosa campaña de exterminio. En 1975, Suharto invadió Timor Oriental, que acababa de obtener su independencia de Portugal. Tras derrocar al Gobierno de izquierdas, inició una ocupación que duró décadas y que costó la vida a cientos de miles de personas. La población era hacinada en campos de concentración o en edificios y ejecutada en masa. El Consejo de Seguridad de la ONU ordenó a Indonesia que se retirara. Fue en vano. La explicación de este fracaso la dio el entonces embajador estadounidense ante la ONU, Daniel Patrick Moynihan, quien en sus memorias se jactó de haber logrado que la ONU fuera «totalmente inoperante en cualquier medida que emprendiera» porque «Estados Unidos deseaba que las cosas resultaran como resultaron» y «trabajó para lograrlo». C. Philip Liechty, quien fuera alto oficial de la CIA en la embajada de Yakarta durante la invasión de Timor Oriental, confesó que Estados Unidos «le dio luz verde» a Suharto y suministró a sus fuerzas «todo lo que necesitaban». Cuando se conocieron las masacres de civiles, la CIA trató de «ocultarlas tanto como fue posible».[59]

En 1978, Jimmy Carter declaró que mientras él fuera presidente el Gobierno de Estados Unidos seguiría «defendiendo los derechos humanos en todo el mundo» y que ninguna fuerza en la Tierra podía alejarnos «de este compromiso». Afirmó que los derechos humanos eran «el alma de nuestra política exterior». Sin embargo, Carter aumentó el suministro de armamento a Indonesia, que se empleó para acabar con la resistencia timorense. La posición oficial de Estados Unidos, según expresó el Departamento de Estado ante el Congreso, fue la siguiente: «Dejamos claro a [los indonesios] que entendíamos la situación en la que se encontraban; comprendíamos las presiones a las que estaban sometidos, su preocupación por los combates que se estaban librando y la inestabilidad que tales acontecimientos podían provocar». En realidad, no hubo combates más allá de la propia agresión de Indonesia, que se llevó a cabo (tal como reconoció el propio Departamento de Estado) «en un 90 por ciento aproximadamente con equipamiento nuestro».[60]

El número de fallecidos alcanzó finalmente la cifra de doscientos mil, una de las peores matanzas en porcentaje de población desde el Holocausto. Murieron un tercio de los habitantes del país, muchos de ellos debido a la hambruna. Clinton Fernandes, autor del exhaustivo estudio *The Independence of East Timor*, afirma que «para Indonesia, el objetivo militar de destruir la resistencia anulaba cualquier otra consideración», mientras que «para los Gobiernos occidentales, la prioridad fue el mantenimiento de buenas relaciones con el régimen de Suharto». Aunque «la aviación proporcionada a Indonesia por Estados Unidos fue el factor principal en la elevada cifra de muertos», las protestas en Occidente fueron mínimas y hubo poca información al respecto. John Pilger, refiriéndose a Timor Oriental, dice: «Otros lugares del planeta pueden parecer más remotos, pero ninguno ha sido hasta tal punto profanado y maltratado por fuerzas homicidas ni se ha visto tan abandonado por la "comunidad internacional", cuyos dirigentes son cómplices de uno de los grandes crímenes no reconocidos del siglo XX».[61]

Los presidentes estadounidenses mantuvieron su lealtad a Suharto durante décadas, incluso cuando la masacre de cientos de manifestantes independentistas timorenses recibió cobertura mediática internacional en 1991. En 1995, un artículo de *The New York Times* explicaba los motivos por los que el Gobierno de Clinton mantuvo con Suharto unas relaciones tan cordiales que «la sala del Gabinete estaba repleta de altos cargos de la administración para darle la bienvenida». Suharto había «sido astuto a la hora de mantener contento a Washington» con medidas como «la desregulación de la economía» y «la apertura de Indonesia a la inversión extranjera». El *Times* citaba las palabras de un alto cargo de la administración que decía que Suharto era «nuestro tipo de hombre» en comparación con el beligerante Fidel Castro, al que se dio en Washington una fría bienvenida (Castro era un dictador, al fin y al cabo). El Archivo de Seguridad Nacional señala que «la administración Clinton mantuvo su apoyo a Suharto prácticamente hasta el final», llegando incluso a anular una investigación sobre las prácticas laborales en Indonesia, «y siguió contemplando a las fuerzas armadas indonesias como garantes de la estabilidad» aun cuando el ejército estaba masacrando a quienes se manifestaban contra el régimen de Suharto. Después de que el dictador timorense «reprimiera brutalmente las protestas de los estudiantes y secuestrara a activistas prodemocracia», Bill Clinton le dijo en una llamada telefónica personal: «Su liderazgo ha producido un crecimiento económico y una prosperidad sin precedentes para Indonesia y su pueblo. Estoy convencido de que será capaz de superar esta dificultad actual».[62]

Clinton dejó claro que la represión de la oposición democrática no era obstáculo para que Estados Unidos continuara apoyando al Gobierno de Timor Oriental. Suharto siguió siendo «nuestro tipo de hombre», mientras acumulaba uno de los historiales más terroríficos de matanzas, torturas y otros abusos. No obstante, Suharto cometió un error, perdió el control y vaciló en implementar las duras políticas prescritas por el Fondo Monetario Internacional (FMI). Finalmente, en 1998, la secretaria de Estado Madeleine Albright le pidió que renunciara para «preservar su legado» y permitir «una transición democrática». Unas horas más tarde, Suharto transfirió el poder al vicepresidente que él mismo había designado. La rapidez con la que se marchó tras perder el respaldo de Estados Unidos demuestra lo fácil que habría resultado para Washington detener las torturas en Timor Oriental en cualquier momento.[63]

Desafío exitoso: Irán

Después de la Segunda Guerra Mundial, surgieron en Irán una serie de corrientes nacionalistas que se articularon en torno a Mohammad Mossadegh un carismático líder liberal que contaba con el apoyo de iraníes pertenecientes a todas las clases sociales. En 1951, Mossadegh ocupó el cargo de primer ministro, decidido a nacionalizar el petróleo iraní, que hasta entonces había sido un monopolio británico. En 1953, Estados Unidos y Gran Bretaña acordaron que Mossadegh no debía seguir en el poder. Su régimen parlamentario fue derrocado mediante un golpe de Estado que instauró en el poder al sah Reza Pahleví, más dócil que su antecesor. La CIA admitió más tarde que el golpe «se llevó a cabo bajo la dirección de la CIA como una acción de política exterior estadounidense, concebida y aprobada por los niveles más altos del Gobierno».[64]

El historiador Roham Alvandi y el politólogo Mark J. Gasiorowski señalan que «tanto Gran Bretaña como Estados Unidos negaron públicamente su participación en el golpe de 1953 para no avergonzar al sah ni poner en peligro los estrechos vínculos políticos y económicos de ambos países con Irán». Y aun después de que aparecieran pruebas concluyentes de ello, la negación o minimización del papel de Estados Unidos «llegó a los niveles más altos del Gobierno norteamericano». Además, desde entonces ha existido la «preocupación de que si la opinión pública estadounidense llega a albergar una sensación de culpabilidad por la intervención de la CIA en Irán en 1953, disminuirán las posibilidades de que apoye otra intervención estadounidense en Irán hoy». De hecho, si la opinión pública estadounidense entiende esta fuente de resentimiento iraní contra Estados Unidos, existe el riesgo de que empaticen con un enemigo declarado. Por lo tanto, es imperativo que la verdad sobre la política exterior de su país se mantenga oculta. No obstante, internamente, tal como relata el alto cargo del Departamento de Estado Andrew Killgore, «se consideró como un enorme triunfo de la CIA», una «gran victoria nacional estadounidense», porque habían «cambiado el rumbo de todo un país».[65]

El sah permaneció en el poder durante los siguientes veintiséis años, sostenido por el apoyo de Estados Unidos incluso mientras se dedicaba a encarcelar, torturar y ejecutar a disidentes y Amnistía Internacional lo condenaba como un violador de los derechos humanos. Una de las consecuencias del golpe fue que las compañías petroleras estadounidenses obtuvieron el 40 por ciento de las concesiones iraníes, lo que constituía una parte importante de las principales reservas energéticas del mundo. Además, Estados Unidos también ayudó al sah a desarrollar su programa nuclear y formó a los ingenieros nucleares iraníes. Los agentes estadounidenses argumentaban firmemente que la energía nuclear sería beneficiosa para Irán. (Sin embargo, cuando el país árabe se convirtió en un enemigo en el discurso oficial, cambió el relato y se afirmó que no era posible que el programa nuclear de Irán tuviera usos legítimos en tiempos de paz.)[66]

The New York Times se mostró complacido con la lección impartida a los iraníes y a cualquiera que intentara seguir una vía de nacionalismo independiente.

> Los países subdesarrollados que cuentan con ricos recursos tienen ahora una lección clara sobre el alto pecio que deben pagar los de su clase si sucumben al nacionalismo fanático. [...] Quizá sea demasiado esperar que la experiencia de Irán impida el surgimiento de otros Mossadeghs en otros países, pero al menos puede fortalecer la posición de líderes más razonables y previsores.[67]

En 1979, los iraníes llevaron a cabo otro acto ilegítimo: derrocaron al tirano que Estados Unidos había impuesto y apoyado, y avanzaron por una vía independiente, al margen de las órdenes de los norteamericanos. La administración Carter se planteó la posibilidad de apoyar un golpe militar (aunque al final decidió no hacerlo por razones pragmáticas) y trató de «preservar la mayor parte posible del régimen del sah», en palabras del analista de Oriente Medio Mahan Abedin, aunque dicha estrategia no tardó en desmoronarse.[68]

Las acciones hostiles de Estados Unidos contra Irán prosiguieron durante toda la década de 1980. El régimen de Sadam Huseín en Irak invadió Irán con un fuerte apoyo estadounidense. La guerra causó la muerte de cientos de miles de personas, devastó Irán y, además, Sadam utilizó armas químicas (de nuevo, con el respaldo de Estados Unidos). La administración Reagan acusó falsamente a Irán de usar armas químicas contra los kurdos, e impidió que el Congreso emitiera cualquier declaración crítica con la guerra química de Sadam. Después del conflicto, y bajo el Gobierno de George H. W. Bush, el Pentágono invitó a científicos de armamento iraquíes a que viajaran a Estados Unidos para recibir entrenamiento en la fabricación de bombas, lo que representaba una grave amenaza para Irán. Es posible que el público estadounidense no recuerde ninguno de estos sucesos, pero los iraníes sí lo hacen.[69]

Hoy, la «amenaza iraní» es una obsesión en Occidente. No cabe duda de que Irán es un régimen fundamentalista con un historial terrorífico en materia de derechos humanos, pero la causa de la obsesión no es esa. Al fin y al cabo, no hay régimen más fundamentalista en el mundo que Arabia Saudita, un Estado cuyo objetivo es difundir su interpretación extremista wahabí-salafista del islam por todo el mundo. En Yemen, el Gobierno saudí ha causado una de las peores crisis humanitarias de nuestro tiempo, provocando hambrunas masivas y bombardeando objetivos civiles, incluido un autobús escolar, con armamento proporcionado por Estados Unidos (que incluso reabastecía de combustible a los aviones saudíes durante los bombardeos). El régimen saudí también asesinó y descuartizó al periodista de *The Washington Post* Jamal Khashoggi con una motosierra. No obstante, Arabia Saudita ha mantenido buenas relaciones tanto con la administración Trump como con la de Biden. De hecho, Joe Biden saludó con un amistoso choque de puños a Mohamed bin Salmán, y se comprometió a «pasar página» con el caso del asesinato de Khashoggi, ignorando las súplicas de la prometida del periodista. La administración Biden incluso acudió a los tribunales para intentar impedir que la familia de Khashoggi tuviera éxito en su demanda al líder saudí. El cálido abrazo que los presidentes estadounidenses han ofrecido a la dictadura saudí debería bastar para acabar con cualquier pretensión de que los «derechos humanos» o la «democracia» son factores determinantes en la designación de un país como enemigo, o de que la enemistad con Irán tiene que ver con las acciones represivas de su Gobierno.[70]

El pánico que cunde actualmente con relación a Irán gira en torno al posible desarrollo de armas nucleares por su parte, pero es necesario apuntar algunos datos. En primer lugar, no está claro que el país árabe esté desarrollando armamento nuclear. El Servicio de Investigación del Congreso de Estados Unidos ha señalado que «las evaluaciones oficiales de Estados Unidos [concluyen que] Irán detuvo su programa nuclear militar a finales de 2003 y no lo ha reanudado». Segundo, Irán se encuentra rodeado por tres potencias nucleares, Israel, India y Pakistán, que cuentan con el respaldo de Estados Unidos y que se han negado a firmar el Tratado de No Proliferación. Por último, Irán es amenazado regularmente con el uso de la fuerza tanto por Estados Unidos como por Israel, por lo que adquirir un elemento de disuasión nuclear bien podría entenderse como una medida racional.[71]

El historiador militar israelí Martin van Creveld escribió que «el mundo ha sido testigo de que Estados Unidos atacó a Irak, tal como ha quedado demostrado, sin tener razón alguna. Si los iraníes no hubieran intentado desarrollar armas nucleares, estarían locos», sobre todo cuando se encuentran bajo constante amenaza de que los ataquen, lo que viola la Carta de las Naciones Unidas. Thomas Powers, experto en inteligencia, señala que en los medios hegemónicos estadounidenses ha habido muy pocos comentarios sobre los motivos por los que Irán querría dotarse de armamento nuclear, y se da por hecho simplemente que se trata de un «país dirigido por fanáticos religiosos lo bastante locos como para usar una bomba si la tuvieran». En realidad, dice Powers, lo más probable es que Irán desee tener armamento nuclear por la misma razón que otros Estados: para disuadir a posibles atacantes. «Como herramientas de diplomacia coercitiva, las armas nucleares son casi totalmente inútiles, pero resultan muy efectivas para prevenir ataques a gran escala o que supongan una amenaza para el régimen. No hay pruebas de que Irán tenga otra motivación distinta, y sí muchas razones para que tema ese ataque como una posibilidad real.» Powers también destaca la larga lista de los presidentes estadounidenses que han hablado públicamente de la posibilidad de atacar a Irán, y señala que la invasión de Irak ofrece razones de sobra para tomarse en serio estas amenazas. Los Estados que cuentan con armamento nuclear «no pueden ser amenazados a la ligera», y el régimen de los ayatolás podría pensar con cierta razón que las armas nucleares pueden «salvar a Irán de un destino similar» al de su vecino. Al considerar la «amenaza iraní», también deberíamos tomar en consideración las amenazas dirigidas contra dicho país. Irán no ha asesinado a científicos israelíes ni lleva a cabo sabotajes, pero Israel sí lo hace contra Irán. Benjamín Netanyahu ha afirmado que Irán «debe verse frente a una amenaza nuclear creíble», aunque después se retractó de esta declaración, probablemente al recordar que las armas nucleares de Israel son ilegales y se supone que deben mantenerse en secreto.[72]

Desde 1979, Estados Unidos ha impuesto duras sanciones contra la población iraní de manera intermitente. Human Rights Watch ha advertido que este régimen de sanciones «representa una grave amenaza para el derecho de los iraníes a la salud y al acceso a medicamentos esenciales, y casi con toda seguridad ha contribuido a la documentada escasez de medicamentos esenciales, desde tratamientos para pacientes con epilepsia hasta fármacos limitados de quimioterapia para personas con cáncer». La administración Trump dejó claro que el castigo colectivo al pueblo iraní era el propósito de las sanciones, y no una consecuencia indeseada, y Mike Pompeo se jactó de que «las cosas han empeorado mucho para el pueblo iraní [debido a las sanciones estadounidenses], y estamos convencidos de que eso lo llevará a levantarse y cambiar el comportamiento del régimen». Biden, por su parte, ha seguido en gran medida la misma política, aunque ha permitido, generosamente, que Irán acceda a parte de sus propios ingresos petroleros.[73]

En 2014, se alcanzó un acuerdo entre Irán y los cinco miembros permanentes del Consejo de Seguridad de la ONU, más la Unión Europea, para limitar el programa nuclear iraní. Expertos en control de armas nucleares elogiaron el acuerdo porque lograba «reducir el riesgo de una competencia nuclear desestabilizadora en una región problemática». En 2017, Estados Unidos certificó que Irán estaba cumpliendo con los términos del acuerdo y el Organismo Internacional de Energía Atómica (OIEA) lo confirmó, concluyendo que no había «indicios creíbles de actividades en Irán relacionadas con el desarrollo de un dispositivo explosivo nuclear después de 2009». Sin embargo, en 2018, Donald Trump decidió retirar a Estados Unidos del acuerdo y restableció las sanciones que habían sido levantadas como parte del pacto, arruinando el entendimiento alcanzado. Irán ha instado repetidamente a Estados Unidos a regresar al acuerdo, comprometiéndose a volver a cumplirlo «una hora después de que Estados Unidos lo haga».

No obstante, en 2022, el enviado de Biden a Irán declaró que no iban «a perder el tiempo en eso» cuando se le preguntó por la posibilidad de volver al acuerdo. «No es un tema que esté en discusión», dijo Kurt Campbell, el candidato de Biden para subsecretario de Estado, y añadió que, en cambio, «hay que aislarlos diplomáticamente, a nivel internacional». Irán debe ser castigado por violar un acuerdo que nosotros mismos saboteamos.

La administración norteamericana considera a Irán como «el Estado que de forma más activa apoya el terrorismo en el mundo». Uno de los principales cargos en su contra es el uso de ciberataques. El Informe sobre Terrorismo del Departamento de Estado advierte que Irán «ha desarrollado un programa cibernético ofensivo robusto y ha financiado ciberataques contra Gobiernos extranjeros y entidades del sector privado». La Evaluación Anual de Amenazas de 2023 de la Oficina del Director de Inteligencia Nacional afirma que «la creciente experiencia y disposición de Irán para llevar a cabo operaciones cibernéticas agresivas lo convierten en una gran amenaza para la seguridad de las redes y los datos de Estados Unidos y sus aliados. El enfoque oportunista de Irán hacia los ciberataques hace que los propietarios de infraestructuras críticas en Estados Unidos sean susceptibles de sufrir ataques».[74]

Cuando Estados Unidos acusa a un país de comportarse de forma «agresiva» u «ofensiva», muy a menudo está implicado en un comportamiento similar. De hecho, como Thomas Warrick, ex subsecretario adjunto de Política Antiterrorista del Departamento de Seguridad Nacional, explicó en 2013, «Irán desarrolló su capacidad de ciberataque después de que saliera a la luz el *malware* Stuxnet, que atacó los sistemas de control industrial (ICS) iraníes de Siemens en junio de 2010». Stuxnet, la «primera ciberarma conocida», fue creada conjuntamente por los servicios de inteligencia estadounidense e israelí y utilizada contra Irán durante la administración Obama, con el fin de obstaculizar el programa nuclear del país. Gary Samore, el coordinador de la Casa Blanca para el Control de Armas y Armas de Destrucción Masiva, prácticamente reconoció que Estados Unidos había atacado a Irán con Stuxnet al decir: «Nos alegramos de que estén teniendo problemas con sus centrifugadoras» y «estamos haciendo todo lo posible para complicarles las cosas». Irán ha recibido repetidos ataques con Stuxnet y otras armas cibernéticas, incluido, en 2019, una incursión en su sistema bancario por parte de una «entidad estatal» no identificada.[75] Durante sus primeros meses en el cargo, el presidente Obama «ordenó en secreto ataques cada vez más sofisticados contra los sistemas informáticos que operan las principales instalaciones de enriquecimiento nuclear de Irán, expandiendo significativamente el uso de armas cibernéticas por parte de Estados Unidos». La administración Trump admitió haber llevado a cabo repetidos ciberataques contra Irán.[76]

No cabe duda de que el Estado iraní proporciona armas y financia organizaciones que cometen atrocidades terribles. En este sentido, actúa como lo hacen otros Estados, incluido el nuestro. Pero ¿qué sucedería si Irán asesinara al segundo miembro de la administración de mayor rango de Estados Unidos o a un general de alto rango en el Aeropuerto Internacional de la Ciudad de México, junto con el comandante de una gran parte del ejército de una nación aliada respaldada por Estados Unidos? Esto sería interpretado como una acción de guerra, sin duda un grave crimen terrorista. Sin embargo, tal cosa es precisamente lo que hizo Estados Unidos con el general iraní Qasem Soleimani, a quien asesinó en el aeropuerto de Bagdad. El relator especial de las Naciones Unidas que se ocupa de investigar las ejecuciones extrajudiciales y sumarias condenó el asesinato, advirtiendo que con él se «corría el riesgo de erosionar las leyes internacionales que rigen la conducta de las hostilidades», y alertó de que, si otros países actuaran de manera similar a Estados Unidos, el resultado sería probablemente una desastrosa «conflagración global». Sin embargo, a pesar de que fue una evidente violación del derecho internacional y de la soberanía de Irak, el asesinato fue celebrado en Estados Unidos (hasta los críticos republicanos de Trump dijeron: «Por fin algo que nos gusta»). Incluso los consumidores estadounidenses pueden recrear el asesinato en el videojuego *Call of Duty*. Una superpotencia rebelde no tiene por qué preocuparse por lo que piense la comunidad internacional.[77]

LA ECONOMÍA POLÍTICA DE LOS DERECHOS HUMANOS

George Kennan, en una reunión informativa con embajadores latinoamericanos, explicó que uno de los principales intereses de la política estadounidense es la «protección de nuestras materias primas». ¿De quién debemos proteger nuestras materias primas? Principalmente, de las poblaciones locales de los países que las poseen. ¿Y cómo protegeremos nuestras materias primas de esa población? Lo que dijo Kennan es que debemos ser implacables. La respuesta «puede ser desagradable», pero «no debemos dudar en recurrir a la represión policial por parte del Gobierno local». Esto, afirmaba, «no es algo vergonzoso», porque «los comunistas son esencialmente unos traidores» y por eso «es mejor tener un régimen fuerte que un Gobierno liberal si este es indulgente, laxo, o está infiltrado por comunistas». (El término *comunista*, como hemos visto, se aplicaba a todos aquellos que se negaban a seguir órdenes, independientemente de su verdadera ideología.)[78]

En una línea similar, el panel de Eisenhower sobre acción encubierta, en el Informe Doolittle, recomendaba que, dada la existencia de «un enemigo implacable cuyo objetivo declarado es la dominación mundial», debíamos adoptar una «filosofía fundamentalmente repugnante» sin «reglas», en la que «las normas de la conducta humana aceptadas hasta ahora no se aplican», pues el único objetivo es «subvertir, sabotear y destruir» al enemigo. Estados Unidos ha seguido de manera consistente los preceptos de Kennan y Doolittle, dejando de lado «objetivos vagos e irreales como los derechos humanos, la mejora del nivel de vida y la democratización». El principio general que se sigue en todo momento es que los violadores de los derechos humanos son aceptables cuando sirven al «interés nacional» de Estados Unidos, y no cuando no lo hacen. Incluso la presidencia «centrada en los derechos humanos» de Jimmy Carter apoyó a atroces violadores de los derechos humanos cuando estos eran aliados de Estados Unidos. Un estudio de Lars Schoultz demostró que «la ayuda estadounidense ha tendido a fluir de manera desproporcionada hacia los Gobiernos latinoamericanos que torturan a sus ciudadanos». Este flujo no tenía nada que ver con cuánto necesitaba un país la ayuda, sino con su disposición de servir a los intereses de las élites adineradas y privilegiadas.[79]

Todo esto no implica una defensa de las violaciones de los derechos humanos cometidas por Cuba, Irán o el Gobierno sandinista de la década de 1980. Lo que realmente se está poniendo en evidencia es la vacuidad de los principios proclamados por Estados Unidos. Durante las últimas décadas, los principales receptores de la ayuda militar estadounidense han sido Israel y Egipto. Egipto sufre una de las dictaduras más brutales de su historia, pero el Gobierno de Biden se ha negado a cumplir la legislación estadounidense que prohíbe enviar ayuda a países que violan los derechos humanos, y ha eximido a Egipto de ese requisito para continuar suministrándole armamento. Israel, por su parte, mantiene un régimen de *apartheid* que ha sido condenado universalmente por las organizaciones internacionales de derechos humanos. Los hechos dicen más que las palabras.[80]

Este patrón de prestar apoyo a dictaduras se mantiene hasta el día de hoy, incluso por parte de presidentes demócratas que, públicamente, han hecho grandes declaraciones de su compromiso con los derechos humanos. En 2023, por ejemplo, varias organizaciones de derechos humanos, entre ellas Amnistía Internacional y Human Rights Watch, enviaron una carta conjunta al Gobierno de Biden pidiendo que intercediera en el caso de Abdulhadi al-Khawaja, de sesenta y dos años, cofundador del Centro del Golfo para los Derechos Humanos y del Centro por los Derechos Humanos de Baréin. Llevaba doce años encarcelado por el Gobierno dictatorial de Baréin y había sido «sometido a terribles torturas físicas, sexuales y psicológicas». Su salud se había ido deteriorando gravemente y se le negaba la atención médica necesaria. Al-Khawaja y otros cientos de presos políticos del país habían iniciado una huelga de hambre. La dictadura de Baréin suele actuar con una brutalidad implacable, por lo que este tipo de disidencia es muy inusual.[81]

En su carta al Gobierno de Biden, las organizaciones de derechos humanos imploraban al presidente que utilizara su influencia con Baréin para conseguir la liberación de al-Khawaja. No obstante, no tendrían ni que haberse molestado en enviar aquella carta. El Gobierno de Biden firmó alegremente un nuevo pacto de seguridad con Baréin, manifestando el compromiso de Estados Unidos de defender a este país en caso de conflicto militar con otras naciones. El Instituto Quincy para una Gestión Responsable del Estado señaló que no existe una justificación convincente para que Estados Unidos adquiera este compromiso. El régimen de Baréin no debe hacer frente a amenazas externas significativas. Más bien, «si el régimen de Baréin enfrenta alguna amenaza para la seguridad, no se trataría de una posible agresión externa, sino de un conflicto interno, generado por un impopular régimen suní que reprime a una población mayoritariamente chií».[82]

El Gobierno de Biden, al anunciar su «acuerdo global de integración de seguridad y prosperidad» con la dictadura bareiní, alardeó de todas las formas en que esta asociación supondría «una mejora de la disuasión, incluyendo una mayor cooperación en defensa y seguridad, interoperabilidad y desarrollo mutuo de capacidades de inteligencia». Solo al final del anuncio se mencionan en un pequeño pasaje los derechos humanos, señalando que ambos países continuarán «manteniendo un diálogo constructivo sobre la importancia de los valores universales, los derechos humanos y las libertades fundamentales».[83]

La aceptación de la dictadura por parte de Biden debe de haber supuesto un amargo golpe para Maryam al-Khawaja, la hija de Abdulhadi al-Khawaja. En declaraciones a la NPR dijo que, mientras la salud de su padre continúa empeorando, hasta ahora no ha habido más que «palabrería» por parte del Gobierno estadounidense respecto a los derechos humanos. El acuerdo de seguridad «enfureció y decepcionó a los activistas bareiníes y demás personas críticas con la monarquía del Golfo, que reprimió duramente un levantamiento generalizado en todo el reino durante la Primavera Árabe, en 2011».[84]

Es evidente que al Gobierno de Biden no le importaba en absoluto lo que quisieran los activistas contra la dictadura bareiní. Habría sido muy fácil decirle a Baréin: Estados Unidos no se va a comprometer en una alianza militar mientras sigan encarcelando a presos políticos en su país. Pero la administración Biden ha mostrado más interés en fortalecer los lazos con los estados del golfo Pérsico para contrarrestar a China y Rusia en su competencia por la hegemonía mundial. Los derechos humanos de los activistas bareiníes son considerados un tema menor frente al objetivo geoestratégico de mantener la superioridad sobre otras potencias.

Está claro que Estados Unidos no tiene, en realidad, ningún problema con que se produzcan violaciones de los derechos humanos. Todo depende de quién sea el perpetrador. Biden ha firmado una ley para castigar a China por su represión de los uigures, pero no tiene ningún problema en estrechar la mano de dictadores como Mohamed bin Salmán, en Arabia Saudita, o en proporcionar un suministro inagotable de armas a Israel para que prosiga con su aniquilación de los habitantes de Gaza, que se encuentran atrapados en una prisión al aire libre. Cuando nos damos cuenta de que los ideales se aplican de forma selectiva, surge la pregunta sobre qué determina si en cada caso particular deciden aplicarse o no. Como regla general, Estados Unidos muestra su oposición ante la violencia y la criminalidad de aquellas potencias que desea contener, y lo apoya en los casos de sus valiosos socios y aliados. Solo existe, pues, un criterio, y es sencillo: todo lo que favorece a nuestros intereses es bueno, cualquier cosa que los socave no lo es.[85]

2

La guerra en el sudeste asiático

La historia del conflicto conocido como la guerra de Vietnam constituye un claro ejemplo de cómo un ejercicio de violencia brutal y egoísta puede ser transformado en un relato de altruismo. En 2017, el reconocido cineasta Ken Burns estrenó *The Vietnam War*, una serie documental de diez episodios emitida por la PBS. El narrador de la película resume la situación explicando que la guerra «comenzó por decisiones bienintencionadas de personas decentes, debido a malentendidos fatídicos, un exceso de confianza estadounidense y errores de cálculo propios de la Guerra Fría». Y continuó por las «decisiones trágicas» de presidentes que trataban de «salir del paso».

Este tono lo estableció en 1975 Anthony Lewis, quien, al llevar a cabo un balance del conflicto, lo describió como un «torpe intento de hacer el bien» que terminó convirtiéndose en un «error desastroso». De manera similar, John King Fairbank, historiador de Harvard, valoró la guerra como un «desastre» originado «principalmente por un exceso de rectitud y benevolencia desinteresada». *Newsweek* lamentó que «las grandes esperanzas y el idealismo optimista con los que se originó la nación estadounidense [...] se habían llevado un escarmiento con el fracaso de Estados Unidos en imponer su voluntad en Indochina». Hoy en día, figuras como Pete Buttigieg, una estrella en ascenso del Partido Demócrata, describen la guerra como una «misión condenada al fracaso en la jungla», e invoca al ingenuo protagonista de *El americano impasible* de Graham Greene, cuyas «buenas intenciones y desconocimiento» lo convierten en un lastre en Vietnam. («Nunca conocí a un hombre que tuviera mejores motivos para todas las desgracias que causó.») Hay quienes consideran incluso que con ese relato Estados Unidos está siendo demasiado duro consigo mismo. Max Hastings, en *Vietnam: An Epic Tragedy, 1945-1975*, sostiene que «los liberales estadounidenses han adoptado una actitud casi masoquista» al criticar a su Gobierno por la guerra.[1]

Sin embargo, la verdadera historia de la guerra de Vietnam no fue la de unos «nobles motivos» en pos de un objetivo fallido. Es la historia de un crimen cometido por razones indefendibles.

Cuando Daniel Ellsberg visitó Vietnam en 1961 como parte de un grupo de trabajo del Pentágono, la principal conclusión que extrajo fue que «no era probable que fuéramos a tener éxito en aquel lugar». Sus fuentes le habían informado de que Ngô Đình Diệm, el dictador de Vietnam del Sur, que contaba con el respaldo de Estados Unidos, no podría mantenerse en el poder sin un apoyo militar continuo y creciente por su parte. Tan pronto como Estados Unidos dejara de brindárselo, el régimen de Diệm colapsaría inevitablemente. Para Ellsberg, que era en ese momento un «ferviente combatiente de la Guerra Fría», esta revelación resultaba preocupante, pues significaba que Estados Unidos tendría que elegir entre aceptar un Gobierno comunista en Vietnam o seguir respaldando indefinidamente a un gobernante impopular.[2]

En un principio, Ellsberg cuestionaba lo acertado, pero no lo moral, de la política estadounidense. Consideraba que el apoyo de Estados Unidos a la dictadura de Diệm era una estrategia errónea y se mostraba pesimista respecto a las posibilidades de que Estados Unidos pudiera «prevalecer» en Vietnam. Sin embargo, seguía creyendo que las intenciones eran buenas, y mantuvo esa creencia durante años, incluso después de que Estados Unidos lanzara una invasión a gran escala en Vietnam del Sur para mantener en el poder a un Gobierno aliado. En ese momento, y en muchos sentidos hasta hoy mismo, el debate en torno a la guerra estaba limitado a dos posiciones: por un lado, los «halcones», que creían que con suficiente esfuerzo Estados Unidos podría tener éxito en «defender Vietnam del Sur», «controlar a la población» y establecer una «democracia al estilo estadounidense», y, por otro, las «palomas», que dudaban de que esos nobles objetivos pudieran alcanzarse a un costo razonable. Algunos, como el joven Ellsberg, se preguntaban si Estados Unidos podría «prevalecer», pero no se planteaban si realmente debía hacerlo.

Ellsberg solo se dio cuenta de su error cuando comenzó a trabajar en lo que luego se conocería como los «papeles del Pentágono», un estudio interno secreto sobre las decisiones de Estados Unidos en torno a la guerra de Vietnam. Al estudiar sus orígenes, en las décadas de 1940 y 1950, Ellsberg comprendió que la idea de que el conflicto había sido un «error bienintencionado» no podía conciliarse con los hechos históricos, que mostraban más bien que la guerra había estado «mal desde el principio», y que se trataba de un «crimen», además de ser «vil» y de carecer «de cualquier ápice de legitimidad».

Aunque durante mucho tiempo el Gobierno de Estados Unidos presentó la historia de que estaba protegiendo al «Vietnam del Sur libre e independiente» de un «asalto comunista por parte del Vietnam del Norte», en realidad, desde el principio, Estados Unidos había tratado de impedir la independencia y la libertad de los vietnamitas. La teoría del «error noble» solo puede sostenerse si se ignoran los hechos básicos de cómo comenzó la guerra. En 1945, Estados Unidos se opuso a que Vietnam se independizara de Francia y financió la brutal campaña francesa para retener la posesión de su colonia. Después, cuando Francia fue derrotada, Estados Unidos asumió su papel y bloqueó toda propuesta para llevar la democracia a Vietnam. Ellsberg escribió sobre lo perturbador que le resultaba ver cómo habíamos brindado «apoyo diplomático a las reclamaciones francesas de propiedad soberana sobre una antigua colonia que había proclamado su independencia con el pleno apoyo del pueblo». De hecho, «instigamos con urgencia a los franceses para que mantuvieran su lucha militar contra el movimiento independentista y la financiamos casi en su totalidad».

El 2 de septiembre de 1945, en la plaza Ba Dinh, en Hanói, Hồ Chí Minh proclamó la independencia de Vietnam con respecto al dominio colonial francés. En su discurso, trazaba paralelismos explícitos entre las aspiraciones vietnamitas y los principios de la Revolución de las Trece Colonias, y demostraba que había estudiado a fondo la retórica de Thomas Jefferson. «Todos los hombres son creados iguales», dijo, pero «durante más de ochenta años, los imperialistas franceses, abusando del estandarte de Libertad, Igualdad y Fraternidad, han violado nuestra Patria y oprimido a nuestros compatriotas». Luego enumeró los crímenes cometidos: «Han privado a nuestro pueblo de toda libertad democrática [...]. Han construido más prisiones que escuelas. Han asesinado sin piedad a nuestros patriotas, han ahogado nuestros levantamientos en ríos de sangre [...]. Nos han robado nuestros arrozales, minas, bosques y materias primas». Esta lista de agravios, que expone acusaciones concretas contra la potencia colonial, probablemente sonará familiar a los estadounidenses, pues de forma deliberada se hace eco de la estructura retórica de la Declaración de Independencia de los Estados Unidos. (De hecho, algunas de las acusaciones de Jefferson contra Jorge III resultan menos convincentes en términos morales: «Ha alentado las insurrecciones domésticas entre nosotros [en referencia a las promesas británicas de liberar a los esclavos] y ha tratado de inducir a los habitantes de nuestras fronteras, los despiadados indios salvajes»).[3]

Por todo ello, Hồ Chí Minh reclamaba la libertad e independencia de Vietnam y rompía todos los vínculos con Francia. Pidió a Estados Unidos su respaldo, apelando a su declarado compromiso con la autodeterminación de los pueblos. Tras haber intentado en vano, en 1917, que Woodrow Wilson apoyara la independencia vietnamita, Hồ Chí Minh interpeló directamente al presidente Truman. En un telegrama de 1946, le advertía de que los franceses estaban «haciendo preparativos para llevar a cabo un golpe de Estado en Hanói y desplegar una agresión militar» y le hacía «un llamado ferviente» a él personalmente y al pueblo estadounidense para que interviniesen con urgencia en apoyo de su independencia y ayudasen a que las negociaciones se ajustasen «a los principios de las Cartas del Atlántico y de San Francisco». En otra carta aparte, Hồ Chí Minh advertía a Truman que «millones de personas» sufrirían a menos que Estados Unidos se mostrara dispuesto a «dar un paso adelante para detener ese derramamiento de sangre y esa agresión ilegal».[4]

Sus súplicas cayeron en saco roto. Estados Unidos no respaldó la independencia vietnamita de Francia. De hecho, ayudó a Francia en sus esfuerzos por reconquistar Vietnam, y pronto «dólares, y no francos [...], financiaban casi todas las bombas y balas usadas en los campos de batalla en Vietnam». Incluso Max Hastings, que calificó de «masoquismo liberal» el remordimiento moral de los estadounidenses ante esta guerra, reconoció que «en las prioridades del presidente Harry Truman, los intereses del pueblo vietnamita [...] ocupaban un lugar muy secundario». De hecho, ni siquiera figuraban. Según el entonces ministro de Asuntos Exteriores francés, Georges Bidault, Estados Unidos llegó a ofrecer informalmente a Francia dos bombas atómicas si eran de ayuda para derrotar a los vietnamitas.[5] El apoyo de Estados Unidos a Francia estaba motivado por un interés en los recursos estratégicos del sudeste asiático y la importancia que estos tenían para el sistema global que Estados Unidos estaba construyendo en ese momento. Eisenhower le confió a Winston Churchill su preocupación por que los franceses no pudiesen «encargarse del asunto por sí solos». Y añadía: «Si no lo hacen, e Indochina cae en manos comunistas, el impacto sobre nuestra posición estratégica global, y la de ustedes, con el consiguiente cambio en el equilibrio de poder en Asia y el Pacífico, sería desastroso». Los responsables políticos estadounidenses no se engañaban acerca del hecho de que estaban apoyando el colonialismo francés y oponiéndose a la autodeterminación de Vietnam. Desde el principio, el Departamento de Estado fue consciente de que Hồ Chí Minh se había convertido en «el símbolo del nacionalismo y la lucha por la libertad para la abrumadora mayoría de la población». En septiembre de 1948, el Departamento de Estado lamentaba su «incapacidad para proponer una solución práctica para el problema de Indochina» dado el «hecho desafortunado de que el comunista Hồ Chí Minh» era «la figura más fuerte y quizá la más capaz de Indochina».[6]

Cuando, en 1954, los nacionalistas vietnamitas derrotaron finalmente a sus ocupantes franceses, Estados Unidos asumió de inmediato el lugar de Francia en la lucha contra el nacionalismo indígena. Los acuerdos de Ginebra que pusieron fin a los combates entre Francia y el Viet Minh establecían la unificación del país mediante unas elecciones que se celebrarían en 1956. Sin embargo, Estados Unidos y Ngô Đình Diệm socavaron con rapidez los acuerdos, pues todos anticipaban que esas elecciones llevarían a un Vietnam unificado bajo el gobierno del Viet Minh. «Las fuentes de la inteligencia estadounidense coincidían unánimemente en que Diệm perdería las elecciones nacionales», concluyó el historiador George Kahin. El Viet Minh había aceptado aquella resolución porque tenía «la seguridad de que la lucha por el control de Vietnam pasaría del terreno militar al político, un ámbito en el que los dirigentes de dicho partido sabían que su superioridad sobre los franceses y sus colaboradores vietnamitas era aún mayor que en el campo militar». De hecho, Eisenhower reconoció en sus memorias que, si se hubieran celebrado elecciones, «posiblemente el 80 por ciento de la población habría votado por el comunista Hồ Chí Minh». La facción de vietnamitas del sur a la que apoyaba Estados Unidos insistió repetidamente: «La verdad es que ahora no somos lo bastante fuertes como para competir con los comunistas en términos puramente políticos». Así, el régimen rechazó los términos de los acuerdos políticos de Ginebra y se negó a celebrar las elecciones programadas.[7]

Diệm, a quien Lyndon Johnson llamó el «Winston Churchill de Asia», controló a la población de Vietnam del Sur con una violencia considerable, apoyado en todo momento por Estados Unidos. «No cabe duda —concluye un estudio de 1972 preparado para el Pentágono— de que se cometieron innumerables crímenes y actos de represión completamente insensatos contra comunistas reales y supuestos, así como contra aldeanos simpatizantes. La eficiencia se materializó como brutalidad y un total desprecio por distinguir entre enemigos declarados y amigos potenciales.» El periodista David Hotham escribió en 1959 que Diệm había «aniquilado toda oposición de cualquier tipo», algo que pudo hacer «gracias exclusivamente a la enorme ayuda en dólares que recibía del otro lado del Pacífico», y concluía: «Los principales apoyos de Diệm no se encuentran en el Vietnam libre, sino en América del Norte». «Pocos estadounidenses eran conscientes del duro régimen represivo que mantenía Diệm —escribe el historiador Christian Appy—, o de que en 1959 se volvió aún más draconiano, con la creación de tribunales itinerantes que recorrían las áreas rurales ejecutando sumariamente a cualquiera que se considerara una amenaza para la seguridad nacional», llegando incluso a decapitar a los disidentes con guillotinas. Este terrorismo de Estado provocó una renovada resistencia. En 1959, los cuadros que el Viet Minh tenía en el sur recibieron la autorización de Hanói para usar la violencia en defensa propia. Hubo tal resistencia que el régimen impuesto por Estados Unidos, que para entonces ya había asesinado a decenas de miles de personas y se había puesto en contra tanto a gran parte del campesinado como a las élites urbanas, amenazó con derrumbarse rápidamente.[8]

El Gobierno Kennedy intensificó la guerra en Vietnam del Sur. Entre 1961 y 1962, las fuerzas militares estadounidenses desplegaron un ataque directo contra la sociedad rural —en torno al 85 por ciento de la población en aquel momento— mediante extensos bombardeos que dejaron abrasadas las tierras. El plan general, en palabras del historiador liberal Stanley Karnow, «era encerrar a los campesinos en recintos fortificados, privando así al Frente de Liberación Nacional (Viet Cong) de su apoyo». Varios millones de personas fueron trasladadas a estos campos de concentración —denominados «aldeas estratégicas»— donde, tras las vallas de alambre de púas, se les «protegía» de las guerrillas a las que, según admitía el propio Estados Unidos, apoyaban voluntariamente.[9]

Apenas se hizo esfuerzo alguno por simular que el Gobierno de Vietnam del Sur tuviera legitimidad democrática, por mucho que así lo plantearan los medios estadounidenses. De hecho, el corrupto e incompetente Diệm acabó resultando insatisfactorio incluso para Estados Unidos, y la administración Kennedy autorizó un golpe de Estado que terminó con su asesinato. Uno de los primeros sustitutos de Diệm confesó a los periodistas que se había enterado de que iba a ser el próximo jefe de Estado solo cuando su asesor norteamericano le informó «de que se estaba planeando un golpe de Estado en Saigón» y que él iba a convertirse «en presidente». El general Maxwell Taylor habló con toda franqueza de la necesidad de «instaurar un Gobierno razonablemente satisfactorio», y de reemplazarlo si no cumplía con las expectativas, ya fuera por un Gobierno civil o por «una dictadura militar». Estados Unidos colocó entonces en el poder a dos antiguos colaboradores de los franceses, Nguyễn Cao Kỳ y Nguyễn Văn Thiệu, cuya única cualificación para gobernar era que cumplían con la condición estadounidense de estar dispuestos a combatir y evitar un acuerdo político. Este Gobierno no electo solo se mantuvo en el poder porque sus objetivos coincidían con los de la administración estadounidense.[10]

Todos los bandos reconocían que el Gobierno impuesto por Estados Unidos carecía de un apoyo popular significativo. Douglas Pike, destacado experto en los sucesivos gobiernos estadounidenses, afirma en su libro *Viet Cong* que «aparte del FLN nunca ha habido un partido político verdaderamente de masas en Vietnam del Sur». En 1965, John Paul Vann, considerado por muchos el alto cargo mejor informado de la administración norteamericana sobre la situación en Vietnam del Sur, escribió que en ese momento no había «base política popular para el Gobierno de Vietnam del Sur», porque el Gobierno existente era simplemente «una continuación del sistema de gobierno colonial francés», donde los franceses habían sido «reemplazados por vietnamitas de clase alta».[11] Incapaz de construir una base política en el sur, el Gobierno norteamericano optó por expandir la guerra. Estados Unidos, que bloqueó sistemáticamente todos los intentos de alcanzar un acuerdo pacífico, incluida la propuesta del FLN de neutralizar

Vietnam del Sur, Laos y Camboya, no encontró otra forma de evitar un acuerdo político y emprendió una guerra de aniquilación que se extendió por toda Indochina, y en la que Vietnam del Sur sufrió siempre la peor parte de la ofensiva estadounidense.

Para el momento de la invasión terrestre norteamericana, en 1965, habían muerto ya más de 150.000 personas en Vietnam del Sur. La mayoría de ellas, en palabras del periodista Bernard Fall, «bajo el peso aplastante de los tanques estadounidenses, el napalm, los bombarderos a reacción y, finalmente, los gases tóxicos» o víctimas del terrorismo de Estado que practicaban los regímenes instaurados por Estados Unidos. A partir de enero de 1965, Estados Unidos empezó a emplear también a mercenarios surcoreanos, alrededor de trescientos mil en total, que cometieron brutales atrocidades. En 1967, el mismo Fall, ferviente anticomunista, por su parte, declaró que Vietnam, como entidad histórica y cultural, estaba «amenazada de extinción» y que las zonas rurales morían literalmente «bajo el embate de la mayor maquinaria militar» que se hubiese desatado jamás «en un área de ese tamaño».[12]

Richard Nixon, en lugar de acabar con la guerra, la recrudeció, y con ello se convirtió en el «mayor bombardero de la historia». Prometió «destruir ese maldito país» con armas nucleares si era necesario y «bombardear Vietnam del Norte hasta el tuétano». Las fuerzas estadounidenses emprendieron una «campaña de pacificación acelerada» que en realidad fue una operación de aniquilación masiva que acabó con el FLN y gran parte de lo que quedaba de la sociedad campesina y en la que murieron decenas de miles de personas. Nixon apenas pretendió justificar la guerra como un esfuerzo para ayudar al pueblo vietnamita o frenar la agresión. La presentó, en cambio, como una prueba de la «credibilidad» de Estados Unidos. «No seremos humillados. No seremos derrotados», declaró. Christian Appy señala que Nixon «sonaba como un entrenador desesperado en el medio tiempo que suplica a su equipo, que va perdiendo por goleada, que se esfuerce más, aunque solo sea por dignidad». De hecho, la reportera de guerra Martha Gellhorn se horrorizó al llegar a Vietnam y ver cómo el conflicto se trataba igual que un juego deportivo en el que los oficiales estadounidenses «sonaban inhumanos, como si estuvieran retransmitiendo un partido de fútbol mortal entre un equipo de héroes y otro de demonios, contando el marcador en "número de muertos" y "proporción de bajas"». Un deporte que se «ganaba» a costa de matar al mayor número posible de vietnamitas solo puede describirse como un crimen contra la humanidad.[13]

LA GUERRA SOBRE EL TERRENO

Al contar esta historia, es fácil hablar de «lo que sucedió en Vietnam» sin profundizar verdaderamente en lo que ocurrió. Es posible hablar de la toma de decisiones políticas en torno a la guerra sin llegar a concebir cómo fue en realidad para sus víctimas. Y es importante centrarse en lo que realmente hicimos. Los mayores daños se produjeron desde el aire, con campañas masivas de bombardeos que dejaron amplias zonas del país convertidas en paisajes lunares. Operaciones terroristas de gran envergadura como Speedy Express y Bold Mariner tuvieron como objetivo específico destruir la base civil de la resistencia. Durante un periodo de siete años, los aviones estadounidenses y survietnamitas realizaron 3,4 millones de misiones de combate. Entre 1965 y 1968, Estados Unidos lanzó treinta y dos toneladas de explosivos por hora sobre Vietnam del Norte. Fueron bombardeadas más de diez millones de hectáreas de tierras agrícolas y a lo largo de todo el conflicto se lanzaron en el sudeste asiático (incluidos Laos y Camboya) siete millones de toneladas de bombas, con 400.000 toneladas de napalm. Esto suma más del triple de las toneladas de explosivos lanzadas en toda la Segunda Guerra Mundial, y su poder conjunto equivalió a más de seiscientos cuarenta Hiroshimas. En la provincia de Quang Tri, «solo once de sus tres mil quinientos pueblos no fueron bombardeados», y la capital del distrito quedó «saturada con tres mil bombas por kilómetro cuadrado». Cuando el jefe del Estado Mayor de la Fuerza Aérea, Curtis LeMay, prometió bombardear Vietnam del Norte «hasta devolverlo a la Edad de Piedra», no estaba exagerando. Un soldado norvietnamita relató que, incluso a un kilómetro de distancia, «el rugido sónico de las explosiones de los B-52 desgarraba los tímpanos, dejando sordos para siempre a muchos de los habitantes de la jungla». Los cráteres de las bombas «eran gigantescos: de nueve metros de ancho, y casi igual de profundos. Y añadía: «Las primeras veces que viví un ataque con B-52 me pareció [...] estar atrapado en el apocalipsis».[14]

No solo murieron incontables civiles, sino que los incesantes bombardeos crearon una atmósfera de terror perpetuo para gran parte de la población. Se infligió una herida y un trauma de por vida a quienes quedaron mutilados o perdieron a sus seres queridos. Ciudades enteras fueron reducidas a escombros; granjas arrasadas; mujeres, niños y ancianos quemados. Como parte de una estrategia deliberada para acabar con los cultivos de los agricultores vietnamitas, se emplearon armas químicas, entre ellas miles de toneladas de gas lacrimógeno CS y setenta millones de litros de defoliantes y herbicidas tóxicos, incluidos el agente naranja y el menos conocido agente azul. El biólogo Arthur Westing concluyó que «el uso masivo y continuado, sin precedentes, de agentes químicos herbicidas contra los campos y bosques de Vietnam del Sur [...] resultó en una devastación a gran escala de los cultivos, daños generalizados e inmediatos a los ecosistemas forestales del interior y de la costa, y toda una variedad de problemas de salud para los seres humanos expuestos a ellos». Por su parte, el biólogo E. W. Pfeiffer señaló que los defoliantes arrasaron la mitad de los bosques de manglares del país y los dejaron «sin vida vegetal verde en ninguna parte», solo «un escenario gris sólido de muerte». Grandes áreas «que en tiempos fueron frescas, húmedas, templadas y fértiles se caracterizan ahora por su tierra compacta y lixiviada y por su clima seco y abrasador», escribió el biólogo Do Quy, de la Universidad de Hanói, después de observar «la destrucción deliberada del medio ambiente como táctica militar en una escala nunca vista».[15]

Los defoliantes, que son cancerígenos y provocan malformaciones congénitas, fueron rociados sobre «una quinta parte de las selvas de Vietnam del Sur, más de un tercio de sus bosques de manglares, y sobre los campos de arroz». Casi cinco millones de vietnamitas fueron rociados con estos productos químicos tóxicos. Sin embargo, la destrucción de los cultivos fue en sí misma una acción perversa y cruel, destinada a matar de hambre a los insurgentes mediante la devastación de las tierras de los campesinos pobres que los apoyaban. Como señaló la Corporación RAND en 1967, «casi todo el peso de los resultados del programa de destrucción de cultivos» pareció «recaer sobre la población civil».[16]

Fue una devastación de proporciones apocalípticas. Nick Turse cita a dos generales survietnamitas que afirmaron que, a consecuencia de la potencia de fuego estadounidense, «muchas aldeas quedaron completamente arrasadas. [...] Las casas fueron reducidas a escombros, murieron personas inocentes y otro número incalculable de ellas fueron desplazadas, los arrozales quedaron abandonados y hasta la mitad de la población rural huyó». Ya en 1962, ciertas zonas fueron «sometidas a bombardeos de artillería y ataques aéreos para forzar a la población a trasladarse hacia las aldeas estratégicas», según relata el historiador Guenter Lewy, de quien hay que tener en cuenta que era favorable a la guerra. «Desplazar a los habitantes» hacia un lugar «seguro» por medio de bombardeos puede parecer contradictorio, pero era parte de una teoría estadounidense que sostenía que los habitantes de las zonas dominadas por el Viet Cong se trasladarían a territorio controlado por el Gobierno si los bombardeos lo hacían parecer una opción más segura. Como escribe Turse, «se incendiaron casas, se arrasaron aldeas enteras y se obligó a la gente a trasladarse a miserables campos de refugiados y a sucios barrios marginales en las ciudades, faltos de agua, de alimento y de refugio».[17] El periodista Neil Sheehan confirmó que la destrucción de aldeas y la creación de refugiados no fue un accidente, sino una política respaldada por el comandante general estadounidense William Westmoreland. Sheehan explica:

Los americanos lo llamaban «generar refugiados»: [...] expulsar a la gente de sus hogares mediante bombardeos y ataques de artillería. Un día salí con Westmoreland y le pregunté: «General, ¿no le preocupa que todos esos civiles resulten heridos, con los bombardeos y ataques a las aldeas?». Él respondió: «Sí, Neil, es un problema. Pero priva al enemigo de su población, ¿no?». Y yo pensé: «Qué cabrón despiadado. Sabe exactamente lo que están haciendo».[18]

Al final, los evaluadores estadounidenses acabarían concluyendo que «meter a la gente contra su voluntad detrás de alambres de púas no es el mejor camino para ganarse su lealtad y su apoyo», pero Westmoreland defendió públicamente que dejar a los aldeanos sin hogar o confinarlos en campos impediría que sus aldeas cayeran en manos de las guerrillas. Decía que «para frustrar los planes de los comunistas, es necesario eliminar los "peces" del "agua", o secar el "agua" para que los "peces" no puedan sobrevivir». Y el «agua», explicaba, eran los aldeanos. Para 1967, esta política había producido un millón de refugiados.[19]

Estos hechos básicos no los niegan ni siquiera los historiadores más favorables a la guerra, como Lewy. De hecho, aunque su trabajo es, ostensiblemente, una defensa de la política norteamericana, presenta pruebas impactantes sobre el alcance de la destrucción que infligió Estados Unidos a Vietnam. Lewy cita la evaluación de un oficial estadounidense, quien afirmó que «el uso desmedido y sin precedentes de la potencia de fuego como sustituto de la mano de obra es una de las características destacadas de las tácticas militares estadounidenses en la guerra de Vietnam». (De hecho, cuando se le preguntó a Westmoreland cómo pensaba ganar la guerra, no ofreció ninguna estrategia militar concreta. Simplemente, se limitó a responder: «Potencia de fuego».) Este «uso desmedido de la potencia de fuego» era la aplicación de una máxima adoptada por Estados Unidos tras la Primera Guerra Mundial: «Gastar proyectiles, no hombres». Esto significaba minimizar las bajas estadounidenses a toda costa, maximizando al mismo tiempo la destrucción infligida. Pero, aunque una filosofía de «minimización de riesgos» puede parecer benigna, los resultados son aterradores.[20]

Hacer que un avión arroje napalm desde el aire es una forma sencilla de minimizar el riesgo para los soldados estadounidenses y «gastar proyectiles», pero, de manera predecible, conduce a la masacre de civiles. Como dicen Ken Burns y Geoffrey Ward en el libro que acompaña el documental *The Vietnam War*, el napalm era «un arma eficaz: un solo tanque de aluminio de ciento veinte galones podía envolver en llamas un área de cuarenta y cinco metros de largo por quince metros de ancho. Su uso salvó innumerables vidas estadounidenses y del ejército de Vietnam del Sur, pero también mató o desfiguró a incontables civiles vietnamitas». Lewy afirma que las reglas oficiales de combate permitían los ataques con napalm contra aldeas solo en caso de que fuera «absolutamente necesario», pero admite que «en la práctica, dicha norma no parece haber limitado el uso de estas armas».[21]

La deshumanización de la población local facilitó en gran medida esta destrucción. Testimonios de estadounidenses que sirvieron en Vietnam confirman que, desde el entrenamiento básico, les decían inmediatamente que no los llamaran vietnamitas. Debían llamarlos a todos *«gooks o dinks».** En cuanto al Viet Cong, se les consideraba como animales: «Nos decían que no debíamos referirnos a ellos como si fueran personas. [...] Nos enseñaban a no mostrarles compasión ni piedad».[22]

El ataque a Vietnam tuvo un importante trasfondo racista que facilitó en gran medida la manipulación y la destrucción. El lugar común de que los «orientales» eran esencialmente se-

---

* *Gook* y *dink*, que habitualmente se han traducido al español como 'amarillo', son dos términos despectivos y racistas utilizados para deshumanizar a personas de origen asiático, en particular durante los conflictos bélicos en los que Estados Unidos estuvo involucrado en Asia. Durante la guerra de Vietnam, los soldados estadounidenses emplearon ambos términos para referirse a los vietnamitas con el objetivo de distanciarse emocional y psicológicamente de la población local y reducirla a un estereotipo negativo que les permitiera justificar el maltrato y la brutalidad en el contexto de la guerra. *(N. de la T.)*

res inferiores, que no experimentaban dolor de la misma manera que los sensibles occidentales y que solo respetaban la fuerza, tuvo su efecto en la política. El jefe de la Agencia de Información de Estados Unidos en Saigón, John Mecklin, partidario de la intervención estadounidense y una pieza clave para que esta se produjese, escribió que los campesinos vietnamitas poseían poderes de razonamiento «apenas un poco más allá del nivel de un niño americano de seis años» y que murmuraban entre sí en un vocabulario de unos pocos cientos de palabras. Westmoreland, abiertamente racista, afirmaba que el tipo de mentalidad «oriental» hacía que aquellos asesinatos no tuvieran tanta importancia: «El oriental no le da el mismo valor a la vida que el occidental. La vida es abundante. En Oriente, la vida es barata. Según la filosofía oriental, la vida no es importante». Y, por tanto, quemar vivos a mujeres y niños en sus cabañas no afectaba a la conciencia estadounidense.[23]

A los soldados apenas se les enseñaba nada sobre la lengua o la cultura vietnamitas. Un coronel de las fuerzas especiales explicaba por qué no hacía falta que los estadounidenses que servían en Vietnam aprendieran vietnamita: «No es necesario que conozcan la lengua de los *gooks* porque ese *gook* va a estar muerto. Vamos a matar a todos esos bastardos». Desde esa percepción de los locales como una masa indistinta de *gooks*, la distinción entre civiles y combatientes se hacía con mucha frecuencia de forma aleatoria. Turse explica que las elevadas bajas civiles en Vietnam se debieron en parte a una «regla informal sobre los *gooks*» (a veces verbalizada, otras no): la regla dictaba que, si los cadáveres eran «simples *gooks*», nadie sería responsable de las matanzas, aunque las víctimas fueran civiles y se hubieran violado las reglas de combate. Turse cita a un marine que instruía a otro: «No debería preocuparte en absoluto, solo unos pocos *gooks* muertos más. Cuanto antes estén todos muertos, antes volveremos a casa». El veterano de Vietnam Tim O'Brien, en su novela *Las cosas que llevaban*, reflejó ese lenguaje deshumanizador en el que «una enfermera vietnamita, frita por el napalm, era solo una criatura crujiente», y un bebé vietnamita «un cacahuete tostado» o «un *crunchie munchie*».[24]

«A nadie le importaban los vietnamitas», declaró sin tapujos un soldado anónimo. No se montaba mucho escándalo si morían civiles, ya que a menudo se los contabilizaba como enemigos muertos y los soldados se regían por la siguiente premisa: «Si está muerto y es vietnamita, es viet cong». Hasta Lewy admite que «un porcentaje de los reportados muertos del Viet Cong eran de hecho aldeanos desarmados».[25]

Uno de los aspectos más inquietantes de la guerra fue la estrategia de la cúpula militar estadounidense de priorizar el «recuento de bajas» por encima de todo. Westmoreland libró deliberadamente una guerra de desgaste, intentando quebrar la moral del FLN y de los integrantes del ejército norvietnamita matando a tantos de ellos como fuera posible. Los comandantes del campo de batalla eran sometidos a una presión obsesiva para que presentaran tantos cadáveres vietnamitas como pudiesen. «El recuento de cadáveres lo era todo», y la «presión para matar de forma indiscriminada» era «prácticamente insoportable». Había competiciones de «recuento de bajas», y los soldados eran recompensados con permisos o cajas de cerveza por maximizar las muertes. Los altos oficiales decían cosas como «Suba el número de bajas o será relegado, coronel». Un veterano de West Point recuerda haber escuchado a su comandante explicar así su estrategia: «Quería empezar matando a cuatro mil de estos pequeños bastardos al mes, y luego, a fines del mes siguiente, quería matar a seis mil». La promoción en el cuerpo de oficiales dependía de la cantidad de cadáveres que presentabas, y «muchos oficiales de alto nivel establecieron "cuotas de producción" para sus unidades».[26]

Como narró el famoso escritor y veterano de guerra Philip Caputo, a menudo parecía que no había objetivos militares estratégicos tradicionales, como la toma de territorio. El único objetivo era la matanza indiscriminada. Relata que le dijeron:

> Tu misión es matar viet congs. Punto. No estás aquí para capturar una colina. No estás aquí para capturar una ciudad. No estás aquí para avanzar del punto A al punto B y al punto C. Estás aquí para matar viet congs. A tantos como puedas.

Sin embargo, como señala Caputo, no estaba claro «cómo distinguir a un viet cong de un civil». Si alguien huía, se consideraba una «prueba indiscutible de que él, o incluso ella, era un enemigo» porque «si les hubiéramos agradado no habrían huido».[27]

El asombroso número de vietnamitas muertos no fue un accidente, sino parte de la política. La masacre de My Lai, en la que cientos de civiles fueron acribillados por soldados estadounidenses, deja de ser un misterio cuando entendemos la estrategia con la que Estados Unidos libraba la guerra. No solo My Lai no fue una anomalía, sino que sería sorprendente que lo hubiera sido, dado que los planificadores de la guerra buscaban precisamente un baño de sangre masivo. Esta es la cruda realidad de una guerra que se presentaba como un «torpe intento de hacer el bien».

«ATRACCIONES SECUNDARIAS»: LAOS Y CAMBOYA

El apelativo de «guerra de Vietnam» resulta engañoso teniendo en cuenta que el conflicto desató también una violencia masiva en los países vecinos. En Laos, Estados Unidos atacó tanto a las fuerzas comunistas laosianas como a las norvietnamitas, lanzando 580.000 bombardeos entre 1964 y 1973, lo que equivale a «un avión cargado soltando bombas cada ocho minutos durante casi una década». Se lanzó una tonelada de munición por habitante y, en total, la guerra costó la vida a uno de cada diez laosianos. Al final del conflicto, «los aviones estadounidenses habían arrojado 2,1 millones de toneladas de munición sobre este pequeño país sin salida al mar, que tiene un tamaño más o menos equivalente al doble del de Pensilvania y una población que en ese momento no superaba los tres millones de personas». Laos se convirtió en el país más bombardeado de la historia, por encima de los bombardeos de la Segunda Guerra Mundial sobre Japón y Alemania sumados.[28]

Como señala la antropóloga y experta en Laos Leah Zani, para los estrategas estadounidenses la operación en Laos «se consideró un éxito». Aunque no impidió que un Gobierno comunista llegara al poder, sí «logró obstaculizar significativamente la capacidad del nuevo Estado comunista para construir infraestructura básica y sistemas sociales» y demostró «que Estados Unidos podía sostener un conflicto a largo plazo con un mínimo de tropas terrestres estadounidenses y sin apoyo público ni del Congreso». El periodista Joshua Kurlantzick afirma que «Laos constituyó tal éxito —para los presidentes y para la CIA, obviamente—, que se convirtió en un modelo para un nuevo tipo de guerra secreta a gran escala durante las décadas posteriores». Al ser una «guerra librada bajo coste que mantuvo a los comunistas laosianos prácticamente paralizados durante años, [...] se convirtió en un arquetipo para las operaciones paramilitares de la CIA y para una nueva forma de combatir en la que el presidente podía declarar la guerra unilateralmente y ordenar ataques masivos en secreto, a menudo utilizando armamento aéreo».[29]

Laos sigue siendo uno de los lugares de la Tierra más contaminados por la guerra. Más de cincuenta años después, las bombas aún siguen matando gente. Desde el final de los bombardeos han muerto más de 20.000 laosianos, y muchos más han quedado mutilados. Casi la mitad de las víctimas son niños. En 2021, se registraron más de sesenta explosiones. Las muertes y mutilaciones, por supuesto, son solo una parte del problema; también está el trauma y el temor que conlleva vivir en un paisaje plagado de bombas ocultas. En las escuelas primarias, a los niños se les enseña a diferenciar entre los distintos tipos de bombas para evitar que las recojan.[30]

En 2013, *The New York Times* publicó un artículo titulado «One Woman's Mission to Free Laos from Millions of Unexploded Bombs» [«La misión de una mujer para liberar a Laos de millones de bombas sin explotar»]. El reportaje narra el «esfuerzo decidido» de una mujer laoestadounidense, Channapha Khamvongsa, «por librar a su tierra natal de los millones de bombas que aún permanecen allí enterradas». El artículo señala que, gracias a la presión de Khamvongsa, Estados Unidos aumentó su presupuesto anual para la eliminación de bombas sin explotar a unos 12 millones de dólares, aunque la cifra sigue siendo insuficiente. El *Times* cuenta que la señora Khamvongsa «se sintió impulsada a actuar al encontrar una colección de dibujos de los bombardeos hechos por refugiados y recopilados por Fred Branfman». Ese libro muestra el sufrimiento de las víctimas, campesinos pobres en zonas remotas que prácticamente no tenían nada que ver con la guerra de Vietnam. Pero el artículo no hace mención a una revelación crucial que hizo Branfman. El relato del *Times* sobre el ataque a Laos es la explicación usual: nos dice que «los objetivos eran los soldados norvietnamitas, especialmente a lo largo de la ruta Ho Chi Minh, gran parte de la cual pasaba por Laos, y sus aliados comunistas laosianos». Pero, en su libro, Branfman escribe que «una de las revelaciones más desgarradoras» fue que «no había razón militar alguna» para que Lyndon Johnson desviara aviones hacia Laos. El subdirector de la misión estadounidense, Monteagle Stearns, testificó en octubre de 1969 ante el Comité de Relaciones Exteriores del Senado de Estados Unidos y lo que explicó fue: «Teníamos todos esos aviones aparcados y no podíamos dejarlos sin nada que hacer».[31]

En 2023, diez años después de que el *Times* informara sobre la misión de Khamvongsa, se ha retirado menos del 1 por ciento de las bombas. Al ritmo actual, «se necesitarían otros cien años para que Laos quedara libre [de municiones sin detonar]». Las futuras generaciones de niños laosianos seguirán teniendo que estudiarse los gráficos de las bombas para no acabar mutilados o muertos, y todo ello porque a los aviones había que darles algo que hacer.[32]

En 1970, Richard Nixon llamó a su asesor de seguridad nacional, Henry Kissinger, para ordenarle que intensificara el bombardeo ilegal sobre Camboya. Kissinger transmitió la orden al general Alexander Haig: el presidente quería «una campaña masiva de bombardeos en Camboya». Y, para que no hubiera dudas, remataba: «Todo lo que vuele, todo lo que se mueva». Sería difícil encontrar una declaración que muestre una intención genocida tan explícita en los archivos de cualquier otro Gobierno. Igual que ocurrió en Laos, los bombardeos estaban dirigidos, en apariencia, contra unidades militares norvietnamitas que operaban desde Camboya. Se lanzaron millones de toneladas de munición. Sabemos que «en muchos casos, las aldeas camboyanas fueron bombardeadas con docenas de cargas explosivas durante varias horas», causando «una destrucción casi total». «No es posible que haya sobrevivido nada», declaró un cargo de la administración estadounidense en ese momento. Se estima que en los bombardeos murieron entre 50.000 y 150.000 civiles camboyanos, pero los expertos Taylor Owen y Ben Kiernan sostienen que «el número de víctimas es seguramente más alto», ya que el tonelaje de municiones lanzado fue cinco veces mayor de lo que se sabía cuando se realizaron las estimaciones.[33]

Los bombardeos «arrojaron a los camboyanos comunes a los brazos de los Jemeres Rojos, un grupo insurgente comunista que al principio parecía tener pocas posibilidades de éxito en su revolución». Chhit Do, un oficial de los Jemeres Rojos, relató más tarde cómo los bombardeos se convirtieron en una eficaz herramienta de reclutamiento para ellos: «Aterrorizada y medio enloquecida» por la destrucción, «la gente estaba dispuesta a creer lo que se le dijera», y «fue debido a su indignación por los bombardeos por lo que mantuvieron su cooperación con los Jemeres Rojos». Kiernan concluye que los Jemeres Rojos «jamás habrían llegado al poder si Estados Unidos no hubiera desestabilizado económica y militarmente a Camboya». El «bombardeo masivo de los campos camboyanos por los B-52 estadounidenses» fue «probablemente el factor más determinante en el ascenso de Pol Pot». El suyo fue un régimen genocida que acabó con la vida de 1,7 millones de personas en unos pocos años.[34]

Los «campos de exterminio» de Camboya han recibido una enorme atención en Estados Unidos. Con menos frecuencia, sin embargo, se menciona el apoyo que Estados Unidos brindó a los Jemeres Rojos. Zbigniew Brzezinski afirmó que, mientras el régimen estaba en el poder, Estados Unidos «alentó a los chinos a apoyar a Pol Pot» e «hizo un guiño relativamente público» a chinos y tailandeses cuando estos ayudaron a los Jemeres Rojos. Kissinger, por su parte, aseguró que cuando los Jemeres Rojos llegaran al poder seríamos «sus amigos». Y añadió: «Son unos matones homicidas, pero no permitiremos que eso se interponga en nuestro camino».[35]

Incluso después de que el régimen de Pol Pot fuera derrocado y la escala de las atrocidades que cometió saliera plenamente a la luz, Estados Unidos siguió apoyando a los Jemeres Rojos para que ingresaran en la ONU como representantes de Camboya y «se opuso a los intentos de investigarlos o acusarlos de genocidio u otros crímenes contra la humanidad». Hasta 1989 «todas las propuestas, siquiera, de calificar al régimen de los Jemeres Rojos de genocida, fueron rechazadas por Estados Unidos, que aseguraba que eran contraproducentes para la paz». Las razones de todo esto respondían puramente a una estrategia despiadada: Estados Unidos consideraba que los Jemeres Rojos eran unos aliados convenientes, pues se oponían al Gobierno de Vietnam.[36]

Cuando a Henry Kissinger le preguntaron sobre su papel en Camboya, se mostró sorprendido de que alguien lo cuestionara: «Puede que me falte imaginación, pero no veo dónde está el problema moral». Hay otros, sin embargo, que tienen más imaginación. El depuesto rey de Camboya, Norodom Sihanouk, culpó directamente a Kissinger y a Nixon por el ascenso de los Jemeres Rojos: «Los únicos dos hombres responsables de la tragedia en Camboya», dijo, eran Nixon y Kissinger, que fueron quienes «crearon a los Jemeres Rojos».[37]

En términos similares se expresó François Ponchaud, un sacerdote que documentó las atrocidades de los seguidores de Pol Pot. Cuando se designó un tribunal para juzgar a oficiales de los Jemeres Rojos por sus crímenes, Ponchaud se mostró escéptico. Consideraba que los procedimientos eran parciales e hipócritas. Citando el apoyo de Estados Unidos al régimen, se preguntó: «¿Qué se puede decir del asesino internacional que fue Estados Unidos, a quien nadie juzgará nunca?».[38]

La guerra orquestada contra el sudeste asiático, apoyada primero y dirigida después por Estados Unidos entre 1945 y 1975, es uno de los mayores crímenes del siglo xx. La mayor superpotencia tecnológica del mundo desplegó prácticamente todo su arsenal destructivo (exceptuando las armas nucleares, cuyo uso se planteó en repetidas ocasiones) contra el campesinado rural de un pequeño país. Por cada baja estadounidense de esa guerra, murieron alrededor de cuarenta vietnamitas.

La guerra estadounidense en Vietnam suele considerarse una derrota para Estados Unidos. Sin embargo, sería más preciso describirla como una victoria parcial. Por el lado negativo, los regímenes aliados, con los que mantenía una relación clientelar, cayeron. Por el lado positivo, toda la región quedó devastada y ya no había peligro de que el «virus» de un exitoso desarrollo independiente pudiera propagarse e «infectar» a otros países. El asesor de Johnson, Walt Rostow, señaló tiempo después que, si bien lo que «hizo Johnson fue quizá más costoso de lo necesario», en última instancia «salvó al sudeste asiático y hoy tenemos el equilibrio de poder en Asia».[39]

Documentar y analizar atrocidades específicas cometidas en Vietnam es importante, pero, en última instancia, el verdadero crimen fue la guerra en sí. No fue una contienda librada por motivos nobles. Los líderes estadounidenses sabían a la perfección que no estaban actuando en interés del pueblo vietnamita ni defendiendo nada a lo que pudiera darse razonablemente el nombre de «democracia». Fue una guerra impulsada por el temor de perder influencia y sufrir la humillación de la derrota. La política hacia Vietnam se enmarcaba dentro de la doctrina general establecida para el orden global tras la Segunda Guerra Mundial. Estados Unidos se negó a reconocer la independencia de Vietnam después de la guerra, apoyó el proyecto francés de reconquista colonial y luego se hizo cargo de él, y finalmente lanzó una invasión a gran escala que, en su punto álgido, llegó a desplegar hasta 500.000 soldados con el fin de mantener en el poder a un Gobierno impopular y autocrático, aliado de

Estados Unidos. Desde el principio, al aliarse con Francia, Estados Unidos sabía que se estaba enfrentando a unas fuerzas nacionalistas cada vez más poderosas y que sus propios aliados —y clientes— locales no tenían opciones si pretendían competir de una forma puramente política. Recurrir a medios pacíficos nunca fue una opción.

Al pueblo estadounidense se le dijo que estaban luchando para proteger al Vietnam del Sur libre de una invasión agresiva del Vietnam del Norte. En realidad, estaban luchando para imponer un Estado cliente dictatorial en el sur y para suprimir la opinión pública vietnamita. Lo que se les contó es que estaban combatiendo contra los comunistas norvietnamitas cuando, en realidad, muchas veces estaban luchando principalmente contra vietnamitas del sur. En la prensa estadounidense, se debatió por extenso el bombardeo de Vietnam del Norte, pero se ignoró el bombardeo, mucho peor, de Vietnam del Sur, ya que admitir la magnitud de los ataques a un país que, supuestamente, estábamos defendiendo habría sido difícil de conciliar con las justificaciones oficiales de la guerra. La invasión y ocupación de Vietnam del Sur fue lo que, cuando la lleva a cabo uno de nuestros enemigos, calificamos correctamente de «agresión». Así, Estados Unidos estaba «defendiendo Vietnam del Sur» en los mismos términos en que la Unión Soviética «defendió Afganistán durante la década de 1980».

Según declaran los papeles del Pentágono, los objetivos de guerra del Departamento de Defensa eran «en un 70 por ciento evitar una humillante derrota estadounidense [...], en un 20 por ciento evitar que Vietnam del Sur (y después los territorios adyacentes) cayera en manos chinas, y en un 10 por ciento permitir que la población de Vietnam del Sur disfrutara de un modo de vida mejor y más libre». Pero este planteamiento supone una visión demasiado generosa. Ese 10 por ciento es una grosera sobreestimación de lo que preocupaban realmente a Estados Unidos los intereses de los vietnamitas. Ningún aspecto de la política estadounidense estaba diseñado para brindar «un modo de vida mejor y más libre» a los habitantes de Vietnam del Sur; la guerra se libró con pleno conocimiento de que se les estaba imponiendo una vida mucho peor y menos libre. Estados Unidos devastó la sociedad rural del país, masacró a los campesinos y envió a los supervivientes a campos de concentración.[40]

Incluso cuando se abstuvo de cometer determinadas atrocidades, no lo hizo por el coste humano que pudiese suponer. En 1966, el secretario adjunto de Defensa, John McNaughton, sugirió destruir esclusas y represas para provocar una hambruna masiva. La idea se descartó porque «atacar a objetivos de población» crearía «una contraproducente ola de rechazo en el exterior y en el país». Richard Nixon reprendió a Henry Kissinger por su supuesta preocupación por las bajas civiles provocadas por los bombardeos. («Estás condenadamente preocupado por los civiles y a mí me importan un bledo. No me interesan.») Kissinger le respondió que estaba preocupado por otra cosa: «Porque no quiero que el mundo se movilice contra ti como un carnicero». Al propio Kissinger tampoco le importaban las vidas de los vietnamitas, sino el juicio moral que pudieran hacer otros países, un puro tema de *realpolitik*. De hecho, Kissinger no dudó en autorizar los más atroces crímenes de guerra. Nixon se equivocaba al pensar que a su segundo le importaban un bledo «los civiles».[41]

El veterano W. D. Ehrhart, quien se unió al movimiento contra la guerra tras su regreso a Estados Unidos, cuenta que su experiencia en Vietnam cambió radicalmente la visión que tenía sobre el papel que desempeñaba Estados Unidos en el mundo. De niño, «me alimentaba de películas de John Wayne y de Audie Murphy», y en Vietnam «esperaba, literalmente, ser recibido con los brazos abiertos por el pueblo vietnamita», pues creía que los estaba salvando del comunismo. En cambio, descubrió que los vietnamitas le odiaban, y pronto comprendió por qué: «Cuando estaba en el instituto, la idea que tenía era que el Viet Cong aterrorizaba a la población vietnamita, obligándola, bajo pena de muerte, a luchar contra los estadounidenses. Lo que empecé a entender en Vietnam es que no les hacía falta amenazar a nadie. Todo lo que tenían que hacer era dejar que una patrulla de marines pasara por un pueblo, y después, en lo que quedaba de ese pueblo, tenían todos los reclutas que necesitaban». Contemplar la guerra de cerca destruyó «todo lo que había creído sobre el mundo en el que vivía, sobre el país en el que vivía», pues comprendió que todo lo que les estaban contando sobre su país «era pura mitología» y que, en realidad, «el mundo occidental estaba tratando de restaurar la subordinación colonial del tercer mundo». Los relatos sobre Estados Unidos con los que llegó a Vietnam, decía Ehrhart, «no tenían nada que ver con lo que es de verdad este país».[42]

En Estados Unidos, pocas personas han mirado de frente la realidad de lo que se hizo en Vietnam, Laos y Camboya. Jimmy Carter, que después recibió un Premio Nobel de la Paz, se negó a pedir perdón por la guerra alegando que «la destrucción fue mutua». Puesto que a Vietnam fuimos «sin ninguna intención de conquistar territorio o imponer la voluntad estadounidense a otras personas», decía Carter, no hay necesidad de «asumir culpabilidades».[43]

No hay ninguna duda de que la destrucción no fue «mutua»: los estadounidenses no tuvieron que ver sus pueblos y ciudades arrasados por los bombarderos vietnamitas. Pero, en cuanto que los hechos de esta guerra ponen en entredicho los habituales preceptos sobre la supuesta benevolencia de Estados Unidos y su compromiso con la autodeterminación y la justicia, la erosión de esta teología entraña una amenaza. Una amenaza para la libertad de la que goza el Estado para emprender actos de subversión, violencia y terror. Y esto no puede ser tolerado. En consecuencia, se hace necesario reescribir la historia real para que el Estado pueda ejercer su poder sin el obstáculo de una opinión pública disidente.

3

El 11 de septiembre y la destrucción de Afganistán

Poco después de los atentados del 11 de septiembre de 2001, el presidente George W. Bush planteó una célebre pregunta: «¿Por qué nos odian?», y ofreció su propia y simple respuesta: «Odian nuestras libertades: nuestra libertad de religión, nuestra libertad de expresión, nuestra libertad de voto, de reunión y de estar en desacuerdo unos con otros». Sin embargo, el verdadero cerebro detrás de aquellos atentados, Osama bin Laden, había ofrecido en 1997 una respuesta distinta a la pregunta de «por qué nos odian» en una entrevista con un periodista de la CNN. Bin Laden no mencionaba en su explicación ni «nuestras libertades» ni «el derecho al voto»; por el contrario, afirmó que su *yihad* respondía a que «el Gobierno de Estados Unidos [...] ha cometido acciones extremadamente injustas, atroces y criminales» tanto «de forma directa como a través de su apoyo a la ocupación israelí» de Palestina. «La mera mención de Estados Unidos —dijo— nos trae a la mente esos niños inocentes que quedaron descuartizados, con las cabezas y los brazos arrancados, en la reciente explosión que tuvo lugar en Qana.»[1]

Es probable que pocos estadounidenses recuerden la masacre de Qana, ocurrida en el Líbano en 1996. Las Fuerzas de Defensa de Israel (IDF) lanzaron obuses de artillería contra un campo de las Naciones Unidas donde se refugiaban ochocientos civiles (después de que las propias IDF les hubieran dado orden de abandonar sus hogares). En el ataque murieron 106 civiles, la mitad de ellos niños, y otros 120 resultaron heridos, entre ellos 4 trabajadores de la ONU. En un informe de Associated Press, publicado un año después, se refleja una minúscula parte del saldo humano: «Lina Taqi, de siete años, cojea al caminar, mueve el brazo izquierdo con dificultad y apenas habla. Su padre está muerto». Lina fue «solo una de las vidas que quedaron destrozadas [...] cuando la artillería israelí impactó contra una base de mantenimiento de la paz de la ONU que estaba llena de civiles». Su hermana, de ocho años, murió. Solo quedaron jirones de su pijama. Lina pasó por seis meses de tratamiento por una herida de metralla en la cabeza y nunca recuperó por completo la movilidad de las extremidades. Según su madre, se despertaba por las noches «temblando, desorientada, alucinando y, a veces, haciéndose pis».[2]

La investigación del asesor militar del secretario general de las Naciones Unidas concluyó que era improbable que el ataque hubiera sido un error. Por su parte, Amnistía Internacional determinó que «las FDI atacaron de manera deliberada el complejo de la ONU» a pesar de haber sido informadas previamente de su posición y de la presencia en él de civiles refugiados. De hecho, los soldados miembros de aquella batería de artillería israelí confesaron después a la prensa que «nadie se refirió a ello como si fuera un error», declarando que «así es la guerra» y que las víctimas eran «solo un puñado de árabes». La Asamblea General de las Naciones Unidas adoptó la discreta medida de votar a favor de cobrarle a Israel el coste económico de los daños que sufrió la base de la ONU. Estados Unidos e Israel fueron los únicos países que votaron en contra de la resolución. Israel se negó a pagar los daños, argumentando que la responsabilidad era de los libaneses.[3]

Después de los atentados del 11 de septiembre, en una «carta abierta a Estados Unidos», bin Laden volvió a ofrecer una justificación similar como respuesta a la pregunta de «¿por qué luchamos y os confrontamos?»: «La respuesta es muy simple. [...] Porque vosotros nos atacasteis y seguís atacándonos». En la carta, bin Laden citaba en primer lugar el apoyo de Estados Unidos a la ocupación israelí de Palestina y a «la opresión, la tiranía, los crímenes, las matanzas, los desplazados, la destrucción y la devastación» que tienen lugar allí. «La sangre que se derrama en Palestina ha de ser vengada por igual. Los estadounidenses deben saber que los palestinos no lloran solos, que sus mujeres no enviudan solas, que sus hijos no quedan huérfanos solos». Bin Laden enumeraba otros agravios, en su mayoría relacionados con la política exterior estadounidense: «Robar nuestra riqueza y nuestro petróleo a precios irrisorios debido a su influencia internacional y a la amenaza militar», «apoyar las atrocidades rusas contra nosotros en Chechenia», respaldar «la opresión india contra nosotros en Cachemira» y matar a los niños iraquíes a base de sanciones económicas.[4]

Bin Laden condenaba a Estados Unidos por hipocresía, diciendo que el país reclama el derecho a poseer armas de destrucción masiva mientras niega a otros ese mismo derecho. Afirmaba que los estadounidenses son «los últimos en respetar las resoluciones y políticas del derecho internacional, pero [...] quieren castigar selectivamente a quien haga lo mismo». Preguntaba: «¿Cuántos actos de opresión, tiranía e injusticia habéis cometido, oh, adalides de la libertad?». Tras presentar la lista de agravios en materia de política exterior, bin Laden arremetía contra la moral estadounidense. Criticaba que hubiéramos «destruido la naturaleza» con nuestros desechos y gases industriales y que nos negáramos a firmar el Protocolo de Kioto. Nos acusaba de «explotar a las mujeres como si fueran productos de consumo». Expresaba su desprecio por la aceptación de «los actos inmorales del presidente Clinton cometidos en el despacho oval» y por nuestra visible tolerancia hacia el consumo de drogas, el juego y el trabajo sexual. (Por lo visto, no reconocía los esfuerzos impenitentes del Partido Republicano por imponer su misma agenda social.)

La carta de bin Laden, ciertamente enajenada, está impregnada de un antisemitismo explícito. (Bin Laden afirmaba: «Los judíos han tomado el control de vuestra economía» y «os están convirtiendo en sus siervos», que es «precisamente contra lo que advertía Benjamin Franklin», aunque hace tiempo que se sabe que esta supuesta advertencia de Franklin de que «el judío» es un «gran peligro para los Estados Unidos de América» no es cierta.)[5] Su justificación para atacar a civiles es dudosa: sostenía que en una democracia los ciudadanos comunes son responsables de las acciones de su Gobierno, por lo que es de justicia tratarlos como representantes de las políticas gubernamentales. (Ignoraba, sin embargo, los esfuerzos hechos por el Gobierno estadounidense para mantener a la ciudadanía, a base de propaganda, en la ignorancia de la realidad de sus decisiones políticas). Apelaba a la sanción divina del principio arcaico de la venganza: «Si alguien ha destruido nuestros pueblos y ciudades [...] nosotros tenemos el derecho de destruir sus pueblos y ciudades». Pero, aunque bin Laden era sin duda un fanático homicida, sus declaraciones públicas dejan claro que la motivación de los atentados del 11 de septiembre no puede atribuirse simplemente a una religiosidad violenta. Su argumento fundamental era que el 11 de septiembre fue un acto de venganza justificada, una respuesta a la violencia ejercida por Estados Unidos.

Las tácticas brutales y extremistas de bin Laden eran completamente marginales y en absoluto representativas del mundo musulmán en su conjunto. Sin embargo, su resentimiento hacia Estados Unidos sí era compartido por otros. Unos días después de que Bush declarara que «odian nuestras libertades», *The Wall Street Journal* publicó una serie de artículos que indagaban seriamente en esta cuestión, con entrevistas a musulmanes de todo el mundo en las que expresaban su percepción de Estados Unidos. Los entrevistados eran profesionales de élite y, a menudo, personas con simpatías hacia nuestro país. Pero tenían en común la «percepción de que el poder ilimitado de Estados Unidos está sosteniendo a regímenes odiados y opresivos». La rabia contra el país surgía de «la doble moral» que se achacaba a Estados Unidos, que defendía «la ocupación israelí de tierras árabes» mientras seguía castigando a Irak con sanciones económicas y ofensivas militares por lo que algunos musulmanes consideraban que era, esencialmente, «el mismo comportamiento». La razón por la que «Estados Unidos despierta una rabia tan apasionada en el mundo musulmán, en todos los sectores de la sociedad», es que su diplomacia «raramente ha estado a la altura de sus preciados ideales».[6] Por ese motivo, hasta los empresarios ricos estaban empezando a cansarse de lo que consideran «una doble moral estadounidense». Un ingeniero catarí lo expresaba claramente: «No tenemos nada contra los americanos por ser americanos, pero estos gobernantes cuentan con el apoyo de los americanos».

John Esposito, director del Center for Muslim-Christian Understanding de la Universidad de Georgetown, señalaba que no se trataba «de un choque de civilizaciones, sino de un conflicto en torno a la política exterior estadounidense». Esposito exponía que muchos en el mundo musulmán, incluidos «los empresarios que tratan con Estados Unidos a diario», esperaban que los atentados llevaran a una reconsideración de la política estadounidense hacia Oriente Medio. En 2005, David Gardner, del *Financial Times*, también informó, en un sentido similar, de que, en el mundo musulmán, muchas personas pensaban que el 11 de septiembre haría «imposible para Occidente y sus déspotas aliados árabes seguir ignorando un sistema político que incubaba una profunda rabia contra ellos».[7]

George W. Bush no fue el único que prefirió echar mano de un relato más complaciente sobre los atentados, elaborando una explicación que evitara que los estadounidenses se cuestionaran las políticas de su propio Gobierno. El 16 de septiembre de 2001, Serge Schmemann, de *The New York Times*, escribió que los atacantes actuaron por «odio a los valores apreciados en Occidente, como la libertad, la tolerancia, la prosperidad, el pluralismo religioso y el sufragio universal». Según Schmemann, estos «fundamentalistas» veían a Estados Unidos como una tierra de «libertinaje, corrupción, codicia y apostasía» y a las Torres Gemelas como símbolos «de Sodoma y de Mamón». No se hace mención alguna a la lista de agravios específicos expuestos por el propio autor del ataque.[8]

Entender las raíces del terrorismo no implica justificarlo. De hecho, quienes se oponen con mayor firmeza a las acciones terroristas son precisamente quienes harán todo lo posible por tratar de entender sus causas, a fin de prevenir la violencia futura.

Las atroces acciones del 11 de septiembre de 2001 fueron un hecho sin precedentes en los asuntos internacionales. Desde la guerra anglo-estadounidense de 1812, Estados Unidos no había sufrido un ataque en su propio territorio. (A menudo se cita el caso de Pearl Harbor como una excepción, pero Pearl Harbor era una base militar en un puesto avanzado colonial. Hawái no se convirtió en un estado más de Estados Unidos hasta casi dos décadas después. La comparación entre Pearl Harbor y el 11 de septiembre sería análoga a establecer una comparativa entre un ataque a una instalación militar británica en la India ocupada y un atentado en Londres.) Estados Unidos está acostumbrado a ejercer su violencia contra otros países, no a ser víctima de ella.

Los atentados del 11 de septiembre podrían haberse tratado como un crimen, lo que habría constituido una respuesta sensata y acorde con los precedentes históricos. Invadir el país del autor de un crimen es una reacción inusual. Cuando el IRA ponía bombas en Londres, a nadie se le ocurrió pedir un bombardeo sobre el oeste de Belfast (ni sobre Boston, de donde procedía gran parte de la financiación del IRA). Del mismo modo, cuando se supo que el atentado de Oklahoma City había sido perpetrado por un supremacista blanco vinculado a las milicias de la ultraderecha, nadie sugirió arrasar con Idaho o Montana. Se buscó al atacante, se dio con él, se le detuvo, se le juzgó y se le condenó.

Este no fue el enfoque adoptado por Bush. En vez de localizar y castigar a los culpables —y solo a ellos—, su Gobierno declaró una «guerra global contra el terrorismo» que comenzó con la invasión de Afganistán por parte de Estados Unidos y sus aliados, y después se extendió causando la muerte de millones de personas.[9] El proyecto Costs of War, de la Universidad Brown, concluyó que las guerras posteriores al 11 de septiembre provocaron casi un millón de muertes por violencia directa y entre 3,6 y 3,8 millones por causas indirectas, además de dejar 38 millones de desplazados, el mayor número desde la Segunda Guerra Mundial.[10]

Tras los ataques, la administración Bush exigió que los talibanes, que entonces gobernaban en Afganistán, le entregaran de inmediato a Osama bin Laden. Los talibanes, en respuesta, ofrecieron llevar a bin Laden a juicio si Estados Unidos presentaba pruebas de su culpabilidad. Bush se negó. No tomó en consideración tampoco la oferta de los talibanes de entregarlo a un tercer país neutral. Su exigencia, dijo, era innegociable. No proporcionaría pruebas (de hecho, en ese momento no las tenía) y no quiso entablar conversaciones. El historiador Carter Malkasian señala que Bush no dio en ningún momento orden a su secretario de Estado, Colin Powell, de «abrir una línea con los talibanes para resolver el conflicto, lo que habría constituido el curso diplomático habitual para evitar una guerra».[11]

De hecho, mucho antes del 11 de septiembre, los talibanes ya habían tendido la mano a Estados Unidos, ofreciéndose a llevar a bin Laden a juicio bajo la supervisión de una «organización internacional neutral», pero el Gobierno norteamericano ni mostró ningún interés ni respondió al ofrecimiento. Milton Bearden, un jefe de operaciones de la CIA que había supervisado las misiones encubiertas estadounidenses en Afganistán durante la década de 1980, declaró a *The Washington Post* después del 11 de septiembre que los talibanes llevaban mucho tiempo enviando señales a Estados Unidos de que «querían deshacerse» de bin Laden, e incluso, probablemente, «prepararon el terreno para que fuera capturado» por los servicios secretos norteamericanos, pero Estados Unidos respondió siempre a esas señales con amenazas. La relación entre los talibanes y bin Laden era, de hecho, «profundamente conflictiva», y en varias ocasiones lo habían sometido a arresto domiciliario.[12]

En lugar de entablar conversaciones con los talibanes sobre la extradición, Washington exigió de inmediato a Pakistán que interrumpiera «los convoyes de camiones que proveían gran parte de los alimentos y otros suministros a la población civil de Afganistán» y forzó la retirada de los trabajadores humanitarios, así como una importante reducción en el suministro de alimentos. Con ello, como señaló Samina Ahmed, del International Crisis Group, dejaba «a millones de afganos [...] en grave riesgo de inanición». A pesar de las enérgicas protestas de las organizaciones de ayuda humanitaria y las advertencias de lo que podría ocurrir si Estados Unidos bombardeaba el país, no se produjo mucho debate sobre las posibles consecuencias que tales acciones tendrían para la población afgana.[13]

En la primera semana de octubre de 2001, Bush lanzó la Operación Libertad Duradera y ordenó un «intenso bombardeo con misiles de crucero y bombarderos de largo alcance contra Afganistán» con el objetivo de derrocar al Gobierno talibán. «Los talibanes pagarán un precio», declaró, asegurando que los ataques estaban «cuidadosamente dirigidos». Pero no era este el enfoque por el que abogaban muchos expertos en terrorismo, que estaban «advirtiendo en contra de una respuesta militar apresurada», y en su lugar recomendaban «trabajo policial y prudencia». En *Foreign Affairs*, el historiador militar Michael Howard sugirió con sensatez que la respuesta debía consistir en «una operación policial llevada a cabo bajo los auspicios de las Naciones Unidas [...] contra una conspiración criminal cuyos miembros deberían ser perseguidos y llevados ante un tribunal internacional, donde se les daría un juicio justo y, de ser hallados culpables, se les impondría una sentencia adecuada». Pero, según cuenta el escritor neoconservador Robert Kagan, Bush «quería venganza». Colin Powell tuvo la impresión de que el presidente «quería matar a alguien». De hecho, el 20 de septiembre, Bush confesó a un grupo de líderes religiosos en el despacho oval: «Me veo en dificultades para controlar mi sed de sangre».[14]

Contra uno de los países más pobres de la Tierra —tal como relata Malkasian—, Estados Unidos envió «cazas F-15E, aviones de combate embarcados F-18C, bombarderos estratégicos B-2 y bombarderos B-52G y H de la época de Vietnam, con cuarenta años de antigüedad. [...] El cañonero AC-130 Specter propulsado por hélice [...] llevaba un cañón de 150 mm, ametralladoras Gatling de 25 mm y cañones de 40 mm». Era el «equivalente a una batería de artillería voladora, y a estos aviones tripulados se sumaron los nuevos drones Predator». Pronto, las fuerzas estadounidenses se quedaron sin objetivos que bombardear, porque «los talibanes tenían pocos cuarteles generales y escasa infraestructura que atacar». Patrick Cockburn, veterano corresponsal en Oriente Medio, señaló: «Lo que los estadounidenses nunca explican sobre Afganistán o Irak es por qué están utilizando armas diseñadas para la Tercera Guerra Mundial contra pueblos que no han salido de la Edad Media, lo que hace inevitables las numerosas bajas civiles».[15]

Cuando ya habían comenzado los bombardeos, los talibanes volvieron a ofrecerse para conversar sobre la entrega de bin Laden, con la condición de que Estados Unidos detuviera los bombardeos sobre el país (renunciaron a su exigencia inicial de ver pruebas de su culpabilidad). Los talibanes calificaron los bombardeos de «ataques terroristas». El número de civiles afganos muertos a causa de la guerra rápidamente excedió las tres mil víctimas de los atentados del 11 de septiembre. Un informe de finales de octubre de Human Rights Watch documentaba bombardeos devastadores en aldeas afganas remotas, cuyos habitantes «afirmaban rotundamente que no había en la zona posiciones de los talibanes ni de al-Qaeda». Una madre de cuarenta años perdió a su marido y a sus seis hijos en uno de los bombardeos «cuidadosamente dirigidos» de los estadounidenses. Las bombas cayeron también sobre instalaciones de la ONU y de la Cruz Roja Internacional, a pesar de que Estados Unidos había sido informado de antemano de su ubicación. Varios trabajadores murieron y quedó «destruido prácticamente por completo el único complejo [de la Cruz Roja Internacional] que contaba con suministros alimentarios y mantas para 55.000 afganos discapacitados».[16]

La reportera de la NPR Sarah Chayes, que cubría los hechos desde Afganistán, cuenta que «el bombardeo estaba traumatizando a los civiles afganos a los que supuestamente debía liberar» y que los refugiados con los que trataba «no podían ni pensar ni hablar de otra cosa», pues habían «enloquecido de miedo». Chayes relata «la desesperación que escuchaba todos los días, los ruegos para que le dijeran al presidente Bush que, por el amor de Dios, cesara los bombardeos». Y añade que, en ese momento, los medios de comunicación estadounidenses eran reacios a transmitir noticias negativas sobre la guerra, y un corresponsal de la CNN afirmaba que se le había ordenado no filmar a las víctimas civiles. Un editor de la NPR llegó incluso a acusar a Chayes de «difundir propaganda talibán» y sugirió que sus fuentes, seguramente, eran «pro-Bin Laden».[17]

El asesinato indiscriminado de civiles inocentes es, evidentemente, lo contrario de una «guerra contra el terrorismo». Es el terrorismo en estado puro. Los oficiales norteamericanos, no obstante, reaccionaban con indiferencia. Después de que una aldea fuera devastada «por torrentes de fuego fulminante desde un avión artillado AC-130» y murieran decenas de civiles, un miembro del Pentágono declaró: «Esa gente está muerta porque queríamos que muriera» y «atacamos lo que queríamos atacar». (El secretario de Defensa Donald Rumsfeld comentó: «No puedo ocuparme de ese pueblo en particular».) En octubre, otra aldea fue arrasada con casi una tonelada de explosivos, que no alcanzaron a los talibanes, pero mataron a cien personas inocentes.[18]

Los opositores afganos a los talibanes estaban estremecidos por los bombardeos. Abdul Haq, uno de los principales líderes de la oposición antitalibán, expresó con vehemencia su objeción, afirmando que Estados Unidos estaba «tratando de demostrar su poderío»; no le importaba «el sufrimiento de los afganos» ni tampoco el número de bajas. Haq argumentaba que los bombardeos estadounidenses, lejos de ayudar, estaban en realidad debilitando los esfuerzos de las fuerzas antitalibanes. No era el único que opinaba así. En octubre de 2001, una reunión de cientos de ancianos tribales y otros líderes afganos contrarios a los talibanes exigieron sin ninguna discrepancia el fin de los bombardeos, que, según condenaron, estaban dirigidos contra personas inocentes. Aunque detestaban a los talibanes, pedían que se emplearan otros medios, distintos de la muerte y la destrucción, para derrocar al régimen. Según informó la prensa, fue «una rara muestra de unidad entre los ancianos de las tribus, los eruditos islámicos, los políticos disidentes y los antiguos comandantes guerrilleros». Aunque entre ellos había muchos desacuerdos, unánimemente «instaban a Estados Unidos a cesar los ataques aéreos» y apelaron a los medios de comunicación internacionales para que exigieran el fin del «bombardeo de personas inocentes». Igualmente, instaban a que se adoptaran otros medios para derrocar al odiado régimen talibán, objetivo que creían que podía lograrse sin causar más muertos y más destrucción.[19]

El 11 de octubre de 2001, la principal organización afgana en defensa de los derechos de las mujeres, la Asociación Revolucionaria de las Mujeres de Afganistán (RAWA), emitió una declaración oponiéndose firmemente a la «enorme agresión» contra su país por parte de Estados Unidos, que ya había empezado a derramar la sangre de civiles inocentes. La declaración abogaba por la «erradicación de la plaga de los talibanes y al-Qaeda» mediante el «levantamiento de la nación afgana», no con un ataque homicida por parte de agresores extranjeros. Añadía: «A pesar de la afirmación de Estados Unidos de que solo serán atacadas las bases militares y terroristas de los talibanes y de al-Qaeda, y que sus acciones serán precisas y proporcionadas, lo que hemos presenciado en los últimos siete días no deja ninguna duda de que esta invasión acabará con la vida de numerosas mujeres, hombres, niños, jóvenes y ancianos de nuestro país».[20]

Donald Rumsfeld rehusó que Estados Unidos tuviera ninguna responsabilidad por las muertes de civiles, con el argumento de que «nosotros no empezamos esta guerra». Y eso significaba, dijo, que «la responsabilidad de todas y cada una de las víctimas de esta guerra», ya fuesen afganos inocentes o estadounidenses inocentes, recaía «sobre al-Qaeda y los talibanes». Esta declaración era, obviamente, absurda: los talibanes no habían atacado a Estados Unidos, y quien había iniciado la guerra violando con claridad el derecho internacional era Estados Unidos. El propio Bush se mofó de la idea de que una invasión no autorizada de una nación soberana fuera un acto criminal: «No me importa lo que digan los abogados internacionales, vamos a darles una tunda». (El principio legal establece que la violencia en defensa propia solo está justificada en caso de respuesta a un ataque armado, y debe ser aprobada por el Consejo de Seguridad de la ONU. Si Estados Unidos no solicitó dicha aprobación —aunque «probablemente» la hubiera obtenido— es sin duda porque ello habría sentado el precedente de que, antes de recurrir al uso de la violencia, debe someterse a una autoridad superior, cosa que el Gobierno de Bush no estaba dispuesto a admitir.) De hecho, no existía ningún motivo creíble para la invasión, lo que significa que, según el propio principio de Rumsfeld (el que inicia la guerra es responsable de todas las víctimas), toda la violencia que se produjera como consecuencia del ataque norteamericano sería responsabilidad de Estados Unidos.[21]

Los talibanes fueron derrocados en seis semanas y ofrecieron su rendición. Donald Rumsfeld declaró: «No negociamos rendiciones», y en la conferencia de Bonn de noviembre, que tenía como objetivo lograr un acuerdo político para el país, los talibanes fueron excluidos de las negociaciones. Más tarde, Masoom Stanekzai, asesor de alto nivel del Gobierno afgano de posguerra, calificó esta decisión de «error histórico», y Carter Malkasian ha señalado que «el estado de ánimo de la época prevaleció sobre una diplomacia más sensata». Ese estado de ánimo era, en palabras del líder de la delegación norteamericana, el siguiente: «Han sido derrotados. ¿Por qué deberían ser incluidos?». Rumsfeld «vetó cualquier acuerdo de paz con los talibanes» y advirtió al nuevo presidente afgano, Hamid Karzai, de que «cualquier acuerdo» que incluyera a los talibanes «iría en contra de los intereses de Estados Unidos». Malkasian argumenta que «este enfoque estrecho e inflexible contravenía la inteligencia diplomática necesaria para conducir a los adversarios hasta un acuerdo político de posguerra» y sentó las bases para la larga guerra que seguiría. Cuando Karzai propuso hablar con los primeros tanteadores de paz talibanes, la administración Bush prohibió las negociaciones, e incluso le entregó una «lista negra» de personas con las que el Gobierno afgano tenía prohibido hablar. El diplomático afganoestadounidense Zalmay Khalilzad cree que «la más larga guerra norteamericana podría haber sido una de las más breves si Estados Unidos hubiera estado dispuesto a hablar con los talibanes en diciembre de 2001».[22] Todd Greentree, alto cargo del Servicio Exterior que trabajó en Afganistán, sostiene que Estados Unidos «violó el modo afgano de hacer la guerra», según el cual «cuando un bando gana, el otro depone las armas y se reconcilia con el vencedor».[23]

Por supuesto, la administración Bush no había pensado demasiado en las consecuencias reales que tendría derrocar a los talibanes. Malkasian señala que no se produjeron «inversiones significativas en reconstrucción, desarrollo económico e instituciones», y el embajador Ryan Crocker resumió la actitud de Rumsfeld de este modo: «Nuestro trabajo consiste en matar a los malos. [...] [Una vez que] hemos matado a los malos, ¿a quién le importa lo que suceda después?». Esta no fue una guerra para llevar la democracia a Afganistán ni para garantizar los derechos de las mujeres, que fueron dos excusas a las que se recurrió después, en retrospectiva, para justificar aquella calamidad.[24]

De hecho, Bush no tardó en perder todo interés por Afganistán. Los planes para invadir Irak se habían puesto en marcha el mismo 11 de septiembre de 2001. La propia tarde del día de los atentados, Donald Rumsfeld pidió a la CIA que le proporcionara «la mejor info rápida» para «valorar si bastaba [para] atacar a S. H. [Sadam Huseín] al mismo tiempo. No solo a UBL [bin Laden]». En marzo de 2002, cuando se le preguntó sobre la búsqueda de bin Laden, Bush respondió: «La verdad es que [bin Laden] no me preocupa demasiado», comentario que más tarde negaría haber hecho. Bush indicó que, como bin Laden ya no estaba «dirigiendo Afganistán», no era una prioridad. (Claro está que bin Laden no solo no había estado nunca ni cerca de «dirigir Afganistán», sino que, además, los talibanes lo habían considerado siempre una molestia y se habían ofrecido a entregarlo.)[25]

Una vez que Bush centró su atención en Irak, la guerra en Afganistán pasó a ser algo secundario y la ambigüedad de la misión se acentuó. (Nunca estuvo realmente clara, más allá del deseo de vengar las muertes del 11 de septiembre matando a personas que se parecían a quienes se sospechaba responsables.) Según un memorando de Donald Rumsfeld, cuando este le preguntó al presidente si quería reunirse «con el general

Franks y el general McNeill», Bush respondió: «¿Quién es el general McNeill?», a lo que Rumsfeld tuvo que explicar que era «el general a cargo de Afganistán». Y la respuesta de Bush fue: «Bueno, no tengo necesidad de reunirme con él».[26]

Se canalizó mucho dinero hacia Afganistán. Ajustado a la inflación, el gasto excedió a la ayuda del Plan Marshall para Europa Occidental tras la Segunda Guerra Mundial. En un momento dado, «el Gobierno de Estados Unidos estaba inyectando en Afganistán aproximadamente tanto dinero como el que producía por sí sola la economía del país subdesarrollado». Sin embargo, como señala Craig Whitlock, si gran parte de ese dinero se hubiese quemado habría cumplido la misma función: «Los miembros de la administración estadounidense malgastaron enormes sumas en proyectos que los afganos no necesitaban o no querían. Buena parte del dinero terminó en los bolsillos de contratistas con salarios astronómicos o de funcionarios afganos corruptos, mientras que las escuelas, clínicas y carreteras financiadas por Estados Unidos se deterioraron debido a las deficiencias en la construcción o el mantenimiento, cuando llegaron a construirse». De hecho, «gran parte del dinero estadounidense enriqueció a los contratistas norteamericanos sin entrar siquiera en la economía afgana».

Lo que explica Whitlock es que, en realidad, lo que Estados Unidos construyó con ese dinero fue un «Gobierno afgano corrupto y disfuncional que dependía del poder militar estadounidense para su supervivencia». La corrupción era tan grave que, según la ONU, en 2012, la mitad de la población afgana pagaba sobornos por servicios, lo que generaba miles de millones de dólares al año. Según el Institute of World Politics, las milicias «utilizaban su cercanía con el Gobierno y con el ejército estadounidense para controlar carreteras, conseguir contratos lucrativos y establecerse como poderes regionales, a veces sirviendo a ambos bandos, cooperando tanto con fuerzas internacionales como con los talibanes para maximizar sus beneficios».[27]

En 2009, Rodric Braithwaite informó en el *Financial Times* que entre los «periodistas afganos, los antiguos muyahidines, los profesionales y las personas que trabajaban para la "coalición"», que deberían haber sido «partidarios naturales de sus afirmaciones de traer paz y reconstrucción», había, de hecho, «una profunda desilusión con la "coalición" y sus políticas». No es de sorprender que muchos se unieran a los talibanes porque veían a los estadounidenses como invasores ilegítimos y al Gobierno afgano como una marioneta de Estados Unidos.[28]

Whitlock señala el problema básico de que «al permitir que la corrupción se hiciera sistémica, Estados Unidos contribuyó a destruir la legitimidad del tambaleante Gobierno afgano que trataba de apoyar. Con los jueces, jefes de policía y burócratas extorsionando y sobornando, muchos afganos se desencantaron con la democracia y recurrieron a los talibanes para imponer el orden». La policía local afgana entrenada por Estados Unidos se convirtió en «milicias irresponsables que abusan de la población», «rápidamente se granjeó una reputación de brutalidad, provocando la queja de organizaciones por los derechos humanos». Era «la institución más odiada» de Afganistán, y un funcionario «estimaba que el 30 por ciento de los reclutas de la policía afgana desertaron con las armas proporcionadas por el Gobierno para "establecer sus propios puestos de control" y robar a la población». Además de la policía depredadora, había muchos policías «fantasma», es decir, que figuraban en nómina pero que no existían. Whitlock escribe que si bien «sobre el papel, el ejército afgano y las fuerzas policiales parecían robustos, [...] un gran porcentaje se materializó en forma de acuartelamientos fantasma o puestos de trabajo sin cubrir», porque «los comandantes afganos inflaban las cifras para poder embolsarse millones de dólares en salarios —pagados por los contribuyentes estadounidenses— que correspondían a personal imaginario, según auditorías del Gobierno de Estados Unidos».

El periodista de *The New York Times* Dexter Filkins afirma que nada de esto era un secreto y que, en la administración estadounidense, todo el mundo «sabía que el Gobierno afgano era un depredador». Lo denominó «VICE», acrónimo de *vertically integrated criminal enterprise* ('empresa criminal integrada verticalmente'). Pero Patrick Cockburn nos recuerda que la corrupción provenía, en parte, de la desesperación: «La policía gana unos ciento veinte dólares al mes. [...] La única forma en que tienen capacidad de alimentar a sus familias es aceptando sobornos». Además, el trabajo de los soldados y la policía afganos era peligroso. En un momento dado, se calculaba que cada día morían entre treinta y cuarenta de ellos, hasta el punto de que «el Gobierno afgano mantuvo en secreto las cifras exactas para no minar la moral». En 2019, los investigadores concluyeron que «en el transcurso de la guerra habían muerto más de 64.000 afganos uniformados, aproximadamente dieciocho veces el número de soldados estadounidenses y de la OTAN que perdieron la vida».[29] Sarah Chayes, reportera de la NPR, explicó que las «preocupaciones de seguridad de los afganos» eran muy distintas de las «preocupaciones de seguridad de los extranjeros». Las fuerzas estadounidenses y de la OTAN estaban preocupadas por los «antiguos talibanes», mientras que «los afganos temían la depredación enteramente real por parte del Gobierno que los estadounidenses habían instalado en el poder». Chayes se mostraba crítica con quienes creen que los afganos no estaban preparados para la democracia, sin más. De hecho, lo que deseaban los afganos era un Gobierno que fuera competente y que no les robara. Estaban «clamando» por la democracia, afirmó, y querían «participar de alguna manera real en la configuración del destino de su nación», pero no estaban «recibiendo nada de eso, debido a señores de la guerra como Gul Agha Sherzai, a quien Estados Unidos ayudaba a mantenerse en el poder». Según Chayes, la política estadounidense en realidad «estaba obstaculizando la democracia».[30]

Chayes también critica duramente a Estados Unidos por apoyar a algunos de los señores de la guerra afganos más brutales, como Abdul Rashid Dostum, responsable de la muerte por asfixia de cientos de prisioneros de guerra talibanes a los que encerró en contenedores de carga. Akbar Bai, del Consejo Turco de Afganistán, dijo de Dostum que era «el mayor carnicero y criminal del mundo», que había «violado a muchas personas, hombres, mujeres, incluso niñas y niños», y está acusado de haber dado orden de asesinar a su exmujer después de que ella lo sorprendiera teniendo relaciones sexuales con una menor. Dostum se convirtió en «el hombre de Estados Unidos en Afganistán» y estuvo en nómina de la CIA. En el Gobierno respaldado por Estados Unidos, Dostum llegó a ser vicepresidente de Afganistán, aunque su presencia en el cargo fue tan embarazosa que el Gobierno de Obama se sintió obligado a prohibirle la entrada a Estados Unidos. Dostum, finalmente, acabó huyendo del país para escapar de «cargos criminales en Afganistán por haber ordenado a sus guardaespaldas violar a un rival político con un fusil de asalto».[31]

Como demuestra Whitlock, al público se le ocultó gran parte de la verdad. El inspector general especial para la reconstrucción de Afganistán señaló que todas las declaraciones del Gobierno desprendían un «olor a mentira». El asunto comenzó con Bush, pero Whitlock cuenta que los altos cargos de la administración Obama «lo llevaron a un nuevo nivel, exagerando cifras que eran engañosas, espurias o absolutamente falsas». En 2011, Hillary Clinton afirmó ante el Senado que «la vida es hoy mejor para la mayoría de los afganos», y citó estadísticas que mostraban un crecimiento en la asistencia escolar, disminución de la mortalidad infantil, y que cientos de miles de agricultores habían sido «capacitados y equipados con nuevas semillas y nuevas técnicas», y a las mujeres afganas se les habían otorgado cien mil microcréditos. Sin embargo, «los auditores del Gobierno concluyeron más tarde que la administración Obama había basado muchas de sus estadísticas sobre mortalidad infantil, esperanza de vida y matriculación escolar en datos inexactos o no verificados». El inspector general especial expuso que la administración «sabía que los datos eran incorrectos», pero los utilizó de todas maneras con el fin de proyectar una imagen falsa de progreso. Whitlock explica: «Incluso cuando los números de víctimas y otras cifras eran negativos, la Casa Blanca y el Pentágono los manipulaban a su favor», y cualquier resultado se presentaba como una victoria. Por ejemplo, los atentados suicidas acabaron convirtiéndose en «una señal de que los insurgentes eran demasiado débiles para participar en un combate directo», mientras que «el aumento en el número de bajas entre los soldados estadounidenses demostraba que las fuerzas de Estados Unidos estaban llevando la iniciativa en la lucha contra el enemigo».[32]

Con la publicación en 2010 por parte de WikiLeaks de los diarios de la guerra de Afganistán, se revelaron al público numerosos casos terribles de violencia que no se habían denunciado y que fueron perpetrados por Estados Unidos y sus aliados. Según contaba *The Guardian*, lo que se habían presentado como ataques selectivos contra «militantes talibanes» muchas veces resultaron ser «errores sanguinarios a expensas de los civiles», como el caso en el que «una patrulla estadounidense [...] ametralló un autobús y dejó heridos o muertos a quince pasajeros». Hubo muchos más incidentes que, aunque se reportaron como ataques contra talibanes, en realidad resultaron en la muerte de civiles inocentes.[33]

También se produjeron atrocidades aún más extremas, como la matanza de dieciséis aldeanos a manos de un sargento del ejército en la provincia de Kandahar. Un soldado australiano inculpado por haber matado a un adolescente afgano fue acusado ante el tribunal de haber alardeado: «Disparé a ese cabrón en la cabeza, [...] le volé los sesos. Fue lo más bonito que he visto en mi vida». En 2015, en uno de los episodios más horrendos de la guerra, un helicóptero AC-130 de combate de la Fuerza Aérea estadounidense (llamado Hammer) atacó un hospital de Médicos Sin Fronteras en Kunduz, los pacientes fueron quemados vivos en sus camas y en el ataque murieron un total de cuarenta y dos personas. (Médicos Sin Fronteras había proporcionado previamente a las fuerzas estadounidenses las coordenadas GPS de su centro de traumatología.)[34]

La práctica de la tortura fue otro factor de humillación y alienación para la población afgana. Como informó James Risen de *The Intercept*, Estados Unidos instaló cámaras secretas y «torturó a prisioneros afganos y extranjeros, a los que trasladó a esas salas de tortura desde Asia Central, África y Oriente Medio». Los prisioneros «eran colgados de los brazos durante dos días, estampados contra las paredes» u «obligados a tumbarse desnudos en lonas mientras les vertían litros de agua helada sobre el cuerpo», y al menos una persona murió a causa de las gélidas temperaturas. Risen señala que «nunca se pidió a nadie que rindiera cuentas por el régimen de tortura estadounidense en Afganistán».[35] El uso de drones armados resultó aún más espantoso. *The New York Times* señalaba que «ni siquiera dentro del Gobierno había certeza de a quién habían matado» y que «en todas las investigaciones independientes sobre los ataques se han descubierto muchas más víctimas civiles de las que admitían los cargos de la administración». Brandon Bryant, un antiguo operador de drones de la Fuerza Aérea convertido en un crítico de su uso, contaba que el asesinato de un niño pequeño estaba «grabado a fuego» en su cerebro. Risen cree que «el número total de civiles muertos fue mucho mayor de lo que dicen las estimaciones oficiales», ya que las autoridades «se engañan a sí mismas sobre el verdadero impacto» de estas operaciones. Entre las víctimas de los drones hubo docenas de agricultores de piñones y los asistentes a una boda. Cada vez que se desvelaban estos horrores, los altos cargos del Gobierno estadounidense «insistían en que cada uno de los ataques había alcanzado el objetivo previsto, al tiempo que ignoraban las denuncias de los aldeanos de que los misiles habían matado a un jefe tribal o diezmado una reunión de ancianos de la aldea». (Aunque no todos salieron mal parados: los contratistas de defensa estadounidenses amasaron fortunas, y floreció una enorme industria de drones.)[36]

Naturalmente, los crímenes cometidos por las fuerzas estadounidenses contra los afganos alimentaron el apoyo a los talibanes. Risen señala que las «incursiones nocturnas», en las que «las fuerzas estadounidenses y afganas irrumpían en las casas en mitad de la noche y mataban o capturaban a sus ocupantes», generaron tanto resentimiento que «a veces llevaron a una aldea entera a mudar su lealtad hacia los talibanes». El periodista Anand Gopal identificó a once dirigentes talibanes que habían abandonado la organización pero volvieron a incorporarse a ella «debido a algún tipo de acoso por parte de Estados Unidos o del Gobierno». Malkasian agrega que «las operaciones antiterroristas de Estados Unidos, excesivamente agresivas y mal informadas, irritaron a los afganos y llevaron a muchos extalibanes de vuelta a la violencia».[37] Los presidentes estadounidenses, uno tras otro, siguieron negando los hechos mientras continuaban con la guerra. Whitlock señala que Barack Obama pretendió haber puesto fin al conflicto sin hacerlo realmente. Bajo el Gobierno de Donald Trump, la guerra «se volvió mucho menos visible para los estadounidenses», pero «sobre el terreno» estaba alcanzando «nuevas cotas de caos, con un número récord de civiles afganos muertos o heridos». Trump intensificó la violencia indiscriminada y lanzó la tristemente célebre «madre de todas las bombas», el explosivo convencional más potente que se haya usado jamás en combate, y que mató a varios combatientes del ISIS, pero también a un maestro y a su hijo pequeño. Este acto provocó que Hamid Karzai condenara el «cruel e inhumano uso» de Afganistán «como campo de pruebas para armas nuevas y peligrosas». Desesperado por poner fin al costoso compromiso de Estados Unidos, Trump firmó un acuerdo con los talibanes que prometía la retirada norteamericana si ellos aceptaban, entre otras cosas, detener los ataques contra las fuerzas de Estados Unidos y la coalición. El acuerdo se tomó sin la participación del Gobierno afgano (uno de los miembros de la administración estadounidense contó que la actitud general era «¿A quién le importa si están de acuerdo o no?»), y ayudó a los talibanes a prepararse para tomar el control del país.[38]

Biden, al igual que Trump, solo quería salir de Afganistán, asumir el golpe político y pasar página. Ordenó una retirada rápida —y desastrosa— que dejó abandonados a muchos afganos que habían sido aliados fundamentales de Estados Unidos. Dexter Filkins, de *The New York Times*, calificó el hecho de «inexcusable» y «criminal»: «Han luchado por nosotros y arriesgado sus vidas y muchos han muerto por nosotros, y hemos dejado a miles de ellos atrás». Filkins concluye que la administración Biden simplemente no consideró que «mereciera la pena» invertir más esfuerzo o recursos, dado que las vidas de los afganos han sido consideradas insignificantes por todos los presidentes estadounidenses desde 2001.[39]

En 2021, tras veinte años de guerra, Estados Unidos disparó su último misil en Afganistán. Mató a un trabajador humanitario y siete niños. El ejército estadounidense lo defendió inicialmente como un «ataque justificado», afirmando que había alcanzado a unos terroristas que portaban una bomba. Sin embargo, una extensa investigación de *The New York Times* demostró que el Gobierno estaba mintiendo. El Pentágono se desdijo y calificó las muertes de trágico error. Pero nadie fue castigado.[40]

El final de la guerra en Afganistán, con su combinación de pavorosa violencia contra afganos inocentes, descarada propaganda de los responsables norteamericanos e impunidad total para los perpetradores, no pudo ser más representativo de la intervención de Estados Unidos.

La retirada estadounidense tras la guerra dejó a Afganistán en unas condiciones desoladoras. A finales de 2021, el Programa Mundial de Alimentos advirtió que el 98 por ciento de los afganos no tenían suficiente para comer y que millones de personas se enfrentaban a la hambruna. En septiembre de 2023, el PMA alertó de que se habían quedado prácticamente sin recursos y que se estaban viendo «obligados a elegir entre las personas que pasan hambre y las que se mueren de hambre, dejando a millones de familias en dificultades para conseguir su próxima comida». Las noticias que llegan desde Afganistán son desgarradoras. Los porcentajes de trabajo infantil han aumentado considerablemente, pues se envía a los niños a que ganen dinero para ayudar a alimentar a la familia, y hacen trabajos como rebuscar en la basura. Algunos padres se han visto obligados a vender a uno de sus hijos para poder alimentar a los otros. También hay quien ha tenido que vender sus propios órganos o los de sus hijos.[41]

De todo este horror, el responsable directo es Estados Unidos. Después de que los talibanes tomaran el control del país, en agosto de 2021, Estados Unidos congeló 9.000 millones de dólares en activos del banco central afgano, lo que «aisló funcionalmente a Afganistán de muchos bancos extranjeros y dejó al Banco Central sin acceso a sus reservas, dificultando el flujo de efectivo en el país». El Gobierno de Biden anunció que la mitad de ese dinero de los afganos se entregaría a las familias estadounidenses relacionadas con las víctimas del 11 de septiembre, a pesar de que está claro que el pueblo afgano no tuvo nada que ver con los atentados. Como señaló Ruth Pollard, de Bloomberg, se trataba de un robo descarado: «El problema es que Estados Unidos no es el dueño de ese dinero: Afganistán sí». *The New York Times* señaló discretamente que es «muy inusual que el Gobierno de Estados Unidos se apodere de los activos de un país extranjero en el propio territorio de este».[42]

Representantes de las principales organizaciones de mujeres afganas escribieron una carta abierta a Joe Biden en la que denunciaban la injusticia de la decisión, señalando que «los fondos que Estados Unidos tiene intención de redistribuir pertenecen al pueblo afgano, que no fue responsable de los actos de los terroristas de al-Qaeda ni de los talibanes». Afirmaban: la «decisión del país más poderoso del mundo sobre los recursos del país más pobre del mundo resulta extremadamente injusta».[43] «Miles de afganos han muerto cada año en lo que Estados Unidos y sus aliados llamaron la "guerra contra el terrorismo" —añadían—, y quitarle fondos al pueblo afgano es la respuesta más cruel e inadecuada para un país que está atravesando la peor crisis humanitaria de su historia.»[44]

Obaidullah Baheer, de la Universidad Americana de Afganistán, expresó su profunda ira ante la decisión, por la razón evidente de que «Afganistán necesita una economía sostenible para sobrevivir a largo plazo, y las reservas federales son esenciales para ello». Naser Shahalemi, fundador de End Afghan Starvation, se muestra consternado por la terrible situación humanitaria: «El pueblo afgano se está muriendo de hambre y no puede acceder a sus fondos. No puede usar sus tarjetas bancarias. No puede acceder a sus cuentas. [...] Debido a las sanciones, se le ha prohibido acceder a su propio dinero. [...] Es absolutamente ridículo, porque necesitamos ese dinero para ayudar al pueblo de Afganistán». (La administración Biden ignoró todas las súplicas y continuó negándose a devolver los fondos.)[45]

Los efectos de la política estadounidense han sido «catastróficos para los civiles —señala Laurel Miller, del International Crisis Group—. Las medidas directas de Occidente para aislar al nuevo régimen provocaron el colapso de Afganistán.» David Miliband, del International Rescue Committee, advirtió que «la actual crisis humanitaria podría acabar con la vida de muchos más afganos que los últimos veinte años de guerra». Mark Weisbrot explicó que «la administración Biden no puso fin a la guerra, sino que la continuó por otros medios, que están resultando aún más violentos y desestabilizadores».[46]

Y, del mismo modo, tampoco facilitamos una salida del infierno que creamos. El Gobierno de Biden rechazó más del 90 por ciento de las solicitudes de entrada por razones humanitarias a Estados Unidos presentadas por afganos. También impuso requisitos diferentes a los refugiados afganos y a los refugiados ucranianos. Por ejemplo: «A diferencia de los afganos, los ucranianos que desean entrar a Estados Unidos por razones humanitarias no tienen que pagar una tasa administrativa de 575 dólares, no deben presentar certificados de vacunación y ni tienen que pasar por una entrevista consular en persona con un representante del Gobierno estadounidense». (Las encuestas de opinión pública muestran que los refugiados afganos se perciben de manera menos favorable, quizá en parte por la cobertura mediática, que presenta a los ucranianos como refugiados «civilizados» que «se parecen a nosotros».)[47]

Si tenemos un mínimo de rigor moral, deberíamos preguntarnos: ¿qué le debe Estados Unidos a la población de Afganistán después de todo lo que les hemos hecho? Si realmente creyéramos en nuestro propio relato sobre ser «la mayor fuerza para la libertad que el mundo haya conocido jamás», ¿cómo deberíamos actuar?

Podríamos empezar implementando algunos cambios obvios. Negar las solicitudes de los refugiados afganos es inconcebible. Laurel Miller recomienda «comenzar a levantar las sanciones contra los talibanes en cuanto que grupo (manteniendo las sanciones contra individuos específicos y el embargo de armas); financiar instituciones de función pública concretas en áreas como el desarrollo rural, la agricultura, la electricidad y la gobernanza local; y restablecer las operaciones del banco central para reconectar a Afganistán con el sistema financiero global». Las sanciones castigan a la población por los crímenes de su Gobierno y no se justifican de ninguna manera.[48]

La guerra de Afganistán se analiza habitualmente como si hubiese sido una especie de «noble fracaso», otro episodio más de las buenas intenciones de Estados Unidos que terminaron mal. Para Barack Obama, tal como escribe Rajiv Chandrasekaran, Afganistán fue «la guerra buena, la guerra que empezó con la caída de dos torres, no la guerra que surgió de unas operaciones de inteligencia defectuosas y de afirmaciones sobredimensionadas acerca de la existencia de armas de destrucción masiva». En realidad, la invasión de Afganistán fue un crimen de enorme magnitud, sin nada que lo justifique. Ni el pueblo afgano ni su Gobierno autoritario talibán fueron los estrategas ni los ejecutores de los atentados del 11 de septiembre (de hecho, los talibanes condenaron públicamente los atentados y pidieron que se llevara a los responsables ante la justicia).[49]

Entonces, ¿por qué atacó Estados Unidos a Afganistán? Bush quería «hacer una demostración de fuerza» después de los ataques. Michael Howard lo describió como un deseo de «catarsis» y «venganza» contra un «insulto al honor estadounidense», que no habría quedado satisfecho con una «larga y minuciosa investigación policial».[50] El deseo de represalia y de llevar a cabo una demostración de poder no es una motivación poco frecuente en la historia de la política exterior estadounidense. Es más bien una lógica mafiosa: usar la violencia extrema como medio para afirmar el poder y disuadir a cualquier posible oposición.

¿Y por qué nos quedamos en Afganistán? En parte, porque ningún presidente quería «perder» la guerra, incluso cuando cada vez era más evidente que el Gobierno respaldado por Estados Unidos no sería capaz de reunir el apoyo popular necesario para sobrevivir sin el sustento estadounidense. Patrick Cockburn observó en 2012: «El problema, tanto para Washington como para Londres, es que han provocado tantas muertes en Afganistán y han gastado en ello tanto dinero que tienen difícil retirarse sin algo que puedan disfrazar de victoria». Independientemente de cuáles fueran las «verdaderas» razones detrás de la guerra, ningún presidente estadounidense —desde Bush hasta Biden— ha mostrado un compromiso sincero con la mejora de la vida y el bienestar del pueblo afgano.[51]

Todavía hay quienes defienden la nobleza de las intenciones de los responsables de las políticas estadounidenses. Carter Malkasian, aunque reconoce las terribles consecuencias que produjo la negativa estadounidense a entablar un diálogo diplomático con los talibanes o a valorar las secuelas que tendría su derrocamiento, plantea la guerra como un «terrible intercambio compensatorio» entre el bienestar norteamericano y el afgano. «Fue algo imprevisto», dice, y acabamos «reavivando un estado de guerra civil para poder dormir un poco más tranquilos en casa», exponiendo a los afganos a sufrir daños para proteger a los estadounidenses.

Puede que la acusación de haber destruido uno de los países más pobres del mundo para «dormir un poco más tranquilos» suene ya bastante dura, pero es que Malkasian, además, se equivoca. Si el Gobierno de Bush hubiera querido «proteger a los estadounidenses de otro ataque terrorista», se habría aplicado en perseguir a la red criminal responsable del atentado inicial. En su lugar, quería venganza, y empezó una guerra ilegal que produjo la muerte de miles de personas inocentes. Aunque una «compensación» entre las vidas afganas y la seguridad estadounidense ya hubiera sido en sí mismo terrible, la realidad es que no hubo tal compensación. Bush, después de haber hecho un alarde de poderío norteamericano, perdió rápidamente el interés en bin Laden. El daño no fue «imprevisto», los drones armados no se despliegan espontáneamente, por su propio albedrío. Fue consecuencia de una indiferencia total hacia la humanidad de nuestras víctimas.

Lo más desalentador es que, aunque quienes intentan justificar el crimen que supuso la guerra en Afganistán señalan el progreso en materia de derechos de las mujeres y de infraestructuras durante la ausencia de los talibanes, es muy posible que, si Estados Unidos nunca hubiera invadido Afganistán, estos no estuviesen hoy en el poder. Eran impopulares en 2001; Patrick Cockburn señala que «la brutalidad de los talibanes y su obsesión por controlar la vida privada de la gente los había hecho indeseables desde hacía mucho tiempo» porque «incluso aquellos que disfrutaban de aficiones inocentes, como volar cometas, podían ganarse una paliza o incluso la cárcel». Una de las principales razones del resurgimiento de los talibanes fue su capacidad para presentarse como luchadores por la libertad frente a un Gobierno asociado con los ocupantes estadounidenses. Abdul Haq, en su momento, insistió en que Estados Unidos estaba debilitando la resistencia antitalibán con su campaña de bombardeos y que, de haber dejado al país en paz, esa resistencia podría haber logrado construir un Gobierno con un verdadero apoyo popular. Bien es posible que Estados Unidos sea la principal razón por la que los afganos sufren ahora, indefinidamente, bajo el fortalecido régimen de los talibanes.[52]

140

4

Irak: el crimen del siglo

La guerra de Estados Unidos contra Irak, que tuvo lugar entre 2003 y 2011, sigue siendo el acto de agresión militar más letal de este siglo y quizá el peor crimen de los últimos treinta años.[1] Como dijo George W. Bush en un lapsus, fue «totalmente injustificada y brutal». Al menos 500.000 iraquíes murieron como consecuencia del conflicto. De ellos, unos trescientos mil de forma violenta: civiles que volaron en pedazos por los ataques aéreos de la coalición, abatidos en controles militares o asesinados por terroristas suicidas en la insurgencia desatada por culpa de la invasión y posterior ocupación estadounidense.[2]

Muchos otros fallecieron debido al colapso del sistema sanitario: los médicos huyeron masivamente del país porque sus colegas estaban siendo secuestrados o asesinados. La mortalidad infantil aumentó, al igual que la desnutrición y la hambruna. Hubo millones de personas desplazadas y las sustancias tóxicas liberadas por los bombardeos estadounidenses provocaron «malformaciones congénitas, esterilidad e infertilidad». Se creó toda una «generación de huérfanos», cientos de miles de niños que perdieron a sus padres y, en muchos casos, acabaron viviendo en la calle, sin hogar. La infraestructura del país se desplomó, bibliotecas y museos fueron saqueados y el sistema universitario quedó devastado. Durante años, los atentados suicidas formaron parte del día a día en Bagdad y, por cada muerte violenta, decenas de personas terminaban heridas o profundamente traumatizadas. Un informe de la Cruz Roja de 2007 relata que había «madres pidiendo que se recogieran los cadáveres de las calles para evitar que sus hijos se enfrentaran al horror de verlos de camino a la escuela». En los dieciséis meses siguientes a la ocupación de Irak, se duplicaron las cifras de desnutrición aguda, que alcanzaron niveles similares a los de Burundi, muy por encima de los de Haití o Uganda. La cifra se traduce en que aproximadamente 400.000 niños iraquíes sufren de «emaciación», una patología que se caracteriza por la presencia de diarreas crónicas y una peligrosa deficiencia de proteínas.[3]

Algunos de los primeros promotores de la guerra han optado, con el tiempo, por guardar silencio. Otros, directamente, por distorsionar los hechos. («En 2008, fuimos capaces de llevar la guerra a una conclusión razonablemente satisfactoria», escribió el neoconservador William Kristol en 2015.) También hay quienes, en cambio, han mostrado en público su arrepentimiento, aunque presentando la invasión de Irak como un error bienintencionado e idealista. Es difícil, por ejemplo, encontrar declaraciones más radicales a favor de la guerra que las que realizó Andrew Sullivan en 2002 y 2003, cuando escribió: «Estaríamos fallando en todas las concepciones del deber cristiano si no actuamos después de tanto tiempo, si permitimos que triunfe el mal, si perdemos la confianza en nuestra capacidad de hacer lo que es moralmente correcto».

Sullivan fue categórico: «Esta guerra es justa. No la iniciamos nosotros. Fue Sadam, hace más de doce años». (Estados Unidos, según su propio relato, actúa solo como medida defensiva, por lo que debe afirmar que fue Huseín quien «empezó» la guerra, a pesar de que este nunca atacó a Estados Unidos.) Para Sullivan, la cuestión del tiempo era esencial: «Decir que tenemos prisa por ir a la guerra es una mentira obscena, una muestra de amnesia voluntaria, una negación simple de la historia». Ante quienes señalaban la ilegalidad de la invasión, Sullivan insistió en que hay que dejar de considerar a la ONU «como una herramienta para las cuestiones globales». De hecho, la falta de aprobación internacional no hacía otra cosa que demostrar, según él, que Estados Unidos era uno de los pocos países moralmente serios del mundo. Esto probaría que «solo Estados Unidos, el Reino Unido y unos pocos países más están dispuestos a jugarse la vida para imponer el cumplimiento de las normas globales».[4]

Sin embargo, en 2007, cuando la guerra ya había devastado por entero el país al que supuestamente debía «liberar», Sullivan se confesó como una persona inocente y engañadiza cuya racionalidad se había visto inhibida por su odio acérrimo al mal. Había sido «demasiado ingenuo», escribió, se había visto «consumido por el deseo de luchar contra el mal islamista», pero le inundó la rabia al conocer los «asesinados, torturados y mutilados en el vórtice creado por Rumsfeld».

Aunque esta nueva preocupación de Sullivan por los asesinados, torturados y mutilados es loable (por mucho que las numerosísimas bajas humanas fueran una consecuencia totalmente predecible de la guerra y contra la que en su momento se advirtió con insistencia). Igual que tantos otros que llegaron a ver que la guerra era indefendible, Sullivan tomó refugio en la postura de que la guerra había sido «imprudente», pero «noble» y «defendible». Solo que «la administración [Bush] fue demasiado incompetente y arrogante para llevarla a cabo de manera efectiva».

Como en el caso de Vietnam, muchos críticos de la guerra de Irak eran en realidad críticos de su ejecución, no de su intención. En un artículo para *The Washington Post* sobre el subsecretario de Defensa, Paul Wolfowitz, el periodista David Ignatius lamentaba que el idealismo de este, aunque admirable y basado en principios, lamentablemente no había escapado a la imperfección humana. Ignatius concluía que era «imposible criticar en términos morales» el argumento a favor de derrocar al régimen iraquí, pero extraía también una lección: «Demasiado moralismo es un peligro en el arte de gobernar». El «idealismo de un Wolfowitz», aunque «admirable», era «ilusorio» y debería verse «moderado por un juicio realista sobre cómo proteger los intereses estadounidenses».[5]

La guerra de Irak, según Ignatius, fue «la guerra más idealista de los tiempos modernos», librada tan solo para llevar la democracia a Irak y a toda la región. Y fue, precisamente, su mismo idealismo la que la condenó al fracaso.

De manera similar, si bien Barack Obama consideró que la guerra fue un «error estratégico» y estuvo «mal concebida», tampoco cuestionó las buenas intenciones de quienes la iniciaron. Son muy pocas las voces, de entre las figuras conocidas que se muestran críticas con la guerra, que la llamen por lo que fue: un acto criminal de agresión por parte de un Estado que buscaba ejercer su control en la región mediante el uso de la violencia. Gran parte de estas críticas han estado centradas en los costos que la guerra supuso para Estados Unidos, sin prestar apenas atención al precio que Irak y los países vecinos tuvieron que pagar.[6]

Para que alguna vez se lleguen a rendir cuentas por este crimen, deberíamos entender primero qué se hizo y por qué.

La actitud que mantuvo Estados Unidos hacia Sadam Huseín siguió la misma constante desde su ascenso al poder en la década de 1970 y fue consistente con la que mantenía hacia otros déspotas. El brutal régimen de Huseín era tolerable cuando servía a los objetivos norteamericanos en Oriente Medio, e intolerable cuando los desafió. La postura de Estados Unidos cambió con el tiempo, pero no en función de la amenaza que representara Huseín para la seguridad del pueblo estadounidense (que, desde el principio hasta el final de su mandato, no existió nunca), ni por las atrocidades que Huseín cometió contra iraquíes, kurdos e iraníes (de hecho, Estados Unidos lo armó y apoyó durante los peores crímenes). En cambio, en concordancia con la lógica del padrino, Estados Unidos aceptó a Huseín mientras se amoldó a nuestras reglas y se volvió contra él cuando las desobedeció. Huseín fue finalmente derrocado por la misma razón por la que se han llevado a cabo tantas otras operaciones de «cambio de régimen»: su permanencia en el poder obstaculizaba los intereses estadounidenses en la región y su desafío debía erradicarse como advertencia para los demás.

En 1979, Huseín asumió el control total de Irak y pronto se mostró útil para Estados Unidos.[7] En 1980, inició una guerra contra Irán que duró hasta 1988 y que acabó con la vida de un millón de personas. Estados Unidos, ansioso por castigar al Irán posrevolucionario, apoyó plenamente la agresión de Huseín. En 1982, el Gobierno de Reagan, al darse cuenta de que Irak era «lo único que se interponía entre Irán y los yacimientos petrolíferos del golfo Pérsico», lo sacó de la lista de Estados patrocinadores del terrorismo, en la que se le había incluido en 1979 por su apoyo, entre otros, a grupos militantes palestinos. Estados Unidos brindó ayuda logística y de inteligencia, y más de quinientos millones de dólares en equipamiento militar, a la guerra de Huseín, que era claramente ilegal. El Centro para el Control y la Prevención de Enfermedades (CDC) envió a Huseín muestras de gérmenes del ántrax, el virus del Nilo Occidental y el botulismo, que este utilizaría para desarrollar armas biológicas. En 1988, la Dow Chemical Company «vendió pesticidas a Irak por valor de 1,5 millones de dólares [...] a pesar de las sospechas de que serían utilizados para la guerra química».[8] Estados Unidos incluso participó directamente en el conflicto, atacando plataformas petrolíferas y barcos iraníes con el objetivo, en palabras de Ronald Reagan, de asegurarse de que los iraníes no se hicieran «ilusiones sobre el coste que comporta un comportamiento irresponsable». (Posteriormente, la Corte Internacional de Justicia determinó que estos actos no podían justificarse «como medidas necesarias para proteger los intereses esenciales de seguridad de los Estados Unidos de América».) El ejército norteamericano también derribó un avión civil iraní, causando la muerte de las 290 personas que viajaban a bordo, 66 de ellas niños y bebés. Cuando se le dio la oportunidad de pedir perdón por la tragedia, George H. W. Bush, lejos de mostrar arrepentimiento, declaró: «Nunca pediré disculpas por Estados Unidos. No me importa lo que digan los hechos. [...] No soy de los que piden disculpas por Estados Unidos».[9]

Los métodos de guerra empleados por Irak conmocionaron al mundo. El ejército de Huseín utilizó armas químicas para infligir un sufrimiento indescriptible a sus oponentes iraníes. Según los propios registros oficiales de Irak, el uso de armas químicas comenzó en 1981. Desde los ataques con gas de la Primera Guerra Mundial, nunca se habían utilizado armas químicas a tal escala, hecho que el Gobierno de Estados Unidos conocía perfectamente. Cuando el Consejo de Seguridad de la ONU intentó condenar el uso de gas mostaza por parte de Irak, Estados Unidos bloqueó la resolución. Y la Agencia de Inteligencia de Defensa de Estados Unidos (DIA) «proporcionaba en secreto a Irak información detallada sobre los despliegues iraníes, planificación táctica de combate, planes para los ataques aéreos y evaluaciones de los daños causados por los bombardeos» incluso en los casos en los que sabía que Irak utilizaría armas químicas. En 2013, la revista *Foreign Policy* confirmó que en 1988 «Estados Unidos descubrió, a través de imágenes por satélite, que Irán estaba a punto de obtener una importante ventaja estratégica explotando un fallo en las defensas iraquíes» y que «los agentes de inteligencia estadounidenses comunicaron la ubicación de las tropas iraníes a Irak, con plena consciencia de que el ejército de Huseín respondería con armas químicas, incluido gas sarín, un agente nervioso letal». De hecho, la CIA ocultó pruebas del uso de armas químicas por parte de Irak, confiando en que Irán no lograra presentarlas por su cuenta. *Foreign Policy* señalaba que «se informaba regularmente a los altos mandos estadounidenses sobre la magnitud de los ataques con gas nervioso», y documentos internos revelan lo que «equivale a una admisión oficial de la complicidad de Estados Unidos en algunos de los ataques con armas químicas más atroces que se hayan llevado a cabo jamás».[10]

Un alto cargo de la DIA confirmó que «el uso de gas por parte de los iraquíes en el campo de batalla no constituía una preocupación estratégica significativa». (Las únicas preocupaciones que se tenían en cuenta eran las estratégicas; las preocupaciones morales y legales eran irrelevantes.) De hecho, el uso de armas químicas «contra objetivos militares se consideraba inevitable en la lucha de Irak por su supervivencia», y «estaba integrado en sus planes de fuego para cualquier operación a gran escala». Uno de los veteranos que participó en el programa declaró con displicencia: «Era simplemente otra forma de matar gente, ya fuera con una bala o con fosgeno, no había ninguna diferencia». En 2003, el empleo del gas por parte de Irak en su guerra contra Irán sería «repetidamente aludido por el presidente Bush [...] como justificación para imponer un "cambio de régimen" en Irak». En el aniversario de una monstruosa masacre de kurdos, Bush señaló que ese hecho demostraba que Sadam Huseín era «capaz de cometer cualquier crimen», pues había «asesinado a miles de hombres, mujeres y niños, sin piedad ni remordimiento».[11]

Bush, no obstante, no hizo mención a la complicidad de Estados Unidos en estos crímenes, ni mostró interés alguno en pedir cuentas a los miembros del Gobierno de su padre que habían ayudado a cometerlos y los habían encubierto. Si Sadam Huseín pudo desplegar estos ataques es, en parte, porque Estados Unidos no solo lo equipó, sino que también mintió a la comunidad internacional para ocultar su implicación. Joost Hiltermann, del International Crisis Group, escribió en 2003 que Estados Unidos tenía mucho que explicar respecto a la masacre de Halabja en 1988, en la que Huseín mató a miles de kurdos utilizando armas químicas. Estados Unidos, «plenamente consciente de que había sido Irak quien perpetró el ataque, acusó a Irán —enemigo de Irak en una guerra feroz— de ser en parte responsable de este». El «resultado de este pasmoso acto de manipulación fue que la comunidad internacional no logró el suficiente consenso para declarar una condena enérgica a Irak por un acto igual de atroz que el atentado terrorista contra el World Trade Center». Hiltermann afirma que utilizar este suceso «como excusa para los planes estadounidenses de acabar con el régimen» era de un profundo cinismo, cuando a los propios integrantes del Gobierno de George H. W. Bush nunca se les había hecho rendir cuentas por reforzar el programa de armas de destrucción masiva de Irak, «dar luz verde al régimen para el uso de armas químicas», «hacer la vista gorda ante las peores atrocidades de Irak y, después, mentir al respecto».[12]

Sadam Huseín destruyó su país y articuló un Estado totalitario aterrador. Las historias de quienes sufrieron bajo su régimen son de lo más perturbador que imaginarse pueda. Y lo hizo con la protección y el apoyo de Estados Unidos. En 1990, el Congreso «recortó setecientos millones de dólares en garantías de préstamos para que el Gobierno de Bagdad lo invirtiera en la compra de trigo, arroz, madera y ganado estadounidenses, y otros bienes comerciales como neumáticos y maquinaria». Un senador republicano declaró: «No puedo creer que ningún agricultor de este país quiera enviar sus productos, bajo ventas subsidiadas, a un país que ha usado armas químicas y torturado y ejecutado a sus niños». Quizá ningún agricultor lo quisiera, pero el Gobierno de Bush argumentó que las restricciones no contribuirían «a lograr los objetivos» que querían alcanzar en su «relación con Irak». Después de que un editorial de *Voice of America* condenara los abusos contra los derechos humanos de Huseín, la administración Bush declaró que «lamentaba» la crítica, aunque seguía considerando al mandatario iraquí como una «fuerza de moderación en la región».[13]

Sin embargo, poco después Huseín cometió un error crítico. Tras haber actuado con impunidad hasta entonces, cruzó una línea roja estadounidense al invadir Kuwait. No está claro si Huseín sabía que Estados Unidos se opondría a la invasión, dado que la embajadora norteamericana le había dicho: «No tenemos opinión sobre los conflictos interárabes, como la cuestión de su disputa fronteriza con Kuwait», y «El asunto no está relacionado con Estados Unidos. [...] Todo lo que esperamos es que estos temas se resuelvan con rapidez».[14] En el momento de la invasión, *The New York Times* informó de que George H. W. Bush había dado a Huseín «pocas razones para temer que fuera a producirse una respuesta enérgica por parte de Estados Unidos si sus tropas invadían [Kuwait]». Pero el analista de inteligencia de la CIA Kenneth Pollack señaló que la invasión «representaba una grave amenaza para los principales objetivos de Estados Unidos en la región del golfo Pérsico: asegurar el libre flujo de petróleo e impedir que una potencia hostil estableciera la hegemonía en la región».[15]

En su momento, los críticos señalaron que la administración Bush parecía decidida a responder con la amenaza de una guerra e ignorar todas las opciones diplomáticas. Cuando Estados Unidos se preparaba para usar la fuerza, *The New York Times* informó de que Huseín estaba sopesando opciones para «retirarse de todo el territorio kuwaití, salvo una pequeña fracción». Para el Gobierno de Bush, señalaba el *Times*, que Irak realizara una concesión de ese tipo supondría un «escenario de pesadilla» (en palabras de un agente de la administración), pues pondría a Estados Unidos en una posición en la que lo que estaba en juego parecía «demasiado insignificante como para ir a la guerra por ello». Bush padre, decía el *Times*, quería convencer a Huseín de que «no merecía la pena ni intentar» una retirada parcial. A Estados Unidos le preocupaba que algunos aliados seguían siendo «reacios a entrar en combate» y que quizá las concesiones de Huseín les parecieran «atractivas». La diplomacia era una pesadilla no solo porque podría dejar a Huseín con ganancias mal habidas, sino porque haría que «Estados Unidos pareciera un tigre de papel, que ruge, pero nunca muerde». Si no «mordemos», careceremos de credibilidad.[16]

Bush padre comparó repetidamente a Huseín con Hitler y justificó su falta de interés en la diplomacia con las habituales analogías con «Múnich». Huseín plateó múltiples propuestas que implicarían la retirada de Kuwait (mientras no dejaba de señalar que los propios Estados Unidos habían invadido no hacía tanto Panamá), pero todas ellas fueron ignoradas, incluida una que proponía que «todos los casos de ocupación» en la región se resolviesen «simultáneamente», lo que implicaba someter a Israel al mismo estándar que Irak. Aunque la Liga Árabe aprobó una resolución en la que advertía contra la intervención externa en el conflicto al mismo tiempo que condenaba la invasión de Kuwait, Bush estaba decidido a darle una lección a Huseín mediante el uso de la fuerza, para demostrar, en sus propias palabras, que «lo que decimos se cumple». El semanario católico italiano *Il Sabato* declaró que Bush merecía el «Premio Nobel de la Guerra» por su insistencia en el uso de la fuerza por encima de la negociación. En febrero de 1990, *The Times of India* calificó el rechazo de Bush a las propuestas de retirada por parte de Irak como un «terrible error» que demostraba que lo que Occidente buscaba era un orden mundial en el que «las naciones poderosas» se ponían de acuerdo «para repartirse el botín árabe». Señalaba que estábamos presenciando «los aspectos más sórdidos de la civilización occidental: su afán irrefrenable de dominio, su morbosa fascinación por el poderío militar de alta tecnología, su insensibilidad hacia las culturas "extranjeras", su espantoso chovinismo».[17]

El Gobierno de Bush padre utilizó también la propaganda para granjearse el apoyo de la opinión pública. Una agencia de publicidad difundió una historia falsa en la que se afirmaba que, en un hospital de Kuwait, los soldados iraquíes habían sacado a los bebés de las incubadoras y los habían tirado al suelo para que murieran. (Los relatos sobre atrocidades son un componente clave para presentar a un enemigo como el «nuevo Hitler».) El Gobierno dio un giro completo a su postura y condenó a Huseín como un carnicero desquiciado por exactamente el mismo tipo de atrocidades que tanto tiempo llevábamos secundando.[18]

La guerra del Golfo fue, en sí misma, el horror. Después de prometer que Huseín «recibiría una paliza» en cualquier conflicto con Estados Unidos, Bush padre desató una vasta potencia de fuego contra Irak. Una investigación de *Middle East Watch* concluyó que «las tranquilizadoras palabras de los portavoces militares aliados y de la administración Bush sobre el éxito en la precisión de los ataques no se correspondían en absoluto con los resultados, a menudo sanguinarios, de los bombardeos aliados sobre áreas pobladas». Estados Unidos fue responsable de diversas atrocidades de magnitud. En un ataque a un refugio antiaéreo de Bagdad murieron cuatrocientos civiles —mujeres y niños— incinerados hasta quedar irreconocibles. Bombardeó también una fábrica de leche en polvo para niños y después mintió sobre el bombardeo, afirmando que en la instalación se fabricaban armas químicas. El Gobierno de

Bush cercó y bombardeó intensamente a unos soldados iraquíes en retirada en la llamada «Carretera de la Muerte», que recibió ese nombre por el incontable número de cadáveres y vehículos calcinados que quedaron a los lados de la carretera tras el ataque estadounidense. Los soldados norteamericanos habían recibido órdenes de matar «todo lo que se moviera»,[19] aunque fuera «un camión de nabos». También mataron a miles de soldados iraquíes utilizando tanques dotados de palas para enterrarlos vivos en sus trincheras.[20]

El Gobierno de Bush cometió numerosas acciones terroristas en Irak al atacar deliberadamente infraestructuras civiles. Un informe de *The Washington Post* de 1991 concluía que algunos objetivos «fueron bombardeados principalmente para crear un marco de influencia sobre Irak después de la guerra, no para afectar al curso del conflicto en sí». Su intención era «destruir o dañar instalaciones valiosas que Bagdad no podría reparar sin ayuda extranjera». El *Post* también señalaba que gran parte de esos «daños a estructuras e intereses civiles» se presentaron como daños «colaterales» e involuntarios, pero fueron, en realidad, intencionales.[21]

Atacar a soldados en retirada, refugios antiaéreos e instalaciones eléctricas y de tratamiento de agua, y todo ello en una guerra librada bajo falsos pretextos, podría considerarse que es algo condenable, si no criminal. Sin embargo, en la prensa estadounidense la guerra del Golfo fue presentada como un triunfo moral. Bush estaba pletórico con el resultado porque suponía que «gracias a Dios» habían dejado atrás «el síndrome de Vietnam de una vez por todas». (Con el «síndrome de Vietnam» se refería a la renuncia a usar la fuerza militar surgida tras la guerra en Vietnam.) Según Bush, Estados Unidos, tenía ahora «una nueva credibilidad».[22]

Una vez logrados los objetivos de Estados Unidos en Kuwait, Bush instó al pueblo iraquí a levantarse y derrocar a Huseín. «El pueblo iraquí debe dejar a un lado [a Huseín]», dijo, para «que Irak pueda ser aceptado de nuevo en la familia de las naciones amantes de la paz». En Basora, Kerbala y Náyaf se produjeron levantamientos civiles y delegados de «dos docenas de grupos de la oposición iraquí pidieron ayuda a Estados Unidos», pero no recibieron ninguna, ya que la administración Bush había decidido secretamente que un Huseín debilitado era preferible a una alternativa desconocida.[23]

No es que la administración Bush quisiera tener a Huseín en particular como gobernante. Le hubiera servido cualquier dictador. Como señaló el corresponsal diplomático de *The New York Times*, Thomas Friedman, para Washington el «mejor de los escenarios» era «una junta militar iraquí sin Sadam Huseín», que gobernara el país con la misma crueldad y dureza que él. Pero el levantamiento, no obstante, podría dejar el país en manos de las personas equivocadas. Rachel Bronson, directora de Estudios de Oriente Medio en el Consejo de Relaciones Exteriores, explicó: «El Gobierno se puso nervioso porque no sabíamos quién tomaría el poder». Así, aunque eran conscientes de que los rebeldes iraquíes habían dado por hecho que podían contar con el apoyo estadounidense, el Gobierno se hizo a un lado mientras Huseín «utilizaba napalm, bombas de racimo y misiles Scud para derrotar a los insurgentes, y mezquitas, cementerios y escuelas religiosas chiíes se señalaron como objetivos que destruir». Tal como explicó Colin Powell, la intención práctica del Gobierno norteamericano «era dejar a Bagdad con el suficiente poder como para seguir suponiendo una amenaza para un Irán que continuaba siendo acérrimamente hostil a Estados Unidos». Washington y sus aliados en Oriente Medio compartían, como lo expuso Alan Cowell en *The New York Times*, «la sorprendentemente unánime opinión de que, pese a todos los pecados del líder iraquí, este ofrecía a Occidente y a la región una mayor esperanza de estabilidad que aquellos que habían sufrido su represión».[24]

Huseín dejó decenas de miles de muertos al apagar las revueltas. Así pues, no es solo que los peores crímenes de Sadam fueran cometidos mientras era aliado y socio comercial preferencial de Estados Unidos, sino que, inmediatamente después de su expulsión de Kuwait, Estados Unidos contempló en silencio cómo masacraba a los rebeldes iraquíes, negándose incluso a permitirles el acceso a las armas iraquíes que el ejército norteamericano había capturado. Idealismo en acción.[25]

Durante el resto de la década de 1990, se mantuvo a raya a Irak mediante una combinación de sanciones y bombardeos. A mediados de la década, la devastación provocada por las sanciones llevó a las Naciones Unidas a instaurar un programa de «petróleo por alimentos» para aliviar sus efectos, permitiendo, magnánimamente, que Irak destinara parte de los ingresos del petróleo a fines sociales. Denis Halliday, el distinguido diplomático que dirigía el programa, dimitió en protesta dos años después, afirmando que las sanciones eran genocidas y una «forma de terrorismo de Estado». Su sucesor, Hans von Sponeck, también dimitió —con el argumento de que las sanciones violaban la convención sobre el genocidio— como protesta por «la continuación de un régimen de sanciones en Irak a pesar de la abrumadora evidencia de que el tejido de la sociedad iraquí» se estaba desmoronando con rapidez y a pesar de la conciencia internacional de que el enfoque elegido estaba, «claramente, castigando a la parte equivocada».[26]

Lisa Blaydes, politóloga de Stanford, plantea en *State of Repression: Iraq Under Saddam Hussein* que las sanciones se contaban «entre las restricciones financieras y comerciales más estrictas jamás impuestas a un país en desarrollo» y que, combinadas con los efectos de la guerra del Golfo, produjeron un «desastre humanitario para el pueblo iraquí». Irak quedó reducido a niveles de desarrollo «preindustriales». Las sanciones causaron un «empobrecimiento sistemático de toda la nación» y, en última instancia, generaron un efecto similar al de sufrir una «guerra o un desastre natural prolongado ininterrumpidamente durante quince años». «La política invariable de las tres administraciones estadounidenses, desde 1990 hasta 2003 —afirma Blaydes— fue infligir el mayor daño económico posible a Irak.» El coste que ello supusiera para los civiles iraquíes «nunca fue un factor en la política estadounidense, salvo en la medida en que presentaba una responsabilidad política para las diferentes administraciones».[27]

En marzo de 2003, la fuerza militar más potente de la historia de la humanidad atacó a un país mucho más débil, que no solo carecía de armas de destrucción masiva (el pretexto que se adujo para la invasión), sino también de un ejército capaz de ofrecer cualquier defensa significativa. Las fuerzas iraquíes se desmoronaron en cuestión de semanas, y los medios de comunicación estadounidenses se mofaban con jactancia de las afirmaciones cada vez más inverosímiles del portavoz del Gobierno iraquí ante la prensa de que estaban manteniendo a raya al invasor.[28] El éxito de Estados Unidos también se debió en parte al uso de una violencia extrema. La invasión y la ocupación fueron brutales y chapuceras. Human Rights Watch denunció el «uso generalizado de bombas de racimo, en particular por parte de las fuerzas terrestres estadounidenses y británicas», señalando que, de haberse abstenido de su uso, «se podrían haber evitado por cientos los civiles muertos o heridos durante la guerra». Según el informe de HRW, «las fuerzas terrestres estadounidenses y británicas lanzaron casi 13.000 bombas de racimo que dispersaron cerca de dos millones de submuniciones», muchas de las cuales quedaron sin explotar «dispersas por el paisaje, esperando a que alguien tropiece con ellas». «Cuanto más cruel sea, más pronto acabará —declaró un coronel del ejército a *The New York Times*—. Para nosotros, terminará cuando el último de los tipos que estén dispuestos a luchar por Sadam tenga los ojos llenos de moscas.»[29]

Después de destruir el Estado iraquí con mucha facilidad, dejando así en evidencia el relato de la supuesta «amenaza» que Irak suponía para Estados Unidos, este procedió a establecer un régimen neocolonial que malogró de inmediato la buena voluntad que habían mostrado los iraquíes tras la caída del dictador. George W. Bush nombró a J. Paul Bremer, un MBA de Harvard sin ningún conocimiento sobre el país, para gobernarlo como un virrey imperial. Bremer se aplicó inmediatamente a eliminar todo vestigio de «sadamismo», disolviendo las fuerzas armadas y la policía del país, lo que sumió a Irak en la anarquía, y excluyendo a los miembros del Baaz, el partido que había dirigido el país hasta la invasión, de los cargos gubernamentales, lo que garantizó que ningún funcionario competente permaneciera en su puesto.[30] La administración Bush pobló su Autoridad Provisional de la Coalición de personas cercanas al Partido Republicano que desconocían completamente la cultura iraquí y tampoco hablaban su lengua. La mayoría ni siquiera había salido nunca de Estados Unidos: su primer pasaporte lo obtuvieron para viajar a Irak.[31] Las fuerzas estadounidenses resolvían cualquier atolladero empleando la violencia. En sus registros, saqueaban o destruían las casas, y disparaban a la gente por hacer cualquier movimiento inesperado. Los testimonios de las entrevistas de la investigación llamada Winter Soldier, impulsada por la asociación de veteranos de Irak contra la guerra, ofrecen una mirada perturbadora sobre la deshumanización y la violencia a la que sometieron a la población iraquí. Jason Washburn, un cabo que sirvió en Irak en tres ocasiones, contó cómo, cuando una mujer «parecía dirigirse hacia ellos» con una enorme bolsa, la volaron «en pedazos», para descubrir, después, que estaba llena de alimentos. Otros testimonios describen casos similares:

- «Se me comunicó explícitamente por parte de mis superiores que podía disparar a cualquiera que se me acercara más de lo que me resultara cómodo si esa persona no se movía de inmediato cuando yo se lo ordenara. Téngase en cuenta que yo no hablo árabe. La actitud general de mis superiores era "mejor ellos que nosotros". [...] [En un momento dado, nuestro comandante] ordenó que todos los que estaban en la calle fueran considerados combatientes enemigos. Recuerdo un caso, esa misma tarde, cuando doblamos una esquina y un iraquí desarmado salió por una puerta. Recuerdo que el marine que estaba directamente delante de mí levantó su rifle y apuntó al hombre, que

155

iba desarmado. Y en ese punto creo que, por alguna razón psicológica, mi cerebro bloqueó los disparos, porque lo siguiente que recuerdo es pasar por encima del cuerpo del hombre muerto para despejar la habitación de donde había salido. Era un almacén y estaba lleno de una versión árabe de los Cheetos. No había armas en la zona, salvo las nuestras. Un par de semanas después, nuestro comandante nos dijo que más de cien enemigos "habían sido ejecutados" y, por lo que yo sé, esa cifra incluye a las personas a las que les dispararon simplemente por caminar por la calle en su propia ciudad.» Jason Wayne Lemieux, sargento, Cuerpo de Marines de Estados Unidos.

- «Una vez ordenaron disparar a todos los taxis porque el enemigo los estaba usando como transporte. En Irak, cualquier coche puede ser un taxi; basta con pintarlo de blanco y naranja. Uno de los francotiradores respondió: "¿Disculpe? ¿He oído bien? ¿Disparar a todos los taxis?". El teniente coronel respondió: "Ya me ha oído, soldado, disparen a todos los taxis". Después de esa orden, la ciudad estalló en disparos, todas las unidades empezaron a atacar los coches. Esa fue mi primera experiencia en la guerra, y marcó el tono para el resto del despliegue.» Hart Viges, especialista de infantería del ejército de los Estados Unidos, 82.ª División Aerotransportada.[32]

Los crímenes contra el pueblo iraquí fueron generalizados. Estados Unidos tomó el control de la tristemente célebre prisión de Abu Ghraib, donde los soldados estadounidenses abusaron física y sexualmente de los prisioneros (los «detenidos»), los torturaron e incluso los asesinaron. Los guardias estadounidenses «golpeaban y sodomizaban a los prisioneros con palos de escoba y luces fosforescentes, los obligaban a comer de los retretes, los estampaban contra la pared, orinaban y escupían sobre ellos, los obligaban a usar ropa interior femenina, los paseaban atados a correas, los obligaban a dormir sobre suelos mojados, los atacaban con perros, los rociaban con productos químicos, los desnudaban y se montaban en ellos como si fueran animales». El Gobierno de Bush ocultó al principio los informes sobre las torturas y después trató de culpar a los soldados rasos por los abusos, aunque finalmente se supo que la autorización para las «técnicas de interrogatorio mejoradas» había venido directamente del secretario de defensa, Donald Rumsfeld.[33]

Igual que en Vietnam, muchas de estas atrocidades ocurrieron porque los soldados estadounidenses eran jóvenes, estaban fuertemente armados, aterrorizados, no sabían nada sobre el país en el que se encontraban y no eran capaces de distinguir entre civiles e insurgentes (ni pusieron mucho esfuerzo en intentarlo). Dexter Filkins cuenta que se encontró con dos soldados jóvenes que volvían de un tiroteo y le confesaron: «Estábamos acribillando a la gente sin más. Simplemente los estábamos masacrando». Cuando los insurgentes se mezclaban entre los civiles, según sus palabras, «sencillamente disparamos también a los civiles». Uno de los soldados relató que había disparado a una mujer después de que un insurgente se colocara detrás de ella: «La chica se puso en medio», dijo. «No parecía importarle mucho», cuenta Filkins.[34]

La periodista de la NPR Anne Garrels ha explicado cómo el trato de Estados Unidos hacia los iraquíes contribuyó a fomentar la insurgencia. Hubo una «total falta de comprensión cultural por parte de los soldados» que provocó que muchos iraquíes que inicialmente estaban «indecisos» se volvieran contra los estadounidenses. Lo mal gestionada que estaba «la ocupación» sobre el terreno era «asombroso», cuenta, y cita «incidente tras incidente» en los que personas inocentes fueron masacradas por unos soldados estadounidenses nerviosos. Jason Burke, en *The 9/11 Wars*, ofrece una descripción similar del «comportamiento contraproducente» de los ocupantes: «Cualquiera que acompañara a los soldados [estadounidenses] en sus incursiones podía comprobar el impacto que tenían sus tácticas en las poblaciones locales». En su búsqueda de insurgentes, «reventaban las puertas de las casas de los sospechosos con explosivos, saqueaban las habitaciones y obligaban a decenas de hombres a permanecer en cuclillas con bolsas en la cabeza durante horas bajo el sol esperando a ser "procesados"».[35]

El asalto de 2004 a Faluya fue especialmente atroz. Tras el ataque, el médico iraquí Ali Fadhil describió un lugar «devastado por completo», que parecía una «ciudad fantasma». Los médicos contaron que, al inicio del ataque norteamericano, todo el personal médico había sido encerrado en el hospital principal de la ciudad, «atados» por órdenes estadounidenses: «Nadie podía llegar al hospital y la gente se desangraba en las calles». La actitud de los invasores puede resumirse en un mensaje que dejaron escrito con pintalabios en el espejo de una casa en ruinas: «Que se joda Irak y todos los iraquíes que viven aquí».[36]

Joe Carr, del Christian Peacemakers Team, llegó a Bagdad el 28 de mayo de 2005. Su experiencia previa había sido en los territorios palestinos ocupados por Israel y se encontró dolorosas similitudes: largas horas de espera en los escasos puntos de entrada, más como acoso que por seguridad; destrucción sistemática de productos agrícolas en los restos devastados de la ciudad, donde los precios de los alimentos habían aumentado «drásticamente debido a los puestos de control»; bloqueo de ambulancias que intentaban llevar personas a recibir tratamiento médico; y otras formas de brutalidad aleatoria. Estados Unidos había «arrasado barrios enteros, y aproximadamente uno de cada tres edificios» estaba destruido o dañado. Solo un hospital que ofrecía atención para pacientes internos sobrevivió al ataque, pero el ejército de ocupación impedía el acceso, lo que provocó numerosas muertes tanto en Faluya como en las zonas rurales. Apenas una cuarta parte de las familias cuyas casas fueron destruidas recibieron alguna compensación, por lo general menos de la mitad de lo que costaban los materiales necesarios para reconstruir sus viviendas.[37]

Nunca ha habido un ejercicio de rendición de cuentas completo y riguroso sobre lo que se hizo en Irak, y seguramente nunca se producirá. Gran parte de la información de la que disponemos proviene de filtraciones ilegales, como la heroica revelación que hizo Chelsea Manning en 2007: unas imágenes en las que se veía a pilotos de helicópteros estadounidenses riéndose mientras disparaban (y mataban) a civiles, entre ellos dos corresponsales de Reuters. Algunas de estas tragedias fueron accidentes, aunque se trata de ese tipo de accidentes que resultan inevitables cuando unas personas con poco respeto por la pérdida de vidas civiles están utilizando una potencia de fuego desmedida.[38] Otras fueron deliberadas. Pero, en última instancia, el crimen fue la guerra en sí misma.[39]

LAS JUSTIFICACIONES ADUCIDAS Y LAS EXPLICACIONES EN EL MUNDO REAL

Las justificaciones que presentó la administración Bush para excusar la guerra se basaban en falsedades, que fueron repetidas sin cesar tanto por los miembros del Gobierno como por la prensa. Se aterrorizó al público estadounidense haciéndole creer que, si no se invadía Irak de inmediato, aparecería de forma inminente una «nube de hongo» sobre la ciudad de Nueva York. Una y otra vez, se dijeron mentiras escandalosas, como cuando Dick Cheney afirmó que era «incuestionable» que Sadam Huseín tenía armas de destrucción masiva y a continuación añadió: «No hay duda de que las está acumulando para usarlas contra nuestros amigos, contra nuestros aliados y contra nosotros mismos». En realidad, como Cheney sabía bien, no solo había dudas (como admitieron en ese momento otros oficiales del Gobierno más honestos), sino que tampoco había razones sólidas para creer en esa afirmación.[40]

Algunas personas que tenían acceso de primera mano a toda la información quedaron horrorizadas ante el modo en que se estaban tergiversando los hechos. El general Anthony Zinni contaría después: «Fue un shock absoluto. No podía creer que el vicepresidente estuviera diciendo aquello. Durante mi trabajo en colaboración con la CIA sobre las armas de destrucción masiva en Irak, en todas las reuniones informativas a las que asistí en Langley, nunca vi una sola prueba creíble de que hubiera un programa de tales características en marcha». Se estaban «acomodando los hechos a las necesidades de la política», tal como observó el jefe del MI6 británico en un terrible memorando. Richard Clarke, el coordinador antiterrorista del Gobierno de Bush, declaró que «todo el tiempo parecía inevitable que íbamos a acabar invadiendo. [...] Era una idea fija, una creencia rígida, una verdad incuestionable, una decisión ya tomada, y ningún hecho o acontecimiento la habría alterado».[41]

Hubo numerosas tergiversaciones de los datos sabidos sobre las supuestas armas de destrucción masiva de Sadam Huseín.[42] Por ejemplo, Bush afirmó públicamente que había «salido un informe» de la OIEA que afirmaba que los iraquíes «estaban a seis meses de desarrollar un arma». Y añadía: «No sé qué más pruebas necesitamos». Ese informe, confirmó la propia OIEA, no existía. Apenas dos años antes, Colin Powell había asegurado que Sadam no había desarrollado «ninguna capacidad significativa en materia de armas de destrucción masiva» y que era «incapaz de proyectar ningún poder convencional contra sus vecinos», y la asesora de seguridad nacional, Condoleezza Rice, afirmó en abril de 2001: «Tenemos capacidad de impedir que [Huseín] obtenga armas. Sus fuerzas militares no han sido reconstruidas». Un informe de la CIA de ese mismo año concluía: «No tenemos ninguna prueba directa de que Irak haya utilizado el tiempo transcurrido desde [la guerra del Golfo] para reconstituir sus programas de armas de destrucción masiva».[43] Bush, Cheney, Powell, Rice y tantos otros hicieron cientos de declaraciones falsas en su intento de convencer al público de que la guerra era necesaria. Un informe del Congreso contabilizó hasta 237 declaraciones «engañosas» que contradecían unos hechos sabidos en ese momento. Para impedir cualquier evaluación minuciosa de los hechos, insistieron en que la amenaza constituía tal «urgencia única» que no había tiempo para deliberar. El país representaba una «grave amenaza para Estados Unidos», e incluso una «amenaza para cualquier estadounidense». Todo esto estaba calculado para infundir el pánico entre la opinión pública estadounidense, y para presentar como

peligroso y antipatriótico a cualquiera que cuestionara la iniciativa bélica del Gobierno. Cualquier pausa para investigar las
afirmaciones del Gobierno sería vista como un acto irresponsable que ponía en juego vidas humanas. Rumsfeld llegó a hablar
de un posible «11 de septiembre con armas de destrucción masiva». En noviembre de 2002, advirtió que «si Sadam Huseín
usara sus armas de destrucción masiva» o se las entregaba a
al-Qaeda, podrían morir cien mil personas.[44]

A pesar de ser perfectamente consciente de que Irak no
tuvo relación alguna con los atentados del 11 de septiembre,
Bush y otros trataron de convencer a la opinión pública estadounidense de que existía un nexo entre al-Qaeda y Huseín,
con la esperanza de hacer crecer el apoyo a una guerra que
carecía de una justificación creíble. Los miembros del Gobierno repetían constantemente los nombres de «al-Qaeda» y «Sadam Huseín» juntos en sus discursos, aunque teniendo mucho
cuidado de no afirmar nunca directamente que Huseín había
planeado los atentados del 11 de septiembre (porque sabían
que eso no era cierto). El Departamento de Defensa incluso
fabricó «evaluaciones de inteligencia alternativas» para contra-
decir el consenso existente entre la comunidad de los servicios
de inteligencia, que negaba cualquier vínculo entre al-Qaeda y
Huseín. El vicepresidente Cheney insistió: «Hay pruebas contundentes de que existía una conexión entre al-Qaeda y el Gobierno iraquí». En realidad, las pruebas contundentes mostraban lo contrario.[45]

Más tarde, cuando se le acusó de haber intentado canalizar
la ira de los estadounidenses tras los ataques del 11 de septiembre hacia Sadam Huseín, Bush se defendió diciendo: «Nunca
afirmé que hubiera una conexión directa entre el 11 de septiembre y Sadam Huseín». En realidad, Bush solo lo insinuó
contundente y repetidamente. Al solicitar al Congreso su autorización para el uso de la fuerza contra Irak, Bush declaró que
tal cosa estaba en línea con las acciones necesarias que Estados
Unidos y otros países debían tomar «contra los terroristas internacionales y las organizaciones terroristas, incluidas las naciones, organizaciones o personas que planearon, autorizaron,

cometieron o ayudaron en los atentados terroristas que ocurrieron el 11 de septiembre de 2001». Más adelante, al declarar la victoria en Irak —con su famoso discurso de la «misión cumplida»—, Bush también afirmó que habían «eliminado a un aliado de al-Qaeda» como parte de una «guerra contra el terrorismo que comenzó el 11 de septiembre de 2001».[46]

Los halcones más honestos admitieron abiertamente que aquello era puro engaño. Kenneth Pollack, en su manifiesto proguerra de 2002 *The Threatening Storm: The Case for Invading Iraq* [La tormenta amenazante: argumentos para invadir Irak], aconsejaba a los lectores no pensar que la invasión estaba relacionada con detener a al-Qaeda y reconocía que los informes de inteligencia mostraban que «Irak no estuvo implicado en los atentados terroristas del 11 de septiembre de 2001», y que Huseín «se mantuvo, en su mayor parte, alejado de al-Qaeda por miedo a que esa relación pudiera arrastrarlo a una guerra con Estados Unidos que él no deseaba».[47]

La justificación de los «vínculos con al-Qaeda» resultó aún más dudosa al revelarse que Bush Jr. había comenzado a planificar la guerra contra Irak antes de los atentados del 11 de septiembre, durante una época en la que su Gobierno no estaba prestando atención a al-Qaeda (negligencia que facilitó, precisamente, los atentados del 11 de septiembre). Paul O'Neill, que fue secretario del Tesoro, confirmó que a principios de 2001, en las reuniones del gabinete, el Gobierno ya estaba discutiendo la invasión de Irak y el derrocamiento de Huseín: «Se trataba de encontrar una manera de hacerlo. Ese era el tono. El presidente decía: "Encuentren una forma de hacerlo"». O'Neill reveló documentos anteriores al 11 de septiembre, como un «Plan para el Irak post-Sadam» y un documento del Pentágono titulado «Candidatos extranjeros para contratos petrolíferos iraquíes». De hecho, en 1998, muchos de los futuros miembros de la administración Bush ya habían expresado su opinión de que Estados Unidos debía «[implementar] una estrategia para derrocar el régimen de Sadam».[48]

Una vez que comenzó la invasión, la idea de que Sadam Huseín pudiera ser una amenaza para Estados Unidos rápidamente empezó a parecer absurda. Su ejército se disolvió y Huseín, en fuga, acabó escondido en un pequeño «agujero de araña» en una granja. La idea de que Irak supusiera una amenaza para Estados Unidos resultaba tan ridícula como cuando Ronald Reagan dijo que Nicaragua era una amenaza para la seguridad nacional de Estados Unidos. En realidad, Irak era un país empobrecido y en ruinas. Pero la historia enseña que no hay situación que esté tan mal como para que la intervención de Estados Unidos no tenga capacidad de empeorarla.

Cuando quedó claro que el argumento central para la guerra era insostenible, la justificación cambió. De pronto, el Gobierno descubrió que su razón para invadir Irak no había sido encontrar armas de destrucción masiva (a pesar de que el desarme de Huseín se había presentado hasta entonces como la «única cuestión»), sino más bien un ferviente deseo de llevar a Irak las bendiciones de la democracia. Como dijo el experto en Oriente Medio Augustus Richard Norton, «la administración Bush empezó a enfatizar cada vez más la transformación democrática de Irak, y los expertos se subieron al carro de la democratización».[49]

Pero los iraquíes no se creyeron esta nueva justificación. Una encuesta de Gallup reveló que solo un 5 por ciento de la población creía que el objetivo de la invasión era «ayudar al pueblo iraquí», mientras que la mayoría suponía que el verdadero objetivo era tomar el control de los recursos de Irak y reordenar Oriente Medio en función de los intereses de Estados Unidos e Israel. En 2004, la gran mayoría de los iraquíes veía a las fuerzas estadounidenses como «ocupantes», y no «libertadores». Iraquíes de todas las sectas y orígenes dejaron claro desde el principio que no deseaban una ocupación; las encuestas de opinión mostraban de manera consistente que la mayoría quería que Estados Unidos se fuera. (Una señal de cuánto respeta Estados Unidos la democracia iraquí fue la reacción de Donald Trump en 2020, cuando el Parlamento iraquí votó a favor de la expulsión de las tropas estadounidenses: la respuesta de Trump fue amenazar al país con sanciones.)[50]

Había motivos más que suficientes para desconfiar de esta repentina voluntad altruista. En primer lugar, y lo más evidente, a Estados Unidos nunca le ha importado lo más mínimo liberar a los pueblos de las tiranías; de hecho, apoya firmemente a aquellas dictaduras que son sus aliadas. La cuestión relevante siempre ha sido si estos regímenes sirven a nuestros «intereses en la región», más que si se muestran represivos en su política interna. Los crímenes que Irak cometió contra kurdos e iraníes se produjeron durante un periodo en el que su régimen contaba con el respaldo de Estados Unidos. No se ofreció ninguna explicación de por qué, tras haber permitido esas atrocidades, Estados Unidos había desarrollado de repente una preocupación por castigar a sus perpetradores. Tampoco se planteó la posibilidad de obligar a rendir cuentas a los responsables estadounidenses que ayudaron a Sadam Huseín a llevar a cabo asesinatos en masa. Si Huseín hubiera seguido siendo dócil, su brutalidad se habría tratado de la misma forma que la de otros líderes, como la familia real saudí, Suharto, Pinochet y el sah. Es decir, Estados Unidos podría haber expresado, quizá incluso de forma oficial, su desaprobación por los abusos cometidos contra los derechos humanos en el país, pero sin dejar de proporcionar el apoyo que permitía la continuación de esos abusos.

De hecho, podemos dilucidar esta cuestión sobre si el Gobierno de Bush tenía verdaderas intenciones humanitarias examinando la actitud que mantuvo hacia otros dictadores dóciles. Por ejemplo, *The New York Times* informó en 2005 de que, a pesar de que Uzbekistán estaba gobernado por un dictador brutal, similar a Huseín, este era recibido con los brazos abiertos. Antes del 11 de septiembre, el Departamento de Estado de Estados Unidos había publicado un informe que recogía una «letanía de horrores», repleto de relatos de torturas extremas, incluida la muerte de prisioneros que eran hervidos vivos. Sin embargo, «inmediatamente después de los atentados del 11 de septiembre», Bush «se acercó a Uzbekistán como un socio en la lucha contra el terrorismo global», otorgando al país «más de quinientos millones de dólares para el control de fronteras y otras medidas de seguridad». Nadie se planteó en ningún momento invadir Uzbekistán, a pesar de su espantoso historial en materia de derechos humanos. De hecho, el *Times* afirmó: «Existen cada vez más pruebas de que Estados Unidos ha enviado a sospechosos de terrorismo a Uzbekistán para que sean sometidos a detención e interrogatorio, a pesar de que el trato que da Uzbekistán da a sus propios presos sigue mereciendo condenas a nivel mundial».[51]

Si los intereses del pueblo iraquí hubieran sido de verdad lo más importante en la mente de los estrategas estadounidenses de la guerra (o si tan siquiera hubieran ocupado un lugar en ella), se habría prestado más atención a las terribles advertencias que se emitieron antes del conflicto sobre las probables consecuencias. En un momento en que el pueblo iraquí se encontraba al borde de la subsistencia tras las devastadoras sanciones impuestas entre 1990 y 2003, las agencias internacionales de ayuda humanitaria y las organizaciones médicas advirtieron que una guerra podría desencadenar a una catástrofe humanitaria. En 2003, justo antes del inicio del conflicto, el Gobierno suizo organizó una reunión con los representantes de treinta países para prepararse ante lo que podía suceder. Solo Estados Unidos se negó a asistir. Los participantes, incluidos los otros cuatro miembros permanentes del Consejo de Seguridad de la ONU, «avisaron sobre unas devastadoras consecuencias humanitarias». Kenneth Bacon, ex secretario adjunto para la Defensa y director de Refugees International, con sede en Washington, advirtió de que «una guerra generará enormes flujos de refugiados y una crisis de salud pública». Al mismo tiempo, las agencias internacionales criticaron los planes de ayuda humanitaria de Estados Unidos para el Irak de la posguerra por ser «vagos en detalles, lamentablemente mal financiados y estar excesivamente controlados por el ejército». Los funcionarios de la ONU se lamentaron: «Hay [en Washington] una deliberada falta de interés en la llamada de advertencia que intentamos hacer a los responsables de planificar esta guerra sobre las posibles consecuencias que podría acarrear».[52]

Un último indicio de que a Estados Unidos no le interesaba en realidad llevar la democracia a Irak es que, de hecho, lo que intentó continuadamente es impedir que llegara. Estados Unidos se resistió a transferir la soberanía del país a los iraquíes. Colin Powell, al rechazar la idea de un Gobierno de la ONU sobre Irak, dijo: «No hemos asumido esta enorme carga junto con nuestros socios de coalición para no poder tener un control dominante y significativo sobre cómo se desarrollará el futuro». (El propio Bush declaró que, cuando los iraquíes pudieran finalmente elegir a sus propios líderes, quería a alguien que estuviese dispuesto «a ponerse de pie para agradecer al pueblo estadounidense sus sacrificios para liberar Irak».) Brent Scowcroft, exasesor de George H. W. Bush, se preguntaba: «¿Qué va a pasar la primera vez que celebremos elecciones en Irak y ganen los radicales? ¿Qué se hace entonces?».[53]

En junio de 2003, *The New York Times* informó de que Paul Bremer había cancelado las primeras elecciones municipales en Irak, que se habían celebrado en Náyaf, con el argumento de que era probable que ganaran los «radicales» y los «rechazadores», es decir, quienes se oponían a la ocupación de su país. Poco después, los marines «asaltaron las oficinas de un pequeño partido político local, detuvieron a cuatro de sus miembros y los mantuvieron encerrados durante cuatro días», pues habían «violado un nuevo edicto del señor Bremer que prohibía incitar a la violencia contra las fuerzas de ocupación». La democracia, al parecer, no es para quienes abogan por la resistencia violenta contra un ejército invasor. El *Times* informó de que cientos de iraquíes salieron a las calles para protestar por la cancelación de los comicios, y citó al hombre que «se esperaba que ganara las elecciones», quien advirtió de que sin ellas lo que podían esperar los estadounidenses era una resistencia más violenta. («Si no nos dan la libertad, ¿qué podemos hacer?»)[54]

Si resulta que todas las justificaciones oficiales no eran más que obvia propaganda, evidentemente falsa incluso antes de la invasión, podemos preguntarnos cuáles fueron las verdaderas razones para esta guerra.

Los iraquíes no tenían duda de que era por el petróleo. El petróleo ha sido una de las principales causas de conflicto en todo el mundo, y los responsables políticos estadounidenses no esconden su fuerte renuencia a ceder el control del suministro mundial de petróleo a las potencias rivales. Controlar las fuentes de energía no solo alimenta el poder económico y militar de Estados Unidos, sino que también le da una enorme ventaja en el control global. Esta lógica fue la base de la Doctrina Carter, de Jimmy Carter: «Cualquier intento por parte de una fuerza externa de hacerse con el control de la región del golfo Pérsico será considerado un ataque a los intereses esenciales de los Estados Unidos de América, y dicho ataque será repelido por todos los medios necesarios, incluida la fuerza militar».[55]

Al justificar la primera guerra del Golfo, George H. W. Bush no dudó en invocar el petróleo como una de las razones clave: «Nuestros empleos, nuestro modo de vida, nuestra libertad y la libertad de los países aliados en todo el mundo se resentirían si el control de las grandes reservas de petróleo del planeta cayera en manos de Sadam Huseín». Su promesa fue: «No podemos permitir que un recurso tan vital sea dominado por alguien tan despiadado. Y no lo permitiremos». John Abizaid, excomandante del CENTCOM, también fue claro sobre la participación de Estados Unidos en Oriente Medio en general: «Por supuesto que tiene que ver con el petróleo. Se trata en gran medida del petróleo, y realmente no podemos negarlo». De hecho, si la principal exportación de Irak hubieran sido tomates o espárragos, el poder de Sadam Huseín en la región habría sido una preocupación mucho menor para Estados Unidos. Richard Haass, director de Planificación de Políticas del Departamento de Estado durante el Gobierno de Bush Jr., escribió: «La principal razón por la que la región es tan importante es por sus recursos [de petróleo y gas] y por su relevancia para la economía mundial; [...] sin el petróleo y la importancia que entraña el petróleo, la región contaría mucho menos».[56]

Los altos cargos de la administración del Gobierno de Bush hijo negaron compartir el interés declarado de Bush padre por asegurar el control sobre los suministros energéticos. Rumsfeld afirmó que la guerra «literalmente no tenía nada que ver con el petróleo», y el redactor de discursos de Bush, David Frum, insistió una y otra vez en que Estados Unidos no estaba «luchando por el petróleo en Irak».[57] Sin embargo, Kenneth Pollack explicó que una de las razones cruciales por las que no se podía permitir que Huseín tuviera armas de destrucción masiva era que podría usarlas «para promover los intereses políticos de Irak» y llegar a «reducir o incluso detener por completo las exportaciones de petróleo cuando le conviniera», y de ese modo obligar a otros países, incluido Estados Unidos, a hacer concesiones.[58]

En 1998, Rumsfeld, Wolfowitz y otros neoconservadores escribieron una carta al presidente Clinton en la que exigían un cambio de régimen en Irak: «Si Sadam adquiere la capacidad de emplear armas de destrucción masiva [...], la seguridad de las tropas norteamericanas en la región, la de nuestros amigos y aliados como Israel y los Estados árabes moderados, y una parte significativa del suministro mundial del petróleo, estarán en peligro». El senador republicano Chuck Hagel, que más tarde se convertiría en secretario de Defensa del Gobierno de Obama, dijo en 2007 sobre la guerra de Irak: «La gente dice que no estamos luchando por el petróleo. Claro que lo estamos haciendo. Hablan de los intereses nacionales de Estados Unidos. ¿De qué diablos creen que están hablando? No estamos allí por los higos». El expresidente de la Reserva Federal, Alan Greenspan, se expresó de manera similar: «Me entristece que sea políticamente incómodo reconocer lo que todo el mundo sabe: la guerra de Irak es, en gran medida, una guerra por el petróleo». Richard Clarke explicó que, tras observar la administración desde dentro, si bien creía que había múltiples motivaciones en juego, era obvio que entre ellas estaban «mejorar la posición estratégica de Israel eliminando un ejército numeroso y hostil» y «crear otra fuente amigable de petróleo para el mercado estadounidense, reduciendo así la dependencia del petróleo de Arabia Saudita».[59]

La idea de que la invasión de Irak fue únicamente «por el petróleo» resulta, sin embargo, simplista. Para Bush, había muchas razones atractivas para derrocar a Huseín, incluida su postura hostil hacia Israel. Las motivaciones personales también pueden estar entreveradas con las geopolíticas (véase, por ejemplo, el caso de Lyndon Johnson, que temía parecer débil si cedía en Vietnam). Antes de la invasión, Bush declaró:

> Una de las claves para ser visto como un gran líder es tener la imagen de un comandante en jefe. Mi padre había acumulado todo este capital político cuando expulsó a los iraquíes [de Kuwait] y lo desperdició. Si tengo la oportunidad de invadir Irak, si tengo ese capital, no lo voy a desperdiciar. Voy a lograr que se aprueben todas las leyes que quiero y voy a tener una presidencia triunfal.[60]

Es posible que Bush hijo creyera que la clave para una presidencia triunfal es una guerra triunfal. Su antiguo secretario de prensa escribió que había oído a Bush decir que «solo en tiempos de guerra es probable que un presidente alcance la grandeza».[61]

Bush tenía múltiples razones perfectamente racionales para invadir Irak, ninguna de las cuales tenía nada que ver con las justificaciones oficiales. Las guerras desvían la atención de la agenda doméstica, y el programa de política interior del Partido Republicano era profundamente impopular. Hasta la falta de apoyo de la ONU a la guerra fue una ventaja más que un obstáculo, ya que, al violar el derecho internacional sin que hubiera repercusiones, la administración Bush estaba minando la autoridad de la única institución encargada, en teoría, de limitar el uso de la fuerza por parte de Estados Unidos. Como escribió en *The Guardian* Richard Perle, asesor del Gobierno de Bush y exsubsecretario de Defensa de Reagan, uno de los efectos colaterales positivos que podría tener la caída de Huseín sería que «arrastrara consigo a la ONU» y, con ello, muriese «la fantasía de la ONU como el pilar de un nuevo orden mundial». La invasión pondría fin a la «presunción liberal de seguridad basada en el derecho internacional administrado por unas instituciones internacionales». Esas instituciones se mostrarían impotentes para detener a Estados Unidos. Lo que se necesitaba, según aseguró el historiador de Harvard especialista en Oriente Medio, Roger Owen, al ponderar las razones del ataque a Irak, era una guerra «con cualidad de ejemplar». Una acción ejemplar enseña una lección que otros han de tener en cuenta o, de lo contrario, deberán atenerse a las consecuencias. Tal como lo planteó Perle: «Después de haber destruido a los talibanes, después de haber destruido al régimen de Sadam, el mensaje para los demás es: "Eres el siguiente"».[62]

El general Anthony Zinni, exjefe del CENTCOM, al expresar su opinión personal sobre los motivos que manejaban los neoconservadores para promover la guerra, ofreció una explicación coherente con los hechos. Lo que dijo Zinni fue que a los «neocons en realidad no les importaba una mierda lo que pasara en Irak ni sus consecuencias». Una vez «afirmada nuestra fuerza», la actitud reinante era: «¿A quién le importa?». No es que abundara el «idealismo» precisamente; en realidad, no había más que puro pensamiento mafioso. Las vidas de los iraquíes no tenían relevancia alguna, la única cuestión que importaba era si Estados Unidos había logrado afirmar con éxito su poder.[63]

Irak acabó devastado por la invasión estadounidense, y se desencadenó un conflicto étnico que desgarró tanto al país como a la región. «Deberíais ver el precio de vuestra guerra y vuestra ocupación —escribió un bloguero iraquí en 2004—. Si no os enseñan los hospitales llenos de muertos y de moribundos es porque no quieren herir los sentimientos de los estadounidenses.» De aquellos escombros emergió el Estado Islámico, una pesadilla que casi logró apoderarse del país. Aunque este conflicto quiso presentarse como parte de una «guerra global contra el terrorismo», provocó, de hecho, que los países occidentales fueran más vulnerables ante el terrorismo que nunca, y tuvo un coste abrumador, tanto en vidas humanas como en recursos.[64]

Con todo, los responsables del peor crimen del siglo no se han enfrentado a ninguna acusación ni se les ha juzgado. Esta idea ni siquiera asoma en el discurso público de Estados Unidos. De hecho, un perfil de *The Washington Post* de 2021 comentaba que se ha visto a Bush en público «compartiendo caramelos con Michelle Obama o viendo un partido de los Cowboys con Ellen DeGeneres». Tras retirarse, Bush también se dedicó a la pintura, y sus retratos de soldados fueron compilados en un libro de formato *coffe table* (*Portraits of Courage: A Commander in Chief's Tribute to America's Warriors*) que recibió una atención favorable de *The New Yorker*, donde su obra se describió con términos como «sorprendentemente atractiva», «de observación honesta» y de «calidad asombrosamente alta». Durante los años de Trump, algunos demócratas incluso miraron con nostalgia el mandato de Bush, considerándolo un republicano más moderado y amigable. El senador demócrata Harry Reid llegó a decir: «Rememoro los tiempos de Bush con algo de nostalgia, con cierto afecto, cosa que nunca pensé que haría».[65]

Este hecho dice algo inquietante sobre nuestros medios de comunicación: un hombre puede causar más de 500.000 muertes y después recibir elogios por sus cuadros, mientras que las muertes ni siquiera se mencionan. George W. Bush ofreció deliberadamente justificaciones falsas para la guerra, arrasó todo un país y cometió crímenes internacionales de enorme magnitud. Torturó a personas, en algunos casos hasta la muerte. Sin embargo, su imagen pública actual es la de un abuelito despistado, por el que hasta los demócratas sienten nostalgia.

Evidentemente, las víctimas de Bush tienen una visión muy distinta. Cindy Sheehan, cuyo hijo, Casey, murió en el conflicto y que emprendió una admirable campaña contra la guerra, declaró a *The Washington Post*: «No creo que se merezca que personas como Ellen DeGeneres se sienten a su lado y lo legitimen como si fuera un buen tipo. No creo que se merezca esa rehabilitación ni la dulcificación de su imagen. Creo que debería estar en la cárcel». Muntadar al-Zaidi, el periodista iraquí que le lanzó sus zapatos al presidente Bush, dijo que lo hizo por los siguientes motivos: «Para manifestar mi rechazo a sus mentiras, su ocupación de mi país, mi rechazo a que matara a mi pueblo».[66]

Los principales arquitectos de la guerra han seguido llevando unas vidas prósperas y cómodas. Donald Rumsfeld, tras dejar el Gobierno en 2007, «creó la Rumsfeld Foundation, destinada a fomentar el servicio público mediante becas y subvenciones para apoyar el desarrollo de sistemas políticos y económicos libres en el extranjero». Colin Powell «ocupó el cargo de presidente de la junta de visitantes de la Escuela de Liderazgo Cívico y Global». Paul Bremer se dedicó a ser instructor de esquí en Vermont. Dick Cheney recibió una cálida acogida por parte de los demócratas cuando visitó el Capitolio en el aniversario del levantamiento del 6 de enero. Y George W. Bush, por supuesto, pinta retratos de líderes extranjeros, soldados y cachorritos. No se ha emprendido ningún esfuerzo real para aplicarles el derecho internacional a aquellos que lo violaron.[67]

Para colmo, en 2022 la Marina de los Estados Unidos anunció la incorporación de un nuevo buque de asalto anfibio: el USS Fallujah, nombrado en honor a uno de los crímenes más atroces de la invasión. El periodista Nabil Salih escribió que «el salvajismo de Estados Unidos no acabó» con la matanza masiva de mujeres y niños, y que «el nombre de Faluya, blanqueado con el fósforo blanco impregnado en los vientres de las madres por generaciones, es también un botín de guerra».[68]

George W. Bush lideró lo que se denominó una «guerra global contra el terrorismo», pero consiguió agravar con rapidez el mismo problema que supuestamente quería resolver. Reducir la amenaza de los posibles ataques terroristas contra objetivos estadounidenses nunca fue una prioridad real para su Gobierno. Los especialistas en terrorismo Peter Bergen y Paul

Cruickshank descubrieron, a partir de un análisis de datos semioficiales, que el «efecto Irak» —es decir, las consecuencias de la invasión del país árabe— fue un aumento de siete veces en la actividad terrorista. Al combatir el terrorismo con más terrorismo, Estados Unidos brindó a los yihadistas una herramienta extraordinaria para su reclutamiento. La propia CIA concluyó que la ocupación de Irak se había convertido en «el *casus belli* de los yihadistas», además de generar «un profundo resentimiento hacia la intervención de Estados Unidos en el mundo musulmán y de producir simpatizantes hacia el movimiento yihadista global». Bin Laden no podía haber esperado que los atentados del 11 de septiembre produjeran un resultado más favorable. Carter Malkasian señala que «el sueño de Bin Laden de arrastrar a Estados Unidos a Afganistán se hizo realidad».[69]

Durante los años de la «guerra global contra el terrorismo», en los casos en que se produjo algún ataque violento contra objetivos civiles norteamericanos perpetrado por algún musulmán, estos casi siempre citaban las acciones de Estados Unidos como la razón por la que atacaban. J. M. Berger presenta en su libro *Jihad Joe* los perfiles de decenas de musulmanes estadounidenses que se convirtieron en yihadistas. Cuenta que, si bien al islamismo radical se le relaciona con «la intención de absorber la sociedad occidental en un Estado Islámico global que se rija por una interpretación estricta y, a menudo, brutal de la sharía», esta motivación es en realidad «casi irrelevante para la cuestión de la radicalización», que, en cambio, se halla «casi siempre» arraigada en «un sentimiento apremiante de que los musulmanes están siendo atacados».[70]

En el momento del 11 de septiembre, Osama bin Laden se encontraba en una pequeña región fronteriza entre Afganistán y Pakistán. Gracias a la «guerra contra el terrorismo», el terrorismo acabó extendiéndose por todo el mundo.

5

Estados Unidos, Israel y Palestina

La escritura de este capítulo se completó a principios de 2023, antes de que se produjeran los ataques del 7 de octubre. Desgraciadamente, por motivos de salud, el profesor Chomsky y yo no pudimos trabajar juntos para actualizarlo, dando cabida a los acontecimientos más recientes. En todo caso, he decidido dejar el capítulo tal como estaba cuando lo terminamos, añadiendo una posdata propia que aborda los hechos del 7 de octubre y los días posteriores. La lectura del análisis de la situación tal como era a principios de 2023 nos permite entender el contexto crítico que precedió al ataque de Hamás a Israel y la subsiguiente guerra de Israel contra Gaza. En un texto anterior, Chomsky ya había hablado de la pancarta que portaba un hombre mayor de Gaza: «Te quedas con mi agua, quemas mis olivos, destruyes mi casa, me quitas el trabajo, me robas la tierra, apresas a mi padre, matas a mi madre, bombardeas mi país, nos dejas a todos sin comida, nos humillas a todos, pero yo soy el culpable: me he defendido tirando un cohete». En este capítulo, relatamos algunos de los hechos que alimentaron la ira y la resistencia palestinas, desde los primeros años del sionismo hasta los disparos de francotiradores contra manifestantes pacíficos en 2018. También señalamos el modo en que Estados Unidos se ha interpuesto en el camino de la paz. Mucho antes del 7 de octubre, Chomsky ya planteaba que lo que constituiría una «reacción civilizada» al conflicto entre Israel y Palestina sería lo siguiente: «Estados Unidos e Israel podrían poner fin al ataque despiadado e incesante, abrir las fronteras, facilitar la reconstrucción y, si fuera imaginable, ofrecer reparaciones por décadas de violencia y represión».[1]

NATHAN J. ROBINSON

«Si Washington D. C. se derrumbara, lo último en caer sería nuestro apoyo a Israel», dijo Nancy Pelosi en la Conferencia Nacional del Israeli-American Council en 2018. La estrecha relación entre Estados Unidos e Israel tiene una base natural. Al fin y al cabo, el relato oficial del origen de ambos países cuenta con elementos en común: refugiados europeos que, huyendo de la persecución, llegaron a una tierra virgen intacta llevando consigo la luz de la civilización. El propio Ronald Reagan afirmó: «Estados Unidos e Israel comparten un origen similar en cuanto que naciones de inmigrantes, con el deseo de vivir en libertad y hacer realidad los sueños de nuestros antepasados». Algunos estadounidenses consideran que la situación de Israel frente a los palestinos es análoga a la que enfrentaron los fundadores de su propio país ante la «inconveniente» población nativa. El parlamentario británico y acérrimo sionista Richard Crossman observó que el sionismo es «muy similar» al proceso por el cual «el colono estadounidense desarrolló el Oeste», lo que lleva a los estadounidenses a «otorgar al colono judío en Palestina el beneficio de la duda y contemplar al árabe como al aborigen que debe dejar paso al avance del progreso». Los estadounidenses, que «dieron apertura a un país virgen y lo conquistaron para el hombre blanco», saben «por amarga experiencia» lo que implica una «batalla contra el aborigen».[2]

No obstante, la relación entre ambos países no es solo espiritual, sino también estratégica. Oriente Medio ha sido durante mucho tiempo la principal fuente de energía barata en el mundo, y quien tenga el control de este recurso se encuentra en una posición privilegiada para influir y determinar el orden global. Impresionado por los éxitos militares de Israel en la guerra de 1948, el Estado Mayor Conjunto de Estados Unidos habló del nuevo país como la principal potencia militar regional después de Turquía, que ofrecía a Estados Unidos los medios para «obtener una ventaja estratégica en Oriente Medio que compensaría los efectos del declive del poder británico en esa región», según relata el historiador Avi Shlaim. Diez años después, el Consejo de Seguridad Nacional concluyó que un «corolario lógico» de la oposición al creciente nacionalismo árabe «sería apoyar a Israel en cuanto que única potencia prooccidental fuerte que queda en [Oriente Medio]». La alianza entre ambos países se consolidó en 1967, cuando Israel prestó un gran servicio a Estados Unidos al aplastar el nacionalismo árabe secular con su victoria en la guerra de los Seis Días.[3]

Joe Biden era sincero cuando dijo que Estados Unidos depende de Israel para «proteger [sus] intereses en la región». Henry Jackson, que en los años sesenta era el principal experto del Senado en Oriente Medio y en petróleo, señaló que Israel, Irán (bajo el sah) y Arabia Saudita inhibían y contenían «a aquellos elementos irresponsables y radicales en ciertos Estados árabes, los cuales, si tuvieran libertad de acción, representarían una grave amenaza para las principales fuentes norteamericanas de petróleo en Oriente Medio». Mientras las acciones de Israel se ajusten a los objetivos de Estados Unidos, continuará recibiendo el apoyo diplomático, militar y económico que ha facilitado su toma de control sobre zonas valiosas de los territorios ocupados y ha permitido su desarrollo como una sociedad industrial próspera.[4]

Este respaldo estadounidense significa que las acciones de Israel deben entenderse correctamente como acciones «estadounidenses-israelíes». Cuando hablamos de «crímenes israelíes», el marco resulta engañoso, pues en realidad se trata de crímenes estadounidenses-israelíes. Todo lo que hace Israel está autorizado explícita o implícitamente por Estados Unidos, que le brinda apoyo económico, diplomático, militar e ideológico. Los presidentes norteamericanos tienen la capacidad de influir en la política israelí y limitar su violencia cuando lo desean. Al hablar de Israel, debemos recordar que, en un sentido significativo, los estadounidenses estamos hablando también de nosotros mismos. Dado que Estados Unidos arma y protege a Israel, somos responsables de lo que Israel hace.

Najwa Abu Hamada nunca volverá a ser madre. Concibió a Khalil, su único hijo, después de quince años de intentos infructuosos, incluidas cinco rondas de tratamiento de fertilización *in vitro*. En agosto de 2022, Khalil tenía diecinueve años. Su madre soñaba con verlo graduarse y esperaba que pronto se casara.[5]

Khalil acababa de salir de casa cuando Najwa oyó las bombas. Presa del pánico, salió corriendo y encontró el cuerpo del mejor amigo de Khalil. «A los pocos minutos vi a mi hijo —relata Najwa—. Estaba empapado en sangre, tirado en el suelo. Grité con todas mis fuerzas pidiendo una ambulancia.» Días después, Najwa aún no podía asimilar que tras quince años intentando tener un hijo, y diecinueve criándolo, Khalil se hubiera ido de repente para siempre. «No tengo a nadie más que a él», dijo.

Imaginar el dolor de Najwa es casi insoportable. Y ella no fue la única madre en Gaza que perdió a su hijo de forma repentina esa semana. Entre las docenas de muertos por los bombardeos israelíes, que no fueron en respuesta a actos de violencia sino realizados «de manera preventiva», había quince niños.

«Sus padres y yo salimos gritando: "¡Nuestros niños, nuestros niños!". Había trozos de cuerpos empapados en su propia sangre», contó Umm Mohammad al-Nairab, de sesenta años, a Al Jazeera English. Sus nietos, Ahmad, de once años, y Moamen, de cinco, habían ido al supermercado, justo al otro lado de la calle, cuando empezó el ataque aéreo.

En Estados Unidos, cuando se informa sobre estos horrores, se presentan normalmente faltos del necesario contexto político e histórico.[6] Más allá de reproducir las declaraciones de Israel sobre la necesidad de lanzar ataques preventivos contra terroristas, a los lectores norteamericanos se les proporciona poca información que les permita comprender por qué Najwa debe llorar ahora la muerte de Khalil. Tampoco se habla de la complicidad de nuestro país en estos asesinatos, complicidad que no solo reside en el suministro constante de armamento a

Israel (los aviones israelíes que lanzan bombas sobre Gaza son todos de fabricación estadounidense),[7] sino también de décadas de políticas que han frustrado cualquier posibilidad de una solución pacífica al conflicto entre Israel y Palestina.

ORÍGENES DE UN CONFLICTO CENTENARIO

El de Israel es un Estado joven, y las circunstancias de su nacimiento resultan fundamentales para entender el conflicto actual.

El plan para establecer un Estado judío en Palestina se vio de frente con un problema básico desde el principio: ya había medio millón de personas que habitaban Palestina. A principios del siglo xx, el 95 por ciento de la población del país era árabe, con solo una pequeña minoría judía. La inconveniente existencia de una gran población indígena no judía en toda Palestina significaba que los primeros sionistas que deseaban crear un Estado judío tenían tres opciones: abandonar del todo la idea, imponer un Gobierno minoritario o emprender un programa de limpieza étnica. La realidad demográfica de la Palestina de principios del siglo xx hacía inevitable que la implementación del sueño sionista fuera una tarea violenta, antidemocrática y racista. (Esta es una de las razones por las que no todos los primeros sionistas apoyaron la creación de un Estado judío.) Tal como escribió Fawaz Turki en *The Disinherited: Journal of a Palestine Exile*, quienes «admiran los logros israelíes», su «milagro en el desierto», pueden «tener dificultades para admitir que bajo el glamur se oculta la tragedia de otro pueblo que sufrió sin motivo, que fue desarraigado de su patria y que, aunque nunca en su historia había practicado la persecución de los judíos, se vio obligado a pagar el precio de un crimen cometido por otros».[8]

Algunos de los primeros sionistas hablaban de Palestina como si estuviera prácticamente deshabitada, una «tierra sin pueblo». En la imaginación romántica de aquellos que planeaban colonizarla, Palestina era un lugar escasamente poblado al que los judíos podían trasladarse y hacer florecer el desierto. El primer líder sionista, Moshe Smilansky, afirmó que Palestina aparecía en los relatos como «una tierra desolada y en gran parte abandonada, que aguardaba ansiosamente a sus redentores». El ensayista judío de Europa del Este Ajad Ha'am escribió en 1891: «En el extranjero estamos acostumbrados a creer que Eretz Israel está ahora casi por completo desierta, un páramo sin sembrar».[9]

Sin embargo, tanto Ajad Ha'am como otros sabían que esto no era cierto y que, de hecho, en todo el país era «difícil encontrar campos» que no estuviesen sembrados. En 1905, el destacado escritor judío Hillel Zeitlin advirtió que los planes sionistas de asentamiento olvidaban, ya fuese «por error o por malicia», que Palestina pertenecía a otros y estaba «completamente poblada». El mismo año, el lingüista hebreo Isaac Epstein señaló que los líderes sionistas habían pasado por alto un «dato» más bien nimio: «Que en nuestra amada tierra vive todo un pueblo que lleva habitando allí desde hace muchos siglos y nunca ha considerado la posibilidad de abandonarla». Yusuf Diya al-Khalidi, entonces alcalde de Jerusalén, se carteó con Theodor Herzl en 1899 expresando su simpatía por el proyecto sionista, pero advirtiendo que su plan tenía un problema: que Palestina ya estaba «habitada por otros». Concluía que el sionismo político era desastroso y suplicaba: «En nombre de Dios, que dejen a Palestina en paz». Herzl ignoró esta petición y, en otro lugar, escribió: «Tanto el proceso de expropiación como la eliminación de los pobres deben llevarse a cabo con discreción y cuidado».[10]

Los defensores sinceros de la creación de un Estado judío reconocieron desde el principio que el suyo era un proyecto colonial y que tendría que llevarse a cabo en contra de la voluntad de la población nativa. Ze'ev Jabotinsky, fundador del sionismo revisionista, fue rotundo: los palestinos se oponían al sionismo, dijo, porque entendían tan bien como los hebreos «lo que no es bueno para ellos» y miraban «a Palestina con el mismo amor instintivo y fervor auténtico con el que cualquier azteca miraba a su México o cualquier sioux a sus llanuras».

Jabotinsky sostenía que «todos los pueblos indígenas» resistirían a los colonos extranjeros mientras tuvieran «alguna esperanza de librarse del peligro de la colonización extranjera» y concluía que eso es lo que estaban haciendo los árabes en Palestina, y lo que seguirían haciendo mientras existiera «la más mínima chispa de esperanza de poder impedir la transformación de "Palestina" en la "Tierra de Israel"».[11]

Puesto que el establecimiento del Estado judío en Palestina implicaba negar la autodeterminación del pueblo palestino, Jabotinsky concluía que «la voluntaria aquiescencia de los árabes» estaba «fuera de cuestión» y exhortaba a quienes sostenían que un acuerdo con los nativos era «una condición esencial para el sionismo» a apartarse de este. El sionismo, decía, era «una empresa colonizadora» y, por lo tanto, se sostenía o caía «dependiendo de la fuerza militar». Chaim Weizmann, que más tarde se convertiría en el primer presidente de Israel, sostenía: «Los derechos concedidos al pueblo judío en Palestina no dependen del consentimiento de la mayoría de sus habitantes actuales, ni pueden estar sujetos a su voluntad». En 1940, el director del Fondo Nacional Judío, Joseph Weitz, escribía en su diario: «No hay lugar para ambos pueblos en este país. [...] No cabe ningún compromiso en este punto. [...] No debemos dejar ni un solo pueblo, ni una sola tribu». Como lo expresó el historiador israelí Benny Morris, el sionismo era una «ideología y un movimiento colonizador y expansionista [...] que se había propuesto despojar y reemplazar política e incluso físicamente a los árabes».[12]

Jabotinsky también planteaba que, puesto que el sionismo debía, o bien ser dado por terminado, o bien llevado a cabo en contra de la voluntad de la población nativa», para tener éxito necesitaría el respaldo de «una fuerza independiente de la población local, un muro de hierro» que los nativos no pudiesen atravesar. Los sionistas encontraron su «muro de hierro» en el Imperio británico, que respaldó oficialmente el proyecto de establecer una patria judía en Palestina mediante la Declaración Balfour, en 1917. El propio Balfour fue claro respecto al hecho de que el plan debía implementarse independientemente de los deseos de la mayoría de los palestinos. («Por mucho respeto que se deba tener por las opiniones de quienes viven allí, las potencias, al elegir un mandato, no se proponen, hasta donde tengo entendido, consultarles», ya que el impulso que movía al sionismo era «mucho más profundo que los deseos y prejuicios de los 700.000 árabes que hoy habitan esa antigua tierra.») Winston Churchill, por su parte, veía que un Estado judío «a horcajadas sobre el puente entre Europa y África, flanqueando las rutas terrestres hacia el Este», podría ser «una enorme ventaja para el Imperio británico». Observó también que los sionistas judíos daban «por sentado» que la población local sería expulsada «para ajustarse a su conveniencia».[13]

En 1919, la Comisión King-Crane del Gobierno de Estados Unidos llegó a la misma conclusión cuando los sionistas expresaron que «esperaban una desposesión prácticamente completa de los habitantes no judíos de Palestina». Ningún experto militar «creía que el programa sionista pudiera llevarse a cabo sin recurrir a la fuerza de las armas». La comisión señaló que «casi las nueve décimas partes de la población no judía» estaban «absolutamente en contra de todo el programa sionista» y que someterlos a él «sería una grave violación del principio [de autodeterminación] y de los derechos del pueblo, aunque se mantuviera dentro de las formas de la ley». Los comisionados advirtieron proféticamente que «si el Gobierno estadounidense decidiera apoyar la creación de un Estado judío en Palestina, estaría comprometiendo al pueblo estadounidense al uso de la fuerza en esa región, ya que solo por la fuerza se puede establecer o mantener un Estado judío en Palestina».[14]

La cuestión de cómo deshacerse de los árabes era un tema de discusión declarada entre los sionistas, y muchos apoyaban una política que eufemísticamente llamaban «transferencia» (es decir, de limpieza étnica). David Ben-Gurión, que se convertiría en el primer primer ministro de Israel, dijo en 1930: «Apoyo la transferencia obligatoria. No veo nada inmoral en ello». Benny Morris comenta que «la idea de la transferencia [...] era considerada por la mayoría de los líderes del Yishuv de aquellos días como la mejor solución al problema». Morris argumenta que la transferencia «era inevitable y estaba implícita en el sionismo, porque buscaba transformar una tierra que era "árabe" en un Estado "judío" y un Estado judío no podría haber surgido sin un desplazamiento importante de la población árabe».[15]

Estas opiniones sobre los árabes eran coherentes con la visión predominante que tenían los europeos de los pueblos nativos. Según Morris, la impresión común que se tenía de los árabes era la de «primitivos, deshonestos, fatalistas, perezosos y salvajes, muy similar a la percepción que los colonos europeos tenían de los nativos en otras partes de Asia o África». El periodista estadounidense Vincent Sheean, quien llegó a Palestina en 1929 siendo partidario del sionismo y se fue unos meses después convertido en un contundente crítico del mismo, descubrió que los colonos judíos «despreciaban [a los árabes], pues los consideraban una "raza incivilizada" a la que algunos llamaban "indios rojos" y otros "salvajes"». Las menciones a Israel como un «puesto de avanzada de la civilización contra la barbarie» (en palabras de Herzl) fueron comunes a lo largo de los siguientes cien años. Ehud Barak, primer ministro entre 1999 y 2001, hablaba en nombre de muchos cuando describió a Israel como una «villa en la jungla» y «una vanguardia de la cultura contra la barbarie». Esta visión era compartida por muchos occidentales. Como señaló Edward Said, «a ojos de Occidente, Palestina ha sido un lugar donde una creciente población de judíos relativamente avanzada (por europea) ha obrado milagros de construcción y civilización, y ha librado con éxito brillantes guerras técnicas contra lo que siempre se había representado como una población estúpida y en esencia repelente de habitantes autóctonos árabes incivilizados».[16]

Del mismo modo que los nativos americanos fueron retratados como poblaciones dispersas y nómadas, sin derechos reales sobre la tierra, los árabes fueron retratados como personas que tenían poca o ninguna conexión auténtica con el lugar que habitaban. Sheean cuenta que los colonos sionistas veían a la población indígena como «simples ocupantes ilegales durante

183

trece siglos», y creían que mediante «la compra, la persuasión y la presión [podrían] expulsar a los árabes tarde o temprano y convertir Palestina en un hogar nacional judío». Sin embargo, Sheean dudaba «de que los árabes de Palestina fueran tan distintos de otros árabes como para aceptar la creación de una nación judía en su propio país».

De hecho, los palestinos no lo recibieron con agrado. Una vez que entendieron que su desposesión era esencial para el éxito del proyecto sionista, se rebelaron contra él. En 1914, 'Isa al-'Isa describió a los árabes palestinos como «una nación amenazada en su propia existencia, al borde de ser expulsada de su patria». Más tarde, el diplomático israelí Abba Eban señalaría: «Si se hubieran sometido al sionismo con docilidad, habrían sido el primer pueblo de la historia en renunciar voluntariamente a su condición de mayoría». Cuando la Comisión Peel propuso en 1937 la creación de un Estado judío que implicaba la «transferencia» (limpieza étnica) de 200.000 árabes, los árabes palestinos rechazaron con vehemencia la propuesta.[17] A finales de los años treinta, el Imperio británico ejerció una represión brutal contra una revuelta palestina masiva, y los líderes palestinos fueron asesinados, encarcelados o exiliados. (Este era el «muro de hierro» en acción: la fuerza externa necesaria para garantizar el éxito del sionismo.)[18]

El rechazo palestino a la partición en 1947 se presenta a menudo como injustificado, pero la cuestión es que los sionistas eran bastante claros con respecto al hecho de que para ellos la partición era, en palabras de Morris, «como un trampolín hacia una mayor expansión y, finalmente, hacia la toma de posesión de toda Palestina». En respuesta a la frecuente crítica de que los árabes rechazaron el plan de partición de la ONU, Rashid Khalidi argumenta que era «inconcebible que un pueblo aceptara entregar más del 55 por ciento de su país a una minoría», tal como proponían las Naciones Unidas. El historiador Albert Hourani testificó ante el Comité de Investigación Anglo-Americano, y allí advirtió de que el proyecto sionista inevitablemente «implicaría una terrible injusticia y solo podría llevarse a cabo a costa de terribles represiones y disturbios, con el riesgo de desestabilizar toda la estructura política del Medio Oriente».[19]

En 1948, durante la guerra que siguió al anuncio del plan de partición, Israel dio un paso importante hacia delante en la solución de su «problema demográfico». Alrededor de 700.000 palestinos fueron expulsados de sus hogares en lo que pasaría a conocerse en la memoria palestina como la *nakba* ('catástrofe').[20] El novelista israelí Sámej Yizhar lo reflejó en su obra *Khirbet Khizeh*, de 1949: «Llegamos, disparamos, quemamos; estallamos, expulsamos, desplazamos y mandamos al exilio». En 1948, el líder sionista Moshe Sharett afirmó: «Estamos igualmente decididos [...] a explorar todas las posibilidades de deshacernos, de una vez para siempre, de la enorme minoría árabe que desde el principio nos ha estado amenazando». El mismo año, en un debate interno, los arabistas del Gobierno israelí expresaron su esperanza de que los refugiados serían «aplastados» y morirían, mientras que «la mayoría de ellos se convertirían en polvo humano», sumándose a los más empobrecidos del mundo árabe.[21]

Es fundamental comprender los elementos coloniales del actual Estado de Israel, ya que a menudo se presenta a la resistencia palestina como producto de un antisemitismo irracional. El primer ministro israelí, Ehud Barak, llegó a decir que negociar con los árabes era difícil porque «en su cultura no existe la noción de transigir para llegar a acuerdos». David Ben-Gurión advirtió a sus compañeros sionistas de que «un pueblo que lucha contra la usurpación de su tierra no va a cansarse fácilmente», y les instó a no «ignorar la verdad». Y añadió: «Cuando decimos que los árabes son los agresores y que nosotros nos estamos defendiendo, es solo la mitad de la verdad», porque «políticamente nosotros somos los agresores y ellos se están defendiendo» porque «este país es suyo».[22]

Israel nació a través de la conquista y la limpieza étnica, y la resistencia palestina ha sido, desde el principio, previsible. En lugar de reconocer la injusticia original que conllevó su creación, Israel ha optado por el enfoque contrario: retratar a los palestinos (mucho más pobres y mucho más débiles) como los agresores en el conflicto, y negar su derecho a la autodeterminación incluso en los pocos territorios que aún conservan. Algunos han llegado al extremo de tratar a los palestinos como si no existieran; así lo afirmaba la famosa frase de Golda Meir «There was no such thing as Palestinians... They did not exist» («No había nada parecido a los palestinos [...] No existían»). La importancia de negar la legitimidad de las reivindicaciones palestinas sobre el territorio quedó clara en las palabras de Menachem Begin, quien dijo a los israelíes en 1969: «Si esto es Palestina y no la Tierra de Israel, entonces vosotros sois conquistadores y no labradores de la tierra. Sois invasores. Si esto es Palestina, entonces pertenece a la gente que vivía aquí antes de que llegarais. Solo si es la Tierra de Israel tenéis derecho a vivir en ella».[23]

Los palestinos no se «convirtieron en polvo humano» en 1948. Durante setenta años han luchado por alcanzar la autodeterminación en las zonas que les quedaron tras el establecimiento del Estado de Israel. Desde 1967, Israel ha mantenido a los palestinos bajo una dura ocupación militar, cuyo carácter puede comprenderse con solo echar un vistazo a cualquiera de los extensos informes de organizaciones independientes para los derechos humanos que han condenado esa ocupación. En 2017, por ejemplo, Amnistía Internacional concluyó que «las implacables políticas israelíes de confiscación de tierras, asentamiento ilegal y desposesión, sumadas a la discriminación generalizada, han infligido un sufrimiento inmenso a la población palestina al despojarla de sus derechos fundamentales». El régimen militar «altera la vida diaria de los Territorios Palestinos Ocupados en todos sus aspectos» e «implica sufrir humillación, miedo y represión a diario. [...] En la práctica, Israel ha tomado como rehenes las vidas completas de estas personas», además de adoptar «un complejo entramado de leyes militares para reprimir la expresión del desacuerdo con sus políticas».[24]

Israel «ha demolido decenas de miles de propiedades palestinas y ha forzado el desplazamiento de grandes grupos de población para construir viviendas e infraestructuras destinadas al asentamiento ilegal de su propia población en los territorios ocupados» y ha «desviado recursos naturales palestinos —como el agua y tierras de cultivo—, para uso de los asentamientos». Amnistía observa que «debido a los cientos de puntos de bloqueo militar israelí repartidos por toda Cisjordania—entre puestos de control, bloqueos de carreteras y vías para uso exclusivo de los colonos— y al régimen general de permisos, simples quehaceres diarios se convierten en una lucha constante para la población palestina que intenta ir a trabajar, a estudiar o al hospital». Israel también tiene «un largo historial de uso de fuerza excesiva, y a menudo letal, contra palestinos, ya sean hombres, mujeres, niños o niñas». Ha habido un «ciclo de impunidad» para estos crímenes que se ha prolongado durante «más de medio siglo».

Se podrían citar muchos otros informes de Amnistía, Human Rights Watch, B'Tselem (el Centro de Información Israelí para los Derechos Humanos en los Territorios Ocupados) y de las Naciones Unidas que confirman estos hechos. Aunque afirma tener el «ejército más moral del mundo», ha recurrido a la tortura, a los asesinatos extrajudiciales y al castigo colectivo, todo en función de una misión destinada a «[despojar] a los árabes de Palestina de los cuatro elementos fundamentales —tierra, agua, líderes y cultura— sin los cuales una comunidad indígena no puede sobrevivir», como dijo Eqbal Ahmad. Benny Morris describe la discrepancia entre la imagen que Israel proyecta y la cruda realidad humana. «A los israelíes les gusta creer, y decirle al mundo», afirma, que la ocupación es «ilustrada» o «benigna». Sin embargo, los hechos son «radicalmente distintos», ya que la ocupación israelí, como cualquier otra ocupación, «se basa en la fuerza bruta, la represión y el miedo, la colaboración y la traición, las palizas y las cámaras de tortura, y la intimidación, la humillación y la manipulación diarias».[25]

La situación en Gaza en las últimas décadas ha sido particularmente terrible. Israel se retiró formalmente de Gaza en 2005, pero la ha mantenido bajo un bloqueo despiadado.[26] Gaza se ha convertido en la prisión al aire libre más grande del mundo, con sus habitantes hacinados, desnutridos y privados de empleo. En 2012, la Agencia de Naciones Unidas para los Refugiados de Palestina en Oriente Próximo (UNRWA) alertó en un informe de que, sin una acción correctiva urgente, Gaza dejaría de ser un «lugar habitable» en 2020. Las restricciones de Israel para que los gazatíes adquieran materiales de construcción han hecho imposible avanzar en el desarrollo. El plan israelí fue descrito por Dov Weissglas, asesor del primer ministro Ehud Olmert: «La idea —dijo—, es poner a los palestinos a dieta, pero matarlos de hambre».[27] Para ello, las autoridades sanitarias calcularon la cantidad mínima de calorías que necesitan los 1,5 millones de residentes de Gaza y tradujeron esa cifra en la cantidad de camiones cargados de alimentos que Israel permitiría que diariamente entrasen en Gaza. En 2012, el experto en Oriente Medio Juan Cole observó que «en torno al 10 por ciento de los niños palestinos de Gaza menores de cinco años han visto atrofiado su crecimiento debido a la desnutrición. [...] Además, la anemia está muy extendida, y afecta a más de dos tercios de los bebés, al 58,6 por ciento de los niños en edad escolar y a más de un tercio de las mujeres embarazadas». En 2022, Save the Children informó de que «quince años de vida bajo bloqueo han dejado a cuatro de cada cinco niños de la Franja de Gaza viviendo con depresión, dolor y miedo», y que «la salud mental de los niños, los jóvenes y sus cuidadores se ha deteriorado drásticamente desde un estudio similar realizado en 2018». El secretario general de la ONU, António Guterres, ha descrito las vidas de los niños de Gaza como «un infierno en la tierra». Israel se asegura de que la mera supervivencia sea lo único posible. En la influyente revista médica *The Lancet*, un médico visitante de Stanford, horrorizado por lo que había presenciado, describió Gaza como «una especie de laboratorio para observar la ausencia de dignidad», cosa que tiene efectos «devastadores» sobre la salud física, mental y social de sus habitantes.[28]

Cualquier intento de resistencia por parte de los palestinos se enfrenta a represalias extremas por parte de Israel. En 2006, por ejemplo, los habitantes de Gaza cometieron un crimen terrible: votar «incorrectamente» en unas elecciones y elegir a Hamás como partido gobernante. Estados Unidos comenzó de inmediato a planificar un golpe militar. Con el constante apoyo de Estados Unidos, Israel incrementó su violencia en Gaza, retuvo fondos que estaba legalmente obligado a transferir a la Autoridad Palestina, endureció el asedio sobre la región y, en un acto de crueldad gratuita, incluso cortó el suministro de agua. Israel y Estados Unidos se aseguraron de que Hamás no tuviera oportunidad de gobernar. Durante la Operación Plomo Fundido de 2008-2009, Gaza fue sometida a un ataque implacable por parte del ejército israelí, una de las poblaciones más pobres del mundo bajo el asalto de uno de los sistemas militares más avanzados de la Tierra (que, por si fuera poco, empleó, por supuesto, armas estadounidenses y contaba con la protección de la diplomacia norteamericana). El periodista israelí Gideon Levy describió así un ataque a Gaza en 2006: Israel «lanza innumerables misiles, proyectiles y bombas sobre casas y mata a familias enteras». En un hospital «que se estaba derrumbando», Levy «vio escenas desgarradoras: niños que habían perdido miembros, con respiradores, paralizados, lisiados para el resto de sus vidas». El impacto en los jóvenes es extremo: «Niños aterrorizados, traumatizados por lo que han presenciado, se acurrucan en sus casas con un horror en los ojos que es difícil describir con palabras».[29]

Sara Roy, destacada académica de Harvard y experta en el «de-desarrollo» de Gaza, ofreció en 2012 otro testimonio conmovedor y perturbador sobre la situación. Roy señaló que, en el último medio siglo, Gaza había pasado de tener una economía limitada, pero con cierta capacidad productiva, a convertirse en una economía «marcada por niveles de desempleo y empobrecimiento sin precedentes, donde tres cuartas partes de la población dependen de la ayuda humanitaria». Según ella, la situación es «catastrófica», pero también «deliberada, calculada y con un propósito».[30]

La apropiación por parte de Israel de tierras y recursos es ilegal. En el caso de los asentamientos en Cisjordania, por ejemplo, tal cosa ha sido reconocida por el Consejo de Seguridad de la ONU, la Corte Internacional de Justicia (por unanimidad, con el voto estadounidense incluido), los Estados que forman parte de la Convención de Ginebra, el Comité Internacional de la Cruz Roja (CICR) y varios Gobiernos extranjeros, además de por juristas de prestigio internacional. Las violaciones de acuerdos, leyes internacionales y derechos civiles básicos son tantas que resulta imposible enumerarlas todas. Por ejemplo, aunque en los Acuerdos de Oslo de 1993 se declaró que Gaza y Cisjordania constituyen una unidad territorial inseparable, Israel lleva casi treinta años trabajando activamente para separarlas. (Aislada de Gaza, Cisjordania está por completo rodeada por Israel, lo que deja a los palestinos sin acceso al mundo exterior.)

También es innegable que la palabra *apartheid* describe con precisión la situación en los territorios ocupados. Figuras prominentes de la lucha sudafricana contra el *apartheid*, como el arzobispo Desmond Tutu, han hecho una comparación explícita con Sudáfrica. («He sido testigo de la humillación sistemática de hombres, mujeres y niños palestinos por parte de miembros de las fuerzas de seguridad israelíes [...]. Es algo que cualquier persona sudafricana negra puede reconocer, porque nosotros también fuimos acorralados, acosados, insultados y agredidos por las fuerzas de seguridad del Gobierno del *apartheid*»). Pero incluso David Ben-Gurión ya había advertido de que Israel no tardaría en convertirse en un Estado de *apartheid* si no se deshacía de los territorios y de la población árabe palestina. Otros líderes israelíes, como Isaac Rabin y Ehud Barak, hicieron observaciones similares. En 1976, Rabin dijo: «No creo que sea posible, si no queremos acabar en un régimen de *apartheid*, contener a largo plazo a un millón y medio [más] de árabes dentro de un Estado judío». Por su parte, Ehud Olmert añadió: «Si fracasa la solución de los dos Estados y nos vemos ante una lucha al estilo sudafricano por la igualdad del derecho al voto, el Estado de Israel estará acabado».[31]

Se han hecho intentos por generar controversia respecto a la aplicación del término *apartheid* a los territorios ocupados. Cuando la Comisión Económica y Social para Asia Occidental (CESPAO) de la ONU publicó un informe que demostraba que Israel había establecido «un régimen de *apartheid*» que dominaba «al pueblo palestino en su conjunto», hubo presiones que provocaron que el documento se acabase retirando del sitio web de la ONU. El embajador de Israel ante la ONU calificó la etiqueta de «despreciable» y de «mentira descarada». No obstante, muchos miembros del Gobierno israelí han utilizado el término en los últimos años, entre ellos el ex fiscal general Michael Ben-Yair, quien afirmó que Israel había «establecido un régimen de *apartheid* en los territorios ocupados», y el director general del Ministerio de Relaciones Exteriores, Alon Liel, quien declaró que hasta que se cree un Estado palestino, Israel debe ser considerado un Estado de *apartheid*.[32]

Todo esto incluso antes de abordar los informes de las principales organizaciones humanitarias. En su informe de 213 páginas *A Threshold Crossed* [Un umbral cruzado], publicado en 2021, Human Rights Watch documentó de forma exhaustiva pruebas de que «las autoridades israelíes privilegian metódicamente a los israelíes judíos y discriminan a los palestinos» con el «objetivo de mantener el control judío israelí sobre la demografía, el poder político y la tierra». Para alcanzar este objetivo, las autoridades israelíes «han despojado, confinado, separado por la fuerza y subyugado a los palestinos en virtud de su identidad con diversos grados de intensidad».[33] El veredicto de Amnistía Internacional es igual de contundente. Su conclusión es que «las leyes, políticas y prácticas diseñadas para mantener un cruel sistema de control sobre los palestinos los han fragmentado geográfica y políticamente, dejándolos con frecuencia empobrecidos y en un estado constante de miedo e inseguridad». B'Tselem llega a una conclusión idéntica: «Toda la zona entre el mar Mediterráneo y el río Jordán está organizada bajo un único principio: promover y consolidar la supremacía de un grupo, los judíos, sobre otro, los palestinos».[34]

La opresión cotidiana de los palestinos se ha visto acompañada por la eterna negativa por parte de Israel (con el respaldo de Estados Unidos) a participar en negociaciones de buena fe para resolver el conflicto. A pesar del relato popular que habla del rechazo palestino y de una intransigencia árabe que es supuestamente la responsable de que los palestinos hayan perdido numerosas oportunidades de tener un Estado propio (y sin duda ha habido graves errores por parte de sus líderes), Israel ha dejado claro que no tiene interés alguno en alcanzar un acuerdo justo. Durante décadas, los líderes israelíes se han opuesto con firmeza a un Estado palestino.[35] Aunque la solución de los dos Estados, basada más o menos en las fronteras anteriores a 1967, ha sido durante mucho tiempo el marco principal para un acuerdo, el Gobierno de coalición Peres-Shamir de 1989 respondió a la oferta explícita de paz del Consejo Nacional Palestino (CNP) declarando que no puede haber un «Estado palestino adicional» entre Jordania e Israel («adicional» porque ya consideraban a Jordania como un Estado palestino). Isaac Rabin dijo a la Knéset en 1995 que, independientemente del resultado final para los palestinos, al Gobierno israelí le gustaría «que consistiera en una entidad que fuera menos que un Estado y que no volverían a las fronteras del 4 de junio de 1967». Benjamín Netanyahu, por su parte, se jactó orgullosamente de haber «puesto fin *de facto* a los Acuerdos de Oslo» y admitió que «solo estaba fingiendo su conformidad con la idea de una solución de dos Estados». En 2015, Netanyahu afirmó: «No habrá ningún Estado palestino bajo mi supervisión». En 1999, la plataforma del Partido Likud, de Netanyahu, rechazó «rotundamente el establecimiento de un Estado árabe palestino al oeste del río Jordán». De hecho, Ron Pundak, uno de los arquitectos clave de los Acuerdos de Oslo, al recordar lo sucedido, concluyó que «Netanyahu saboteó sin descanso el proceso de paz». Isaac Shamir admitió haber utilizado intencionadamente el «proceso de paz» para ganar tiempo: «Habría llevado a cabo negociaciones sobre la autonomía durante diez años y, mientras tanto, habríamos logrado llegar a medio millón de personas en Judea y Samaria».[36] Las negociaciones más prometedoras de la historia reciente, las de Taba en 2001, fueron canceladas anticipadamente por el primer ministro israelí Ehud Barak. Cuando cuatro días después se le preguntó por qué las había interrumpido, Barak «se limitó a negar» que existiera alguna esperanza de progreso y declaró: «El motivo por el que las interrumpí no tiene importancia».[37] Israel pudo haber conseguido la paz, pero optó por la expansión. En 1971, Egipto le ofreció a Israel un tratado de paz completo. El Gobierno israelí, encabezado por Golda Meir, lo rechazó porque quería colonizar la península del Sinaí. Durante los últimos cincuenta años, Israel ha seguido construyendo el «Gran Israel», apropiándose de lo más valioso de Cisjordania, paso a paso, mientras concentra a la población palestina en enclaves cada vez más pequeños y aislados. Los asentamientos de colonos dividen esas zonas que deberían permanecer bajo algún grado de control palestino y a las que Ariel Sharon llamó «Bantustanes», en referencia a los territorios reservados para los sudafricanos negros durante la época del *apartheid*. Sharon ya había declarado en 1975 que «se deberían construir asentamientos todos los días para demostrar a los estadounidenses que [Israel] no tiene mandato del pueblo para retirarse de Judea y Samaria». El fallecido analista militar israelí Reuven Pedatzur señaló que «todos los Gobiernos israelíes que han estado en el poder, todas las ramas del sistema legal, todas las ramas del ejército israelí, han contribuido a que el proyecto de asentamientos en los territorios florezca».[38]

La negativa de Israel a aceptar un acuerdo de paz no beneficia en absoluto a sus propios intereses, como han advertido desde hace tiempo algunos de los israelíes más perspicaces. En 2003, cuatro exjefes del servicio de seguridad Shin Bet afirmaron que el país se había colocado «en el camino hacia la catástrofe» con su rechazo a un acuerdo. «Estamos dando pasos firmes hacia un punto en el que el Estado de Israel ya no será una democracia ni un hogar para el pueblo judío», advirtió Ami Ayalon, jefe del Shin Bet de 1996 a 2000. El reconocido erudito y científico ortodoxo Yeshayahu Leibowitz advirtió que si Israel no se «liberaba de esta maldición de dominar a otro pueblo» acabaría «trayendo una catástrofe para el pueblo judío en su conjunto».[39]

La subyugación de los palestinos destruye las pretensiones de Israel de ser un Estado de derecho comprometido con la democracia. El fallecido Moshe Negbi, destacado analista jurídico israelí, expresaba su desesperación por el hecho de que Israel se hubiese convertido en lo que él tildaba de «república bananera», pues desde su punto de vista la democracia y los principios legales estaban siendo socavados por el sistema judicial del país, que ha tolerado la existencia de prisiones secretas donde los reclusos «desaparecen» y ha impuesto sentencias leves a quienes torturan o asesinan a árabes palestinos. Del mismo modo, el corresponsal diplomático Akiva Eldar y la historiadora Idit Zartel sostienen que el régimen «horrendo y racista» no solo está destruyendo los derechos humanos de los palestinos, sino que también «está demoliendo las normas básicas de la democracia israelí». Analizan las decisiones judiciales, entre ellas «sentencias extremadamente leves por el brutal asesinato de niños árabes» que, según afirman, están «acabando con toda la base del sistema judicial». Como dice Benny Morris, «la labor de los tribunales militares en los territorios, y la Corte Suprema que los respalda, pasará seguramente a la historia como una época oscura en los anales del sistema judicial de Israel».[40]

El papel de Estados Unidos

Estados Unidos ha sido el principal facilitador de Israel, ya que le ha proporcionado miles de millones de dólares en ayuda militar cada año. Según el Servicio de Investigación del Congreso, esta ayuda «ha contribuido a transformar las fuerzas armadas de Israel en uno de los ejércitos tecnológicamente más sofisticados del mundo». Desde 2001, el 52 por ciento de la ayuda militar exterior de Estados Unidos ha estado destinada a Israel (Egipto es el segundo mayor receptor). Esta ayuda militar norteamericana se presta deliberadamente con el objetivo de permitir que Israel mantenga una «ventaja militar cualitativa» sobre sus vecinos, es decir, para asegurarse de que sea la potencia más poderosa de la región. El monto de la ayuda es asombroso: el total de la «financiación militar, económica y de defensa antimisiles» alcanzó los «236.000 millones de dólares en 2018, lo que convierte a Israel en el mayor receptor acumulado de la asistencia estadounidense desde la Segunda Guerra Mundial». La ayuda, además, es ilegal, ya que la ley norteamericana prohíbe formalmente la asistencia a violadores de los derechos humanos. Sin embargo, no ha habido mucho apoyo en el Congreso para un proyecto de ley orientado a «garantizar que la financiación estadounidense no se utilice para el maltrato de niños palestinos en el sistema judicial militar israelí, el desplazamiento forzado de palestinos mediante desalojos y la demolición de sus viviendas, ni la anexión ilegal de tierras palestinas».[41]

Estados Unidos también ha ayudado a Israel a impedir un acuerdo que pondría fin al conflicto con los palestinos. Desde que la cuestión de los derechos nacionales palestinos en un Estado propio llegara a la agenda diplomática a mediados de la década de 1970, «el principal obstáculo para que se haga realidad»[42] ha sido, sin duda, Estados Unidos. Aunque poco conocida por los norteamericanos, esta historia no es en absoluto controvertida. En 1976, Estados Unidos vetó una resolución de la ONU que proponía un acuerdo de dos Estados en las fronteras internacionales, y que fue respaldada por los principales países árabes y la Organización para la Liberación de Palestina (OLP). Desde entonces, Estados Unidos ha seguido bloqueando (prácticamente en solitario) el consenso internacional sobre una solución diplomática, apoyando en cambio la continua expansión de Israel en territorio palestino ocupado de manera ilegal.

Durante décadas, la Asamblea General de la ONU ha aprobado resoluciones que afirman «el derecho [del pueblo palestino] al Estado independiente de Palestina» y subrayan «la urgencia de poner fin sin demora a la ocupación israelí que comenzó en 1967» y alcanzar un acuerdo de paz basado en la solución de los dos Estados. Solo Israel, Estados Unidos y unas pocas naciones pequeñas han votado en contra de estas resoluciones (en 2020 se aprobó por 163 votos a favor con solo 5 en contra). Para quien quiera saber por qué son un obstáculo para la paz, basta con echar un vistazo al texto y al recuento de votos de la resolución titulada «Arreglo pacífico de la cuestión de Palestina», que ofrece una respuesta clara.[43]

Cuando se presentaron los Acuerdos de Ginebra en diciembre de 2002, donde se detallaban las propuestas para una solución de dos Estados, «Estados Unidos no estuvo, lo cual es notorio, entre los Gobiernos que ofrecieron un mensaje de apoyo», e Israel rechazó el acuerdo. De igual modo, todos los países de la Liga Árabe han ofrecido una paz total con Israel (la Iniciativa de Paz Árabe) a cambio de que Israel se retire a sus fronteras de 1967 y de una solución justa del conflicto, pero Israel ha rechazado la oferta y Estados Unidos tampoco la ha aceptado. Ron Pundak, en un análisis equilibrado de la historia diplomática, concluye que «parecía que a veces el Gobierno estadounidense estuviera trabajando para el primer ministro israelí cuando intentaba convencer (y presionar) a la parte palestina para que aceptara las ofertas israelíes». Aaron David Miller, asesor de los Estados Unidos en las negociaciones árabe-israelíes entre 1988 y 2003, admitió que había «una clara orientación proisraelí en nuestra planificación del proceso de paz» y confesó que «ningún miembro del equipo de alto nivel implicado en las negociaciones era capaz de presentar la perspectiva árabe o palestina, y mucho menos de abogar por ella, o no estaban dispuestos a hacerlo».[44]

El historial de vetos en el Consejo de Seguridad de la ONU en relación con Israel constituye otro ejemplo. George W. Bush vetó resoluciones que pedían una fuerza de observación de la ONU en los territorios para reducir la violencia, condenaban los actos de terrorismo y las agresiones de todas las partes, solicitaban que se estableciera un aparato de vigilancia, manifestaban su preocupación por el asesinato de empleados de la ONU por parte de Israel y la destrucción de un almacén del Programa Mundial de Alimentos, y reafirmaban la ilegalidad de la deportación, así como otras que expresaban su preocupación por la barrera de separación que atraviesa la Cisjordania ocupada, condenaban el asesinato del imán tetrapléjico Sheikh Ahmed Yassin (junto con media docena de transeúntes) en marzo de 2004, y censuraban una incursión militar israelí en Gaza que ocasionó la muerte de numerosos civiles y enormes daños materiales.[45]

El sucesor de Bush, Barack Obama, no se mostró menos entregado en su relación con Israel, calificándola de «sacrosanta» y «no negociable». En un discurso pronunciado en 2012 ante el AIPAC, Obama se jactó, con razón, de haber sido más deferente con Israel que cualquier administración anterior, apelando a la ayuda militar que le había proporcionado y a su protección ante la ONU por las investigaciones sobre los abusos de Israel en materia de derechos humanos. Ben Rhodes, asesor adjunto de seguridad nacional del Gobierno de Obama, escribió en sus memorias que los palestinos recibieron «poco más que apoyo retórico» de parte de Estados Unidos y que, aunque estaba claro que «Netanyahu no iba a negociar seriamente» la paz, Obama «siempre se pondría del lado de Israel cuando llegara el momento decisivo».[46]

De hecho, la administración Obama tomó en 2011 la singular decisión de vetar una resolución del Consejo de Seguridad de la ONU que pedía limitar la expansión de los asentamientos, a pesar de que, oficialmente, Estados Unidos se opone a dicha expansión (vetando, por tanto, una resolución que defendía la propia postura declarada de Estados Unidos). Aunque, según se ha contado, Obama quedó «impactado» cuando se le mostraron los mapas que revelaban el «aislamiento sistemático» al que Israel sometía a «los centros de población palestinos entre sí», no hizo ningún esfuerzo por condicionar la ayuda que Estados Unidos prestaba a Israel a que este cumpliera el derecho internacional y tuviera en cuenta la declarada política estadounidense. David Gardner, especialista en Oriente Medio del *Financial Times*, describió acertadamente a Obama como «el presidente más proisraelí: el más generoso con la ayuda militar y el más confiable en el uso del veto estadounidense en el Consejo de Seguridad». De hecho, tal era la alineación del lenguaje de Obama con el del Gobierno israelí de derechas que el ministro de Asuntos Exteriores de Netanyahu, el militante nacionalista y abiertamente racista Avigdor Lieberman, elogió de manera efusiva el discurso de Obama ante la ONU en 2011 diciendo: «Estoy dispuesto a firmar [este discurso] con ambas manos».[47]

De alguna manera, la administración Trump consiguió ser aún más partidaria de los crímenes continuados de Israel. Como señala un informe de Peace Now, durante los cuatro años de Gobierno de Trump, «la posición de Estados Unidos sobre los asentamientos israelíes [...] destruyó el consenso internacional en torno a la solución de los dos Estados y fomentó la anexión en todo menos en el nombre», lo que desembocó en «un alto nivel de aprobación de unidades de asentamiento, la violación de las líneas rojas internacionales informales en áreas altamente sensibles como el entorno de Jerusalén y Hebrón, y la construcción de más de treinta nuevos puestos de avanzada». Como explica el politólogo Jerome Slater, Trump, entre otras medidas, cerró las oficinas de la OLP en Washington, apoyó la anexión israelí de los Altos del Golán, suspendió la asistencia económica a los palestinos, trasladó la Embajada de Estados Unidos a Jerusalén, reconociéndola como la capital «indivisible» de Israel (con lo que «efectivamente negaba el derecho de los palestinos a establecer su capital en Jerusalén Este»), dejó de referirse a Cisjordania como «territorio ocupado» y declaró que los asentamientos israelíes ya no se consideraban ilegales.[48]

Según el «plan de paz» de Trump, Israel habría podido anexionarse el valle del río Jordán y todos los asentamientos de Cisjordania, el 30 por ciento del territorio, mientras que los palestinos «recibirían un "Estado" compuesto por enclaves dispersos, no contiguos, en el resto de Cisjordania, además de algunas tierras en el desierto del Néguev, adyacente a la Franja de Gaza, a lo largo de la frontera sur de Israel». Tras la oposición palestina a lo que Trump llamó el «acuerdo del siglo», Jared Kushner, yerno de este (y el «arquitecto del plan de paz de Trump para Oriente Medio»), afirmó que los palestinos demostraban con su reacción que no estaban «preparados para tener un Estado», pero añadió: «La esperanza es que con el tiempo sean capaces de gobernarse».[49]

La administración Trump hizo especiales esfuerzos para garantizar que la desposesión a la que Israel somete a los palestinos fuera permanente e irreversible. Tal como informó *Politico*, Trump «se aseguró de que el sueño de un Estado palestino esté prácticamente muerto». La administración Biden, por su parte, no realizó cambios significativos. Joe Biden ha sido un firme defensor de Israel durante toda su carrera política. En el cargo, no dedicó «casi ningún esfuerzo diplomático» a promover un Estado palestino, se negó a reactivar las conversaciones de paz y aceptó la mayoría de las políticas de Trump como la nueva realidad. Tanto Trump como Biden siguieron el patrón básico que ha mantenido la política estadounidense desde 1967: las sucesivas administraciones han pretendido ser «intermediarios honestos» comprometidos con una resolución justa del conflicto, mientras apoyaban el rechazo de Israel a alcanzar un acuerdo político alineado con el consenso internacional. Las malas acciones de Israel son responsabilidad directa de Estados Unidos, que lo financia e impide que se respete el derecho internacional. Las miserias del *apartheid* en Cisjordania y el horror de los bombardeos en Gaza son resultado directo de las políticas estadounidenses.[50]

Gaza, 2018

En 2018 y 2019, decenas de miles de palestinos protagonizaron una impresionante acción de protesta civil. Cada viernes se reunían en la frontera entre Gaza e Israel para manifestarse por su derecho a regresar al territorio del que fueron expulsadas sus familias en 1948, así como contra el bloqueo de Gaza y el reconocimiento de Jerusalén como la capital de Israel. El simple hecho de manifestarse cerca de la valla fronteriza constituye un acto de desobediencia civil, pues Israel ha declarado la zona como «área prohibida», es decir, como una parte de Gaza en la que los propios gazatíes tienen prohibido poner un pie.[51] Aunque las protestas fueron en su mayoría pacíficas, las fuerzas israelíes abrieron fuego contra los manifestantes. Durante los meses que duraron las manifestaciones, los francotiradores israelíes mataron a cientos de palestinos y dejaron miles de heridos (en muchos casos con mutilaciones irreparables). Entre las víctimas hubo periodistas, médicos, niños y personas con discapacidad. Las organizaciones humanitarias condenaron enérgicamente estos asesinatos. Uno de los testigos describía así el horror de lo sucedido:

> Lo realmente impactante era la cantidad de heridos. Y la lentitud y precisión de los disparos. Cada pocos minutos [...] se oía un disparo y se veía a alguien caer. Luego otro disparo, y otra persona caía. Esto continuó sucediendo durante horas [...]. Había un flujo constante de cuerpos ensangrentados a los que se transportaba hasta las ambulancias. Era surrealista e interminable. Se volvió casi normal de lo seguido que ocurría. Un disparo, una persona que cae, gente que se lleva el cuerpo. El número de heridos era impresionante. No sabría decir a cuántas personas vi caer, porque eran demasiadas. He cubierto guerras en Siria, Yemen, Libia, pero nunca había presenciado algo así. Los disparos lentos, metódicos. Fue simplemente impactante.[52]

La Asamblea General de la ONU aprobó una resolución que calificaba aquellos tiroteos de «excesivos, desproporcionados e indiscriminados». En 2019, el Consejo de Derechos Humanos de la ONU publicó un informe sobre la conducta de Israel en Gaza durante 2018. El informe revelaba que Israel disparó a un niño en edad escolar «en la cara mientras repartía bocadillos», tiroteó a un futbolista en las piernas (lo que acabó con su carrera), mató a un mecánico que se encontraba a trescientos metros de la frontera, disparó a un estudiante de periodismo que llevaba un chaleco que decía PRENSA, mató a un hombre que huía de la valla y le pegó un tiro a otro que fumaba un cigarrillo a cientos de metros de ella. Un estudiante universitario recibió un disparo en la cabeza y murió mientras estaba hablando por teléfono. Un miembro del equipo palestino de ciclismo, que llevaba puesto su uniforme de ciclista y estaba observando la manifestación, recibió un disparo en la pierna, lo que también terminó con su carrera. Entre los crímenes más perturbadores que menciona el informe están los asesinatos de personas discapacitadas: francotiradores israelíes mataron a un hombre con doble amputación que estaba en su silla de ruedas (había perdido las piernas en un bombardeo israelí anterior) y a dos hombres que caminaban con muletas.[53]

Israel, por supuesto, no se disculpó. Benjamín Netanyahu desestimó el informe de la ONU, afirmando que el Consejo había batido «un nuevo récord de hipocresía y mentiras debido a un odio obsesivo hacia Israel», y que Israel continuaría «defendiendo con fiereza su soberanía y a sus ciudadanos contra los ataques de Hamás y las organizaciones terroristas apoyadas por Irán».[54]

En Estados Unidos, *The New York Times* publicó un artículo en portada sobre cómo se sentían los israelíes (que «esperaban que cada bala estuviera justificada») ante las muertes de los palestinos y, al tiempo, sugería que los gazatíes estaban explotando su sufrimiento con fines «políticos» (es un lugar «donde el dolor privado se exhibe a menudo por causas políticas»). Un artículo de opinión publicado por el *Times* y escrito por un editor del *Jewish Journal* llevaba el título de «Israel necesita proteger sus fronteras. Por todos los medios necesarios».[55] Como era previsible, Estados Unidos bloqueó una resolución del Consejo de Seguridad que pedía que se investigasen los asesinatos de los manifestantes. Israel, una vez más, no sufrió ninguna consecuencia.[56]

En Estados Unidos, se sigue asumiendo que los políticos mostrarán su deferencia ante Israel. Incluso los dirigentes demócratas más de izquierdas se sienten a menudo obligados a aclarar que bajo ninguna circunstancia reconsiderarían el apoyo militar que Estados Unidos presta a Israel.[57] En 2019, Ilhan

Omar, congresista por Minnesota, desató una agria controversia política al criticar la influencia del lobby proisraelí, señalando que algo que se esperaba de los miembros del Congreso era que mostraran «lealtad» y «apoyo incondicional» a Israel. En respuesta, Omar fue acusada de antisemitismo. Bret Stephens, de *The New York Times*, dijo que Omar sabía «exactamente» lo que hacía y que estaba evocando de forma intencionada estereotipos sobre conspiraciones judías. Meghan McCain casi rompió a llorar en *The View* mientras describía los comentarios de Omar como «extremadamente aterradores». Kevin Williamson, de *National Review*, dijo que los demócratas tienen un «problema importante en forma de gente rara que odia a los judíos».[58]

Para que los palestinos logren alguna vez justicia y la autodeterminación, el apoyo político incondicional a los crímenes de Israel debe acabar. Durante más de cien años, la colonización de Palestina ha consistido en crear lentamente sobre el terreno unas condiciones que, al final, el mundo acabaría aceptando. Esta política ha funcionado hasta ahora y se mantendrá mientras Estados Unidos siga brindando apoyo militar, económico, diplomático e ideológico a Israel.

El conflicto entre Israel y Palestina suele presentarse a menudo como algo muy complejo. Sin embargo, es relativamente simple.[59] Gira en torno a unos territorios que han estado bajo una brutal ocupación militar durante más de cincuenta años. El conquistador es una gran potencia, respaldada por el masivo apoyo armamentístico, económico y diplomático de la superpotencia global. Los sometidos, por su parte, están solos e indefensos —muchos de ellos sobreviven apenas en miserables campos de refugiados—, han sufrido la terrorífica brutalidad que suele contemplarse en las guerras coloniales y han cometido, a su vez, terribles atrocidades. Estados Unidos ha tenido ante sí desde hace tiempo una elección: ¿alguna vez presionará para que Israel actúe de acuerdo con los valores democráticos más básicos y las normas internacionales, o seguirá financiando y alentando el proyecto inmoral, ilegal y autodestructivo de construir un Estado de *apartheid* permanente? Solo con la existencia de una presión pública interna en Estados Unidos será posible cambiar el patrón de las políticas de este país.

POSFACIO DE NATHAN J. ROBINSON, ABRIL DE 2024

Noam Chomsky ha sostenido durante mucho tiempo que Israel ha elegido, fatídicamente, «la expansión antes que la seguridad». Con esto quiere decir que, al mantener la ocupación y obstaculizar la creación de un Estado palestino, Israel se está poniendo también en peligro a sí mismo: «Israel es mucho más inseguro por tratar de contener en su interior a una población hostil de lo que lo sería con un acuerdo político que redujera las tensiones y dejara en sus fronteras a un Estado palestino desmilitarizado». Aquellos que se proclaman defensores de Israel no lo son en realidad, sostiene Chomsky, ya que la opresión a los palestinos alimenta la ira y el resentimiento, convierte a Israel en un Estado paria y provoca una degeneración moral dentro del propio país. Insiste en que cualquiera que esté verdaderamente interesado en la seguridad de Israel debería presionarlo para que ponga fin a la ocupación y al bloqueo de Gaza.[60]

El 7 de octubre de 2023, soldados de Hamás escaparon de la «prisión al aire libre» de Gaza y perpetraron una horrible masacre de soldados y civiles en Israel en la que mataron a unas 1.200 personas, incluidos niños pequeños y ancianos. Se tomaron cientos de rehenes que fueron llevados a Gaza, dejando a sus familiares destrozados por la angustia. La prometida «poderosa venganza» de Israel no tardó en llegar. Aunque Gaza tiene solo cuarenta y un kilómetros de largo por ocho de ancho, Israel lanzó sobre la franja decenas de miles de bombas que arrasaron barrios enteros. Fueron bombardeadas escuelas, hospitales, panaderías, ambulancias y campos de refugiados. Pronto, más de la mitad de la población estaba sufriendo por la falta de alimentos y nueve de cada diez personas ya no podían comer todos los días. En cuestión de meses, habían muerto más niños en Gaza que en todas las zonas en conflicto del mundo sumadas durante todo 2023. Para la primavera, el número de muertos palestinos superaba los treinta mil y la mayoría de los gazatíes se habían visto forzados a abandonar sus hogares. Nicholas Kristof, columnista de *The New York Times*, señaló que la matanza de civiles había alcanzado tal magnitud que podía compararse al genocidio de Ruanda. Durante un breve alto el fuego, cuando los habitantes de Gaza intentaron regresar a sus hogares destruidos para ver qué podían salvar, las tropas israelíes abrieron fuego contra los refugiados.[61] Las escenas son aterradoras: niños con amputaciones y quemaduras graves que tienen que lidiar simultáneamente con peligrosas infecciones y con el trauma de haber visto morir a sus familias, y bebés muertos, abandonados a su suerte en camas de hospital, después de que las fuerzas israelíes evacuaran por la fuerza una unidad de cuidados intensivos.[62]

Las declaraciones de los altos cargos israelíes dejaron claro que la protección de las vidas civiles no estaba entre sus prioridades. «¿De verdad me estás preguntando por los civiles palestinos?», respondió el ex primer ministro Naftali Bennett al presentador de un informativo televisivo que cuestionaba las consecuencias de que Israel cortara el suministro eléctrico a Gaza. Algunos, evocando la retórica propia de la Segunda Guerra Mundial de que «en Japón no había civiles», afirmaban que la población entera de Gaza debía ser considerada combatiente, dado que habían votado por Hamás. (En primer lugar, esto no era cierto, ya que la mayoría de los habitantes de Gaza tienen menos de dieciocho años y no estaban vivos cuando Hamás resultó elegido. Segundo, esta era la misma lógica que usaron tanto Hamás como Osama bin Laden para justificar sus ataques contra civiles.)[63]

La revista israelí *+972* citó a fuentes de inteligencia que aseguraban que la campaña de bombardeos masivos tenía por objeto «producir una conmoción» que «llevara a los civiles a presionar a Hamás». Tal como lo resumió *The Guardian*, Israel estaba «atacando deliberadamente zonas pobladas para provocar un alto número de víctimas civiles con la esperanza de que sus habitantes se volvieran contra Hamás». Una fuente de inteligencia explicó que «nada sucede por accidente [...]. Cuando una niña de tres años muere en una casa de Gaza, es porque alguien en el ejército decidió que no pasaba nada porque la mataran, que era un precio aceptable para alcanzar [otro] objetivo». Un informe independiente del servicio de inteligencia israelí, que citaba a fuentes de la agencia de noticias Reuters, reveló que, en ocasiones, se mataba deliberadamente a «cientos» de civiles para atacar a un único comandante de Hamás, sin casi ninguna restricción. «Se bombardeaba todo lo que se pudiera» y «se ponía énfasis en crear tantos objetivos como fuera posible, lo más rápido posible», sin importar a quién se matara, incluso si esto significaba exterminar a familias enteras.[64]

Algunos oficiales israelíes justificaron los bombardeos de Gaza invocando las atrocidades cometidas por los aliados en Dresde e Hiroshima. En realidad, tras dos meses de ataques, la destrucción en el norte de Gaza superaba la del bombardeo de Dresde, una ofensiva notoria por su brutalidad y por tener como objetivo deliberado a la población civil. Un análisis de las muertes realizado por *Haaretz* concluyó que el porcentaje de víctimas civiles en Gaza era «significativamente mayor que el promedio de víctimas civiles en todos los conflictos del mundo durante el siglo XX». En 2023, murieron más trabajadores humanitarios en Gaza que en todas las zonas de combate del mundo sumadas durante cualquier año anterior de las últimas tres décadas. De manera grotesca, algunos sectores en Israel (incluida la cuenta oficial de Twitter del Estado) promovieron falsedades que aseguraban que los palestinos fingían sus heridas en lo que calificaron de elaborada farsa y a la que incluso pusieron un nombre: «Pallywood». Mientras tanto, los colonos de Cisjordania aprovecharon la situación para atacar a los palestinos en los territorios ocupados, apropiándose de tierras y asesinando a cientos de personas, incluidos muchos niños.[65]

Hubo numerosas invocaciones directas a la limpieza étnica. La exministra de Justicia Ayelet Shaked dijo que Israel debía «aprovechar la destrucción» que infligirían en Gaza para dispersar por la fuerza a toda su población y desplazarla hacia otros países. Benjamín Netanyahu planeó «reducir» la población de Gaza al «mínimo». El Ministerio de Inteligencia diseñó un plan para despoblar la franja y expulsar a los refugiados a los países vecinos, y Netanyahu presionó a estos países para que acogieran a cientos de miles de gazatíes que estaban siendo expulsados de sus hogares. «Hay que echar a los habitantes de Gaza de aquí», afirmó Nissim Vaturi, vicepresidente de la Knéset. El ministro de Agricultura aseguró que el Gobierno estaba «desplegando la Nakba de Gaza», en referencia a la expulsión masiva de palestinos en 1948. El Centro de Derechos Constitucionales documentó numerosos ejemplos de declaraciones y de acciones que sugerían que toda la población de Gaza debe ser castigada por los hechos del 7 de octubre. El mayor general israelí Ghassan Alian, jefe del Coordinador de Actividades Gubernamentales en los Territorios (COGAT), declaró, por ejemplo: «Los animales humanos deben ser tratados como tales. No habrá electricidad ni agua [en Gaza], solo habrá destrucción. Querían el infierno, lo tendrán». Ezra Yachin, un reservista del ejército israelí de noventa y cinco años, llamado a «elevar la moral» entre las tropas, las exhortó: «No dejéis a nadie detrás de vosotros. Borrad hasta su recuerdo. Borradlos a ellos, a sus familias, madres e hijos. Estos animales no pueden seguir viviendo». Comentarios similares surgieron también desde Estados Unidos, como el del congresista norteamericano que pidió cortar toda la ayuda humanitaria a Gaza y convertirla en «otro Nagasaki o Hiroshima».[66]

Oren Zini, jefe del Estado Mayor de la Brigada Norte de las FDI en Gaza, describió la franja como un «nido de avispas» y dijo que estaba «en contra de la entrada en el otro lado» de nada que pudiera ayudar a esa zona «a recuperarse». Y concluía: «Creo en asfixiarla». Isaac Kroizer, miembro de la Knéset, dijo: «Gaza debe ser borrada del mapa, para enviar un mensaje a todos nuestros enemigos y a quienes buscan hacernos daño». Giora Eiland, asesor del ministro de Defensa israelí y exjefe del Consejo de Seguridad Nacional, ofreció en noviembre una justificación sorprendentemente franca para el asesinato masivo de civiles, diciendo que si las enfermedades diezmaban a la población, tal cosa ayudaría a reducir el costo de la victoria para Israel. «Las graves epidemias en el sur de la Franja de Gaza acelerarán nuestro triunfo y reducirán las bajas entre los soldados de las FDI», afirmó, defendiendo que «la manera de ganar la guerra más rápido y a un menor costo es provocar el colapso total del sistema en el otro lado, y no solo matar a más combatientes de Hamás». Escribió que «crear una crisis humanitaria grave en Gaza es un medio necesario para alcanzar este objetivo», asegurando que Gaza se convertiría «en un lugar inhabitable para cualquier ser humano». Pronto, el general vio cumplido su deseo, ya que, entre los refugiados de Gaza, hacinados en tiendas de campaña y con ochocientas personas compartiendo un único baño, empezaron a propagarse peligrosas enfermedades.[67]

El terror desatado contra la población civil se justificó bajo el pretexto de eliminar a Hamás y prevenir una repetición del 7 de octubre. El argumento de los opositores a un alto el fuego es que Israel no puede verse limitado en su esfuerzo por garantizar su propia seguridad. Pero esta justificación no tiene sentido. Como ha argumentado el congresista demócrata de centro Seth Moulton, «Israel ha matado hasta ahora a unos cinco mil terroristas de Hamás, pero en el proceso ha reclutado a otros cien mil nuevos seguidores». La realidad es que los ataques de Israel tenían menos que ver con la seguridad que con un deseo de venganza y castigo. Israel ha designado unas «zonas de muerte» con órdenes de disparar a matar a cualquiera que cruce su línea invisible, quien a continuación será clasificado como «terrorista». Como escribe David Klion, de *Jewish Currents*, «el principal motor de esta guerra, aunque nadie lo nombra directamente, es el deseo de venganza del público israelí». De hecho, fuentes internas de los servicios de inteligencia israelí declararon a *+972* que los procedimientos de selección de objetivos en Gaza parecían estar guiados por la «venganza» y la «histeria», y no por una estrategia militar sólida.[68]

Como de costumbre, el Gobierno de Estados Unidos ha apoyado incondicionalmente a Israel. La administración Biden afirmó que no tenía «líneas rojas» para dicho país. En otras palabras, que Israel podía hacer cualquier cosa, violar incluso las leyes de la guerra, y aun así contar con el apoyo inquebrantable de Estados Unidos, quien ha sido uno de los únicos países del mundo que no ha pedido un alto el fuego en las Naciones Unidas. El Gobierno de Biden incluso ha echado una mano a Israel contribuyendo a poner en duda (de manera totalmente infundada) las estadísticas sobre las muertes palestinas. Y, aunque insistía en que estaba presionando al Gobierno de Netanyahu para obtener concesiones humanitarias, se negó a considerar la reducción de la ayuda militar y, de hecho, pronto solicitó miles de millones de dólares adicionales en transferencias de armas para Israel (mientras mantenía en secreto los detalles de lo que estaba enviando). Entretanto, la administración Biden ha seguido suministrando a Israel bombas de casi una tonelada, aunque públicamente pedía que se usaran municiones más pequeñas. Este compromiso inquebrantable de la administración con el país de Oriente Medio, incluso cuando en Gaza aumentaba el número de muertos, ha provocado que muchos miembros del propio Departamento de Estado se rebelaran firmando una carta de protesta, y que varios más incluso dimitiesen.[69]

El número de muertos en Gaza no ha dejado de aumentar hasta alcanzar las decenas de miles, y los testimonios de sus habitantes son desgarradores y perturbadores. Ahmed Moghrabi, médico de uno de los últimos hospitales que quedan aún en funcionamiento en Gaza, envió su súplica al mundo para detener la violencia. «No hay palabras para describir lo que está ocurriendo [aquí]», dijo. Son «masacres por todas partes» y «horror, horror, horror»: familias enteras exterminadas, niños quemados hasta los huesos y un nivel de hambruna que apenas le permite mantener con vida a su propia hija de dos años. «Por favor, detengan este genocidio contra nosotros —imploraba—. Se lo ruego.» Otro médico que visitó Gaza declaró que lo que había visto allí «no era una guerra, era aniquilación». Un portavoz de Unicef señaló que de las ciudades no quedaba «nada», y que «la profundidad del horror» superaba nuestra capacidad «para describirlo».[70]

A pesar de todo esto, el Gobierno de Biden ha seguido enviando armas a Israel y ha bloqueado repetidamente las resoluciones del Consejo de Seguridad de la ONU que pedían un alto el fuego, a pesar de que contaban con 13 votos a favor y 1 en contra. (Al final, tras una inmensa presión pública, la administración Biden se abstuvo en una votación que permitió que la resolución de alto el fuego se aprobara, pero insistió en que no era «vinculante» y no hizo ningún esfuerzo por aplicarla.) La Asamblea General de la ONU también aprobó una resolución de alto el fuego que tuvo 153 votos a favor y solo 10 en contra (lo que significa que fue rechazada por solo el 5 por ciento de la población mundial, de la que Estados Unidos representa el 4 por ciento). La administración Biden también ha defendido firmemente a Israel en los procedimientos por genocidio en su contra en el Tribunal Internacional de Justicia, desestimando las acusaciones y defendiendo la ocupación de Palestina. Y, una vez más, a Estados Unidos no le ha preocupado quedarse a solas a la hora de desafiar a la opinión pública mundial.

Politico ha informado de que una de las razones por las que el Gobierno de Biden no quería que se detuvieran los combates es que «existía en la administración una cierta preocupación en torno a una posible consecuencia indeseada de esta pausa: que permitiese a los periodistas un acceso mayor a Gaza y, por tanto, la oportunidad de exponer aún más la devastación, haciendo que la opinión pública se volviese en contra de Israel». De nuevo, si la población estadounidense supiera lo que está haciendo su Gobierno «democrático», no le apoyaría y, por tanto, se la debe mantener en la ignorancia.[71]

En abril de 2024, murieron siete trabajadores humanitarios de World Central Kitchen en un bombardeo israelí después de haber entregado alimentos a los habitantes de Gaza. Existe una abrumadora cantidad de pruebas que indican que el ataque fue intencionado. Los trabajadores se desplazaban en vehículos claramente identificados y habían coordinado sus movimientos con las Fuerzas de Defensa de Israel. Tras el asesinato de los trabajadores humanitarios, WCK y otras organizaciones de ayuda suspendieron sus operaciones y, con ello, el alivio de la hambruna en Gaza.

El mismo día del ataque, la administración Biden aprobó una nueva transferencia de armas a Israel y volvió a negarse a imponer condiciones sobre la ayuda militar. El antiguo miembro del Departamento de Estado y negociador entre Israel y Palestina, Aaron David Miller, afirmó sin rodeos que las políticas de Biden se basan en un «desequilibrio de empatía», pues, para el presidente estadounidense, las vidas palestinas importan menos. Para los palestinos, esto ha resultado evidente desde hace tiempo, y condenan con razón la hipocresía de un país que permite que sigan sufriendo mientras públicamente proclama su deseo de paz y justicia.[72]

6

La gran amenaza china

«China es nuestro enemigo —declaró Donald Trump en repetidas ocasiones—. No son gente que entienda de gentilezas.» En consecuencia, entre 2017 y 2021, el Gobierno de Trump «dio un mazazo» a las relaciones entre Estados Unidos y China, que «llegaron a estar en su peor momento en décadas». Los altos cargos de la administración Trump hablaban de China empleando un lenguaje macartista de lo más radical. El entonces secretario de Estado, Mike Pompeo, afirmó que la «amenaza del Partido Comunista Chino» se encontraba «dentro de nuestras fronteras», en lugares como «Des Moines, Phoenix y Tallahassee». Y añadía: «[El PCCH] no se detendrá ante nada para socavar nuestro estilo de vida, el estilo de vida que tenemos aquí, en Estados Unidos y Occidente». El antiguo jefe de estrategia de Donald Trump, Steve Bannon, escribió: «China ha emergido como la mayor amenaza económica y para la seguridad nacional que Estados Unidos haya enfrentado jamás». En julio de 2020, el director del FBI, Christopher Wray, advirtió de que «la amenaza china» ponía en riesgo «nuestra salud, nuestros medios de vida y nuestra seguridad».[1]

¿De qué manera está China amenazando el «estilo de vida que tenemos aquí»? La explicación de Wray señalaba que «el alcance de la ambición del Gobierno chino» era nada menos que superar a Estados Unidos «en términos de liderazgo económico y tecnológico». Por su parte, William Barr afirmó que China estaba metida en una *blitzkrieg* económica», con el objetivo de ascender a las «alturas dominantes de la economía global y superar a Estados Unidos como principal superpotencia tecnológica mundial». Esta es la verdadera naturaleza de la «amenaza china»: la posibilidad de que Estados Unidos deje de gobernar el mundo. Y una premisa fundamental de nuestra política exterior ha sido que tenemos pleno derecho a liderar el orden mundial indefinidamente.[2]

Esta perspectiva se expresa sin subterfugios en los documentos de estrategia de la administración Trump. La Estrategia de Seguridad Nacional de 2017 advierte de que «China intenta desplazar a Estados Unidos en la región del Indo-Pacífico, expandir el alcance de su modelo económico estatalista y reconfigurar la región a su favor». Pero ¿cómo podría Estados Unidos, que no está ubicado en la región del Indo-Pacífico, ser «desplazado» de allí? La Estrategia de Seguridad Nacional no se plantea la cuestión de por qué pertenece a Estados Unidos y no a China —país mucho más poblado— el derecho a dominar Asia. Tanto China como Rusia, afirma el documento de Estrategia de Seguridad Nacional, están «desafiando nuestras ventajas geopolíticas» y nos encontramos inmersos en una «competencia entre grandes potencias». Esta competencia exige «restaurar la preparación de nuestras fuerzas para una guerra a gran escala» aumentando sustancialmente la capacidad de nuestro ejército para eliminar con rapidez a grandes cantidades de seres humanos. La Estrategia de Seguridad Nacional recomienda que Estados Unidos «supere» en «letalidad» a cualquier otra fuerza militar del mundo para «garantizar que los hijos e hijas de Estados Unidos nunca se vean envueltos en una contienda equilibrada».[3]

El «Marco estratégico para el Indo-Pacífico» de la administración Trump explicita que uno de los principales intereses de Estados Unidos en la región es «mantener la primacía norteamericana» y asegurar «su preeminencia diplomática, económica y militar en la región de mayor crecimiento del mundo», impidiendo que China desarrolle su propia «esfera de influencia». En otras palabras, debemos asegurarnos de que el país asiático, más grande, no tenga más poder e influencia en Asia que Estados Unidos, un país mucho más pequeño.[4]

A medida que China continúa creciendo, los esfuerzos por mantener la «primacía» sobre su propia región requerirán una postura cada vez más confrontacional, línea que los dos principales partidos de Estados Unidos parecen dispuestos a seguir. Ya durante el periodo electoral, Joe Biden puso empeño en «intentar superar a Trump» en su retórica contra China, y llegó a publicar material de campaña que recibió críticas por racista. Biden llamó «matón» a Xi Jinping y escribió en *Foreign Affairs*: «Estados Unidos tiene que ser duro con China».[5]

Después, ya como presidente, Biden básicamente mantuvo gran parte de la política exterior de Trump, incluyendo todo lo relacionado con China, y en ciertos aspectos incluso endureció su enfoque. Un reportaje de *Politico* advertía de que «las medidas de Biden para frenar el desarrollo tecnológico de Pekín» harían «más por obstaculizar la economía china —y separar a ambas naciones— que cualquier acción de Trump» y constituían «la maniobra estadounidense más agresiva hasta la fecha para limitar el crecimiento económico y militar de Pekín». En un artículo de opinión publicado en *The Atlantic* se decía que los votantes que quisieran castigar a China en 2024 deberían apoyar a Biden y no a Trump, pues «Biden ha golpeado a China con más dureza que Trump» y «ha infligido un daño considerable a la economía y las ambiciones geopolíticas de este país». Como de costumbre, se da por hecho que se tiene derecho a devastar la economía de otros países.[6]

«Más allá de las apariencias, hay muy pocas diferencias en el enfoque de estos dos presidentes hacia China», señala en *Politico* el corresponsal diplomático Michael Hirsh. En su artículo cita a Clete Willems, quien fuera uno de los arquitectos de la política de Trump hacia China, que afirma que «la administración [de Biden] considera la innovación china como una amenaza en sí misma para la seguridad nacional [...] y eso supone un gran salto con respecto a de donde veníamos». El secretario de Estado, Antony Blinken, ha dicho que «el desafío más serio a largo plazo para el orden internacional» es «el que plantea la República Popular China». La Estrategia de Defensa Nacional 2022, igual que la de Trump, se compromete a combatir «la creciente amenaza multidimensional que plantea la República Popular China» y promete «dar prioridad al desafío que supone la República Popular China en el Indo-Pacífico». Para ello, el Gobierno de Biden siguió «desplegando tropas y enviando armamento a la región y alentando a sus aliados a incrementar sus arsenales», según Stephen E. Biegun, que fue subsecretario de Estado en la administración Trump. En realidad, el rumbo actual fue iniciado por el «giro hacia Asia» de Barack Obama, que, entre otras cosas, prometía dar prioridad «a Asia en el despliegue de nuestras capacidades militares más avanzadas». Obama declaró que «Estados Unidos es una potencia del Pacífico y estamos aquí para quedarnos».[7]

The New York Times señala que tanto «el Gobierno de Trump como el de Biden han tenido que enfrentarse a la cuestión de cómo mantener el dominio global de Estados Unidos en un momento en que parece estar en declive». Así, con los presidentes de ambos partidos, Estados Unidos se muestra ciertamente dispuesto a limitar el papel de China en los asuntos globales y a dificultar su desarrollo. El deseo de «mantener el dominio global» se asume como una aspiración perfectamente legítima y benévola. Los estrategas norteamericanos llevan mucho tiempo dando por sentado que tenemos, en cuanto que Estados Unidos, derecho a hacer lo que queramos en Asia. Tras la revolución comunista china de 1949, los políticos estadounidenses comenzaron a hablar de la «pérdida de China», debate marcado por acusaciones sobre quién la «perdió».[8] La terminología revelaba la suposición implícita de que Estados Unidos era el dueño de China. La idea de que dicho país escapara a su control era aterradora. Hoy en día, Estados Unidos está intentando demostrarle a China que no tiene posibilidades de convertirse en un poder hegemónico en su propia región, empleando para ello un enfoque de base fundamentalmente militar. Estados Unidos, el Reino Unido y Australia han anunciado que «cooperarán en el desarrollo de armas hipersónicas, expandiendo un pacto de seguridad trilateral diseñado para ayudar a Washington y sus aliados a contrarrestar la rápida expansión militar de China». Y, como observa Michael

Klare, la Ley de Autorización de Defensa Nacional de 2022 «ofrece un plan detallado para rodear a China con una red potencialmente asfixiante de bases estadounidenses, fuerzas militares y Estados aliados cada vez más militarizados [...] para permitir a Washington acorralar al ejército chino dentro de sus propias fronteras y, si es necesario, paralizar su economía en caso de crisis futura». El Departamento de Defensa señala que «Pekín percibe que Estados Unidos está cada vez más determinado a contener a la República Popular China». Puesto que la política estadounidense en el Indo-Pacífico está articulada, explícitamente, en torno a esa contención de la República Popular China, no debería sorprendernos que Pekín lo vea así.[9]

Quienes describen a China como una amenaza suelen mostrarse prestos a presentar una sustancial lista de sus maldades para justificar la acusación. Sin duda, China comete graves abusos en materia de derechos humanos, entre ellos la represión que ejerce contra la disidencia interna y su sometimiento de la población uigur. También ha violado el derecho internacional en el mar de China Meridional. El director de inteligencia nacional de Trump, John Ratcliffe, afirmó: «[China] roba propiedad intelectual a las empresas estadounidenses, replica su tecnología y luego desplaza a esas compañías en el mercado global». Un informe de la Oficina Nacional de Inteligencia de julio de 2022 advierte sobre los torticeros esfuerzos por parte del gigante asiático «para expandir el apoyo a los intereses de la República Popular China entre los líderes estatales y locales [en Estados Unidos] y usar estas relaciones para hacer presión en Washington hacia políticas más favorables a Pekín». La administración Trump, a instancias del senador Chuck Schumer, etiquetó formalmente a China como un Estado «manipulador de divisas». William Barr acusó a China de practicar un «colonialismo moderno» al «cargar de deuda a países pobres, negarse a renegociar los términos y, finalmente, tomar el control de sus infraestructuras».[10]

215

El problema de esta lista de acusaciones, no obstante, es que, o bien está claro que no suponen una amenaza para Estados Unidos, o bien reflejan prácticas que nuestro propio país reclama que tiene derecho a ejercer.

Por ejemplo, el detestable maltrato que China dispensa a los uigures es profundamente objetable desde el punto de vista moral, pero resulta difícil ver cómo la represión uigur convierte a China en una amenaza para otros países. Y, como ya se ha visto, las apelaciones a los derechos humanos por parte de Estados Unidos tienen que ver enteramente con la utilidad que esos argumentos tengan para su ejercicio del poder. Los crímenes de Arabia Saudita no se utilizan como base para describir una «amenaza saudí», mientras que los abusos de China sí se enmarcan como evidencia de que representa una amenaza única y sin parangón.

Algunas otras acusaciones contra China están bastante infladas, como la de su supuesta «trampa de deuda» neocolonial que utiliza prácticas crediticias predatorias para explotar a otros países.[11] (Cabe señalar, sin embargo, que hay otras trampas de deuda internacionales que sí son bastante reales.)[12] Otras podrían ser un listado de episodios de la propia historia de Estados Unidos. Como señala Associated Press, acusar a China de robar propiedad intelectual es reprocharle «el mismo tipo de prácticas ilícitas que ayudaron a Estados Unidos a superar a sus rivales europeos hace dos siglos y a emerger como una potencia industrial». Alexander Hamilton, cuya vida se ensalza en un popular musical patriótico, abogó por «un programa federal para el robo industrial a otros países a gran escala». Peter Andreas, autor del libro *Smuggler Nation: How Illicit Trade Made America*, señala que «solo después de haber llegado a ser la primera potencia industrial se convirtió [Estados Unidos] en defensor de la protección de la propiedad intelectual». De manera similar, las condenas norteamericanas a la guerra económica y las campañas de influencia pierden peso cuando consideramos que Estados Unidos ejerce su poder económico gracias a su moneda de reserva global, y que la CIA no oculta sus operaciones para tratar de influir en el extranjero.[13]

Kyle Haynes nos invita en la revista *The Diplomat* a imaginar una situación en la que «una gran potencia emergente amplía su capacidad militar con suma rapidez» y «al militarizar una vía fluvial estratégica, va derogando de forma unilateral regulaciones y acuerdos que tienen décadas de antigüedad», al tiempo que «intenta expulsar coercitivamente a la potencia hegemónica global que hasta entonces reina en la región». Esta podría ser una descripción sobre la China de hoy. Pero también describe, con igual precisión, la época en la que Estados Unidos consiguió consolidar su dominio sobre el hemisferio occidental. En realidad, China tan solo se está negando a respetar el principio de que Estados Unidos tenga derecho a «tirar la escalera de una patada», concepto que hace referencia a ese patrón por el cual unos países logran ascender por la escala del desarrollo empleando cualquier tipo de medios faltos de escrúpulos —incluidos la violencia, el engaño y el robo de tecnología avanzada—, y después imponen un «orden basado en reglas» que prohíbe a otras naciones hacer lo mismo.[14]

La verdadera «amenaza» que representa china la ha descrito muy bien Paul Keating, ex primer ministro de Australia. «Por su mera presencia», dice Keating, China constituye «una afrenta a Estados Unidos». Aunque China nunca ha amenazado realmente a Estados Unidos, sí «representa un desafío a la preeminencia estadounidense». En otras palabras, China constituye una «amenaza» simplemente por el hecho de existir.[15]

Si ese país representa una amenaza para nosotros, ¿qué somos, pues, nosotros para él? Cuando China estableció su primera base militar en el extranjero, en Yibuti, se interpretó como parte de un plan para «alterar el equilibrio de poder global, socavando el dominio estadounidense y dejando a Europa relegada a un segundo plano en los asuntos internacionales». ¿Y qué debería hacer China entonces con nuestras setecientas cincuenta bases militares, distribuidas por ochenta países? En el momento en que China alcanzó un acuerdo de seguridad con las Islas Salomón que planteaba la posibilidad de abrir una segunda base en el exterior, Estados Unidos reaccionó de inmediato «apretando las tuercas» a ese diminuto país en lo que los funcionarios chinos llamaron (acertadamente) un «intento de revivir la Doctrina Monroe en el Pacífico Sur».[16]

Lyle Goldstein, un experto en el gigante asiático, a partir del estudio de una serie de artículos oficiales de la República Popular China titulados *China's Atlantic Strategy*, observa que «una de las cosas que se dicen de manera muy clara [en esos documentos] es: "El Atlántico es absolutamente estratégico para Estados Unidos, y si Estados Unidos se nos está metiendo en el patio de casa y entrometiéndose en el mar de China Meridional, nosotros debemos ir también al patio de su casa"». ¿Este vuelco es un equilibrio justo o las reglas se aplican solo a nuestros competidores? Por ejemplo, China ha violado la Convención de las Naciones Unidas sobre el derecho del mar, pero Estados Unidos ni siquiera ha ratificado dicha convención. Las acciones de China hacia Taiwán son ciertamente amenazantes, pero Estados Unidos, por su parte, se ha reservado el derecho a intervenir y derrocar Gobiernos en todo el mundo.[17]

A menudo, cuando alguien señala este tipo de cuestiones, se le critica diciendo que está haciendo un ejercicio de *whataboutism*, literalmente «¿y qué hay de...?», y cuyo equivalente al español es el «y tú más», una táctica de distracción que consiste en desviar la atención de las faltas que se achacan contra alguien señalando otras ajenas (en este caso concreto, sometiendo a examen nuestros propios crímenes y no solo los de nuestros enemigos). Pero, de hecho, son la prueba de que en realidad no nos importan los ideales que decimos defender. Y no cabe duda de que China se ha dado cuenta de ello. «Las acusaciones que se lanzan contra China reflejan exactamente las acciones de Estados Unidos», ha declarado Zhao Lijian, portavoz del Ministerio de Asuntos Exteriores chino.[18] Zhao sostiene que Estados Unidos «no respeta el orden internacional establecido en la Carta de las Naciones Unidas ni el derecho internacional» y es un «saboteador del orden internacional» porque «se retira arbitrariamente de tratados y organizaciones», colocando «su ley interna por encima del derecho y las normas internacionales». Zhao ha subrayado también el largo historial de violencia ilegal con el que cuenta Estados Unidos, señalando que «a ojos de Estados Unidos, las normas internacionales deben subordinarse a sus intereses y a su servicio». La actitud general, ha afirmado, es que «cuando las normas internacionales coinciden con los intereses de Estados Unidos, se apela a ellas como autoridad; de lo contrario, simplemente se ignoran».

Es difícil argumentar contra la posición de China en este sentido. Una de las razones por las que China no está dispuesta a tomar en serio las prédicas de Estados Unidos sobre las agresiones militares, los derechos humanos y el respeto al derecho internacional es que buena parte de la historia estadounidense está llena de intervenciones militares, abusos de los derechos humanos y flagrantes violaciones del derecho internacional.

¿Y qué pasa con Taiwán? Sin duda, este es un caso en el que China representa una amenaza grave, no para nosotros directamente, sino para el principio de autodeterminación. En los últimos años, la retórica china en torno a la reunificación de Taiwán se ha vuelto cada vez más agresiva, y existen señales inquietantes de que, a medida que crece la capacidad militar de China, también aumenta el riesgo de que acabe recurriendo a la fuerza para someter a Taiwán. Lyle Goldstein ha destacado que cada vez de forma más creciente China proclama que «el EPL [Ejército Popular de Liberación] posee la voluntad y la capacidad de asegurar la unificación nacional». En un vídeo del EPL, un capitán de la Marina china advierte: «Tenemos la determinación y la capacidad para lanzar un doloroso ataque directo contra cualquier invasor que intente obstaculizar la unificación de la patria, y no mostraremos piedad».[19]

La situación actual es grave, pero la historia tiene una importancia fundamental. Y el contexto histórico de Taiwán es muy complejo. La isla era parte de China antes de ser cedida a Japón en 1895, y antes de la Segunda Guerra Mundial y también durante el transcurso de esta, Japón utilizó Taiwán como base militar, su «portaaviones insumergible». En 1945, tras la derrota del país nipón, este entregó Taiwán a la República de China (RDC), aunque su soberanía siguió siendo objeto de controversia en los años posteriores. En 1949, cuando la República Popular China (RPC) derrotó a la RDC en la guerra civil china, las fuerzas de la RDC, encabezadas por Chiang Kai-shek, se retiraron a Taiwán y establecieron un Gobierno en el exilio. Durante las siguientes décadas, tanto la República de China como la República Popular de China se declararon como el Gobierno legítimo de toda China, tanto del continente como de Taiwán, y hasta las décadas de 1960 y 1970 el Gobierno de Chiang en Taiwán seguía planeando retomar el continente por la fuerza. Estados Unidos respaldó durante mucho tiempo la idea de que Taiwán era parte de China. Solo dejó de reconocer a Taiwán como el Gobierno legítimo de todo el país cuando quedó claro que la República Popular de China no iba a desaparecer. Hoy en día Taiwán sigue sin definirse oficialmente como un Estado independiente y, en términos formales, aún considera el territorio continental chino como propio. En las últimas décadas, sin embargo, la identidad taiwanesa ha cobrado mayor fuerza entre sus habitantes, quienes cada vez se identifican menos como chinos y más como taiwaneses, y existe un sentimiento creciente de que la isla es una nación propia y no solo una extensión de la República de China. (De hecho, a los miembros de la administración taiwaneses solía desagradarles que se hiciera referencia al país con el nombre de Taiwán, precisamente porque implicaba que era una nación independiente en lugar de parte del Estado chino legítimo.)[20]

Resulta tentador ver el conflicto actual en torno a Taiwán como la simple historia de un gran agresor con intenciones de someter a un vecino pequeño, pero los hechos complican esta visión simplista. Después de una guerra civil, si la facción derrotada se retira a una pequeña porción del territorio, es previsible que se produzca una complicada controversia sobre la soberanía. Con el tiempo, Taiwán ha pasado de ser una región disputada de China a consolidarse como una nación con derecho a la autodeterminación. Sin embargo, si observamos la situación desde la perspectiva de la República Popular de China, es comprensible que ciertas acciones de Estados Unidos en apoyo de Taiwán se perciban como una afrenta. En primer lugar, tanto Japón como la República de China utilizaron Taiwán en su momento para planear o librar una guerra contra el continente. Cuanto más asocie la República Popular de China la causa de la independencia de Taiwán con la estrategia estadounidense de rodear a China de países hostiles para mantener su propio poder en la región, más en contra estará de la independencia de Taiwán. Hagamos otra analogía: si Puerto Rico reclamara su independencia, cabría preguntarse cómo de probable sería una respuesta favorable de Estados Unidos en caso de que China declarara su intención de defender militarmente al nuevo Estado y utilizara la isla como punto de influencia para combatir la hegemonía estadounidense en el Caribe.

Si de verdad queremos asegurar la autodeterminación de Taiwán, debemos evitar tomar medidas que acrecienten las probabilidades de que Pekín se decida a imponer una unificación. Es fundamental hacer todo lo posible para mantener el *statu quo* de paz, pues si China decidiera tomar Taiwán por la fuerza, no está claro que Estados Unidos pudiese defender la isla, y un conflicto armado entre Estados Unidos y China sería una catástrofe humanitaria y económica de proporciones devastadoras, especialmente para el pueblo taiwanés. Como dice el antiguo proverbio, «cuando los elefantes luchan, es la hierba la que sufre», y si Taiwán se convierte en la pieza principal de un juego de poder entre Estados Unidos y China, los taiwaneses acabarán siendo los más perjudicados de todos.[21]

Existen, sin embargo, razones para creer que la guerra por Taiwán es evitable. Cuando se les pregunta, los propios taiwaneses tienden a decir que no creen que la situación termine en un conflicto armado, aunque «algunos políticos taiwaneses consideran que la competencia cada vez más enconada entre Estados Unidos y China acrecienta el riesgo». *Financial Times* ha publicado las declaraciones de algunos expertos taiwaneses que señalan que «Washington necesita explicar mejor su creciente alarma sobre el riesgo percibido de un posible ataque chino». Hasta hace poco, los Gobiernos de Taiwán y China se habían reunido en términos cordiales, y en años anteriores, millones de turistas chinos visitaron Taiwán. Existe incluso una posible vía pacífica hacia la independencia: mantener el *statu quo* hasta que la autonomía permanente de Taiwán se convierta, en la práctica, en una realidad establecida. (Sin embargo, cabe destacar que la independencia absoluta sigue siendo una cuestión controvertida incluso dentro de la isla, y que el resultado ideal a largo plazo es incierto; pero, cualquiera que sea el desenlace, este no debería estar dictado por los intereses de Estados Unidos con respecto a Taiwán.)[22]

Para avanzar hacia una solución pacífica, justa y duradera, Estados Unidos debe evitar acciones que lleven a China a sentirse en la necesidad de reafirmar su poder o que le hagan considerar que no lograr una reunificación por la fuerza constituye una capitulación humillante ante Estados Unidos. Es esencial que no demos la impresión de que consideramos a China como un enemigo y a Taiwán como un aliado crucial contra ese supuesto enemigo. Y, desde luego, es imperativo que no nos metamos en una carrera armamentista con China que transforme la región en un polvorín.

Lamentablemente, la motivación de Estados Unidos para respaldar la autodeterminación de Taiwán parece estar menos basada en una verdadera creencia en la democracia por principio y más en el interés por preservar nuestro propio poder en Asia. En cambio, Chris Horton ha explicado en *The Atlantic* por qué mantiene Estados Unidos un compromiso tan intenso con la causa de Taiwán: «Es difícil exagerar la importancia estratégica de Taiwán, tanto para Estados Unidos como para una China cada vez más asertiva». Si la isla pasara a ser parte del país asiático, este «se convertiría de inmediato en una potencia del Pacífico, controlaría algunas de las tecnologías más avanzadas del mundo y tendría la capacidad de cortar el suministro de petróleo a Japón y Corea del Sur, influencia que podría utilizar para exigir el cierre de las bases militares estadounidenses en esos países».[23]

En caso de considerar que tal cosa supone un beneficio para China, el Gobierno de Estados Unidos podría dejar pasar algunas oportunidades para reducir tensiones. Como explica Lyle Goldstein, hay espacios para la diplomacia, pero estos requieren el fomento de una relación más amistosa entre China y Taiwán. Sin embargo, en lugar de facilitar ese acercamiento, lo que hacemos es alentar a Taiwán a convertirse en una especie de «puercoespín» cubierto de misiles capaz de resistir una invasión china. Los altos mandos de la administración estadounidense han adoptado de forma intencionada medidas que saben que enojarán a China, como que Biden prometiera que defendería militarmente a Taiwán ante China o que Nancy Pelosi realizara a la isla una visita imbuida de afán de protagonismo. Podemos jactarnos engañosamente de que con todo ello estamos apoyando la autodeterminación taiwanesa, pero en realidad estamos aumentando las probabilidades de que se produzca un conflicto armado. Durante cincuenta años, Estados Unidos ha aceptado la política de «una China», reconociendo que «todos los chinos a ambos lados del estrecho de Taiwán sostienen que existe una sola China y que Taiwán es parte de ella», sin que ninguna de las partes realizara movimientos drásticos para alterar tal idea. Este equilibrio podría mantenerse, siempre que no haya movimientos temerarios ni provocaciones por parte de Estados Unidos.[24]

De hecho, la estrategia sensata de largo plazo de China con respecto a Taiwán no pasa por la invasión, que perjudicaría gravemente sus perspectivas y podría desencadenar una guerra suicida. (Ni tampoco ha dado señales de que esté realmente planeando invadir.) Sin embargo, resulta alarmante que en Estados Unidos haya quienes consideren que entrar en guerra con China por la causa de Taiwán es casi inevitable. «Para nosotros, es solo una cuestión de tiempo, no de si esto ocurrirá o no», declaró el director de inteligencia del Comando Indo-Pacífico de Estados Unidos. Así, en lugar de hacer impensable la guerra, pareciera que lo que es impensable es la solución diplomática.[25]

La tensión entre Estados Unidos y China se describe en ocasiones como característica del clásico «dilema de seguridad» de las relaciones internacionales, «según el cual los programas militares y las estrategias nacionales que se considera que tienen carácter defensivo por parte de sus planificadores son, desde el otro lado, vistos como una amenaza», tal como explica Paul Godwin, del Foreign Policy Research Institute. Stephen M. Walt advierte que «es notable que, en Occidente, muchas personas inteligentes y con buena formación —incluidos algunos destacados antiguos diplomáticos— no parecen entender que lo benévolo de sus intenciones no tiene por qué ser transparente y obvio para los demás». Dicho de otro modo, el Estado chino no puede asumir que nuestro objetivo es simplemente disuadirlo de una agresión por su parte si estamos construyendo una alianza militar en la región, desplegando armamento de alta precisión alrededor de su territorio, calificándolo como «el enemigo», enviando un número cada vez mayor de acorazados a patrullar sus costas (supuestamente para asegurar el cumplimiento de la Convención sobre el Derecho del Mar, que nosotros mismos no hemos firmado), todo ello sin contar con que hemos enviado a Australia una flota de submarinos nucleares para contrarrestar a China y hemos realizado maniobras militares cerca de sus costas. Pero nos resulta intolerable que China reaccione tal como lo haríamos nosotros si en el golfo de México se estuvieran congregando constantemente buques de guerra chinos para realizar maniobras militares. Nosotros interpretamos sus ejercicios militares como algo hostil, pero esperamos que China no interprete como una hostilidad el hecho de que Estados Unidos esté organizando, como una advertencia, la mayor maniobra de guerra naval del mundo. Se entiende que tendría que asumir que lo nuestro es solo la «defensa», mientras que son otros países los que emprenden la «agresión».[26]

En realidad, las acciones de Estados Unidos difícilmente podrían calificarse de «defensivas». Y quizá lo que ocurre no es tanto que China esté malinterpretando trágicamente nuestra política, sino tan solo que está leyendo los documentos estratégicos estadounidenses, que son de acceso público. Y lo que ven es que en Washington desean mantener el control del Indo-Pacífico y privar a China del derecho a hacer en el hemisferio oriental lo mismo que ha hecho Estados Unidos en el hemisferio occidental. Es posible que abrieran *The Wall Street Journal* y leyeran al «distinguido catedrático del Henry Kissinger Center for Global Affairs» defender el argumento de que, para preservar el «mundo que construyó Estados Unidos», es necesario iniciar un «esfuerzo urgente y sostenido para contener a un rival en ascenso», aunque ello implique nuevas «tensiones y crisis al estilo de la Guerra Fría» (es decir, el riesgo constante de que la civilización humana llegue a un final abrupto y violento). El Gobierno chino también puede leer en nuestra nueva Ley de Autorización de la Defensa Nacional que la misión del secretario de Defensa es la de «fortalecer las redes de protección de aliados y socios de Estados Unidos en la región del Indo-Pacífico para acrecentar la ventaja comparativa estadounidense en su competencia estratégica con la República Popular China». Es posible que, cuando nos oigan hablar de un «orden basado en reglas», recuerden las palabras de Barack Obama hablando del Acuerdo Transpacífico: «Están en juego las reglas. Y si no aprobamos este acuerdo —si no es Estados Unidos el que escribe esas reglas— serán países como China quienes lo hagan». En 2012, pudieron ver al líder republicano «moderado» Mitt Romney prometiendo que este iba a ser «un siglo estadounidense, no chino» y afirmando que «la seguridad en el Pacífico implica un mundo en el que nuestro poder económico y militar no tenga rival».[27]

China sin duda es consciente de que «Biden, en marcado contraste con lo que dijo que haría como presidente» —tal como escribe Michael Hirsh en *Politico*—, está intensificando las amenazas nucleares hacia China y adoptando una política «trumpista» que «en algunos aspectos es aún más agresiva que la de su predecesor». Según un análisis de *Foreign Affairs*, estas actitudes beligerantes están impulsando a China a desarrollar en respuesta sus propias capacidades nucleares, temiendo que «Estados Unidos haya reducido su umbral para el uso nuclear».[28]

Quizá Estados Unidos se muestre incapaz de considerar sus propias acciones como algo distinto del idealismo benevolente, pero nuestro propio Gobierno ha expresado abiertamente su intención de evitar una «contienda equilibrada» y de mantener la capacidad de aplastar a cualquier potencia que desafíe su liderazgo. Tal como explicó el politólogo John Mearsheimer en 2005, el aumento de la tensión a medida que China se fortalece se produce porque «Estados Unidos no tolera competidores en pie de igualdad» y «está decidido a seguir siendo la única potencia hegemónica regional del planeta». Estados Unidos pretende gobernar el mundo, aunque eso implique incrementar el riesgo de una guerra que podría acabar con la civilización humana.[29]

El primer paso para reducir las tensiones con China sería, pues, mirarnos al espejo y preguntarnos si todas las exigencias que le planteamos son justas, y si estamos dispuestos a tratar a los demás tal como les pedimos que nos traten a nosotros. Quizá deberíamos reflexionar sobre si es viable construir una relación positiva con China mientras seguimos rodeando su territorio de Estados centinela hostiles en un intento por contener su poder. También deberíamos plantearnos si algunas de las quejas de China ante las exigencias de Estados Unidos son legítimas. En cuanto al cambio climático, por ejemplo, dependemos de que China no actúe de una forma tan destructiva como, históricamente, lo hemos hecho nosotros. De media, el nivel de emisiones de carbono de un estadounidense es mucho más alto que el de un chino, y Estados Unidos y Europa son responsables de la mayor parte de las emisiones acumuladas, de modo que, para evitar una catástrofe, China debe desarrollar su economía con mucha menos irresponsabilidad que la que nosotros mostramos en su momento. Cuando pedimos a China que no expanda su poder militar por el mundo, que no trate de derrocar Gobiernos que considere hostiles a sus intereses o que respete los derechos de propiedad intelectual estadounidenses como principios universales, le estamos pidiendo que muestre más moderación de la que nosotros mismos hemos tenido. Quizá estas peticiones sean acertadas (si todos los países actuaran como lo ha hecho Estados Unidos, el mundo acabaría destruido rápidamente), pero deben hacerse con humildad.

La situación ante la que ahora nos vemos es peligrosa. Está en marcha una carrera armamentística. Durante muchos años, China mantuvo un arsenal nuclear relativamente modesto, algo que siempre destacó con orgullo. Sin embargo, ahora está acelerando la producción de armas, cosa que solo puede resultar (1) un monumental despilfarro de recursos (en caso de que no se utilicen) o (2) un horror genocida (en caso de que se acaben usando). Incluso Henry Kissinger —que no es precisamente un pacifista— ha advertido de que Estados Unidos y China están encaminándose con torpeza hacia una calamidad similar a la Primera Guerra Mundial. Claro que, en la era de las armas termonucleares, el poder destructivo es mucho mucho mayor que en 1914.[30]

Las cosas no tienen por qué ser así.

La idea de que China representa una amenaza militar para el propio territorio estadounidense resulta tan absurda que, en palabras de Lyle Goldstein, es «casi una broma en Washington». Sin embargo, sí representa una amenaza para el dominio económico que Estados Unidos aspira a mantener en Asia. Si no estamos dispuestos a compartir el planeta, el conflicto es inevitable.

Sin duda, existen profundos puntos de discordia entre Estados Unidos y China cuya resolución requerirá largas y arduas negociaciones. Quizá haya compromisos que no satisfagan plenamente a ninguna de las partes, pero la guerra no debería ser una opción concebible en el siglo XXI. Martin Luther King Jr. tenía razón cuando dijo: «Debemos aprender a vivir juntos como hermanos o pereceremos juntos como necios». Una Tercera Guerra Mundial no debe producirse bajo ninguna circunstancia. Lo que necesitamos es diplomacia y diálogo para abordar las cuestiones controvertidas, así como una cooperación genuina en asuntos tan cruciales como el calentamiento global, el control de armas y la preparación ante futuras pandemias, todas ellas crisis graves que no entienden de fronteras.

China, por su parte, ha instado a Estados Unidos a abandonar una «mentalidad de Guerra Fría», diciendo que la administración norteamericana ha exagerado «irresponsablemente» la existencia de una amenaza y pidiéndole «que se deshaga de demonios ficticios». China acusa a Estados Unidos de estar intentando «reavivar un sentido de unidad de propósito nacional presentando a China como su enemigo imaginario». En realidad, no sería la primera vez que culpa a los chinos de sus propios problemas internos. En el libro *Yellow Peril!: An Archive of Anti-Asian Fear*, sus editores analizan en profundidad cómo los políticos estadounidenses han avivado históricamente el temor al enemigo asiático para promover la idea de que «un "otro" horripilante y pestilente es la causa de todos nuestros problemas». Ese «ellos» que se conjura como una amenaza para nuestra forma de vida va cambiando con el tiempo, pero, en todos los casos, unos conflictos de intereses que podrían resolverse con voluntad política se convierten así en «épicas luchas civilizatorias contra enemigos imaginarios y diametralmente opuestos a nosotros».[31]

Deberíamos cooperar con China. Nuestros destinos están entrelazados. No hay más opción que la de entendernos. Sin embargo, las relaciones no han dejado de deteriorarse. Tras la visita de Nancy Pelosi a Taiwán, China respondió con nuevas maniobras militares que aumentan el riesgo de errores fatales y auguran una posible escalada de la violencia, y rompió el diálogo con Estados Unidos sobre el cambio climático, entre otros temas.[32]

Si las dos principales potencias no son capaces siquiera de dialogar sobre cómo resolver nuestros problemas más urgentes, quedan pocas esperanzas para el planeta. Es el camino al desastre. Estados Unidos debe abandonar la provocación innecesaria, considerar legítimamente la perspectiva china y trabajar con honestidad para entender a ese país de 1.400 millones de personas con el que compartimos este mundo y colaborar con él.

7

La OTAN y Rusia después de la Guerra Fría

En la década de 1990, tras la disolución de la Unión Soviética, el propósito de la Organización del Tratado del Atlántico Norte (OTAN) empezó a plantear dudas. Fundada en 1949, al inicio de la Guerra Fría, su razón de ser parecía perder vigencia una vez que esta había concluido. Al fin y al cabo, la OTAN había surgido para proteger a Occidente frente a las hordas soviéticas, que presentaban una amenaza para la civilización occidental. Pero, sin horda soviética amenazante alguna, ¿cómo se justificaba la existencia de la OTAN? Strobe Talbott, un alto cargo del Departamento de Estado de la administración Clinton, recuerda que en esa época «muchos analistas y algunos líderes políticos se preguntaban si la OTAN, habiendo cumplido ya su propósito original, debía disolverse con honor».[1]

En lugar de ello, la misión de la OTAN se reconfiguró. Pasó a ser una fuerza de intervención dirigida por Estados Unidos con un mandato global orientado a proteger los intereses estratégicos de Occidente. Parte de esa misión era asegurar el control del sistema energético internacional. En junio de 2007, el entonces secretario general de la OTAN, Jaap de Hoop Scheffer, dio instrucciones en una reunión de la organización: «Las tropas de la OTAN deben proteger los oleoductos que transportan petróleo y gas hacia Occidente» y, en términos más generales, deben proteger las rutas marítimas utilizadas por los petroleros y demás «infraestructuras críticas» del sistema energético. Así, la OTAN se atribuyó jurisdicción a escala mundial.[2]

En un momento dado, se produjo en Estados Unidos un intenso debate sobre si el papel de la OTAN en el mundo surgido después de la Guerra Fría era constructivo, o si la expansión de la organización podía percibirse como una tentativa hostil de dominación para mantener a Rusia bajo control. George Kennan, arquitecto de la doctrina de contención, advirtió que una OTAN expansionista sería un «error trágico» que desencadenaría «una nueva guerra fría». Argumentaba que, en un contexto histórico en el que «nadie amenazaba a nadie», seguir sumando países a la OTAN solo provocaría que Rusia se sintiera innecesariamente amenazada y que «reaccionara de forma adversa». Kennan anticipaba que, cuando Rusia respondiera, quienes defendían la expansión de la OTAN señalarían dicha reacción como prueba de una amenaza rusa, aunque esta fuera consecuencia directa y predecible de la misma expansión de la OTAN. (De hecho, el politólogo Richard Sakwa afirmó que, en la actualidad, «la OTAN existe para gestionar los problemas creados por su existencia».)[3]

Kennan no fue el único en alertar de estos riesgos. En 1994, Charles Kupchan, que había formado parte del Consejo de Seguridad Nacional en época de Clinton, sostenía de forma similar que «una OTAN ampliada llevaría a Rusia a reafirmar su control sobre las antiguas repúblicas soviéticas y a remilitarizarse». Kupchan fue tajante: expandir la OTAN significaría perder la «oportunidad de construir una comunidad de seguridad europea que integrara a Rusia». En 1995, el politólogo Michael Mandelbaum escribió en *Foreign Affairs* que el criterio fundamental para evaluar si la expansión de la OTAN era positiva debía centrarse en «su efecto sobre la coexistencia pacífica entre Ucrania y Rusia». A partir de una revisión de la trayectoria histórica, Ted Galen Carpenter, del Cato Institute, observaba que «aquellos analistas comprometidos con una política exterior estadounidense basada en el realismo y la moderación llevan más de un cuarto de siglo advirtiendo que continuar expandiendo el alcance de la alianza militar más poderosa de la historia en un entorno cada vez más próximo a otra gran potencia no puede acabar bien».[4]

Tal como se anticipaba, la relación entre la OTAN y Rusia se ha vuelto más conflictiva conforme la alianza ha seguido expandiéndose, pese a algunos periodos de cooperación. Para 2022, la OTAN estaba librando lo que incluso algunos miembros de la administración estadounidense han descrito como una «guerra indirecta» contra Rusia en Ucrania. Y hasta varios analistas de los grandes medios han planteado el hecho de que Estados Unidos se halla frente a la posibilidad real de una «Tercera Guerra Mundial» con Rusia. Hoy, las armas de la OTAN están llegando a Ucrania, lo que incrementa el riesgo de una escalada que acabe desembocando en un conflicto nuclear entre grandes potencias.[5]

El nuevo papel de la OTAN quedó en evidencia en 1999, con su campaña de bombardeos en Yugoslavia durante la guerra de Kosovo. Unos ataques que generalmente se han presentado como ejemplo de una «intervención humanitaria», en la que Estados Unidos actuó movido por el «imperativo moral» de detener una atrocidad.[6]

No obstante, merece la pena examinar con más detenimiento el bombardeo de Kosovo, pues constituyó una grave violación del derecho internacional y fue un factor importante en el deterioro de las relaciones entre Rusia y Estados Unidos. Esta intervención es consistentemente tergiversada y presentada falsamente como un gran éxito humanitario, un ejemplo de la disposición estadounidense a usar la fuerza con fines altruistas. Los editores de *The New York Times* concluyeron que Occidente podía «sentirse orgulloso» del papel que desempeñó «en el fin del terror y de los desplazamientos masivos en Kosovo», mientras que el entonces secretario general de la OTAN, Javier Solana, lo calificó de éxito rotundo: «Sin acusar bajas propias, la OTAN había prevalecido. Se había evitado un desastre humanitario. En torno a un millón de refugiados podían regresar a salvo. Se había revertido la limpieza étnica». Samantha Power afirmó incluso que «Estados Unidos y sus aliados salvaron probablemente cientos de miles de vidas».[7]

La realidad, sin embargo, es bastante distinta. En un análisis de las acciones de la OTAN publicado en *Foreign Affairs*, Michael Mandelbaum describe la intervención como un «fracaso perfecto» desde una perspectiva humanitaria. «Los líderes políticos occidentales declararon que luchaban en beneficio del pueblo de los Balcanes», pero la población «salió de la guerra considerablemente peor que antes». La campaña de bombardeos de la OTAN pretendía detener los abusos serbios contra los albanokosovares, o al menos fue así como se justificó, pero más tarde se cuestionaría la veracidad de muchas de las denuncias previas a los bombardeos, y los peores crímenes ocurrieron precisamente en respuesta a ellos. La intervención no hizo sino empeorar la situación: la OTAN desató represalias serbias contra los albaneses, el mismo grupo al que en principio intentaba proteger.[8]

Tal como lo expusieron sucintamente Christopher Layne y Benjamin Schwarz en *The Washington Post*, «los bombardeos de la OTAN, liderados por Estados Unidos, precipitaron la misma crisis humanitaria que la administración afirmaba tratar de detener con su intervención». La propia Power admitió que «desde el momento en que la OTAN inició sus bombardeos, las unidades militares serbias se unieron a la policía y a la milicia para hacer algo de lo que no había precedentes y que fue inesperado: expulsar a prácticamente toda la población albanesa a punta de pistola». Power afirma que Estados Unidos «calculó mal» la reacción de Serbia, y «los estrategas aliados no anticiparon que Milošević respondería al bombardeo con represalias tan violentas y desaforadas contra la población albanesa de Kosovo».[9]

Sin embargo, Wesley Clark, quien comandaba la operación de la OTAN, afirmó que las atrocidades serbias en represalia eran algo «del todo predecible» y «esperado». De hecho, antes de la operación había advertido a la Casa Blanca de que, si la OTAN atacaba, «casi con toda certeza» Serbia tomaría «represalias contra la población civil». A principios de marzo, el primer ministro italiano Massimo D'Alema alertaba a Bill Clinton sobre el enorme flujo de refugiados que provocaría el bombardeo. El asesor de seguridad nacional de Clinton, Sandy Berger, respondió que en ese caso la OTAN seguiría bombardeando, lo cual tuvo resultados aún más devastadores. Los servicios de inteligencia estadounidenses también predijeron «una marea de refugiados» y una campaña de limpieza étnica, reiterando advertencias previas de los observadores europeos. Los propios bombardeos también fueron a menudo indiscriminados y causaron aproximadamente quinientas muertes civiles. Los bombardeos de la OTAN cayeron sobre viviendas, una columna de desplazados, un campo de refugiados, un tren de pasajeros, un autobús y la embajada china. Este último ataque provocó la muerte de tres ciudadanos chinos, desencadenó protestas masivas en el país asiático y erosionó gravemente las relaciones entre este y Estados Unidos. Al igual que en el caso del derribo del avión iraní y el bombardeo masivo de Corea del Norte, los estadounidenses solemos desconocer los incidentes que alimentan el resentimiento de otros países contra nosotros.[10]

La campaña de bombardeos hizo realidad las delirantes fantasías bélicas del columnista de *The New York Times*, Thomas Friedman, quien desde las páginas del diario de referencia alentaba sin tapujos los crímenes de guerra. Friedman escribía:

> Al menos hagamos una guerra aérea de verdad. La idea de que la gente siga asistiendo a conciertos de rock en Belgrado o saliendo de paseo los domingos, mientras sus compatriotas serbios están «limpiando» Kosovo, es indignante. Belgrado debería quedar a oscuras: debemos atacar todas sus redes eléctricas, tuberías de agua, puentes, carreteras y fábricas relacionadas con la guerra. Nos guste o no, estamos en guerra con la nación serbia (los serbios así lo creen, sin duda), y debemos dejar claro lo que está en juego: cada semana que sigáis devastando Kosovo, os pulverizaremos y haremos retroceder vuestro país otra década. ¿Queréis volver a 1950? Podemos llevaros a 1950. ¿Queréis 1389? También podemos llevaros a 1389.[11]

Según Amnistía Internacional, en múltiples casos «las fuerzas de la OTAN no detuvieron sus ataques ni cuando era evidente que habían arremetido contra civiles». Human Rights Watch documentó noventa incidentes distintos que implicaron muertes de civiles a lo largo de los setenta y ocho días de bombardeos, incluidos varios casos en los que se destruyeron objetivos no militares como puentes y una planta de calefacción. La OTAN cometió un grave crimen de guerra con su ataque deliberado a una cadena de televisión con el que mató a periodistas y a un maquillador. Tony Blair justificó el ataque afirmando que la estación formaba parte del «aparato de la dictadura», y el portavoz militar de la OTAN señaló que había «sembrado las ondas de radio de odio y mentiras».[12]

Human Rights Watch también documentó el uso de bombas de racimo por parte de la OTAN en zonas densamente pobladas y criticó con dureza a la organización por mentir sobre sus acciones, destacando que las engañosas declaraciones públicas de la OTAN indicaban «su resistencia a reconocer el impacto real sobre los civiles y una evidente indiferencia ante el análisis de sus causas». En 2009, el experto de Amnistía Internacional para los Balcanes criticó con firmeza la conducta de la OTAN; señaló que «el número de muertes de civiles podría haberse reducido de forma considerable durante el conflicto si las fuerzas de la OTAN hubieran respetado plenamente las leyes de la guerra», y que «diez años después, ni la OTAN ni sus Estados miembros han llevado a cabo ninguna investigación pública sobre estos incidentes» ni nadie ha rendido cuentas por estos evidentes crímenes.[13]

Además de causar la muerte de personas inocentes y agravar la crisis humanitaria, los bombardeos violaron de manera flagrante el derecho internacional. La Carta de las Naciones Unidas prohíbe el uso de la fuerza salvo en casos de defensa propia o con la aprobación del Consejo de Seguridad de la ONU. En los Balcanes, la OTAN ni contaba con el respaldo del Consejo ni estaba actuando en defensa propia, lo cual constituía una violación directa de la Carta de las Naciones Unidas. (Incluso podría decirse que la OTAN violó también su propia carta, que la obliga a respetar el derecho internacional y a usar la fuerza únicamente de manera defensiva.) Los defensores de la intervención no recurrieron a justificaciones jurídicas sólidas, sino que insinuaron que el uso de la fuerza era en tal medida moralmente necesario que se podía ignorar el derecho internacional. Susan Sontag respondió en *The New York Times* al argumento de que nadie tiene derecho a invadir un Estado soberano, y cuestionaba: «¿Deben ser realmente las fronteras nacionales, que tantas veces han cambiado en el último siglo, el criterio definitivo?». El presidente Clinton, en sus memorias, no ofrece ninguna defensa legal para los ataques, sino que se limita a explicar por qué los consideró necesarios. La Comisión Internacional Independiente para Kosovo llegó a utilizar la notable frase «ilegal pero legítima» para describir la operación.[14]

Sin embargo, en el resto del planeta había muchos que sí se tomaban en serio el derecho internacional. Tal como lo sintetizó el especialista en relaciones internacionales Michael MccGwire: «El mundo vio cómo una alianza político-militar se arrogaba el papel de juez, jurado y verdugo» y «afirmaba actuar en nombre de la comunidad internacional mientras menospreciaba a la ONU y esquivaba el derecho internacional para imponer su criterio». El secretario general de la ONU, Kofi Annan, advirtió de que la decisión de la OTAN de bombardear sin la aprobación de la ONU constituía una amenaza para «el mismo núcleo del sistema de seguridad internacional». Por su parte, el primer ministro de la India exigió la suspensión de los ataques aéreos y preguntó: «¿Cuál es la labor de la OTAN? ¿Prevenir la guerra o fomentarla?». *The Washington Post* informó durante el curso de la campaña de que la operación en Kosovo estaba generando por todo el mundo, y especialmente en los países en desarrollo, un resentimiento profundo hacia Estados Unidos, debido a su presunción de tener derecho a bombardear donde lo considerara oportuno. En el año 2000, Nelson Mandela afirmó que era un profundo error que Estados Unidos y Gran Bretaña dieran por sentado que podían investirse de «policías del mundo» sin el consentimiento de otros países. Los bombardeos en Kosovo y en Irak en 1998, señaló Mandela, amenazaban con desmoronar todo el fundamento del derecho internacional. «Están introduciendo el caos en las relaciones internacionales» dando a otros países carta blanca para actuar sin control, advirtió Mandela.[15]

Aunque los bombardeos fueron algo inhumano, agravaron la crisis y ningunearon todos los principios básicos del derecho internacional, aún se podría argumentar que tras ellos residía una benévola motivación humanitaria. Podría defenderse que el derecho internacional pierde relevancia y se puede ignorar cuando hay imperativos morales superiores que exigen el uso de la fuerza militar. Sin embargo, sabemos bien que Estados Unidos no tiene problema en respaldar activamente cualquier tipo de atrocidades cuando estas sirven a sus «intereses vitales». En el mismo momento en que la OTAN, en Kosovo, violaba el derecho internacional en nombre de la moralidad, en Turquía, Estado miembro de la alianza, estaba apoyando las atrocidades cometidas contra los kurdos. Incluso la misma Samantha Power reconoce que la decisión de la OTAN de intervenir «no fue puramente humanitaria» y que es posible que no se hubiera llevado a cabo si no hubieran existido otros motivos ulteriores como preservar su «credibilidad». Escribe que «probablemente, la Operación Fuerza Aliada no se hubiera llevado a cabo de no percibirse una amenaza para los intereses tradicionales estadounidenses». Milošević había logrado «ridiculizar» a Clinton y «humillar» a Estados Unidos.[16]

Estados Unidos, señala Power, también había dedicado miles de millones de dólares a la región y no quería «ver sus inversiones desperdiciadas». John Norris, por su parte, sostiene que lo que realmente impulsaba a los responsables de la política estadounidense «no fue la difícil situación en la que se encontraban los albanokosovares». Milošević había demostrado no ser fácil de controlar y, por tanto, era necesario mantenerlo a raya. La OTAN decidió ir a la guerra «porque sus líderes políticos y diplomáticos estaban hartos de Milošević», quien, según decían, estaba infligiendo «humillación y frustración» a los líderes occidentales. Madeleine Albright dijo que el líder serbio «nos estaba tomando el pelo». Y nadie le toma el pelo al padrino.[17]

Como de costumbre, tampoco se buscaron opciones diplomáticas para evitar el empleo de la fuerza. Lord Gilbert, quien fuera el segundo ministro de Defensa más relevante del Reino Unido durante el conflicto, admitiría más tarde que la OTAN «forzó a Slobodan Milošević a entrar en una guerra» al ofrecerle de manera deliberada «condiciones absolutamente intolerables» en las negociaciones. Según expuso Gilbert, «en aquel momento había quienes dentro de la OTAN estaban ansiosos por luchar». MccGwire sugiere que una de las razones de esta ansia por el conflicto podría haber sido «la necesidad de demostrar que la alianza [la OTAN], en su quincuagésimo aniversario, seguía siendo relevante, así como la oportunidad que brindaba la crisis de Kosovo para avanzar en la capacidad de intervenir fuera de su área y afirmar el derecho de la OTAN a actuar sin el respaldo explícito de la ONU».[18]

La subversión del derecho internacional por parte de la OTAN y su pretensión de tener la potestad de bombardear sin la autorización del Consejo de Seguridad provocaron indignación en el Gobierno ruso. Yeltsin llegó a preguntar a Clinton: «¿Con qué base se arroga la OTAN el derecho de decidir sobre el destino de los pueblos en Estados soberanos? ¿Quién le otorgó el derecho de actuar como guardián del orden?». John Norris explica que cuando la OTAN «dejó claro que emplearía la fuerza sin importar la opinión de Rusia [...] alimentó un intenso resentimiento público» e hirió el orgullo nacional del país, además de poner de manifiesto que en algún momento estuviera dispuesta a «inmiscuirse en los asuntos internos de Rusia sin un mandato de la ONU». Yeltsin ya se había quejado durante el bombardeo de Bosnia por parte de la OTAN en 1995, advirtiendo de que ese ataque era «la primera señal de lo que podría suceder cuando la OTAN se acercara a las fronteras de la Federación Rusa [...]. La llama de la guerra podría encenderse en toda Europa».[19]

A medida que la OTAN crecía en tamaño y capacidad militar, los líderes rusos expresaron reiteradamente que consideraban a la organización una amenaza para su seguridad y no comprendían qué propósito podría tener más allá de crear un orden de seguridad que excluyera a Rusia. En sus memorias, Madeleine Albright relata que «Yeltsin y sus compatriotas se oponían férreamente a la expansión, pues la consideraban una estrategia para aprovechar su vulnerabilidad y desplazar la línea divisoria de Europa hacia el este, provocando su aislamiento». Strobe Talbott, un defensor de la expansión, advirtió, no obstante: «Muchos rusos ven a la OTAN como un vestigio de la Guerra Fría, dirigido inherentemente en contra de su país. Señalan que ellos han disuelto el Pacto de Varsovia, su alianza militar, y se preguntan por qué Occidente no tendría que hacer lo mismo».[20]

Tanto de forma pública como privada, los líderes rusos han manifestado una profunda hostilidad hacia la expansión de la OTAN, sobre todo desde que en 2008 la alianza declarara que Georgia y Ucrania acabarían formando parte de ella. Como señala Paul Taylor, columnista de *Politico* sobre temas europeos, «esto marcó la culminación del "momento unipolar", cuando Estados Unidos creyó que podía rediseñar el mundo siguiendo criterios occidentales y desoyendo las advertencias de líderes como el expresidente francés Jacques Chirac, quien insistía en que "Rusia no debería ser humillada", y la canciller alemana Angela Merkel, que subrayaba la importancia de tener en cuenta los "legítimos intereses de seguridad" de Moscú». Documentos diplomáticos revelados por WikiLeaks muestran que esta expansión era considerada una cuestión importante para la seguridad rusa. En un cable de 2007, William Burns, entonces embajador de Estados Unidos en Rusia y después director de la CIA de Biden, escribió: «La ampliación de la OTAN y los despliegues de defensa antimisiles estadounidenses en Europa juegan con el viejo temor ruso al cerco». (Ese «viejo temor» responde en parte a que en el siglo xx Rusia fue invadida dos veces por Alemania, que luego sería miembro de la OTAN.) Burns advirtió después que la entrada de Ucrania y Georgia en la alianza constituía «una situación "inconcebible" para Rusia».[21]

Dimitri Trenin, del Carnegie Endowment for Peace, alertó en 2008 de que «Ucrania era, a largo plazo, el factor potencialmente más desestabilizador en las relaciones entre Estados Unidos y Rusia, dado que su aspiración a ingresar en la OTAN tocaba un nervio sensible que provocaba una enorme tensión emocional». Burns informaba además de que el viceministro de Asuntos Exteriores de Rusia le había dicho que «la élite política de Rusia creía firmemente que la adhesión de Ucrania y Georgia representaba una amenaza directa a la seguridad de Rusia». Más aún, los dirigentes rusos consideraban que esta expansión traicionaba las garantías dadas por el Gobierno de George H. W. Bush a Mijaíl Gorbachov cuando el secretario de Estado James Baker pronunció aquella célebre frase: «Entendemos que no solo para la Unión Soviética, sino también para otros países europeos, es importante contar con la garantía de que, si Estados Unidos mantiene su presencia en Alemania dentro del marco de la OTAN, ni un solo centímetro de la jurisdicción militar actual de la OTAN se extenderá hacia el este». Robert Gates, quien fue secretario de Defensa con los Gobiernos tanto de George W. Bush como de Barack Obama, concluye en sus memorias que Estados Unidos estaba «ignorando imprudentemente aquello que los rusos consideraban sus intereses nacionales vitales». Gates afirma que la incorporación de tantos antiguos estados soviéticos a la OTAN fue un «error» que deterioró las relaciones con Rusia, y califica el intento de incluir a Georgia y Ucrania como una «provocación monumental».[22]

Se podría argumentar que la consideración de Rusia acerca de la OTAN es paranoica o irracional, que la OTAN es una alianza puramente defensiva y que Rusia no tiene razones legítimas para oponerse a su expansión. Pero la OTAN ha estado involucrada en repetidas ocasiones en guerras ilegales y de agresión. Ya hemos analizado aquí el caso de Kosovo, donde la OTAN violó el derecho internacional, atacó infraestructuras civiles, mintió sobre sus acciones y se negó a investigar sus propios crímenes. En 2001, los países de la alianza atacaron ilegalmente Afganistán, con consecuencias catastróficas que también hemos analizado. Después, en 2003, varios países miembros de la OTAN invadieron ilegalmente Irak. Y, en 2011, actuando bajo un mandato de la ONU para proteger a los civiles en Libia, la OTAN llevó a cabo operaciones militares que en realidad estaban orientadas a lograr un cambio de régimen. El jefe de la Misión de Apoyo de las Naciones Unidas en Libia afirmó posteriormente que «es difícil creer que en el Consejo de Seguridad se hubieran alcanzado el número de votos necesarios y, menos aún, que Rusia y China se hubieran abstenido de formular un veto, de haberse previsto la magnitud de la campaña militar». De hecho, Rusia y China criticaron con dureza la amplia interpretación que la OTAN hizo de su mandato, aunque sus objeciones fueron ignoradas. El bombardeo en Libia sumió al país en una catástrofe, y los países de la OTAN se negaron a reconocer responsabilidad alguna por las muertes de civiles que provocaron.[23]

Para comprender la actitud de Rusia, resulta útil imaginar cómo reaccionarían los estrategas políticos estadounidenses en el caso de que una alianza militar liderada por China comenzara, a lo largo de los años, a incorporar poco a poco países del hemisferio occidental y a proporcionarles armamento y entrenamiento. Estados Unidos ha respondido en numerosas ocasiones con violencia, e incluso directamente con un cambio de régimen, ante la perspectiva de que ciertos Estados pudieran escapar de su esfera de control. No había razón, pues, para no esperar una reacción similar de Rusia frente a lo que Gates calificó como una «provocación monumental».

En el caso de Ucrania, Occidente optó por el peor camino posible para los propios ucranianos. Aunque no tenía ninguna intención de admitir realmente a Ucrania en el seno de la alianza, la OTAN declaró que el país acabaría convirtiéndose en miembro de ella, lo que provocó la ira de Rusia. John Mearsheimer afirmó en 2015 que Occidente estaba «llevando a Ucrania por un camino de ilusiones», cuyo desenlace sería su devastación. No obstante, Estados Unidos persistió en ese rumbo, intensificando la cooperación militar entre la OTAN y Ucrania y firmando un nuevo acuerdo de asociación estratégica que, tal como señala Branko Marcetic —basándose en la información que aportan cables diplomáticos filtrados—, se vio «en Moscú como una escalada significativa». Putin le expresó directamente a Biden que «la expansión hacia el este de la alianza occidental fue un factor crucial en su decisión de enviar tropas a la frontera ucraniana».[24] El 24 de febrero de 2022, Vladímir Putin anunció lo que llamó una «operación militar especial» en Ucrania, eufemismo para nombrar una invasión a gran escala. En un discurso que acompañó al inicio de la guerra, Putin trató de justificarla centrándose la mayor parte del tiempo en lo que denominó «amenazas fundamentales» para Rusia, que, según él, habían sido provocadas por «políticos occidentales irresponsables». Putin dejó claro que se estaba «refiriendo a la expansión de la OTAN hacia el este» y afirmó que, aunque había «tratado de llegar a un acuerdo con los principales países» de la alianza, esta «persistió en su expansión» a pesar de las protestas y preocupaciones rusas. Ahora, añadió, la OTAN se estaba «aproximando» a sus fronteras, mostrando una «actitud despectiva y desdeñosa» hacia sus intereses y demandas, «absolutamente legítimos».[25]

La decisión de Putin de lanzar una guerra de agresión contra un país vecino es, sin duda, indefendible. No existen atenuantes ni justificaciones y el argumento de Putin de que la hipocresía de Estados Unidos justifica de alguna manera su propia criminalidad no se sostiene. Sin embargo, sí es cierto que la política que Estados Unidos ha mantenido hacia Rusia en las últimas décadas hizo que fuese más probable que el presidente ruso acabase tomando esta decisión. En *The New York Times*, Thomas Friedman admitió que «si [Rusia] hubiera sido incluida en un nuevo orden de seguridad europeo en lugar de marginada de él, [podría] haber tenido menos motivos o incentivos para amenazar a sus vecinos». Friedman considera un «misterio» por qué Estados Unidos «eligió llevar tan rápidamente a la OTAN hasta las narices de Rusia cuando esta se hallaba debilitada». ¿Podrían haber evitado la guerra otras políticas estadounidenses? Eso no podemos saberlo. Pero lo que sí sabemos es que todas las advertencias sobre las líneas rojas rusas fueron ignoradas. Cuando Putin concentró las tropas a lo largo de la frontera ucraniana y exigió a Joe Biden un compromiso de que Ucrania no se uniría a la OTAN, Biden respondió: «No aceptamos líneas rojas por parte de nadie».[26]

La invasión de Ucrania fue la culminación de un largo conflicto que, tras años de tensión, se había ido volviendo cada vez más peligroso. En el este de Ucrania, separatistas prorrusos llevaban ocho años en guerra con el Gobierno ucraniano. En 2021, el analista de asuntos internacionales Anatol Lieven advirtió de que en Ucrania estaba «el problema más peligroso del mundo». La disputa sobre el estatus de las regiones orientales del país, cuya población es en su mayoría rusohablante, amenazaba con descontrolarse y, de no resolverse, tenía el potencial de arrastrar a Estados Unidos y Rusia a un enfrentamiento devastador. Sin embargo, Lieven apuntaba que ese conflicto latente, a pesar de ser el que más peligro entrañaba en todo el mundo, también era, en principio, uno de los «más fáciles de resolver». Para ello, advirtió, Estados Unidos tendría que replantearse su política hacia Ucrania, haciendo gala de una diplomacia hábil para alcanzar una solución pacífica y negociada.[27]

Lieven sostenía que Estados Unidos debía promover la implementación del acuerdo de Minsk II, alcanzado en 2015, que contaba con el respaldo unánime del Consejo de Seguridad de la ONU. En su análisis, Lieven argumentaba que Estados Unidos debía renunciar a la idea de que Ucrania ingresara en la OTAN y presionar al Gobierno ucraniano para que aceptara la autonomía de la región del Donbás. Una solución natural a la cuestión habría sido declarar a Ucrania como país neutral, sin integración en ninguna alianza militar. En la misma línea, el exembajador estadounidense en Rusia, Jack Matlock, concluyó que «no habría existido base alguna para la crisis actual de no haber sido por la expansión» de la OTAN.[28] Sin embargo, Estados Unidos se negó a buscar un acuerdo. No consideró revocar el compromiso de integrar a Ucrania en la OTAN, a pesar de que ese compromiso era, en gran medida, solo teórico. De hecho, en diciembre de 2021, la OTAN reafirmó su plan de incorporar a Ucrania en el futuro. Incluso cuando Estados Unidos advirtió de una invasión inminente, no se realizaron esfuerzos diplomáticos para influir en el comportamiento de Rusia. Un especialista en asuntos rusos de la corporación RAND llegó a afirmar en enero de 2022 que «cuanto más protestaba Moscú, más firmes se mostraban las capitales occidentales a negar a Rusia lo que esta percibía como un veto en las decisiones de la alianza».[29]

Una de las razones para este nulo interés en negociar era que una invasión rusa de Ucrania resultaría mucho más perjudicial para Rusia que para Estados Unidos. John Deni, investigador del Atlantic Council, escribió en *The Wall Street Journal* en diciembre de 2021 que había «buenos motivos estratégicos para que Occidente mantuviera una línea dura y cediera poco terreno a Moscú». Deni consideraba que una invasión rusa, en última instancia, «forjaría un consenso antirruso aún más sólido en toda Europa», «debilitaría todavía más la economía de Rusia», «socavaría la fuerza y la moral de su ejército» y «reduciría el poder blando de Rusia a nivel mundial». También vertía críticas a Occidente por estar en un «modo reactivo, con la esperanza de evitar una guerra en Europa que podría cobrarse decenas de miles de víctimas». En cambio, decía, «Occidente debería mantenerse firme, aunque ello significara una nueva invasión rusa de Ucrania». Para Estados Unidos, no había ningún incentivo para negociar cuando se tenía la posibilidad de «capitalizar el error del Kremlin» (es decir, no había ningún incentivo, salvo el de evitar «decenas de miles de muertes»).[30]

Esta actitud presenta paralelismos con la actitud de Estados Unidos frente a la ocupación soviética de Afganistán en la década de 1980. Zbigniew Brzezinski, asesor de Seguridad Nacional del presidente Carter, ha contado que la ayuda de la CIA a los muyahidines se inició antes de la invasión soviética, y que Estados Unidos era muy consciente de que esa ayuda «induciría una intervención militar soviética». Desde la perspectiva de Estados Unidos, afirmaba Brzezinski, una invasión soviética sería algo positivo. Según cuenta, Carter le había dicho: «Ahora tenemos la oportunidad de darle a la URSS su guerra de Vietnam». A pesar de que el conflicto provocó hasta dos millones de muertes afganas y generó millones de refugiados, Brzezinski expresó más tarde que no se arrepentía. «¿Lamentar qué? Aquella operación secreta fue una idea brillante». Al «atraer a los rusos a la trampa afgana [...] Moscú tuvo que librar una guerra que era insostenible para el régimen».[31]

Anatol Lieven recuerda una conversación que tuvo en 1989 en Islamabad con un diplomático estadounidense, ya al final de la guerra, en la que la actitud norteamericana se ve a las claras. Cuando Lieven preguntó por qué seguíamos financiando a los muyahidines afganos más radicales, el alto mandatario estadounidense respondió: «Conseguir que los rusos se vayan no es suficiente; queremos infligirles la misma humillación que ellos nos infligieron en Vietnam». Lieven quedó horrorizado de ver que «no había ni el más mínimo asomo de preocupación por Afganistán o por el pueblo afgano», y que «para él resultaba totalmente irrelevante cuántos afganos murieron en el proceso».[32]

Una vez iniciada la guerra en Ucrania, la administración Biden tomó decisiones que redujeron cualquier posibilidad de llegar a un acuerdo negociado. En marzo de 2022, Alexander Ward, periodista de *Politico* sobre temas de seguridad nacional, advirtió que la postura de Occidente hacia Rusia estaba cerrando todas las «salidas obvias» y podía «agravar una situación ya históricamente peligrosa». Puesto que no hubo ningún ofrecimiento para levantarlas bajo determinadas condiciones, las sanciones impuestas no supusieron incentivo alguno para que Putin pusiera fin al conflicto. Como señaló Daniel Drezner en *The Washington Post*, «si el objetivo es ejercer presión, los sancionadores deben ser claros sobre lo que Rusia podría hacer para que se levanten las sanciones». El Gobierno de Biden mostró sin ninguna duda que su propósito no era solo expulsar a Rusia de Ucrania, sino «debilitar» a Rusia hasta el punto de incapacitarla militarmente.[33]

La diplomacia se convirtió con rapidez en un tema tabú tanto en la política como en los medios de comunicación estadounidenses. Un grupo de demócratas progresistas del Congreso publicó una carta muy moderada en la que alentaba a la administración Biden a «realizar enérgicos esfuerzos diplomáticos en la dirección de un acuerdo negociado y un alto el fuego», y se encontraron de inmediato con una tormenta de críticas, incluso de parte de otros demócratas. Uno de ellos dijo que se encontraba «consternado ante la idea» de que algunos de sus colegas demócratas creyesen «que se puede negociar con

Putin». Los progresistas se retractaron apresuradamente de su carta y no volvieron a pronunciarse sobre la necesidad de una negociación para poner fin al conflicto. En abril de 2022, un extraordinario artículo en *The Washington Post* señalaba lo que denominó la «incómoda realidad» de que haya «elementos en la OTAN para los que resulta preferible que los ucranianos sigan luchando y muriendo, en lugar de alcanzar una paz que llegue demasiado pronto o a un coste demasiado alto para Kiev y para el resto de Europa». Bajo el titular «La OTAN dice que Ucrania decidirá sobre el acuerdo de paz con Rusia, dentro de ciertos límites», el artículo subrayaba que los países de la OTAN no consideraban que la decisión sobre cuándo y cómo terminar la guerra dependiera exclusivamente de Ucrania. En teoría, era elección de este país salvo si tomaba la decisión equivocada.[34]

La oposición a los esfuerzos diplomáticos no era uniforme dentro de todo el Gobierno norteamericano. El general Mark Milley, jefe del Estado Mayor Conjunto, había abogado internamente por «presionar a Ucrania para que buscara una solución diplomática a su guerra con Rusia» y afirmó públicamente que «cuando existe una oportunidad de negociar, cuando se puede lograr la paz, hay que aprovecharla». Sin embargo, *The New York Times* informó de que la opinión de Milley «no era compartida» por Biden ni por otros miembros de su gabinete, lo que generó, en palabras de un alto miembro de la administración estadounidense, «una situación insólita» en la que los altos mandos militares estaban defendiendo la vía diplomática «más enérgicamente que los diplomáticos estadounidenses».[35]

Cuando algunos aliados mostraron reservas sobre una solución exclusivamente militar, Estados Unidos incrementó su presión. A principios de 2023, Alemania se mostraba renuente a enviar tanques a Ucrania porque, en palabras de un experto alemán en política de defensa del Consejo Europeo de Relaciones Exteriores, existía en el país «una firme creencia de que las armas no son la solución, de que los conflictos no se resuelven con armas». Mientras los altos miembros de la administración alemana expresaban su temor de que el envío de tanques contraviniera el compromiso adquirido por Alemania después de la Segunda Guerra Mundial de mantenerse al margen de actos de violencia masiva, y que, además, agravara aún más el conflicto, el consejo editorial de *The Washington Post* se mostraba furibundo: «Biden no puede permitir que esto siga así», escribieron. Tras una intensa presión por parte de Estados Unidos (aunque no del electorado alemán, que estaba dividido en cuanto a esta decisión), Alemania claudicó y accedió finalmente a suministrar tanques.[36]

La guerra generó en Estados Unidos un clima interno desagradable, que recuerda al del periodo de la Primera Guerra Mundial, cuando el chucrut pasó a llamarse «col de la libertad» y las orquestas dejaron de interpretar a Wagner. El exanalista del Departamento de Estado y de la CIA, Graham E. Fuller, habló de una «virulenta avalancha de propaganda antirrusa como jamás había visto durante mis días en la Guerra Fría». El congresista demócrata Eric Swalwell llegó a sugerir que «expulsar a todos los estudiantes rusos de Estados Unidos [debería] estar sobre la mesa». La guerra en Ucrania obtuvo mucha más cobertura mediática que la invasión estadounidense de Irak, y las víctimas ucranianas de la agresión rusa fueron tratadas con una clase de empatía mediática que nunca se brindó a las víctimas de la agresión estadounidense en Yemen, Afganistán e Irak.[37]

Algunos no ocultaban su entusiasmo por las ventajas que la guerra en Ucrania parecía ofrecer a Estados Unidos. Timothy Ash, en un artículo para el Centro de Análisis de Políticas Europeas (CEPA), afirmaba que «visto desde una perspectiva de rentabilidad, el apoyo de Estados Unidos y Occidente a Ucrania es una inversión increíblemente lucrativa». El senador Mitt Romney, en un discurso dirigido a los estadounidenses en el que exponía algunas razones para apoyar a Ucrania, fue claro al señalar que uno de los principales factores tras la política estadounidense es la oportunidad de debilitar a una potencia rival. «Al apoyar a Ucrania en esta guerra, estamos agotando y reduciendo las capacidades del ejército ruso», dijo, y añadió que debilitar a Rusia era «algo muy positivo».[38]

En la misma línea, un análisis de la Corporación RAND, si bien concluye que, en última instancia, una guerra larga no es del interés de Estados Unidos (por el riesgo de una escalada nuclear catastrófica), también apunta que «un conflicto prolongado, por perverso que pueda parecer, ofrece ciertas ventajas potenciales a Estados Unidos». Ash escribe con entusiasmo que la guerra «ofrece una excelente oportunidad» para que Estados Unidos «erosione y degrade la capacidad de defensa convencional de Rusia» con «poco riesgo para las vidas estadounidenses». Sería una «inversión absolutamente increíble» y una «ganga», porque supondría para Rusia algo parecido a un «Vietnam o Afganistán»: «Una Rusia atrapada en una guerra que no puede ganar es una gran victoria estratégica para Estados Unidos. ¿Quién podría oponerse a eso?».[39]

¿Quién podría oponerse, aparte de todos aquellos que acaban encontrando una muerte terrible en una guerra que podía haberse evitado? Como beneficio adicional, apuntaba Ash, la guerra sería también una bendición económica para Estados Unidos, pues obligaría «a los socios de la OTAN a incrementar rápidamente el gasto [militar]». Dada la «ventaja de Estados Unidos en equipamiento de defensa, una parte considerable de esa inversión militar adicional» se destinaría «a armamento estadounidense», lo que haría la guerra altamente rentable para los fabricantes de armas estadounidenses. Además, como «las guerras son un escaparate para los fabricantes de defensa», cualquier comprador racional buscaría «la tecnología fabricada por el ganador». Así, «el error de cálculo de Putin ha creado una fantástica oportunidad de mercado para los competidores occidentales [de Rusia]». (De hecho, *The Wall Street Journal* informó de que BAE Systems estaba recibiendo una avalancha de llamadas preguntando por sus obuses M777 después de que el exitoso «desempeño en los campos de batalla ucranianos haya revivido el interés» por ellos y, en diciembre de 2022, *The New York Times* señaló que la guerra en Ucrania había generado un «nuevo auge para los fabricantes de armas»). David Ignatius, de *The Washington Post*, comentó a mediados de 2023 que Occidente no debería «lamentar» la destrucción de Ucrania, porque los «dieciocho meses de guerra han sido una ganancia estratégica inesperada a un costo relativamente bajo (salvo para los ucranianos)». De forma similar, un artículo de opinión publicado en la web del Atlantic Council defendía que al ayudar a Ucrania Occidente estaba cosechando «múltiples beneficios», pues «ha logrado reducir drásticamente el potencial militar de Rusia sin comprometer a sus propias tropas ni sufrir bajas». La guerra resultaba un impulso al poder estadounidense.[40]

Eliot Cohen, neocon y profesor en la Universidad Johns Hopkins, escribió en *The Atlantic* que «invertir decenas de miles de millones de dólares para destruir las fuerzas terrestres y aéreas de uno de nuestros principales rivales, Rusia, sale barato». Cohen sostenía que había que abandonar toda posibilidad de resolución diplomática, instando a «dejar de hablar de negociaciones» y rechazando la idea «de que ha llegado la hora de pensar en cómo poner fin a la guerra en Ucrania». En su lugar, Cohen, citando a *Los intocables de Elliot Ness*, abogaba por emplear «el sistema de Chicago» que se empleó contra Al Capone: «Si quiere atraparle, solo hay un sistema. Si él saca la navaja, usted la pistola. Si él hiere a uno de sus hombres, usted mata a uno de los suyos». (En otras palabras, se trata de ser aún más despiadado y sanguinario que el gánster más despiadado y sanguinario.) El veterano diplomático estadounidense Chas Freeman, señalando que las decisiones políticas de Estados Unidos estaban prácticamente «garantizando una guerra prolongada», planteaba que parecía que había mucha gente en Estados Unidos que consideraba que una larga guerra sería algo «simplemente fabuloso»: «¿Qué tiene de malo una guerra larga? Si no eres ucraniano, es probable que puedas verle algún beneficio». Freeman comenta con ironía que la estrategia de Estados Unidos parecía ser «luchar contra Rusia hasta el último ucraniano». De hecho, el senador estadounidense Lindsey Graham llegó a decir: «Me gusta el rumbo estructural que hemos tomado. Mientras ayudemos a Ucrania con armas y apoyo económico, ellos seguirán luchando hasta el último hombre».[41]

Tal como informó *Politico*, muchos europeos empezaron a expresar su malestar, señalando que «el país que más se beneficia de esta guerra es Estados Unidos, que está vendiendo más gas y a precios más altos, y también más armas». Un diplomático hablaba de una percepción crecientemente extendida entre los países europeos de que «su mayor aliado está, en realidad, sacando enormes ganancias» de los problemas del Viejo Continente. De forma similar, en numerosos países del sur global, existen serias dudas sobre si la política estadounidense hacia Ucrania se basa en principios o en intereses. Más allá de Europa, Canadá, Estados Unidos, Australia y Japón, pocos países han impuesto sanciones a Rusia por la guerra, y apenas un puñado ha ofrecido ayuda militar a Ucrania. Esto se debe en parte a que muchos en el mundo observan el conflicto no como una batalla entre la democracia y el autoritarismo, sino como un enfrentamiento entre grandes potencias en el que no merece la pena involucrarse. Los países de África, América Latina y Oriente Medio consideran que la retórica estadounidense sobre plantear resistencia a una agresión es de una hipocresía ridícula.[42]

La guerra en Ucrania ha llevado al mundo más al borde de una confrontación catastrófica entre grandes potencias de lo que lo haya hecho cualquier otro acontecimiento desde la Guerra Fría. «Es como si el mundo no hubiera aprendido nada del terrible siglo XX europeo», se lamentaba Richard Sakwa en los días previos a dicho conflicto. La guerra ha sido devastadora para los ucranianos: ha dejado decenas de miles de muertos, muchos más mutilados, millones de desplazados, ha destrozado la economía y ha arruinado ciudades enteras.[43]

Cuando un país sufre el ataque de un agresor, es razonable que nos preguntemos qué debemos hacer para ayudar. Cuando los ucranianos piden ayuda para resistir la ocupación rusa, deben recibirla. Pero también es necesario analizar con espíritu crítico el papel que ha desempeñado Estados Unidos para que las probabilidades de que estallara una guerra aumentasen y reflexionar sobre lo que se debe hacer para que esta acabe lo más rápidamente posible. Excluir la diplomacia de la carta de posibles opciones ha incentivado una guerra prolongada que, en última instancia, no beneficiará a nadie, y que empleará a Ucrania como una especie de *showroom* de armamento estadounidense donde demostrará su capacidad de matar cada vez a más personas.

Criticar la política de Estados Unidos hacia Rusia es algo que ahora suele estar mal visto, como si fuese una forma de «defender» la locura homicida de Vladímir Putin, o como si abogar por la negociación significara que Ucrania debería «rendirse».[44] Ninguna de estas ideas tiene fundamento. Del mismo modo que señalar que las guerras de Irak y Afganistán aumentaron el riesgo del terrorismo contra Estados Unidos no constituye una defensa o una justificación de los atentados terroristas, tampoco reconocer que la negativa de Estados Unidos a considerar los intereses declarados de Rusia acrecentó las probabilidades de una reacción violenta por su parte es una justificación de la guerra de Putin. La guerra de Putin es responsabilidad de Putin, pero, como siempre, la pregunta que deberían hacerse los estadounidenses es: ¿qué consecuencias tienen las políticas de su país? Si Rusia se hubiera integrado en un sistema de seguridad posterior a la Guerra Fría, o si Estados Unidos hubiera presionado tanto a Rusia como a Ucrania para cumplir con el acuerdo de Minsk II sobre Ucrania, es posible que el pueblo ucraniano se hubiera ahorrado esta terrible guerra.

En 2023, el destacado político ucraniano David Arakhamia señaló que, al inicio de la guerra, Rusia había «prometido a Kiev la paz a cambio de que se comprometiera a no unirse a la OTAN» y estaba «dispuesta a detener el conflicto» si los ucranianos aceptaban la neutralidad, «como Finlandia lo hizo en su momento». Según él, toda la cháchara sobre la «desnazificación» no era más que un «aderezo», el verdadero punto de fricción era la OTAN. Rusia también sostiene que, en ese momento, se estuvo cerca de alcanzar un acuerdo de paz. Sin embargo, el entonces primer ministro del Reino Unido, Boris Johnson, viajó a Kiev y les dijo a los ucranianos que rechazaran cualquier acuerdo, que debían «simplemente luchar». El ex primer ministro israelí Naftali Bennett también afirma que Estados Unidos y el Reino Unido bloquearon un posible acuerdo de paz. Conforme avanzaba la guerra, los medios estadounidenses siguieron moldeando cualquier hecho susceptible de ser tergiversado para reforzar la imagen de un Putin con ansias de conquista mundial, pero ignoraron las ofertas regulares por parte de Rusia de negociar un alto el fuego, mientras que Estados Unidos aseguraba, pese a las pruebas, que Rusia no había mostrado ningún interés en negociar. Jamás sabremos si la diplomacia podría haber llegado a alcanzar una paz justa, porque nunca se intentó.[45]

Los ucranianos siguieron el consejo dado por sus socios occidentales —«simplemente luchar»— y, al cabo de un año, la guerra se había cobrado 500.000 vidas. La población ucraniana quedó tan diezmada que la edad promedio de los soldados era de cuarenta y tres años. En el frente, la situación se convirtió en un estancamiento al estilo de la Primera Guerra Mundial, con un número creciente de muertos y apenas ningún avance. Todo el suministro mundial de alimentos también se vio comprometido con el bloqueo de los recursos de la región del mar Negro. La amenaza de una escalada hacia una guerra nuclear se volvió más latente que en cualquier otro momento desde la Guerra Fría, y los esfuerzos por enfrentar la catástrofe climática sufrieron un grave retroceso. Para 2024, empezó a parecer cada vez más probable que Ucrania se acabara viendo obligada a aceptar un acuerdo de paz desfavorable y a renunciar a toda esperanza de recuperar su territorio. Tras haber estado enarbolando con orgullo la bandera ucraniana durante un año, Estados Unidos empezó a perder interés en ayudar al país y centró su atención en otros temas.[46]

Mientras Ucrania está devastada, algunos sectores prosperan. La industria militar estadounidense, así como la de los combustibles fósiles, están obteniendo ganancias sin precedentes, y las perspectivas de éxito se extienden hacia el futuro. *The Wall Street Journal* ha informado de que la guerra en Ucrania ha beneficiado a la economía estadounidense, pues ha supuesto un gran impulso para los fabricantes de armas, y la administración Biden destaca que la ayuda a Ucrania ha servido para «fortalecer la base industrial de defensa de Estados Unidos, acelerar y ampliar las líneas de producción de armamento y municiones, y consolidar puestos de trabajo en cuarenta estados». Además, a un costo mínimo en comparación con su vasto presupuesto militar, Estados Unidos está logrando una degradación significativa de las fuerzas de uno de sus mayores adversarios. En el plano geopolítico, la agresión criminal de Vladímir Putin otorgó a Estados Unidos su mayor deseo: que Europa dependa aún más del sistema liderado por Estados Unidos a través de la OTAN.[47]

Socavar a los rivales globales es parte explícita de la política nacional estadounidense. James Mattis, al presentar la Estrategia de Defensa Nacional de 2018, dejó claro que «la competencia entre grandes potencias, y no el terrorismo, es ahora el punto de atención principal de la seguridad nacional estadounidense». Las «prioridades clave del Departamento de Defensa son las competencias estratégicas a largo plazo con China y Rusia». China, sin embargo, no se deja intimidar y sigue expandiendo sus programas de préstamos y desarrollo a través de Eurasia, con los que alcanza a Oriente Medio, África e incluso América Latina, para gran desconcierto de Washington. Mientras tanto, la parte del mundo que está fuera de la esfera anglosajona y de Europa occidental se ha mostrado reacia a alinearse en lo que perciben como una guerra de poder entre Estados Unidos y Rusia librada con vidas ucranianas. El sur global tampoco admira la nobleza de intenciones estadounidense en defensa de Ucrania, considera que esta retórica es hipócrita y ve el conflicto como una disputa de poder entre superpotencias. Están tomando forma nuevas alianzas, junto con acuerdos comerciales y financieros, independientes de Estados Unidos y de sus feroces represalias en forma de sanciones y otros métodos de presión.[48]

8

Amenaza nuclear y catástrofe climática

En el siglo XXI, nuestra especie se enfrenta a dos amenazas para su supervivencia, la guerra nuclear y la catástrofe ecológica, y estamos poniendo todo nuestro empeño en dirigirnos de cabeza hacia ambas. Es más, si el mundo se ve hoy frente a estas amenazas es en gran parte por causa de las decisiones que durante décadas han tomado tanto el Gobierno como las corporaciones estadounidenses. De modo que las acciones de nuestro propio país han contribuido a crear una situación de riesgo sin precedentes.

La crisis climática, única en nuestra historia, se hace más grave cada año. Si en las próximas décadas no se toman medidas de calado, es probable que el planeta llegue a un punto de no retorno. La cuestión de las armas nucleares suele recibir menos atención, pero constituye una amenaza igualmente grave para nuestra existencia, y tampoco deja de crecer con nuestra entrada en una nueva y peligrosa era de «competencia entre grandes potencias». Desde el bombardeo de Hiroshima en 1945, vivimos con una espada de Damocles suspendida sobre nuestras cabezas. Y si no comprendemos y abordamos estas dos crisis, la vida humana organizada no perdurará más allá de este siglo.

Los anales de la historia están repletos de guerras salvajes, torturas, masacres y abusos de poder. Pero las amenazas que hoy nos acechan operan en una escala completamente distinta: por primera vez, toda nuestra especie corre el riesgo de sufrir un desastre colectivo. La amenaza nuclear y la catástrofe ambiental tienen una magnitud realmente existencial, y las decisiones que hoy tomemos van a determinar el destino no solo de nuestra especie, sino de todos los seres vivos del planeta.

La locura «omnicida» de las armas nucleares

Hay quien sostiene que actualmente estamos viviendo en los tiempos más pacíficos de toda la historia humana. El psicólogo de Harvard Steven Pinker, que habla de esta era como la de una «larga paz», asegura que «cuando uno se hace consciente del declive de la violencia, el mundo comienza a tener otro aspecto. El pasado parece menos inocente; el presente, menos siniestro». Pero la cosa es exactamente al revés. La idea de una «larga paz» se sostiene sobre la minimización de los muchos millones de muertos que han dejado las guerras posteriores a la Segunda Guerra Mundial, incluidos los innumerables conflictos sanguinarios en los que Estados Unidos ha tenido una responsabilidad directa. Sería más acertado contemplar esta época como la de mayor peligro de toda la historia humana, marcada por una violencia extrema que representa una amenaza sin precedentes.[1]

La posesión de miles de ojivas nucleares por parte de las grandes potencias mantiene al mundo entero bajo un riesgo constante de aniquilación. Aunque no deseemos ser conscientes de ello, aunque tratemos de seguir con nuestras vidas sin pensarlo, la amenaza nuclear está siempre presente, en cada rincón del mundo. La idea de que vivimos en un periodo de «paz» es una peligrosa ilusión.

Las armas nucleares no están simplemente almacenadas sin que nadie las use. Su presencia opera en todo momento como una intimidación a los adversarios, de la misma forma que cuando un ladrón apunta con una pistola al dueño de una tienda también está usando el arma aunque no la dispare. Lo que llamamos engañosa y eufemísticamente «disuasión» es, en realidad, «la amenaza permanente de una violencia extrema». La situación nos parece más pacífica de lo que en realidad es

254

porque no comprendemos plenamente el papel de estas amenazas.[2]

Con miles de ojivas nucleares en manos de las grandes potencias, tensiones crecientes entre ellas que podrían desatar una guerra global y una carrera armamentista que ya está fuera de control, nos enfrentamos al riesgo de una guerra capaz de destruir la civilización humana. Y hay fuerzas poderosas que nos están llevando cada vez más cerca de ello. La posesión por parte de los Estados de armas capaces de devastar al mundo entero, junto con la realidad de que estas potencias están gobernadas por líderes cuyas decisiones escapan de nuestro control, significa que todos estamos en peligro constante.

El 6 de agosto de 1945, Estados Unidos mostró al mundo que la inteligencia humana había alcanzado la capacidad de destruir prácticamente toda forma de vida en la Tierra. Aunque esta posibilidad se consolidó en 1953, con el desarrollo de las armas termonucleares, la dirección estaba clara: las armas atómicas proporcionaron a los Estados una capacidad de destrucción desmesurada y sumieron al mundo en un peligro sin precedentes.

Los bombardeos sobre Hiroshima y Nagasaki no fueron tan diferentes, en términos de brutalidad y desprecio por las vidas civiles, del bombardeo incendiario de Tokio. Las armas atómicas simplemente hicieron más eficaz los métodos de asesinato masivo de civiles, pero los bombardeos demostraron hasta qué punto nuestras capacidades tecnológicas habían superado a nuestras capacidades morales. Mostraron cómo un país, considerado justo y humanitario, podía ejercer un poder casi divino para destruir ciudades enteras.[3]

Lamentablemente, la tragedia de la Segunda Guerra Mundial y el horror hecho realidad de los bombardeos de Hiroshima y Nagasaki (cuyos terribles detalles se ocultaron al público estadounidense) no llevaron a la humanidad a abandonar para siempre los conflictos entre grandes potencias ni a prohibir el uso de armas devastadoras. En cambio, desencadenaron una carrera armamentista que casi acabó con la vida en la Tierra para siempre.[4]

Las urgentes advertencias de los científicos más destacados fueron, en general, ignoradas. J. Robert Oppenheimer, conocido como «el padre de la bomba atómica», se opuso públicamente al desarrollo de la bomba de hidrógeno, advirtiendo que «ningún mundo se ha enfrentado jamás a una posibilidad de destrucción —en un sentido de aniquilación real— comparable a la que enfrentamos nosotros». Oppenheimer fue difamado y señalado como «probable agente de la Unión Soviética», y su carrera, aniquilada. Joseph Rotblat, otro físico del Proyecto Manhattan, renunció a seguir trabajando en la bomba cuando estuvo claro que la Alemania nazi había abandonado sus propios esfuerzos por desarrollar armas nucleares. Rotblat dedicó su vida a luchar por la eliminación de las armas nucleares y, como era de esperar, también fue acusado por la derecha estadounidense «de ser un sirviente o un peón involuntario de la Unión Soviética».[5]

En 1955, la Declaración de Mainau, firmada por decenas de premios Nobel, entre ellos Werner Heisenberg y Max Born, alertaba de que la ciencia estaba dando a la humanidad «los medios para su propia destrucción», y añadía que «si los Gobiernos creen que el miedo a las armas [nucleares] podrá evitar la guerra por mucho tiempo, se engañan». Por tanto, «todas las naciones deben alcanzar la decisión de renunciar a la fuerza como último recurso» o, de lo contrario, «dejarán de existir». Ese mismo año, un manifiesto redactado por Bertrand Russell y Albert Einstein reunió a algunos de los científicos más prominentes del mundo para advertir de que la humanidad enfrentaba un dilema «crudo, horrible e ineludible», a saber: «¿Acabaremos poniendo fin a la raza humana, o renunciará la humanidad a la guerra?»[6]

La primera resolución de la Asamblea General de la ONU, en 1946, pedía abiertamente «la eliminación de los arsenales nacionales de las armas atómicas y de todas las demás armas de destrucción masiva». El delegado soviético advertía entonces de que cualquier uso de armamento nuclear «trae consigo una miseria incalculable» y que «las reglas de la guerra no deben permitir el exterminio de la población civil inocente». Propuso entonces un tratado multilateral que estableciera la destrucción inmediata de «todas las existencias de armas nucleares, esté culminada o no su fabricación». Sin embargo, desde el comienzo, Estados Unidos no estaba dispuesto a renunciar a este instrumento formidable de presión sobre otras naciones.[7]

Estados Unidos había comenzado a diseñar planes de posibles ataques nucleares contra la Unión Soviética incluso años antes de que esta tuviera su propio arsenal nuclear. En el libro *To Win a Nuclear War: The Pentagon's Secret War Plans*, los físicos Michio Kaku y Daniel Axelrod documentan los planes concebidos por la administración Truman, a finales de la década de 1940, sobre posibles ataques nucleares a ciudades soviéticas. Un memorando del Estado Mayor Conjunto dice: «El ataque, reconocido históricamente como el mejor medio de defensa, será en la guerra atómica el único medio general de defensa». Durante este periodo, la administración Truman no vacilaba en usar las armas nucleares como herramienta de coerción diplomática. Henry Stimson, entonces secretario de Guerra, comentó, mientras la bomba estaba en desarrollo, que esta sería una «carta maestra» que daría a Estados Unidos un «as en la manga» en sus relaciones diplomáticas.[8]

Sin embargo, esta decisión de usar y desarrollar armas nucleares nunca fue aprobada por el público estadounidense. En septiembre de 1946, una encuesta reveló que más de dos tercios de los norteamericanos deseaban que la ONU «impidiera que todos los países, incluido Estados Unidos, fabricaran bombas atómicas». Cuando Estados Unidos anunció sus planes de construir una bomba de hidrógeno, el 68 por ciento de sus ciudadanos consideraba que era necesario un esfuerzo para llegar a un acuerdo con la Unión Soviética en relación con el control de armamentos.[9]

Alentado por la paranoia en torno a los supuestos planes soviéticos de dominación mundial y el firme compromiso de mantener el liderazgo global, Estados Unidos emprendió una carrera armamentística que alcanzó proporciones descomunales. En un momento dado, Estados Unidos poseía más de 30.000 ojivas nucleares, y la Unión Soviética llegó a tener 40.000, suficientes para devastar todo el planeta muchas veces.

Y lo peor estuvo a punto de ocurrir. La historia de las armas nucleares está llena de episodios escalofriantes que casi se convirtieron en tragedias. Basta con recordar la crisis de los misiles en Cuba. En octubre de 1962, el descubrimiento de misiles balísticos soviéticos en la isla desencadenó un enfrentamiento de trece días entre Estados Unidos y la Unión Soviética. La crisis terminó cuando el líder soviético, Nikita Jrushchov, aceptó desmantelar las bases de misiles en Cuba a cambio de que Estados Unidos prometiese no invadir la isla y retirase, en secreto, los misiles que tenía en Turquía.

¿Por qué tomó Jrushchov la temeraria decisión de instalar misiles en un territorio que Estados Unidos consideraba bajo su esfera de influencia? Había dos razones clave. En primer lugar, Estados Unidos estaba llevando a cabo una guerra terrorista despiadada contra Cuba, que podría haber terminado fácilmente en una invasión. El despliegue de misiles se presentaba, entonces, como una medida defensiva frente a una amenaza militar tangible. Años después, Robert McNamara reconoció que los temores cubanos estaban justificados. «Si yo me hubiera encontrado en el lugar de los cubanos o los soviéticos, habría pensado lo mismo», comentó en una importante conferencia celebrada con motivo del cuadragésimo aniversario de la crisis de los misiles. En segundo lugar, aunque Jrushchov había propuesto una reducción mutua de las capacidades militares ofensivas, la administración Kennedy respondió con un aumento armamentístico sin precedentes en tiempos de paz, a pesar de que Estados Unidos ya superaba ampliamente a la Unión Soviética en capacidad militar.[10] Kennedy rechazó la oferta de Jrushchov de retirar los misiles de Cuba a cambio de que Estados Unidos hiciera lo propio públicamente con los misiles Júpiter de Turquía; solo la retirada de Cuba podía ser pública. Kennedy insistió en mantener en secreto el repliegue de sus misiles para consolidar el principio de que, si bien Estados Unidos podía emplazar misiles cerca de las fronteras soviéticas, la misma acción por parte de la Unión Soviética era inadmisible. El Gobierno de Kennedy rechazó así una propuesta que sabía que era razonable. Es difícil encontrar en la historia una decisión más horrenda y, aun así, Kennedy sigue siendo elogiado por su aplomo y su habilidad política. Su postura estuvo a punto de llevar al mundo a una destrucción catastrófica. Tal como escribe el historiador Christian Appy, «de acuerdo con la propia lógica de Kennedy, lo que llevó al mundo al borde de la guerra nuclear no fue la presencia de misiles nucleares en Cuba, sino su insistencia en exigir su retirada», su obsesión «por demostrar la sólida determinación de mantenerse firme ante los comunistas» y de ese modo evitar el riesgo de ser «visto como un tigre de papel, tanto por su propio pueblo como por Jrushchov y el resto del mundo».[11]

La crisis que puso a la humanidad al borde del apocalipsis comenzó con la ofensiva de Kennedy contra Cuba y la amenaza de una invasión en octubre de 1962. Terminó con el rechazo del presidente a propuestas rusas que cualquier persona «racional» habría considerado razonables, pero que eran inaceptables para Estados Unidos, pues habrían socavado el principio de su derecho unilateral a desplegar misiles nucleares donde quisiera. Para reafirmar este principio, Kennedy estuvo dispuesto a enfrentar el riesgo de una guerra de consecuencias inimaginables, dejando de lado soluciones simples y justas que habrían disipado la amenaza.[12]

La lección no necesita más explicaciones. La insistencia de Estados Unidos en preservar su dominio y negarse a conceder a otros países los mismos derechos que reclama para sí no solo carece de principios, sino que es extremadamente peligrosa. En 1962, la determinación implacable de mantener su hegemonía estuvo a punto de conducir a la destrucción de la civilización moderna. No hay razón para pensar que algo similar no pueda ocurrir nuevamente.

De hecho, en varias ocasiones a lo largo de la Guerra Fría, los sistemas automatizados de Estados Unidos y la Unión Soviética detectaron amenazas de ataques nucleares que, de no ser por la intervención humana, habrían podido desencadenar respuestas automáticas. En 1983, por ejemplo, la administración Reagan estaba simulando ataques a la Unión Soviética y planteando la instalación de misiles Pershing en Europa (con un tiempo de vuelo de diez minutos a Moscú), lo que hizo creer al Gobierno soviético que iba a producirse un ataque nuclear inminente. Esto llevó a una Unión Soviética «muy nerviosa y propensa a cometer errores y accidentes», puesto que estaba «preparada para esperar un ataque y lanzar una represalia inmediata», a un estado de alerta máxima. En ese tenso contexto, un sistema de alarma automatizado soviético detectó unos supuestos misiles balísticos entrantes. Se cree que fue un militar soviético, Stanislav Petrov, quien salvó al mundo al desobedecer el protocolo y pasar al siguiente nivel, deteniendo con ello un proceso que podría haber desencadenado una respuesta nuclear soviética masiva.[13]

Este no fue el único incidente de ese tipo. El general Lee Butler, exjefe del Comando Estratégico de Estados Unidos (STRATCOM), en una reflexión llevada a cabo después de la Guerra Fría, dijo que, hasta ahora, habíamos sobrevivido a la era nuclear «sin un holocausto gracias a una combinación de habilidad, suerte e intervención divina, y sobre todo gracias a esta última». Butler describió el plan estratégico estadounidense de 1960, que contemplaba un ataque automatizado y total contra el mundo comunista, como «el documento más absurdo e irresponsable» que había leído jamás. Daniel Ellsberg, quien trabajó como planificador nuclear de la RAND Corporation durante la década de 1960, también se mostró igual de horrorizado al descubrir un documento secreto que describía los planes para matar a cientos de millones de civiles soviéticos, lo que denominó un «omnicidio» absoluto.[14]

Estados Unidos y la Unión Soviética desarrollaron tanto la capacidad como los planes para destruirse entre sí, y con ello al mundo entero, y luego mantuvieron sistemas que fácilmente podrían haber desatado este apocalipsis con que se produjeran tan solo unos pocos errores o simples malentendidos. Incluso si la catástrofe final fuera una posibilidad remota, con el paso del tiempo los acontecimientos improbables dejan de ser posibilidades remotas.[15]

Y seguimos en esa misma línea. La irresponsabilidad nuclear no terminó con la Guerra Fría. Durante la época de Bill Clinton, STRATCOM elaboró un importante informe, *Essentials of Post-Cold War Deterrence* [Elementos esenciales de la disuasión en la post Guerra Fría], centrado en «el papel de las armas nucleares» después del final de la Unión Soviética. Una de sus conclusiones principales fue que Estados Unidos debía mantener el derecho de realizar un primer ataque, incluso contra países sin armas nucleares. Además, recomendaba mantener las armas nucleares listas para su uso en todo momento, ya que «proyectan una sombra sobre cualquier crisis o conflicto», lo que permite a Estados Unidos alcanzar sus objetivos mediante la intimidación. El informe de STRATCOM también aconsejaba: «Los estrategas no deberían ser demasiado racionales a la hora de determinar [...] qué es lo más valora el oponente». En la mira, simplemente, debería estar todo. «No conviene que nos perciban como demasiado racionales y calculadores. [...] La posibilidad de que Estados Unidos pueda actuar de forma irracional y vengativa si se amenazan sus intereses vitales debería ser parte de nuestra imagen como nación.» De hecho, es «beneficioso [para nuestra postura estratégica] si algunos elementos pueden parecer potencialmente "fuera de control"», estableciendo así una amenaza latente de ataque nuclear. Esta es la «teoría del loco» de Richard Nixon, ahora formalizada en estrategia.[16]

Incluso los presidentes demócratas que han expresado su apoyo al desarme han seguido en la práctica un curso opuesto. Barack Obama, a pesar de pronunciar discursos sobre la abolición de las armas nucleares, puso en marcha un plan para destinar un billón de dólares al arsenal nuclear estadounidense durante las siguientes tres décadas. Sus programas de modernización de armas nucleares aumentaron el «poder de destrucción» lo suficiente como para crear, como observó el *Bulletin of the Atomic Scientists*, «exactamente el tipo de capacidad que se esperaría ver en un Estado que pretende poder ganar una guerra nuclear con un primer ataque sorpresa que desarme a sus enemigos».[17]

La Revisión de la Postura Nuclear (NPR, por sus siglas en inglés) de 2022, publicada por la administración Biden, es clara sobre el hecho de que amenazar con el uso de armas atómicas es una pieza central de la política exterior de Estados Unidos, y no está únicamente destinada a disuadir ataques nucleares de otros países. La NPR declara que «nuestra postura nuclear tiene como objetivo complicar todos los cálculos de decisión de un adversario, ya sea para instigar una crisis, iniciar un conflicto armado, lanzar ataques estratégicos con capacidades no nucleares o el uso de armas atómicas a cualquier escala» y «por tanto, sustenta todas nuestras prioridades de defensa nacional», incluida la «disuasión de agresiones regionales». El Tratado de No Proliferación Nuclear de 1968, que Estados Unidos ratificó, obliga a sus firmantes a buscar «un desarme general y completo bajo un control internacional estricto y eficaz». Sin embargo, la NPR declara que «en el futuro previsible, las armas nucleares seguirán proporcionando efectos de disuasión únicos que ningún otro elemento del poderío militar estadounidense puede igualar». En efecto, cuando «disuasión» significa «el uso de la amenaza de aniquilación para obtener la sumisión», la NPR está en lo cierto al afirmar que apuntar armas capaces de destruir civilizaciones hacia otros países tiene un poder coercitivo insustituible. Todo esto viola no solo la Carta de las Naciones Unidas, sino también el compromiso del Tratado de No Proliferación de realizar esfuerzos «de buena fe» para eliminar por completo las armas nucleares.[18]

China, a diferencia de Estados Unidos, mantiene una política formal que garantiza no ser el primer país en utilizar armas atómicas (lo que establece la doctrina estadounidense es que podemos ser los primeros en utilizarlas si nuestros «intereses vitales» se ven comprometidos). China ha expresado su rechazo contundente a esta postura de Estados Unidos, señalando que la lógica norteamericana de «buscar la superioridad militar absoluta» inevitablemente «acaba fomentando una carrera armamentística nuclear», y que al «reforzar el papel de las armas atómicas en su política de seguridad nacional y reducir su umbral de uso, Estados Unidos se ha convertido en un creciente factor de riesgo de conflicto nuclear».[19] Por el contrario, en Estados Unidos apenas existe debate alguno sobre si su actual política nuclear está promoviendo la proliferación y poniendo en peligro al mundo.

Desde que, en 1945, Estados Unidos arrasó dos núcleos de población civiles se han alzado movimientos populares a nivel global que claman por la restricción o eliminación de las armas nucleares. En su libro *Confronting the Bomb: A Short History of the World Nuclear Disarmament Movement*, Lawrence Wittner explica que estos movimientos han sido clave para la implementación de las medidas de control armamentístico que existen hoy en día. En ausencia de esta presión popular, los sucesivos Gobiernos norteamericanos difícilmente habrían estado dispuestos a adoptar medidas para reducir sus arsenales nucleares. En 1956, el embajador estadounidense ante la ONU, Henry Cabot Lodge Jr., se lamentaba de que la bomba atómica había adquirido «una mala reputación» a tal punto que limitaba seriamente «nuestro margen para usarla», y Eisenhower, por su parte, reconoció ante su Estado Mayor Conjunto que el modo en que evolucionaba «la opinión mundial» en aquel momento no permitiría nuevas amenazas nucleares. Ha sido la presión de la opinión pública, y no el instinto humanitario de los líderes políticos, lo que ha ayudado a contener la proliferación y el uso de las armas nucleares.[20]

El Gobierno de Estados Unidos, por su parte, ha tratado históricamente a estos activistas con una enorme hostilidad. Por ejemplo, cuando en la década de 1980 surgió el movimiento Nuclear Freeze, el asesor de seguridad nacional de Reagan, Robert McFarlane, confesaría más tarde que lo vio como una seria amenaza política, un «movimiento que podía socavar el apoyo del Congreso al programa de modernización [nuclear]». David Gergen, entonces director de comunicación de la Casa Blanca, recuerda que la administración consideraba al movimiento Nuclear Freeze, predominantemente, como «una daga que apuntaba al corazón del programa de defensa». Wittner documenta los grandes esfuerzos que dedicó la administración a desacreditar la campaña Nuclear Freeze, y el propio presidente Reagan declaró públicamente que su creación había recibido la ayuda de «agentes extranjeros» interesados en asegurar «el debilitamiento de Estados Unidos».[21]

Los activistas fueron tenaces y valientes, pero hoy han pasado en gran medida al olvido. Por ejemplo, en 1981, un grupo de mujeres del Reino Unido organizó el Campamento de Mujeres por la Paz de Greenham Common frente a una base que se estaba construyendo para albergar misiles de crucero nucleares. Aquellas mujeres interrumpieron repetidamente su construcción y, en un momento memorable, treinta mil de ellas formaron una cadena, tomadas de las manos, y rodearon toda la base. Al final, se retiraron los misiles, pero el campamento pacifista se mantuvo hasta el año 2000 como símbolo de la protesta antinuclear.[22]

El activismo antinuclear ha sido un movimiento que ha tenido mucha fuerza a nivel global, especialmente en aquellos países que han sido escenario de alguna de las más de dos mil pruebas nucleares realizadas desde 1945 por las potencias nucleares. Wittner destaca diversas iniciativas en las naciones del Pacífico. En Fiji, por ejemplo, «organizaciones religiosas, sindicatos y estudiantes crearon el Grupo Antinuclear de Fiji para trabajar por un Pacífico libre de armas atómicas». Por su parte, «en Tahití, miles de personas salieron a las calles en protesta contra las pruebas nucleares francesas y para exigir que querían independizarse de Francia». Los habitantes de las Islas Marshall organizaron una ocupación para resistir los planes de Estados Unidos de ampliar sus derechos militares en la región. En Palau, los habitantes de la isla votaron a favor de incluir en su constitución una disposición que prohíbe las armas nucleares, a pesar de la presión de Estados Unidos para influir en el resultado. Los esfuerzos de estos activistas por la paz tuvieron frutos concretos: el Tratado de Prohibición Parcial de los Ensayos Nucleares de 1963, el Tratado de No Proliferación Nuclear de 1968, el Tratado de Misiles Antibalísticos de 1972, la Convención sobre Armas Biológicas de 1972 y la Convención sobre Armas Químicas de 1993.

Todos estos logros están hoy en peligro.

Elaine Scarry ha argumentado de manera convincente que la existencia de armas atómicas es, por definición, profundamente antidemocrática. Cuando el destino de la Tierra queda en manos de un grupo reducido de personas, vivimos en lo que ella describe, de forma más precisa, como una «monarquía termonuclear». Para que entendamos mejor la situación, Scarry nos invita a imaginar un mundo hipotético en el que cada país está fundado sobre un «suelo flexible», es decir, una trampilla que se abre hacia el interior de la Tierra. Supongamos, propone, que con solo pulsar un botón, esa trampilla pudiera abrirse y el país entero, junto con toda su población, desapareciera para siempre en el abismo. Si un pequeño grupo de personas tuviera el control exclusivo de este botón, capaz de extinguir en un instante a cientos de millones de seres humanos, diríamos acertadamente que la situación es incompatible con la democracia, si entendemos esta como el control popular sobre el destino de la propia comunidad. Tal como lo expresó el general Lee Butler: «¿Con qué derecho los líderes de los Estados con armas nucleares se atribuyen, generación tras generación, el poder de dictar las probabilidades de que la vida en nuestro planeta continúe?».[23]

Sin embargo, esta es la situación en la que vivimos. «Puedo volver a mi oficina, levantar el teléfono, y al cabo de veinticinco minutos habrán muerto setenta millones de personas», observó Richard Nixon en una ocasión. Nixon hablaba con precisión: tenía personalmente en sus manos el destino de incontables millones de personas, lo quisieran ellas o no. Y no dudó en plantearse la posibilidad de emplear esta terrible máquina de destrucción. «Si el presidente pudiera hacer lo que quisiera —comentó Henry Kissinger—, tendríamos una guerra nuclear cada semana.» De hecho, según un alto mando de la CIA, en 1969, después de que Corea del Norte derribara un avión espía norteamericano en el mar de Japón, Nixon, en estado de ebriedad, ordenó un ataque nuclear táctico en respuesta. Kissinger tuvo que instar al Estado Mayor Conjunto a «no hacer nada hasta que Nixon estuviera sobrio a la mañana siguiente».[24]

El exsecretario de Defensa del Gobierno de Clinton, William J. Perry, ha señalado las escasas restricciones que tiene un presidente si quisiera utilizar armas nucleares: «Si el presidente decide que hay que lanzarlas, tiene autoridad para hacerlo, tiene el equipamiento para hacerlo y, una vez disparadas, no hay forma de detenerlas ni de destruirlas en pleno vuelo». En 2017, el exdirector de Inteligencia Nacional, James Clapper, lo confirmó: «Conozco bien las herramientas a las que puede acceder un presidente y, francamente, me preocupa su acceso a los códigos nucleares». Refiriéndose en concreto a Donald Trump, Clapper comentó que, con el sistema actual, si Trump hubiese querido lanzar un ataque nuclear contra Corea del Norte «en un arranque de ira», habría «muy pocas cosas que lo impidieran», ya que existen «escasos controles sobre el uso de la opción nuclear». Clapper lo consideraba «bastante aterrador».[25]

Ben Rhodes, ex asesor adjunto para la seguridad nacional de Barack Obama, explicó que nos falta «algún proceso, algún control, alguna cadena de mando, alguna forma de notificación al Congreso, alguna pausa que permita detenerse y considerar, aunque sea por un instante: ¿de verdad queremos hacer esto?». La única barrera entre la humanidad y la guerra nuclear es el presidente, esa persona «tiene a su total discreción el poder de destruir la vida en la Tierra». Durante el Gobierno de Nixon, cuando su alcoholismo y su paranoia ya se estaban haciendo evidentes, el senador Alan Cranston telefoneó al secretario de Defensa y le urgió a actuar ante «la necesidad de evitar que un presidente enloquecido» llevase al mundo a un holocausto». Pero, entonces igual que ahora, el destino del planeta Tierra depende de que el presidente mantenga la cordura.[26]

Tenemos perfecto conocimiento de la solución para superar esta amenaza apocalíptica: acabar con las armas nucleares. Existe la posibilidad de tomar una serie de medidas que permiten reducir el peligro, como la creación de zonas libres de armas nucleares (ZLAN), que ya existen en gran parte del mundo, incluida Asia central y todo el hemisferio sur. Por ejemplo, en 1996, el Tratado de Pelindaba estableció una zona libre de armas nucleares en todo el continente africano. Sus protocolos invitan a los Estados poseedores de bombas atómicas «a comprometerse a no utilizar ni amenazar con utilizar un arma nuclear contra ninguno de los signatarios del tratado» ni a «realizar pruebas ni apoyar o incentivar la realización de ensayos nucleares dentro de la zona africana». Hasta el momento, Estados Unidos no ha ratificado este tratado.

El paso crucial sería establecer una zona libre de armas atómicas en Oriente Medio, ya que con esto se pondría fin a la supuesta amenaza nuclear iraní (y por tanto al pretexto para los bombardeos, asesinatos y sabotajes que tanto Estados Unidos como Israel han ejecutado en Irán). No obstante, Estados Unidos lleva mucho tiempo bloqueando este avance crucial hacia la paz mundial, ya que le impediría proteger el arsenal nuclear de Israel. En 2015, Benjamín Netanyahu agradeció al Gobierno de Obama haber bloqueado una propuesta de Egipto para prohibir las armas atómicas en todo Oriente Medio. El establecimiento de zonas libres de armas nucleares representa un paso esencial para reducir este tipo de amenaza. Si Estados Unidos fuera una sociedad democrática funcional, en la que la opinión pública tuviera peso en las decisiones políticas, estos problemas podrían resolverse. De hecho, una encuesta realizada en 2007 tanto entre iraníes como entre estadounidenses reveló que en general se mostraban de acuerdo en casi todas las cuestiones importantes sobre proliferación nuclear, entre ellas el derecho de Irán a tener energía nuclear pero no armas atómicas, la eliminación de todo armamento nuclear y la creación de una «zona libre de armas nucleares en Oriente Medio que incluiría tanto a los países islámicos como a Israel».[27]

Existen también otras medidas posibles. Estados Unidos se ha negado sistemáticamente a comprometerse con la política del denominado «no first use», no ser el primero en usar las armas nucleares, a pesar de que, según las encuestas, dos tercios de los estadounidenses apoyan esta medida. En 2021 entró en vigor el Tratado de Prohibición de Armas Nucleares de la ONU, el primer acuerdo vinculante que prohíbe de manera integral estas armas con objeto de eliminarlas por completo. Lo han firmado casi cien países. Tristemente, las negociaciones fueron «boicoteadas por todos los Estados poseedores de armas atómicas, la mayoría de los países de la OTAN y varios aliados militares de estos Estados». La administración norteamericana podría demostrar un verdadero liderazgo internacional si aceptara el tratado e instara al resto de los países nucleares a hacer lo mismo, pero no ha dado ese paso.[28] Lamentablemente, ese nivel de civilización parece seguir estando fuera del alcance de las potencias más grandes, que continúan avanzando en la dirección opuesta, mejorando y expandiendo los medios para acabar con la vida humana en la Tierra. George W. Bush retiró a Estados Unidos del Tratado de Misiles Antibalísticos, lo cual fue, en palabras de James Acton, del Fondo Carnegie para la Paz Internacional, claramente un «error épico». La administración Bush también fue la única en rechazar un acuerdo internacional para detener la producción de materiales fisionables con fines armamentísticos (FISSBAN). En noviembre de 2004, el Comité de Desarme de la ONU votó a favor de un FISSBAN verificable. El resultado de la votación arrojó 147 votos a favor y solo uno en contra (Estados Unidos), con dos abstenciones: Israel y el Reino Unido. Más tarde, el presidente Trump desmanteló el Tratado de Fuerzas Nucleares de Alcance Intermedio (INF) de Reagan y Gorbachov, y poco después autorizó el ensayo de armas que violan dicho tratado. Y no se vislumbra un cambio de rumbo. Según la Asociación de Control de Armas, la propuesta de presupuesto de Biden para 2021 preveía la continuidad de «los costosos y controvertidos programas de mantenimiento y modernización de armas nucleares heredados de la administración Trump».[29]

El Tratado de No Proliferación establece una obligación legal para que las potencias nucleares adopten medidas de buena fe encaminadas a la eliminación de sus arsenales nucleares. Sin embargo, Estados Unidos ha liderado precisamente la negativa a cumplir con estas obligaciones. Mohamed el-Baradei, director del Organismo Internacional de Energía Atómica, subraya que «la renuencia de una parte a cumplir con sus compromisos genera la renuencia de otras». El expresidente Jimmy Carter criticó a Estados Unidos por ser el principal responsable de esta erosión del TNP, señalando que sus dirigentes, al tiempo que afirmaban oponerse a la proliferación, «no solo han abandonado las restricciones de los tratados existentes, sino que además han anunciado planes para probar y desarrollar nuevas armas», e incluso han amenazado con ser los primeros en emplearlas contra países que no las poseen.[30]

Cuando Harry Truman dejó la presidencia, advirtió de que «la del futuro será un tipo de guerra en la que el hombre podrá extinguir millones de vidas de un solo golpe, demoler las grandes ciudades del mundo, borrar los logros culturales del pasado y destruir la estructura misma de la civilización, construida lenta y esforzadamente a lo largo de cientos de generaciones. Una guerra así no es una política posible para hombres racionales». Robert McNamara también advirtió, hacia el final de su vida, sobre un «apocalipsis inminente», declarando que «la actual política de armas nucleares de Estados Unidos es inmoral, ilegal, innecesaria desde el punto de vista militar y terriblemente peligrosa», y que representa «riesgos inaceptables tanto para nuestra nación como para el resto del mundo», incluido el peligro «inaceptablemente alto» de que se produzca un bombardeo «accidental o involuntario» y de ataque nuclear por parte de terroristas. William Perry, exsecretario de Defensa de Clinton, cree que «la probabilidad de que se produzca una catástrofe nuclear es hoy mayor» que durante la Guerra Fría, cuando evitamos el apocalipsis global solo por suerte. El exsenador Sam Nunn también ha alertado sobre estos peligros, señalando que «nos enfrentamos a un riesgo innecesario de un armagedón de nuestra propia creación». En el marco de las políticas actuales, «un intercambio nuclear es en última instancia inevitable», concluyó en 2005 el experto en relaciones internacionales Michael MccGwire.[31]

Dado el riesgo que corremos, sería un error —incluso criminal— no hacer lo posible por limitar la producción y el uso de estas terribles armas. Pero otra cosa que debemos tener en cuenta es que, a menos que abordemos los impulsos nacionalistas y militaristas que nos empujan hacia la confrontación catastrófica con otras potencias, no estaríamos haciendo otra cosa que retrasar un conflicto que podría destruir a la especie humana. La única incógnita es el momento en que sucederá.

ACABAR CON EL PLANETA: LA POLÍTICA CLIMÁTICA DE ESTADOS UNIDOS Y EL MUNDO

En julio de 2022, los bomberos británicos tuvieron su día más intenso desde la Segunda Guerra Mundial. Una ola de calor sin precedentes provocó incendios forestales devastadores que arrasaron pueblos y ciudades de todo el país. Solo en Londres, los bomberos enfrentaron dificultades «sin precedentes» al combatir 1.100 incendios, con temperaturas por encima de los 40 °C. En algunas zonas, calles enteras quedaron reducidas a escombros carbonizados, los hogares de las personas fueron consumidos por el fuego en cuestión de minutos. Quienes lo presenciaron lo comparaban con «una escena propia del Blitz», con las casas reducidas a cenizas y sus residentes obligados a reconstruir sus vidas desde cero.[32]

Este suceso no fue algo excepcional o anómalo; era absolutamente predecible. El calentamiento global está haciendo que aumenten la frecuencia y la gravedad de las olas de calor en el Reino Unido, lo que deja consigo «un dramático aumento del número de los días de verano [...] que muestran índices meteorológicos de incendios extremadamente altos». Las «escenas propias del Blitz» se irán volviendo cada vez más comunes a medida que las amenazas de incendios que antes ocurrían «una vez cada siglo» se conviertan en acontecimientos meteorológicos anuales.[33]

Al mes siguiente de estos incendios catastróficos del Reino Unido, unas lluvias inusualmente intensas azotaron Pakistán. La lluvia no cesó y el país no tardó en verse ante una de las peores catástrofes naturales de su historia: un tercio quedó bajo las aguas de las inundaciones. Veintisiete mil escuelas y mil quinientos centros de salud públicos resultaron destruidos o dañados, junto con cientos de puentes, represas y miles de kilómetros de carreteras. El primer ministro describió que «aldea tras aldea» habían sido arrasadas y «millones de hogares» quedaron destruidos. A principios de 2023, informó Unicef, «hasta cuatro millones de niños seguían viviendo cerca de aguas de inundación estancadas y contaminadas, en riesgo directo para su supervivencia y bienestar. [...] Niños frágiles y desnutridos luchan desesperadamente contra la malnutrición aguda grave, diarrea, malaria, dengue, fiebre tifoidea, infecciones respiratorias y otras dolorosas enfermedades de la piel». Los daños causados por las inundaciones se estimaron en 15.000 millones de dólares, uno de los desastres más onerosos jamás sufridos por un país en desarrollo.[34]

Igual que los incendios forestales británicos, tampoco las lluvias sufridas en Pakistán fueron un inexplicable «fenómeno divino», sino la previsible consecuencia del cambio climático. Los monzones se están intensificando debido al aumento de la humedad atmosférica, y el incremento de las temperaturas también está derritiendo los miles de glaciares de Pakistán, elevando más todavía el caudal de los ríos y agravando las inundaciones.[35]

Y esto, por supuesto, es solo el comienzo.

La literatura científica que trata de la crisis climática es alarmante. Muestra con claridad que vamos de camino al desastre y que las advertencias iniciales fueron incluso demasiado conservadoras. En noviembre de 2019, un grupo de más de 11.000 científicos de 153 países emitió una alerta pública: el planeta

271

enfrenta una «emergencia climática». Señalaron que muchos de los «signos vitales de la Tierra» (temperaturas, niveles del mar, masas de hielo, tasa de pérdida de selvas tropicales, disminución de la biodiversidad, etcétera) han alcanzado niveles críticos. Si la Tierra fuera un paciente, necesitaría de atención de emergencia inmediata para sus múltiples enfermedades mortales.[36]

No nos faltan sombrías advertencias por parte de los científicos del clima. «Las cosas están cada vez peor —dice Petteri Taalas, secretario general de la Organización Meteorológica Mundial—. La única solución es abandonar el uso de combustibles fósiles en la producción de energía, y en la industria y el transporte.» Susan Joy Hassol, directora de Comunicación Climática, refiriéndose a los «récords de temperatura, pérdida de hielo marino e incendios forestales» de 2023, ha asegurado: «No he visto nunca un momento en el que hayamos superado tantos récords al mismo tiempo». Raymond Pierrehumbert, profesor de física en Oxford y autor principal del Tercer Informe de Evaluación del Grupo Intergubernamental de Expertos sobre el Cambio Climático (IPCC), advierte de que «estamos en serios problemas» y «es momento de entrar en pánico». Debemos llegar a cero emisiones netas de carbono con urgencia, porque «no hay plan B». António Guterres, secretario general de la ONU, no exageró al declarar en noviembre de 2022: «Estamos en una autopista hacia el infierno climático y no dejamos de pisar el acelerador». El climatólogo israelí Baruch Rinkevich señala que hay muchos que aún «no comprenden la magnitud de lo que estamos diciendo», y enfatiza que «el pronóstico es que todo va a quedar alterado: el aire que respiramos, los alimentos que ingerimos, el agua que bebemos, los paisajes que admiramos, los océanos, las estaciones, la vida cotidiana, la calidad de vida». Con tristeza, concluye: «De lo que me alegro es de que no estaré vivo para entonces».[37]

Todos los plausibles escenarios entrañan un sufrimiento de proporciones inimaginables. La mitad de las especies del planeta podrían desaparecer a medida que sus entornos sufran transformaciones a las que ya no puedan adaptarse. El daño ya infligido a la fauna es en sí mismo aterrador. Más de mil millones de personas podrían verse desplazadas, lo que constituirá una serie de crisis de refugiados mucho mayor que la causada por la catástrofe de las inundaciones de Pakistán. Temperaturas letales harían inhabitables vastas regiones del mundo (salvo para los escarabajos y las bacterias, posiblemente).[38]

En la actualidad, el CO_2 en la atmósfera se encuentra en niveles registrados por última vez hace millones de años, cuando el nivel del mar estaba unos veinte metros por encima del actual. Jeremy Lent, al resumir la *Advertencia de los científicos del mundo a la humanidad*, destaca que, «ya sea en términos de emisiones de CO_2, aumento de temperaturas, zonas muertas en los océanos, agotamiento de los recursos de agua dulce, extinción de especies vertebradas o pérdida de cobertura forestal, los indicadores apuntan todos uniformemente en una dirección sombría y desalentadora, un continuo empuje hacia el colapso». En un artículo publicado en *BioScience*, doce investigadores declaran sin rodeos que la vida en la Tierra está «asediada» y que «el tiempo se acaba», pues se han superado «numerosos récords climáticos alarmantes y sin precedentes». Y añaden: «La verdad es que estamos conmocionados por la intensidad de los fenómenos meteorológicos extremos en 2023».[39]

Sin embargo, su mensaje no es de desesperanza, sino de urgencia: «Este es el momento para lograr un cambio profundo en favor de toda la vida en la Tierra, y debemos asumirlo con coraje y determinación inquebrantables, para crear un legado que resista la prueba del tiempo». William Ripple, autor principal de la investigación, asegura que «nuestra situación no es totalmente imposible». Pero no tenemos tiempo que perder.

Esta crisis climática es obra del ser humano, pero la responsabilidad no corresponde a todos ellos por igual. A los países ricos, en especial a Estados Unidos, corresponde un porcentaje de culpa sustancialmente mayor que a muchas de sus víctimas. Nuestras decisiones políticas han impuesto un costo terrible a otros. Los 33 millones de personas desplazadas por las inundaciones en Pakistán sufren hoy los efectos de una crisis que no provocaron. Ese país ha contribuido con apenas el 0,4 por ciento de las emisiones de gases de efecto invernadero responsables de esta amenaza.

Para dimensionar la desigualdad en la responsabilidad, basta con comparar las emisiones acumuladas de cada Estado. En 2020, los 230 millones de habitantes de Pakistán generaron solo 5.000 millones de toneladas de emisiones de carbono, mientras que los 330 millones de habitantes de Estados Unidos produjeron más de 400.000 millones de toneladas. Los países occidentales han sido la fuente de la mayor parte de las emisiones totales de carbono, y la contribución de Estados Unidos y Europa eclipsan considerablemente la responsabilidad que pueda corresponder a China y la India. Los ciudadanos de esos países llevan estilos de vida mucho menos intensivos en carbono que los de Estados Unidos. Como señala el antropólogo Jason Hickel, los países del norte global son responsables del 92 por ciento de todas las emisiones que sobrepasan los límites de la sostenibilidad del planeta. Casi todo el sur global, en cambio, sigue «dentro de su parte justa de ese límite», lo que significa que «no ha contribuido en absoluto a la crisis». Sin embargo, estos mismos países soportarán las peores consecuencias, hasta un «82-92 por ciento de los costos económicos que comportará la crisis climática y un 98-99 por ciento de las muertes relacionadas con el clima». Hickel concluye que «sería difícil exagerar la magnitud de esta injusticia».[40]

Tampoco todos los ciudadanos de un país contribuyen de la misma manera a esta crisis. El 1 por ciento más rico de la población mundial genera el 16 por ciento de las emisiones globales de carbono, y el 10 por ciento más rico produce aproximadamente la mitad del total. El economista Solomon Hsiang advierte de que el cambio climático incrementará aún más las desigualdades, pues sus efectos no serán igual de devastadores en todas partes. Los países de las regiones cálidas cercanas al ecuador, donde el calentamiento global tendrá los efectos más catastróficos, ya tienden a ser más pobres, mientras que algunas zonas frías más ricas «a menudo se benefician, ya que allí el calentamiento puede mejorar la salud y la productividad económica». Así, las prácticas destructivas de los más ricos terminan arruinando la vida de los más pobres, con consecuencias de las que muchos de los responsables están relativamente aislados.[41]

En otros contextos, empleamos términos como *robo*, *incendio provocado* o *asesinato* para describir actos deliberados por parte de una persona que atentan contra la vida o las propiedades de otra. El término *colonialismo del carbono* se ha acuñado para señalar el modo en que los países occidentales han elevado su calidad de vida a costa de quemar combustibles fósiles: los beneficios los acumula el 1 por ciento de la población global mientras que los costes catastróficos recaen sobre el resto del mundo.[42]

Lo alentador es que conocemos las bases de una posible solución porque entendemos las causas del problema. Tres cuartas partes de las emisiones de gases de efecto invernadero provienen del uso de combustibles fósiles, por lo que prevenir un calentamiento catastrófico implica, necesariamente, abandonar su uso. Por esta razón, un número cada vez mayor de científicos, organizaciones de la sociedad civil y Gobiernos respalda la iniciativa del Tratado de No Proliferación de Combustibles Fósiles, que, haciéndose cargo de las demandas de justicia, propone un acuerdo internacional para eliminar de forma gradual la producción de combustibles fósiles y facilitar una transición mundial hacia fuentes de energía renovables. Sin embargo, Estados Unidos no ha mostrado ningún interés en firmarlo ni avanzar en la dirección que propone.[43]

En Estados Unidos, ya existe un plan interno claro para la transición hacia energías renovables. La resolución del Green New Deal (GND) presentada por los representantes Alexandria Ocasio-Cortez y Ed Markey establece un marco básico para que el Gobierno actúe en la reducción de emisiones, al tiempo que se crean empleos dignos y bien remunerados. Hay estudios sólidos que explican cómo podría implementarse y financiarse este plan. El economista Robert Pollin, que ha realizado un análisis exhaustivo de sus requisitos prácticos, explica que los objetivos del GND no son inverosímiles ni una quimera, sino que, de hecho, son bastante viables. Y señala que «construir una economía estadounidense de cero emisiones para 2050 es una propuesta totalmente razonable y no demasiado difícil». Además, en términos netos, el GND tampoco terminaría provocando pérdidas para la sociedad. De hecho, sería un beneficio neto. Por ello, ignorar esta propuesta, dado el contexto de urgencia climática, resulta indefendible.[44]

No cabe duda de que el GND aborda únicamente el componente interno a Estados Unidos, pero como el país tiene una de las mayores emisiones per cápita del mundo, adoptarlo sería una muestra de voluntad por controlar su impacto destructivo y colaborar de forma constructiva con el resto del mundo en la búsqueda de soluciones justas. En cambio, los políticos estadounidenses han priorizado constantemente los intereses de la industria nacional de combustibles fósiles por encima del futuro de la humanidad.

En Estados Unidos, muchas de las principales instituciones de la sociedad parecen decididas a agravar el problema. El Partido Republicano, en particular, ha mostrado una abierta oposición a cualquier acción climática significativa. Donald Trump, quien ha insistido en que el cambio climático es un engaño de China, ha pedido un aumento acelerado en el uso de combustibles fósiles. Durante su primer mandato, desmanteló las regulaciones ambientales. En 2018, al revisar las normas de eficiencia de combustible, su administración argumentó que, dado que el calentamiento global empeoraría independientemente de los esfuerzos de Estados Unidos, no tenía sentido mantener medidas de eficiencia para reducir las emisiones de carbono. Trump también procuró que las agencias federales, como informó *The New York Times*, «ya no tuvieran que tomar en cuenta el cambio climático al evaluar los impactos ambientales de autopistas, oleoductos y otros grandes proyectos de infraestructura».[45]

El liderazgo republicano ha sido franco acerca de su intención de socavar el Acuerdo de París adoptado en 2015, el principal pacto internacional para limitar las emisiones de carbono. Una razón, que apenas disimulan, es su deseo de destruir cualquier logro de su odiado Obama. Otra razón es su rechazo a cualquier limitación externa sobre el poder estadounidense. Pero la decisión también refleja directamente el repudio constante de los dirigentes republicanos a enfrentar la crisis ambiental inminente, postura que responde en gran parte a la histórica lealtad de su partido hacia la riqueza privada y el poder corporativo.

En los estados gobernados por el Partido Republicano, incluso existe un esfuerzo por sancionar a los bancos que intentan actuar frente a la crisis climática. Los republicanos están impulsando una ley de «eliminación de la discriminación energética» que prohibiría revelar información sobre inversiones en compañías de combustibles fósiles. Además, los abogados republicanos han solicitado a la Comisión Federal de Regulación de la Energía que impida a los gestores de activos adquirir acciones en empresas de servicios públicos estadounidenses si estas empresas participan en programas de reducción de emisiones, es decir, si intentan salvarnos a todos de la destrucción.[46]

A pesar de su retórica sobre la importancia de frenar el cambio climático, el Partido Demócrata tampoco ha dado los pasos necesarios para evitar la catástrofe. Durante la campaña de 2008, Barack Obama prometió en uno de sus discursos que las generaciones futuras contarían a sus hijos que ese «fue el momento en que el aumento de los océanos comenzó a desacelerarse y nuestro planeta empezó a sanar». Sin embargo, una vez en el poder, su Gobierno no actuó de forma muy distinta al anterior: sabotaje en las negociaciones internacionales sobre el clima y un incremento en la producción de combustibles fósiles. Después de la cumbre climática de Copenhague, en 2009 —que fracasó en gran medida debido a la falta de compromiso de Estados Unidos para proponer un acuerdo aceptable—, *Vanity Fair* observó que «la negativa de la administración Obama a ofrecer recortes de emisiones superiores al 4 por ciento para 2020 fue entendida por parte de muchos países, ricos y pobres por igual, como una prueba de que el Estados Unidos de Obama no era tan distinto de lo que había sido con George W. Bush». *Forbes* señaló la «ironía» de que Bush, «considerado generalmente como un petrolero de Texas, presidió durante ocho años consecutivos de disminución en la producción de crudo estadounidense», mientras que Obama, «a quien no se considera precisamente amigo de la industria del petróleo y el gas, [...] ha visto un aumento de la producción de petróleo durante cada uno de los siete años que ha estado en el cargo». Obama se mostró orgulloso de este historial destructivo, y en 2012 se jactaba de que bajo su administración, Estados Unidos producía «más petróleo que en cualquier otro momento de los últimos ocho años», y concluía: «Estamos perforando en todas partes».[47]

Y, lejos de abrazar el Green New Deal, los líderes demócratas lo menospreciaron. Nancy Pelosi desdeñó la iniciativa refiriéndose a ella como «*green dream* ['sueño verde'], o como se llame». Dianne Feinstein, senadora por California, desestimó a los activistas al afirmar, de forma errónea, que «no hay modo de financiarlo» y al recalcar que muchos de sus jóvenes simpatizantes ni siquiera tienen edad para votar.[48]

Naturalmente, los lobbies de las grandes corporaciones han sido incluso peores. La Cámara de Comercio, el Instituto Estadounidense del Petróleo y otros han dirigido durante años una campaña masiva para convencer a los norteamericanos de que el cambio climático es un engaño. La industria de los combustibles fósiles lleva décadas sembrando dudas y asegurándose de que no se tomen medidas para evitar el desastre. El principal lobista de ExxonMobil fue grabado admitiendo no solo que la empresa ha financiado proyectos destinados a desacreditar a la ciencia del clima, sino que también ha promovido algunas políticas determinadas (como un impuesto al carbono), a pesar de que tiene la certeza de que nunca serán aprobadas, con el fin de obstaculizar aún más cualquier intento real de abordar el problema. El mismo lobista confesó que, efectivamente, Exxon había «combatido con agresividad ciertos estudios científicos» y se había aliado con «grupos clandestinos para boicotear algunos de los primeros intentos [de abordar el cambio climático]». También planteaba que no había «nada ilegal en ello», y añadía: «Estábamos cuidando nuestras inversiones, estábamos cuidando a nuestros accionistas». En otras palabras, la culpa reside en la estructura misma de la empresa capitalista, con su búsqueda de beneficios a cualquier coste, incluso a expensas de un planeta habitable. Lamentablemente, el poder corporativo es tan mayúsculo que, en el marco actual, casi tenemos que sobornar a quienes están destruyendo el medio ambiente si queremos que detengan sus prácticas. Esto no es nuevo. Cuando, hace ochenta años, Estados Unidos se movilizaba para ir a la guerra, Henry Stimson, secretario de Guerra, explicó: «Si un país capitalista va a intentar entrar en la guerra, o a prepararse para la guerra, tiene que permitir que las empresas obtengan beneficios con el proceso, o simplemente no funcionarán». Es decir, si algo es de interés público, pero no favorece al sector corporativo, este luchará con todas sus armas para evitar la resolución del problema.[49]

La industria ha tenido éxito en su empeño por proteger sus beneficios aun a costa del futuro del planeta. El Acuerdo de París, por ejemplo, ni siquiera menciona los combustibles fósiles, y los grupos de presión de esta industria tienen libertad para intervenir en cada cumbre climática de la ONU, asegurándose de que los acuerdos resultantes no representen una amenaza para los buenos resultados de las grandes corporaciones. La situación ha llegado a tal punto que, en 2023, la cumbre climática de la COP28* de la ONU fue presidida por un ejecutivo de la industria de los combustibles fósiles, que utilizó su posición con el objetivo de reclutar apoyos para nuevos proyectos petrolíferos y gasísticos. (El enviado climático de Biden, John Kerry, calificó aquella elección como una «estupenda decisión».) El científico del clima Peter Kalmus expresó su desesperación, afirmando que el proceso de la ONU se había convertido en una «cruel broma», pues más de mil lobistas de la industria de los combus-

* Las siglas COP corresponden a Conferencia de las Partes, en relación con la Convención de las Naciones Unidas sobre el Cambio Climático.

tibles fósiles inundaron la conferencia para evitar que se tomaran las medidas necesarias para proteger el futuro de la humanidad. Kalmus confesó estar «casi sin palabras para describir la magnitud de la corrupción y el cinismo de la COP28».[50]

Los principales organismos científicos están lanzando advertencias inequívocas sobre el hecho de que, a menos que comencemos de inmediato a reducir el uso de combustibles fósiles y consigamos eliminarlos gradualmente por completo para mediados de siglo, nos encaminamos hacia una catástrofe. Pero, mientras, se siguen debatiendo estrategias para aumentar la producción de petróleo como si se tratara de una posibilidad racional y no suicida. Las publicaciones de la industria petrolera se muestran entusiasmadas con el descubrimiento de nuevos campos para explotar. En la prensa económica se debate si quien debe liderar el incremento de la producción es la industria estadounidense del *fracking* o la OPEP. *The Wall Street Journal* apunta que «Sudamérica ha sido durante mucho tiempo el gigante energético dormido del mundo, con enormes reservas de petróleo y gas aún sin explotar», pero que «ahora está despertando con gran estruendo, lo que tiene implicaciones enormes para el mercado global». En el artículo, el cambio climático se menciona exactamente una vez, señalando que la conferencia climática de la ONU comprometió a los países «a realizar la transición para abandonar los combustibles fósiles, pero esencialmente permitió a los Gobiernos elegir su propia vía para lograrlo». Además, señala que «la actividad reciente en Sudamérica indica que los países de esta región no están planeando reducir su producción en el corto plazo». Las consecuencias de esta negativa a «reducir su producción en el corto plazo» simplemente no se mencionan. Mientras tanto, en Estados Unidos, tanto la producción de petróleo como la de gas natural alcanzaron un récord histórico en 2023 y «sin que haya señales de desaceleración».[51] Durante los primeros veintiún meses de Biden como presidente, Estados Unidos produjo más petróleo crudo que en todo el primer mandato de Trump y aprobó la apertura de un 74 por ciento más de pozos de petróleo y gas que el Gobierno de este durante sus primeros veintiún meses.[52]

The New York Times observaba que, aunque Biden hizo campaña con la promesa de enfrentar el cambio climático, durante su presidencia «ha adoptado un rumbo muy distinto», hasta el punto de «hostigar a las compañías petroleras para que aumenten su producción». Biden decidió no asistir a la cumbre de la COP28 y envió al vicepresidente en su lugar, un «desaire significativo para tratarse de un presidente que ha prometido luchar contra el calentamiento global». Incluso el que debía ser su buque insignia en términos de legislación «climática», la Ley de Reducción de la Inflación, resultó un «regalo para [el] sector de los combustibles fósiles». Biden, como parte de su estrategia para «contener» la «amenaza» de China y «romper el dominio chino en la producción de baterías y minerales críticos para impulsar la transición», puso en peligro toda la producción de vehículos eléctricos cuando recortó el número de automóviles elegibles para subsidios, «excluyendo de la ayuda a cualquier vehículo que tenga siquiera un proveedor con vínculos débiles con Pekín».[53]

Algunos grupos demócratas han llegado a alentar a Biden a que presuma del aumento de la producción de petróleo como un logro de «moderación política». El científico climático Bill Hare declaró a *Associated Press* que esta expansión continua de la producción de combustibles fósiles es «hipócrita y absolutamente incoherente con el llamamiento global a reducirlos de manera gradual». Peter Kalmus, también científico del clima, confiesa que está perdiendo la fe en la humanidad al ver cómo se perpetúa un curso tan obviamente desastroso, pese a que contamos con el conocimiento y las herramientas necesarias para cambiarlo. «Estoy aterrorizado por lo que se avecina», asegura, y advierte que, con el rumbo actual, «grandes extensiones de la Tierra se volverán inhabitables». Kalmus cuenta que, en cierto momento, pensó que, ante un nivel de calentamiento tan alarmante y un desastre tan evidente, «todos despertaríamos y comprenderíamos que ninguna de nuestras esperanzas o sueños se hará realidad si no tenemos un planeta habitable». Sin embargo, ese despertar colectivo aún no se ha producido.[54]

La cobertura de la crisis climática en los medios estadounidenses ha sido, en general, desoladora. El periódico de referencia para el sector financiero, *The Wall Street Journal*, ofrece en sus páginas de opinión un interminable desfile de artículos de propaganda negacionista, con titulares como «El cambio climático no es el fin del mundo», «La ciencia del clima no está establecida», «El cambio climático no es el causante de todos los desastres», «El cambio climático apenas afecta a la pobreza», «Los combustibles fósiles salvarán al mundo (de verdad)», «Aun con cambio climático, el mundo no está condenado», «El cambio climático salva más vidas de las que se cree», «El cambio climático es asequible» y «Hoy estamos más seguros ante los desastres climáticos que nunca».

Incluso en el liberal *The New York Times*, la cobertura sobre el cambio climático ha dejado mucho que desear. No solo publica anuncios de la industria de los combustibles fósiles, sino que además incluye artículos «patrocinados» escritos por esta misma industria, y a través de su agencia de publicidad interna realiza campañas para el sector de los combustibles fósiles. Un exhaustivo estudio llevado a cabo por varios investigadores de Berkeley muestra que pocos de los artículos sobre el clima en este periódico mencionan los hechos más elementales y cruciales de la situación: que el calentamiento global ya está sucediendo, que llega provocado por niveles récord de CO_2 consecuencia de la quema de combustibles fósiles, que sí existe un consenso científico al respecto y que las consecuencias del calentamiento serán irreversibles.[55]

En ocasiones, los artículos del *Times* sobre desastres relacionados con el calentamiento omiten por completo la conexión con los combustibles fósiles. Por ejemplo, en su cobertura de los extremos incendios forestales que sufrió Colorado durante el invierno de 2022, el periódico hablaba de que «una grave sequía de varios años» había alimentado «las condiciones de fragilidad y sequedad» que habían permitido que el fuego arrasase zonas residenciales, pero no mencionaba que tanto esta sequía como los incendios forestales están empeorando como consecuencia de nuestra continua quema de combustibles fósiles. En cambio, la experta en incendios Jennifer Balch, directora del Earth Lab de la Universidad de Colorado en Boulder, fue tajante al referirse a los incendios en Colorado: «Quiero ser muy clara. El cambio climático desempeña un papel en todo este desastre, sin ninguna duda».[56]

La verdadera tragedia de la crisis climática es que, de haberse abordado en los años ochenta, cuando empezó a hacerse pública, no habría llegado necesariamente a ser una amenaza tan inminente para el futuro de la humanidad. En cambio, estando ambos partidos políticos estadounidenses totalmente subordinados a los intereses de la industria y con una sistemática campaña de negacionismo y confusión, lo que era un problema serio se ha convertido en una crisis existencial que causará un sufrimiento incalculable a miles de millones de seres humanos en todo el mundo. Es una injusticia aterradora, en la que las personas más ricas de los países más ricos provocan la miseria de las personas más pobres debido a su falta de voluntad para tomar las medidas básicas necesarias para preservar la civilización.

El informe de 2023 del IPCC es, con diferencia, la advertencia más amenazadora que se ha emitido hasta la fecha. Deja claro que debemos tomar medidas contundentes ya, sin dilación, para reducir el uso de combustibles fósiles y apostar decididamente por las energías renovables. Sin embargo, estas advertencias fueron merecedoras solo de un breve momento de atención antes de que nuestra extraña especie volviera a desviar sus escasos recursos hacia la autodestrucción.[57]

No obstante, la partida no ha terminado. Aún estamos a tiempo de corregir el rumbo de manera radical. Sabemos lo que debemos hacer. Si existe la voluntad, todavía podemos evitar la catástrofe. Pero para ello también es fundamental la movilización popular. Necesitamos personas que asuman la responsabilidad de proteger el futuro de las próximas generaciones. Retomando las palabras de los pueblos indígenas de todo el mundo: ¿quién defenderá la Tierra? ¿Quién protegerá los derechos de la naturaleza? ¿Quién asumirá el papel de custodio de los bienes comunes, nuestro patrimonio colectivo?

SEGUNDA PARTE

COMPRENDER EL SISTEMA DE PODER

La diferencia esencial entre la monarquía y la república más democrática está en que, en la primera, la clase de burócratas oprime y saquea al pueblo para mayor provecho de los privilegiados y de las clases propietarias, así como de sus propios bolsillos, en nombre del soberano, mientras que en la república oprimirá y robará al pueblo del mismo modo en provecho de los mismos bolsillos y de las mismas clases, pero ya en nombre de la voluntad del pueblo. En la república, el llamado pueblo, el pueblo legal, a quien se supone representado por el Estado, sofoca y sofocará siempre al pueblo viviente y real. Pero el pueblo no estará más aligerado si el palo que le pega lleva el nombre de palo del pueblo.

MIJAÍL BAKUNIN

9

Las raíces interiores de la política exterior

Para entender la política exterior de cualquier Estado, es útil comenzar por explorar su estructura social interna. ¿Quién determina el diseño de estas políticas? ¿Qué intereses están representando estas personas? ¿De dónde emana su poder? Es razonable suponer que estas políticas reflejan los intereses particulares de quienes las diseñan. En todos los países existen estructuras internas en las que hay grupos que tienen mucho más poder que otros. Como señaló una vez el destacado teórico de las relaciones internacionales Hans Morgenthau, «las concentraciones de poder privado que realmente han gobernado en Estados Unidos desde la Guerra Civil han resistido todos los intentos que se han hecho por controlarlas, y no digamos de desmantelarlas, [y] han conservado su dominio sobre los resortes de la decisión política».[1]

La ciudadanía estadounidense, en general, ejerce poca influencia sobre la política exterior del país. De hecho, la discrepancia entre la opinión pública y las acciones del Estado suele ser notable. Por ejemplo, una gran mayoría de los norteamericanos lleva mucho tiempo oponiéndose a la postura del Gobierno con respecto a Israel, y apoya en cambio el consenso internacional a favor de la solución de los dos Estados. La opinión mayoritaria también considera que Estados Unidos debería mantenerse neutral en el conflicto y negar ayuda a ambas partes —Israel y los palestinos— si no negocian de buena fe para lograr ese acuerdo. Sin embargo, el Gobierno estadounidense desoye constantemente a su opinión pública.[2]

Existen muchos otros ejemplos similares. En 1984, una encuesta reveló que el 67 por ciento de los norteamericanos desaprobaba la decisión de Ronald Reagan de minar los puertos de Nicaragua, frente a solo un 13 por ciento que la apoyaba. En 2001, entre los estadounidenses familiarizados con el concepto de calentamiento global, el 88 por ciento respaldaba el Protocolo de Kioto, pero la administración Bush lo rechazó. Dos tercios de la población estadounidense se oponen al embargo contra Cuba —incluido el 59 por ciento de los republicanos— y, no obstante, el embargo sigue vigente. Los programas de espionaje del Gobierno también son impopulares entre el público: en 2023, una encuesta mostró que solo el «28 por ciento de los adultos apoya que el Gobierno realice escuchas de llamadas telefónicas internacionales sin una orden judicial», pero esta sigue siendo una práctica rutinaria y legal. En diciembre de 2023, mientras la mayoría de los estadounidenses abogaban por un alto el fuego permanente entre Israel y Hamás, el presidente y casi todo el Congreso se negaron a solicitarlo.[3]

Este análisis parte de la premisa de que el público conoce realmente las opciones políticas que existen. Sin embargo, con frecuencia se le ocultan las acciones de su Gobierno, lo que le impide formarse una opinión al respecto. En casos como la devastación de Timor Oriental, los bombardeos de Camboya y Laos o los asesinatos con drones en diversas partes del mundo, la ciudadanía desconocía por completo lo que se estaba llevando a cabo en su nombre. Tales políticas no se someten a debate público, y mucho menos a votación. «A la gente no se le pregunta ni se le informa; simplemente se la ignora», dice el economista Jeffrey Sachs.[4]

«A la ciudadanía se le miente: se le miente sobre la situación en el frente, se le miente sobre los motivos reales de la guerra, etcétera», afirma John Mearsheimer, experto en relaciones internacionales. Sintetizando su extenso estudio sobre la toma de decisiones políticas, Mearsheimer concluye: «Lo que descubrimos es que la opinión pública [...] apenas importa en el proceso de toma de decisiones. Es un pequeño grupo de élites el que se reúne y decide». Esto es igual de cierto en las democracias

288

que en las autocracias. (De hecho, Mearsheimer sostiene que en las democracias los líderes mienten al público con mayor frecuencia que en los regímenes autocráticos, porque en ellas existe la posibilidad de destituir a los líderes, lo que exige un mayor nivel de manipulación.)[5]

Un ejemplo típico es el de Robert McNamara, que en un vuelo de regreso desde Vietnam confesó a sus asesores que, a pesar del envío de tropas al país, no se había producido «ninguna mejora», es decir que la situación subyacente era, «en realidad, peor». No obstante, al bajar del avión, McNamara declaró ante la prensa allí reunida exactamente lo contrario: «Caballeros [...]: acabo de regresar de Vietnam y me complace poder decirles que estamos logrando un gran progreso en todas las dimensiones de nuestro empeño. Lo que he podido ver y oír durante mi viaje me infunde grandes ánimos».[6]

En el libro *The Foreign Policy Disconnect*, Benjamin Page y Marshall Bouton documentan como «año tras año, década tras década, existen discrepancias significativas entre las políticas exteriores que los altos mandatarios de la administración favorecen y aquellas preferidas por el público». Por ejemplo, la ciudadanía tiende a apoyar políticas exteriores más cooperativas y pacíficas, entre ellas el fortalecimiento de la ONU, el aumento del control sobre los armamentos, la aceptación de la jurisdicción del Tribunal Internacional de Justicia, la renuncia de Estados Unidos a ejercer su poder de veto en el Consejo de Seguridad en el caso de decisiones que de otro modo serían unánimes y el uso de la diplomacia sobre la fuerza en las relaciones internacionales. Aun con ello, subrayan, el rechazo de Estados Unidos a varios acuerdos internacionales ha «contrariado repetidamente los deseos de la propia ciudadanía».[7]

La persistencia de estas preferencias populares resulta especialmente notable teniendo en cuenta los constantes esfuerzos que se hacen por manipular a la opinión pública. Por ejemplo, aunque la mayoría de los estadounidenses respaldó en su momento el ataque de la administración Bush a Irak, lo hicieron solo porque creyeron en las afirmaciones infundadas del presidente sobre la supuesta amenaza que representaba el país árabe. Más tarde, cuando la verdad salió a la luz, la opinión pública se volvió en contra de la guerra, pero fue ninguneada como una molestia que era mejor ignorar. Dick Cheney, en particular, fue especialmente franco con respecto al desprecio de la administración Bush por la opinión pública:[8]

MARTHA RADDATZ, ABC: Dos tercios de los estadounidenses sostienen que [la guerra de Irak] no merece la pena.

DICK CHENEY: ¿Y?

RADDATZ: ¿Y? ¿No le importa la opinión del pueblo estadounidense?

CHENEY: No. Creo que no hay que desviarse del rumbo en función de las fluctuaciones de las encuestas de opinión pública.[9]

Cuando los presidentes sienten que sus políticas no contarían con el respaldo de sus ciudadanos, sencillamente los mantienen en la ignorancia. La historia de la CIA, por ejemplo, es una letanía de atrocidades rara vez sometidas a debate público. El proyecto MK-ULTRA de la CIA incluyó experimentos de control mental y tortura que, como explica el periodista Stephen Kinzer, eran «esencialmente una continuación del trabajo que se inició en los campos de concentración japoneses y nazis». La CIA «contrató, de hecho, a los vivisectores y torturadores que habían trabajado en Japón y en los campos de concentración nazis para que compartieran sus descubrimientos, de modo que pudiéramos proseguir con su investigación». Estados Unidos, además, ha realizado pruebas de armas biológicas en su propia población sin su conocimiento; uno de estos experimentos, en 1966, liberó nubes de bacterias sobre pasajeros del metro de Nueva York. A lo largo de toda una década de ensayos con armas biológicas, el Pentágono «expuso a los soldados y quizá a miles de civiles a diversos compuestos», liberando «sustancias [entre las que se] incluían la *E. coli* y otros agentes que más tarde se descubriría que eran dañinos o letales para los niños, ancianos y personas con sistemas inmunitarios comprometidos». La historia del FBI, por su parte, es sórdida en sí misma, con episodios que incluyen intentos de chantaje al líder más destacado del movimiento estadounidense por los derechos civiles para que se suicidara.[10]

Las pruebas documentales de este tipo de acciones suelen mantenerse en secreto y a buen recaudo durante un largo tiempo, bajo la premisa de la «seguridad nacional». Permanecen clasificadas hasta que, finalmente, cuando salen a la luz, a nadie le importan ya mucho. Y una vez que se desclasifican, se hace evidente que nunca hubo ninguna «amenaza para la seguridad nacional» por el hecho de revelar estos documentos; el verdadero temor era que el público, asumiendo que vive en una democracia, quisiera exigir cambios en el comportamiento de estas agencias. Henry Kissinger lo expresó con claridad en 1983, cuando justificó su apoyo a las operaciones encubiertas contra el Gobierno de Nicaragua: «Simpatizo con las operaciones encubiertas, siempre que se puedan llevar a cabo de la forma en que su nombre lo indica. Pero si estas operaciones deben justificarse en un debate público, dejan de ser encubiertas y perderemos el apoyo de la opinión pública». En otras palabras, si se permitiera al público conocer la política de su propio Gobierno, no la apoyaría. En lugar de considerarlo una razón para replantearse la política, se toma como una justificación para mantenerla en secreto.[11]

¿Por qué hay tan poca correlación entre las preferencias del público y las políticas que realmente se llevan a cabo?

La explicación no es compleja. En países con altos niveles de desigualdad, el papel de la ciudadanía en la toma de decisiones es limitado. En Estados Unidos, como en otros lugares, la política exterior la diseñan e implementan pequeños grupos de interés cuyo poder emana de fuentes internas. Un estudio publicado en la *American Political Science Review* concluía que «la política exterior estadounidense está constante y fuertemente influenciada por líderes empresariales con objetivos internacionales», mientras que la «opinión pública» tiene «entre poco y ningún efecto significativo sobre las decisiones de los miembros de la administración». Los puestos clave de asesoramiento y toma de decisiones en asuntos internacionales están concentrados en manos de representantes de grandes corporaciones, bancos, firmas de inversión, los pocos bufetes de abogados que defienden intereses empresariales y tecnócratas con enfoque político que siguen las órdenes de quienes poseen y gestionan los imperios privados que dominan la mayor parte de nuestras vidas. Estos actores operan con escasa o nula rendición de cuentas al público y sin tan siquiera un simulacro de control democrático.[12]

El problema no es nuevo. En su época, Adam Smith ya habló de los «comerciantes e industriales» como «una clase de hombres, cuyos intereses nunca coinciden exactamente con los de la sociedad, que tienen en general un interés en engañar e incluso oprimir a la comunidad, y que, de hecho, la han engañado y oprimido en numerosas oportunidades». Y señalaba que estos agentes se aseguran de diseñar políticas que beneficien exclusivamente a sus propios intereses, sin importar las graves consecuencias que puedan tener para la población en general.

La concentración de la riqueza produce concentración de poder. Y esto ocurre especialmente cuando el coste de las campañas electorales se eleva, pues lleva a los partidos políticos a depender aún en mayor medida de los recursos de las grandes corporaciones. Dicho poder político se acaba destilando con rapidez en legislaciones destinadas a acrecentar todavía más la concentración de la riqueza. Así, medidas relacionadas con la fiscalidad como las políticas tributarias, la desregulación y las normativas de gobernanza corporativa —medidas deliberadamente diseñadas para favorecer la concentración de la riqueza y el poder— generan más poder político, creando un ciclo que perpetúa este sistema.

En su libro *Golden Rule*, el politólogo Thomas Ferguson explica que, cuando los principales inversores que financian los partidos políticos y sus campañas electorales mantienen una misma opinión acerca de un tema, los partidos no ofrecerán alternativas que compitan en ese ámbito, por mucho que el público desee otras opciones. Según Ferguson, para que los votantes comunes pudieran realmente influir en las decisiones políticas, necesitarían «canales sólidos» que facilitasen «de manera directa la deliberación y la expresión de las masas». Aquí se incluirían los sindicatos y otras organizaciones intermedias que, gracias a su poder colectivo, pueden lograr que los intereses de los votantes comunes ganen peso en el sistema político.[13]

Por ejemplo, las encuestas muestran regularmente que, salvo en periodos de guerra o de intensa propaganda militar, la ciudadanía prefiere que el presupuesto destinado a defensa sea más reducido y prefiere que ese gasto se invierta en educación y otras funciones civiles. No obstante, dado que los principales inversores de los partidos coinciden en su deseo de mantener un gran presupuesto de defensa, los dos principales partidos solo compiten en términos de si uno u otro escatiman en el gasto militar, y ambos prometen aumentar esas inversiones. Los grandes medios de comunicación siguen la misma línea, limitando el debate a los términos establecidos por estos dos partidos y excluyendo cualquier discusión sobre la posibilidad de recortes significativos. La comunidad empresarial estadounidense ha favorecido que se mantenga un inmenso presupuesto en defensa debido a los grandes beneficios que obtienen a través de contratos militares y subsidios a la investigación armamentística.[14]

Y, también dentro del reducido espectro de temas que se consideran susceptibles de someterse a una toma de decisiones democrática, los centros de poder privado ejercen una influencia desmesurada. Esto ocurre de manera evidente, ya sea mediante el control de los medios de comunicación y las organizaciones políticas, o directamente al proponer a los candidatos que luego son elegidos. Desde que Richard Barnet realizara un estudio en 1969 sobre los cuatrocientos principales responsables de las decisiones políticas de seguridad nacional en la posguerra, las cosas no han cambiado mucho. Barnet concluyó que la mayoría «provienen de altos despachos corporativos y bufetes legales ubicados en un área de quince manzanas de Nueva York, Washington, Detroit, Chicago y Boston».[15] Como observó el filósofo John Dewey, «la política es la sombra que proyectan las grandes empresas sobre la sociedad» (y añadió que «atenuar esa sombra no cambiará la esencia»). Las grandes corporaciones cuentan con organizaciones sólidas, vastos recursos y un agudo sentido de clase. Sus miembros se ven a sí mismos como si estuvieran librando una guerra de clases implacable, y lo han hecho así desde mucho tiempo atrás. Las empresas entienden desde hace décadas que lo que llaman «la mente pública» constituye «el único peligro serio al que se enfrentan las empresas», en palabras de un ejecutivo de AT&T. En este sistema, las decisiones políticas las toma un sector muy reducido que ostenta unos privilegios y riqueza desmesurados. Las opiniones de la mayoría de la población apenas tienen impacto en el sistema político; en esencia, está privada de sus derechos. La historia política puede entenderse en buena parte como un juego de coaliciones llevado a cabo por inversores que cambian con el tiempo, mientras que los sindicatos y otras organizaciones cívicas, que podrían ofrecer al público algún mecanismo de influencia en las decisiones políticas, tienen una capacidad de incidir mínima.[16]

Hoy en día, en Estados Unidos, existe esencialmente un solo partido político, el partido de las empresas, con dos facciones. El Partido Republicano está por completo dedicado a servir a los intereses privados y corporativos, y ha abandonado hace tiempo cualquier pretensión de ser un partido parlamentario convencional. Norman Ornstein, del American Enterprise Institute, y Thomas E. Mann, de la Brookings Institution, han descrito a los republicanos actuales como «una insurgencia radical, de ideología extrema, que desdeña la información veraz, la negociación y los acuerdos, y rechaza la legitimidad de su oposición política», un serio peligro para la sociedad. Este partido se alinea con los intereses de los muy ricos y del sector corporativo. Como no es posible obtener votos con la promesa de que ayudarán a los ya privilegiados a enriquecerse aún más, el partido utiliza posturas extremistas sobre cuestiones «culturales» como herramienta en su asalto neoliberal contra la población. Su agenda central sigue siendo la privatización, la desregulación y la limitación del Gobierno, manteniendo solo aquellos sectores que beneficien a los ricos y poderosos, como el ejército. Por su parte, los demócratas han abandonado esencialmente cualquier compromiso que tuvieran con la clase trabajadora y los sectores más pobres, y se han convertido en un partido de profesionales acomodados y donantes de Wall Street.[17]

Uno de los grandes logros del sistema doctrinal ha sido desviar la ira popular desde el sector corporativo hacia el Gobierno, que implementa los programas diseñados por el propio sector corporativo, como los acuerdos comerciales entre corporaciones e inversores, que son altamente proteccionistas. Sin embargo, los medios de comunicación y los analistas los describen de forma unánime y falsamente como «acuerdos de libre comercio».

Con todos sus defectos, el Gobierno sigue estando, hasta cierto punto, sujeto a la influencia y el control de la ciudadanía, a diferencia del sector corporativo. Para las grandes corporaciones y el sector financiero, resulta muy ventajoso alimentar el odio hacia esos «ineptos» burócratas de la administración, con lo que tratan de borrar de la mente colectiva la subversiva idea de que el Gobierno podría ser un instrumento de la voluntad popular, un Gobierno de la gente y para la gente.[18]

El resultado es un aumento del poder en manos de las tiranías privadas, carentes de responsabilidad ante el público, que conforman el mundo corporativo. Este es el propósito de los esfuerzos actuales para debilitar aquellas áreas del Gobierno que sirven al interés de la ciudadanía, mientras se fortalecen aquellas que sirven al poder empresarial, en particular el sistema del Pentágono, diseñado en gran medida como un mecanismo para transferir fondos públicos a sectores avanzados de la industria bajo la excusa de la «seguridad», y que sigue cumpliendo con esta función.

En nuestra época, las políticas las marcan, en gran medida, las corporaciones y las instituciones financieras, sin importar el impacto negativo que estas puedan tener sobre otros, incluida la población estadounidense. Esto no significa que no haya también en juego otros factores de influencia, como el nacionalismo e incluso el machismo. La cuestión esencial es que quienes están en el poder no priorizan la «seguridad» de Estados Unidos. La política exterior e interior están impulsadas exclusivamente por una búsqueda de la «seguridad» en un sentido muy específico: seguridad para aquellos grupos que Adam Smith llamaba los «amos de la humanidad», es decir, aquellos que son dueños de la sociedad y principales arquitectos de la política.

A lo largo de la historia de Estados Unidos, muchas veces se ha intentado justificar la necesidad de limitar el papel del público en la toma de decisiones, hecho que se remonta hasta la generación de los fundadores. John Jay afirmó en una ocasión que «quienes son dueños del país deben gobernarlo». Por su parte, James Madison, aunque creía en la democracia más de lo que era común en su época, pensaba que el sistema estadounidense debía diseñarse de manera que el poder quedara en manos de los ricos, a quienes consideraba que eran los más responsables. Las decisiones, según él, debían delegarse en «la riqueza de la nación», «el grupo de hombres más capaces», que entienden que el papel del Gobierno es «proteger a la minoría opulenta de la mayoría». Madison confiaba en que el «estadista ilustrado» y el «filósofo benévolo» que ejercieran el poder «sabrán discernir el verdadero interés de su país» y protegerían el bien público de los «males» de las mayorías democráticas. Le preocupaba que, si todos tuvieran derecho a votar libremente, las clases pobres se unirían y se apropiarían de los bienes de los ricos. «Las masas populares [...] rara vez saben juzgar o determinar lo correcto», declaró Alexander Hamilton durante la redacción de la Constitución, y con ello expresaba una opinión común entre las élites.

Estos temores que expresaron los «hombres de calidad» de aquella generación fundadora no han desaparecido. Reinhold Niebuhr, influyente moralista y consejero en asuntos exteriores, escribió que «la racionalidad pertenece a los observadores serenos», mientras que el ciudadano común no actúa guiado por la razón, sino por la fe. Estos observadores serenos, explicaba, deben reconocer «la estupidez del hombre medio» y brindarle las «ilusiones necesarias» y unas «simplificaciones emocionalmente poderosas» que lograrán mantener a todos esos simplones en el buen camino. Resulta crucial proteger a la «persona lunática o distraída», la chusma ignorante, de sus propios juicios «depravados y corruptos», igual que a un niño no se le permite cruzar la calle sin supervisión.[19]

De acuerdo con esta teoría, no hay violación de la democracia cuando unas pocas corporaciones controlan el sistema de información: de hecho, esta concentración sería, en su visión, la esencia misma de la democracia. Edward Bernays, la figura más destacada de la industria de las relaciones públicas, argumentaba que «la esencia misma del proceso democrático» radica en «la libertad de persuadir y sugerir», lo que él llamaba «la ingeniería del consenso». Sintetizó esta idea en 1928, al afirmar que «la manipulación consciente e inteligente de los hábitos y opiniones organizados de las masas es un elemento esencial en una sociedad democrática». En su opinión, «las minorías inteligentes [...] deben emplear la propaganda de manera continua y sistemática».[20]

Las «minorías inteligentes» comprendieron hace mucho tiempo que esta es su función. En su discurso como presidente de la Asociación Estadounidense de Ciencias Políticas en 1934, William Shepard sostuvo que el Gobierno debía estar en manos de «una aristocracia del intelecto y el poder», y no dirigido por «los elementos ignorantes, desinformados y antisociales». En *The Encyclopedia of the Social Sciences* de 1933, el destacado politólogo Harold Lasswell advertía sobre los «dogmatismos democráticos que asumen que los hombres son los mejores jueces de sus propios intereses». Según Lasswell, debíamos encontrar maneras de asegurarnos de que la gente respaldara las decisiones tomadas con visión de futuro por sus líderes.

Walter Lippmann describió un proceso que denominó «la fabricación del consentimiento». Según él, existen dos clases de personas: los que toman las decisiones y el público. Los primeros, a quienes consideraba los «hombres de mejor calidad», son los únicos capaces de hacerse cargo de la gestión social y económica. Son como un grupo de «iniciados» que tiene acceso a la información, a la comprensión y a la responsabilidad de «formar una opinión pública sólida». Esta clase especializada debe, según Lippmann, estar protegida de «las interferencias de ignorantes y entrometidos», es decir, del público en general, para así poder servir eficazmente al llamado «interés nacional».

Para Lippmann, «la tarea del público» es mucho más limitada. El público, afirmaba, no está capacitado para «juzgar los méritos intrínsecos» de un tema ni para ofrecer análisis o soluciones. «Hay que poner al público en su lugar», escribe, para que podamos «vivir libres del tumulto y el clamor de un rebaño desconcertado», cuya «función» es ser «espectadores interesados de la acción», no participantes. La participación debe quedar en manos de «los hombres responsables».[21]

Cuando el «rebaño desconcertado» intenta ser algo más que un mero espectador y trata de intervenir en la acción democrática, a la clase especializada le entra el pánico. Por eso existe tanto rechazo entre las élites hacia la década de 1960, cuando grupos de personas que históricamente habían sido excluidas de la toma de decisiones comenzaron a organizarse y a cuestionar las políticas de la clase dirigente, en particular la guerra de Vietnam, pero también otras políticas sociales dentro del país. En 1975, la Comisión Trilateral publicó un informe revelador titulado *The Crisis of Democracy* [La crisis de la democracia]. En él, Samuel Huntington, director del Departamento de Gobierno de Harvard, explicaba claramente el problema: Estados Unidos se estaba volviendo demasiado democrático. Huntington afirmaba que el país sufría de «un exceso de democracia», ya que ciertos grupos que antes habían sido marginados ahora parecían haber olvidado que su función propia era la de ser solo espectadores: «El funcionamiento eficaz de un sistema político democrático suele requerir cierto grado de apatía y desinterés por parte de algunos individuos y grupos».[22]

Lo que Huntington planteaba era que, dado que algunos grupos como «los negros» estaban sobrecargando el sistema con sus «demandas», era hora de considerar «límites que pueden ser deseables a la extensión indefinida de la democracia política». Pocas veces se expresan estas ideas con tanta franqueza, pero la actitud subyacente es común: lo que piense el público no importa. No son ellos quienes deben fijar la política exterior, lo que deben hacer es mostrar «apatía y desinterés». La idea de que hay que mantener a la chusma alejada de las decisiones importantes se mantiene hoy. Un colaborador de *The Wall Street Journal* resumió esta visión afirmando que «la democracia funciona bien solo cuando está facilitada y fortalecida por un gran número de instituciones que no son democráticas en sí mismas, o que al menos no tienen por qué serlo».[23]

Sabemos que en una sociedad verdaderamente democrática la política exterior sería muy distinta. Pero esos centros de concentración de poder avanzan incansablemente en su agenda, aprovechando cada oportunidad para promover sus objetivos, y lo hacen de la forma más agresiva posible. En particular, se dedican a explotar las crisis —ya se trate de terremotos o guerras, o acontecimientos como el del 11 de septiembre y sus secuelas—, para aprovechar la atmósfera de temor y angustia en beneficio de sus intereses. Cuentan con que, mientras su adversario, el público, está asustado y distraído, ellos pueden continuar impulsando sus programas sin interrupción.

Nunca una población que se encuentra tan segura ha estado tan aterrorizada por amenazas externas. A lo largo de la historia, hallamos ecos de la recomendación que el senador Arthur Vandenberg hizo al presidente en 1947: debía «atemorizar terriblemente al pueblo estadounidense» con el peligro de la Unión Soviética. Dean Acheson, uno de los arquitectos del orden de la posguerra, alabó el documento NSC-68 de 1950, uno de los pilares de la Guerra Fría, que demandaba un drástico aumento de la presencia militar y la imposición de disciplina en nuestra sociedad, peligrosamente libre, para poder defendernos del «Estado esclavista» que buscaba «poder total sobre todos los hombres [y] autoridad absoluta sobre el resto del mundo». Cuando Richard Nixon se reunió con Fidel Castro, contó que este le había señalado la existencia de una «actitud muy inquietante entre la prensa y el pueblo estadounidense en general». Este país, decía, «debería mostrarse orgulloso, confiado y feliz». Y añadía: «Pero, dondequiera que voy, veo que tienen miedo: miedo del comunismo, miedo de que si Cuba hace una reforma agraria, cultive un poco de arroz y se reduzca así el mercado para su arroz; miedo de que si América Latina se industrializa más, las fábricas estadounidenses no puedan vender tanto en el extranjero como antes». Nixon concluyó que Castro era «increíblemente ingenuo con respecto al comunismo».[24]

En términos de política interior, la Guerra Fría resultó conveniente tanto para los líderes soviéticos como para los estadounidenses. Ayudó a la élite dirigente militar-burocrática de la Unión Soviética a consolidarse en el poder y le dio a Estados Unidos un pretexto para obligar a su población a subsidiar la industria de la alta tecnología. La técnica utilizada era vieja y eficaz: el miedo a un enemigo formidable. Esto no significa que el «Imperio del Mal» fuera benigno; era un imperio y era brutal. Pero ambas superpotencias controlaban a su enemigo fundamental —su propia población— aterrorizándola con los crímenes (ciertamente reales) cometidos por el adversario. En aspectos cruciales, por tanto, la Guerra Fría fue una suerte de acuerdo tácito entre la Unión Soviética y Estados Unidos: mientras Estados Unidos libraba sus guerras en el tercer mundo y controlaba a sus aliados en Europa, los líderes soviéticos mantenían un férreo control interno sobre su propio imperio y sus satélites en Europa del Este, y cada bando usaba al otro para justificar la represión y la violencia en su propio territorio.

Este tipo de alarmismo persiste hoy en día, con un repertorio cambiante de enemigos —tanto extranjeros como nacionales— del que se tira para infundir miedo en la población y hacer que acepte unas políticas públicas que, en última instancia, la perjudican. El temor a enemigos amenazantes que están a punto de acabar con nosotros es un tema recurrente en la cultura estadounidense, desde los «salvajes indios despiadados» que menciona la Declaración de Independencia al actual miedo a los inmigrantes, a China o al «marxismo cultural». Sin embargo, las amenazas más serias que enfrenta Estados Unidos son las que él mismo ha creado, es decir, el cambio climático y el peligro nuclear.[25]

Nadie se ha tomado más al pie de la letra la lección de Vandenberg que Donald Trump, para quien «atemorizar terriblemente al pueblo estadounidense» (con Irán, Antifa, las «alimañas» izquierdistas, etcétera) es indispensable para mantenerse en el poder. Mientras tanto, la verdadera agenda de Trump consiste en desviar fondos públicos de los contribuyentes hacia los bolsillos de los productores de combustibles fósiles para que puedan seguir destruyendo el planeta lo más rápido posible. Trump ha demostrado su astucia política al explotar las pasiones más tóxicas latentes bajo la superficie de la sociedad norteamericana. Ha fomentado hábilmente el supremacismo blanco, el racismo y la xenofobia, que tienen profundas raíces en la historia y la cultura de Estados Unidos, ahora exacerbadas por el miedo de que «ellos» se apoderen de «nuestro» país en un contexto de declive de la mayoría blanca. Este alarmismo está surtiendo efecto. Un estudio de la Universidad George Washington revela que muchos republicanos creen que «el modo de vida tradicional estadounidense está desapareciendo tan rápido que tal vez tengamos que usar la fuerza para salvarlo», y más del 40 por ciento se mostró de acuerdo con que «llegará un momento en que los estadounidenses patrióticos tendrán que tomarse la justicia por su mano».[26]

Gran parte de la población en general opina que las instituciones no representan sus intereses, sus preocupaciones ni sus necesidades. No creen participar de forma significativa en el sistema político. Tampoco confían en que los medios les cuenten la verdad, ni que reflejen siquiera sus intereses. El sistema político opera cada vez más sin la participación del público, y este asume que se van a tomar decisiones con independencia de cómo se haya expresado en las urnas. La ciudadanía ni siquiera tiene capacidad de ratificar las decisiones que ya han sido tomadas. Y esa ratificación sería, en sí misma, una forma muy débil de democracia, donde se les pide a los votantes que opinen sobre políticas ya decididas. Una verdadera democracia daría al público un papel central en la construcción de esas decisiones, en la articulación de las posiciones, a través de la participación activa y deliberativa de todos. Por lo que hoy conocemos de las preferencias del público, si en Estados Unidos existiera una auténtica democracia, podríamos esperar que las políticas, tanto internas como externas, fueran radicalmente distintas de las actuales.

A pesar de los deseos de paz de su población, Estados Unidos destina más dinero a su ejército que casi todos los demás países comparables a él juntos. Con este desmesurado presupuesto militar, no solo estamos poniendo en riesgo al mundo, sino que también nos perjudicamos gravemente a nosotros mismos, pues malgastamos una enormidad de recursos que podrían destinarse a enfrentar las crisis que tenemos por delante. En un discurso fundamental pronunciado en 1953, Dwight Eisenhower explicó que el gasto militar era, en última instancia, un gran robo a la sociedad: «Cada arma que se fabrica, cada buque de guerra que se lanza, cada misil que se dispara, significa, en última instancia, un robo a quienes tienen hambre y no son alimentados, a quienes pasan frío y no tienen con qué vestirse». Con este gasto militar podrían financiarse hospitales, escuelas y viviendas. Eisenhower lamentaba el desperdicio de «el sudor de [nuestros] trabajadores, el genio de [nuestros] científicos, las esperanzas de [nuestros] hijos», y señalaba que «con el coste de un solo destructor podrían haberse construido viviendas nuevas para más de ocho mil personas». Eisenhower llegó a proponer que, para frenar la expansión ilimitada y socialmente autodestructiva de las fuerzas armadas, «debería establecerse una limitación, en cifras absolutas o mediante un acuerdo internacional, [sobre] el tamaño de las fuerzas militares y de seguridad de todas las naciones».[27]

En 2023, Joe Biden propuso un presupuesto militar descomunal. El Congreso no solo lo aprobó, sino que lo amplió, incluso más allá de los propios deseos de Biden. Tal como explicó Eisenhower hace tantas décadas, este gasto debería verse como lo que verdaderamente es: un enorme ataque contra la sociedad, un acto de saqueo. No obstante, se presenta como «seguridad nacional». La realidad, sencillamente, es que la seguridad de la población no es una preocupación para los responsables políticos. Seguridad para los ricos, para el sector corporativo y para los fabricantes de armas, sí. Para el resto de nosotros, no.[28]

10

El derecho internacional y el «orden basado en reglas»

La invasión estadounidense de Panamá en 1989 no es algo que se recuerde demasiado en Estados Unidos, pero sí en Panamá, donde se conmemora anualmente con un día festivo en honor a las víctimas. Durante la operación, que fue la mayor intervención militar de Estados Unidos desde Vietnam, murieron cientos de civiles panameños. La invasión «arrasó el empobrecido barrio de El Chorrillo, en la ciudad de Panamá, hasta tal punto de que los conductores de ambulancias comenzaron a llamarlo «la pequeña Hiroshima». Las televisiones y los diarios norteamericanos apenas hablaron de los muertos panameños, y se centraron casi exclusivamente en las bajas entre sus propios soldados.[1]

La invasión, denominada «Operación Causa Justa», fue un intento típico de castigar a quienes desafían con éxito a Estados Unidos. El dictador panameño Manuel Noriega había sido un activo aliado de Estados Unidos durante toda la década de 1980, pero dejó de obedecer y comenzó a hostigar a las tropas norteamericanas estacionadas en el país. Noriega «se burlaba abiertamente de Estados Unidos», en palabras del experto en inteligencia Thomas Powers. Como Sadam Huseín, se había vuelto un incordio. Estados Unidos rompió con Noriega porque se negaba a cooperar en su apoyo a la Contra en Nicaragua. Sin embargo, los cargos criminales que se le imputaron estaban basados en actividades de principios de los años ochenta, cuando Estados Unidos aún elogiaba las «asombrosas» elecciones «libres» que Noriega ganó en 1984. (En realidad, estas elecciones estuvieron marcadas por asesinatos, fraudes y financiación secreta desde Washington para asegurar la victoria de su candidato. El secretario de Estado, George Shultz, incluso viajó a Panamá para felicitar a Noriega por «iniciar el proceso democrático», comentario que resulta menos sorprendente teniendo en cuenta la interpretación que hacía la administración Reagan de lo que significaba «promover la democracia».)[2]

La invasión, es importante subrayarlo, fue manifiestamente ilegal. La Asamblea General de la ONU la condenó y aprobó una resolución en la que deploraba «profundamente la intervención en Panamá de las fuerzas armadas de los Estados Unidos de América», que constituía «una flagrante violación del derecho internacional y de la independencia, soberanía e integridad territorial de los Estados». Otros expertos en jurisprudencia coincidieron en que la invasión representaba una «grave violación» del derecho internacional. George H. W. Bush, al presentar la invasión ante su país, no intentó siquiera justificarla desde un punto de vista legal. No era necesario: se aplicaba la máxima de «lo que decimos, se hace».[3]

Los crímenes perpetrados durante la primera mitad del siglo XX impulsaron un esfuerzo firme por proteger a la humanidad de posibles nuevas guerras. Este esfuerzo llevó a un amplio consenso internacional sobre los principios que todo Estado debe respetar, que quedaron formulados en la Carta de las Naciones Unidas, considerada en Estados Unidos la «ley suprema del país». La carta comienza expresando la determinación de los firmantes de «preservar a las generaciones venideras del flagelo de la guerra», que en muy poco tiempo había «infligido a la humanidad sufrimientos indecibles». De hecho, en ese momento, la guerra no sería solo un «flagelo», sino que, con el desarrollo de las armas nucleares, amenazaba con la aniquilación de toda la humanidad. Por ello, la Carta establece claramente que los miembros «resolverán sus disputas internacionales por medios pacíficos» y se abstendrán «de recurrir a la amenaza o al uso de la fuerza contra el territorio o la independencia política de cualquier Estado». Según la Carta, el uso de la fuerza solo resulta legítimo cuando así lo autorice el Consejo de Seguridad o bajo su artículo 51, que permite el «derecho inmanente de legítima defensa, individual o colectiva, en caso de ataque armado contra un Miembro de las Naciones Unidas, hasta que el Consejo de Seguridad haya tomado las medidas necesarias para mantener la paz y la seguridad internacionales».

Cualquier otro uso de la fuerza constituye un crimen de guerra. De hecho, el empleo de la fuerza en un acto de agresión es el «crimen internacional supremo», según lo formuló el Tribunal de Núremberg. Como subrayan los juristas Howard Friel y Richard Falk, «el derecho internacional establece unas reglas claras y autorizadas sobre el uso de la fuerza y el recurso a la guerra que todos los Estados deben respetar», y si «en circunstancias extraordinarias» se permite alguna excepción, es «sobre el Estado que la alega» sobre quien «recae la pesada carga de la persuasión». Esta debería ser la interpretación común en una sociedad decente. Y así parece ocurrir entre la mayoría de la población estadounidense, aunque, en marcado contraste, la idea cuenta con poco respaldo por parte de la élite.[4]

La Carta de las Naciones Unidas es el documento fundacional del derecho internacional moderno, y sus principios han sido reafirmados continuamente desde su creación. Estos principios son claros y firmes: el uso de la fuerza requiere autorización. Cabe destacar que los Estados particulares no poseen un «derecho de intervención», como explicó el Tribunal Internacional de Justicia en 1949, al señalar que «el supuesto derecho de intervención» no puede «tener cabida en el derecho internacional», porque «quedaría en manos de los Estados más poderosos y podría fácilmente llevar a pervertir la administración misma de la justicia».[5]

Estados Unidos muestra poco respeto por las restricciones que impone el derecho internacional. Por ejemplo, desde 1992, la Asamblea General de las Naciones Unidas adopta cada año una resolución que condena el embargo estadounidense contra Cuba, argumentando que viola el principio de «no intervención y no injerencia en los asuntos internos [de los Estados] y la libertad de comercio y navegación internacionales». En 2022, la resolución fue aprobada por trigésimo año consecutivo, con una votación de 185 a favor y 2 en contra; estos últimos eran Estados Unidos e Israel. Los Estados miembros calificaron el embargo como «cruel, inhumano y punitivo», mientras que los países caribeños vecinos de la isla señalaron que el bloqueo «asfixia no solo el crecimiento de Cuba, sino el de toda la región».[6]

Cualquier país que tenga un mínimo respeto por el Estado de derecho, ante una oposición tan abrumadora por parte de toda la comunidad internacional, modificaría su política. Estados Unidos, en cambio, desafía a la ONU de la misma manera que Andrew Jackson desafió infamemente al Tribunal Supremo: han tomado su decisión, ahora que consigan imponerla. Este desafío se mantiene inmutable con presidentes demócratas y republicanos por igual.

Otro ejemplo lo constituye el caso de la Nicaragua de la década de 1980, que podía presentar una imputación legal sólida contra Estados Unidos. La guerra civil alimentada por el apoyo estadounidense a los Contras había dejado decenas de miles de muertos y al país devastado. Además, Nicaragua enfrentaba una guerra económica implacable, que un pequeño país aislado difícilmente podía soportar ante una superpotencia.

Nicaragua llevó el caso al Tribunal Internacional de Justicia, que falló a su favor, ordenando a Estados Unidos que cesara sus acciones y obligándole a pagar reparaciones sustanciales. Nicaragua actuó exactamente como debía frente a la agresión de una potencia extranjera: se ajustó al derecho internacional, reunió pruebas, las presentó ante el máximo tribunal y obtuvo un veredicto favorable.

Estados Unidos desestimó la sentencia del tribunal e inmediatamente intensificó la guerra. Nicaragua recurrió entonces al Consejo de Seguridad de la ONU, que debatió una resolución instando a todos los Estados a respetar el derecho internacional. Solo Estados Unidos vetó la resolución. Nicaragua acudió después a la Asamblea General, que aprobó una resolución similar con la oposición de Estados Unidos e Israel en dos años consecutivos (en una ocasión, se sumó también El Salvador). El ministro de Asuntos Exteriores de Nicaragua, Miguel d'Escoto, advirtió que «prescindir del imperio de la ley en las relaciones internacionales equivale a condenar a la humanidad a un futuro de sufrimiento, muerte y destrucción». Pero la política estadounidense no se guía por el hecho de que un determinado curso de acción condene o no a la humanidad «a un futuro de sufrimiento, muerte y destrucción».[7]

Estados Unidos ha socavado sistemáticamente cualquier esfuerzo por aplicar las reglas universales de justicia a sus propias acciones. Por ejemplo, se ha negado a unirse, en calidad de Estado parte, a la Corte Penal Internacional (CPI) por temor a que los norteamericanos puedan ser procesados por los crímenes que cometan (un supuesto intolerable). De hecho, ha ido incluso más allá y ha tomado medidas radicales para debilitar a la CPI: ha presionado al resto de los países para que firmen acuerdos comprometiéndose a no entregar a ningún ciudadano estadounidense a la corte y ha retirado la ayuda a aquellos que se han negado a hacerlo. En 2002, Estados Unidos amenazó con utilizar su veto en el Consejo de Seguridad de la ONU para bloquear la renovación de las operaciones de mantenimiento de la paz de la organización a menos que esta aceptara eximir de forma permanente a los ciudadanos norteamericanos de la jurisdicción de la CPI. Ese mismo año, se aprobó la Ley de Protección de los Miembros de las Fuerzas Armadas Estadounidenses, que prohíbe a las autoridades federales, estatales y locales cooperar con la CPI e impide la ayuda militar a los países que son miembros de esta (con excepciones para algunos aliados). La ley fue apodada «Ley de Invasión de La Haya» porque autoriza al presidente a utilizar «todos los medios necesarios y apropiados» para asegurar la liberación de cualquier «ciudadano estadounidense o personal aliado» que se encuentre detenido por la Corte Penal Internacional, incluyendo, presumiblemente, la invasión de La Haya si fuera «necesario».[8]

La negativa de Estados Unidos a reconocer la autoridad de la Corte Penal Internacional se volvió en su contra cuando Vladímir Putin invadió Ucrania. En ese momento, varios políticos estadounidenses, Joe Biden entre ellos, exigieron que Putin fuera juzgado por crímenes de guerra. El exsenador demócrata Chris Dodd y el exasesor legal del Consejo de Seguridad Nacional John B. Bellinger III publicaron un artículo en *The Washington Post* donde defendían que el hecho de que Estados Unidos instara a la CPI a procesar a otros países mientras él mismo se negaba a someterse a su jurisdicción no constituía un «doble rasero», porque la corte internacional «no debería investigar todas las acusaciones», sino únicamente aquellas «que no son abordadas por los propios países que cometen los crímenes». No cabe duda de que el argumento se ajusta a esa idea del «estándar único»: que las leyes internacionales no se aplican a Estados Unidos, pues este país habría resuelto con rapidez cualquier falta en la que pudiera haber incurrido.[9]

Ya hemos visto cómo, allí donde compete una legislación internacional, Estados Unidos la desafía si lo considera conveniente. Pero, además, ha obstaculizado activa y decididamente todos los esfuerzos para crear nuevos acuerdos internacionales que promuevan la seguridad global. Un ejemplo es el caso de las bombas de racimo. Entre las organizaciones de derechos humanos existe el consenso de que son un arma inherentemente inhumana, pues dejan cientos de pequeñas submuniciones sin detonar esparcidas en las zonas de conflicto que acaban matando o mutilando a las personas años después del fin de la guerra. El veterano periodista de investigación Jeremy Scahill, que está especializado en cuestiones de seguridad nacional, ha explicado cómo fue testigo de los devastadores efectos de estas armas en un mercado de Serbia, donde vio cómo las bombas de racimo despedazaban «todo a su paso, dejando únicamente carne y extremidades desmembradas». Las secuelas de cualquier bombardeo ya son horribles de por sí, dice Scahill, pero las bombas de racimo son particularmente brutales; en una ocasión presenció las consecuencias entre un grupo de niños que recogían bombas días después del ataque.[10]

Más de cien países han firmado la Convención sobre Municiones de Racimo, comprometiéndose a no desarrollar este tipo de armas bajo ninguna circunstancia, ni tampoco a almacenarlas o utilizarlas. Estados Unidos, sin embargo, se ha negado a unirse a este acuerdo. El Institute for Policy Studies señala que, a medida que se ha fortalecido el consenso mundial contra las bombas de racimo, Estados Unidos —el mayor fabricante y usuario— sigue defendiéndolas como una herramienta legítima de guerra. El secretario de Defensa estadounidense, Robert Gates, las ha calificado de «armas legítimas con una clara utilidad militar», y Richard Kidd, director de la Oficina de Remoción y Reducción de Armas del Departamento de Estado, ha afirmado que «hay municiones de racimo disponibles para el uso en todos los aviones de combate con los que cuenta el inventario de Estados Unidos; son parte integral de todas las unidades de maniobra del Ejército y la Marina, y en algunos casos representan hasta el 50 por ciento del apoyo de fuego indirecto táctico». En definitiva, seguimos fabricando y usando estas armas a pesar de la condena de las organizaciones de derechos humanos. Entre 2001 y 2002, durante la invasión de Afganistán, Estados Unidos lanzó más de 1.200 bombas de racimo. Y eso, no obstante, no impidió que criticara a Rusia por el uso de las mismas municiones en Ucrania: la embajadora estadounidense ante la ONU declaró que Rusia estaba utilizando armas «prohibidas» que «no tienen cabida en el campo de batalla». (Más tarde, la transcripción de sus comentarios fue editada para que la condena se limitara únicamente al uso de las municiones de racimo contra civiles.)[11]

Los ejemplos abundan. Estados Unidos se ha negado a unirse a un grupo de otros 167 países en la Convención sobre el Derecho del Mar, y ha bloqueado la Convención sobre Armas Biológicas al oponerse a los mecanismos que sirven para verificar el cumplimiento del acuerdo. Tampoco ha ratificado otros tratados cruciales como la Convención sobre la Eliminación de Todas las Formas de Discriminación contra la Mujer (CEDAW), la Convención sobre los Derechos del Niño (CRC), la Convención Internacional para la Protección de Todas las Personas contra las Desapariciones Forzadas (ICPPED), la Convención sobre la Prohibición de Minas Antipersonales, la Convención Internacional sobre los Derechos de las Personas con Discapacidad y el Protocolo de Kioto. En el caso de la Convención para la Prevención y Sanción del Delito de Genocidio, Estados Unidos tardó cuarenta años en ratificarla, y solo lo hizo con la reserva expresa de que estaba exento de ser acusado de genocidio. La cuestión subyacente es la misma en todos los casos: Estados Unidos está dispuesto a imponer restricciones al poder de otros Estados, pero se reserva el derecho de actuar como le plazca.[12]

Además, Estados Unidos ha utilizado repetidamente su poder de veto en el Consejo de Seguridad para bloquear iniciativas de la ONU que contaban con el respaldo del resto del mundo. Su primer veto fue para proteger al régimen racista de Rodesia del Sur, al que la ONU intentaba sancionar. En 2023, bloqueó una resolución del Consejo de Seguridad que condenaba «toda violencia ejercida contra civiles en la guerra entre Israel y Hamás» e instaba «al envío de ayuda humanitaria para los palestinos de Gaza».[13]

En *Foreign Affairs*, la publicación fundamental del *establishment*, David Kaye ha reflexionado sobre un aspecto concreto del aislamiento de Washington con respecto del resto del mundo: su rechazo sistemático de los tratados multilaterales «como si fuera un deporte». Kaye explica que, en algunos casos, los tratados son rechazados abiertamente, como cuando el Senado estadounidense «votó en contra de la Convención sobre los Derechos de las Personas con Discapacidad en 2012 y del Tratado de Prohibición Completa de los Ensayos Nucleares (TPCE) en 1999». Otros acuerdos son rechazados en forma de simple inacción, entre ellos los que tienen que ver con «cuestiones como los derechos laborales, económicos y culturales, las especies en peligro de extinción, la contaminación, los conflictos armados, el mantenimiento de la paz, las armas nucleares, el derecho del mar y la discriminación contra las mujeres». La renuencia de Estados Unidos a asumir obligaciones internacionales «está tan arraigada», escribe Kaye, «que los Gobiernos extranjeros ya no esperan que Washington ratifique tratados ni que participe plenamente en las instituciones que ellos establecen. El mundo sigue adelante, las leyes se elaboran en otros lugares, con una participación estadounidense limitada, si es que la hay». Aunque esta actitud no es nueva, en los últimos años ha cobrado fuerza, junto con la aceptación tácita en el país de la doctrina de que Estados Unidos tiene derecho a comportarse como un Estado rebelde.[14]

El respeto mostrado por los presidentes estadounidenses a la legislación nacional tampoco ha sido mucho mejor que su adhesión a las leyes internacionales. Con frecuencia, los presidentes consideran que las restricciones constitucionales al poder ejecutivo son meramente una sugerencia.

Por ejemplo, según la Constitución de los Estados Unidos, nadie puede ser privado de su libertad sin el «debido proceso legal». Sin embargo, en una pequeña prisión insular en la bahía de Guantánamo, en Cuba, Estados Unidos ha encarcelado a cientos de ciudadanos extranjeros sin ofrecerles siquiera una simulación del debido proceso legal. Tras muchos años y gracias a los incansables esfuerzos de los abogados defensores, la mayoría de los «detenidos» han sido liberados, pero hasta la fecha unos treinta prisioneros permanecen en el limbo legal. Tanto los presidentes demócratas como los republicanos han mantenido esta política. De hecho, ya no hay ninguna razón para tener una prisión en la bahía de Guantánamo, únicamente la de evitar los procedimientos legales internos que garantizan algunos derechos básicos a los acusados de delitos penales.[15]

Las guerras emprendidas por los presidentes estadounidenses también son con frecuencia ilegales. Un ejemplo claro es el ataque de Barack Obama a Libia, en abierta violación de la Resolución de Poderes de Guerra, que requiere la aprobación del Congreso para cualquier intervención militar. La administración de Obama justificó el hecho de que no solicitase la autorización con un argumento insólito: un portavoz de la Casa Blanca insistió en que los bombardeos «no constituían hostilidades» porque no llegó a haber tropas sobre el terreno. Por tanto, según esta lógica de la administración, derrocar al Go-

311

bierno libio no suponía «hostilidades». *ProPublica* observó que, al ignorar la ley, Obama no hacía otra cosa que seguir el «camino trillado» de los presidentes, quienes nunca han reconocido la autoridad del Congreso para restringir el poder del ejecutivo para matar gente.[16]

Barack Obama también se arrogó el derecho de matar a ciudadanos estadounidenses, sin que mediara ni asomo del debido proceso, incluso cuando estos se encontraban lejos de cualquier campo de batalla. Aprobó personalmente una lista de asesinatos (o «matriz de disposición», como se llamaba en la orwelliana jerga eufemística de la administración) sin que ningún tribunal la revisara. *The New York Times* publicó un artículo en el que informaba sobre el distópico proceso interno de deliberación. Se trata del «más extraño ritual burocrático», en el que «miembros del extenso aparato de seguridad nacional del Gobierno» revisaban a los potenciales sospechosos y «recomiendan al presidente quién tendría que ser el próximo en morir» en una especie de «lúgubre club de debate». El *Times* nos tranquiliza asegurándonos que, en cuanto que «estudioso de los escritos sobre la guerra de san Agustín y Tomás de Aquino, [Obama] cree que debe asumir la responsabilidad moral de estas acciones». Lo que aparentemente no se cuestionó es si las decisiones sobre la vida y la muerte debían corresponder al juicio de un rey filósofo ilustrado y no de los tribunales. Al fin y al cabo, este «extraño ritual burocrático» solo es posible si se eliminan las garantías jurídicas básicas vigentes desde la Carta Magna.[17]

En una sociedad democrática en la que el pueblo es soberano, se supone que hacer las leyes es algo que corresponde a los representantes del pueblo (en el poder legislativo) mientras que implementarlas es tarea del presidente (en el poder ejecutivo). Sin embargo, en Estados Unidos, los presidentes consideran a menudo que no están sujetos a la ley. Como dijo Richard Nixon en su célebre frase: «Si lo hace el presidente, no es ilegal».

Otro ejemplo preocupante: la legislación estadounidense prohíbe explícitamente brindar ayuda a países que recurran de forma sistemática a la tortura. Es una ley sensata y humana, pero los presidentes la desafían abiertamente. Estados Unidos apoyó a Sadam Huseín cuando era uno de los mayores torturadores del mundo. Entre los principales destinatarios de la ayuda estadounidense se encuentran países como Israel, Egipto y Turquía, a los que las organizaciones de derechos humanos han señalado en repetidas ocasiones por el uso de la tortura.

Los ejemplos de casos en los que se ha dado apoyo a violadores de derechos humanos son innumerables. En 2021, Amnistía Internacional condenó «el papel de Estados Unidos en el fomento de los ciclos incesantes de violencia cometidos contra el pueblo de Colombia», señalando que «el Gobierno de Estados Unidos ha tenido una angustiante participación en los asesinatos, las desapariciones, la violencia sexual y otras torturas, y la horrenda represión de decenas de manifestaciones, en su mayoría pacíficas». Estados Unidos «creía que el ejército colombiano estaba detrás de una ola de asesinatos de activistas de izquierdas y, sin embargo, durante las dos décadas siguientes no dejó de profundizar su relación con las fuerzas armadas de Colombia». Durante el Gobierno de Clinton, Turquía llevó a cabo monstruosas acciones de limpieza étnica: decenas de miles de personas fueron asesinadas, miles de pueblos y aldeas destruidos, cientos de miles de personas desplazadas de sus hogares. Washington brindó el principal apoyo a estos crímenes de Estado: Clinton suministró el 80 por ciento de las armas mientras las atrocidades aumentaban.[18]

En 2023, las organizaciones de derechos humanos instaron al Gobierno de Biden a que suspendiera la ayuda militar a Egipto, ya que el país seguía violando sistemáticamente los derechos humanos. Once miembros del Comité de Asuntos Exteriores de la Cámara de Representantes enviaron una carta a Biden pidiéndole que denegara la ayuda y señalando que Egipto ha encarcelado a «periodistas, activistas pacíficos de la sociedad civil, defensores de los derechos humanos y figuras políticas». Según lo estipulado por la ley, Biden tenía la obligación de retener esa ayuda a Egipto, pero su Gobierno optó simplemente por «renunciar» a cumplir la norma.

The New York Times explicó que el Gobierno había considerado que «los intereses de la seguridad nacional estaban por encima de los indicadores de referencia señalados por el Congreso para medir los progresos egipcios en materia de derechos humanos». Nadie aclara, por supuesto, cómo fortalece exactamente a nuestra «seguridad nacional» el hecho de entregar a Egipto cientos de millones de dólares sin imponerle las condiciones en materia de derechos humanos que exige el Congreso. Egipto, desde luego, ha aprendido bien la lección: no tiene por qué hacer ninguna concesión en ese ámbito porque el dinero le seguirá llegando de todos modos. Según el *Times*, la administración Biden había considerado que «la relación de Estados Unidos con el país más poblado de esa región es demasiado importante como para arriesgarse a dañarla a pesar de las demandas que plantean los activistas por los derechos humanos de que Washington mantenga una línea mucho más dura». Sin embargo, esta no es una decisión que le corresponda al poder ejecutivo. Nuestra legislación prohíbe proporcionar ayuda a países que violan los derechos humanos, independientemente de las consecuencias que Biden crea que esto pueda acarrear.[19]

Descubrir cuándo están violando la ley los presidentes puede resultar difícil. Edward Snowden reveló la existencia de unos programas de vigilancia gubernamental que excedían con mucho lo que el Congreso había autorizado y que, por tanto, posiblemente fueran inconstitucionales. Al permitir que la ciudadanía supiera lo que hacía su Gobierno, Snowden estaba prestando un servicio público. Tendrían que haberlo ascendido. En cambio, desde entonces se le persigue para llevarlo a juicio y probablemente va a pasar toda su vida en el exilio. Aquellos que denuncian al Gobierno y exponen irregularidades importantes cometidas por el Estado son habitualmente procesados, y Barack Obama ha sido uno de los más severos en la aplicación de cargos penales (a pesar de haber prometido que la suya sería «la administración más transparente de la historia»). Jeremy Scahill señala que la visión absolutista del poder presidencial que impulsaron Bush y Cheney continuó con Obama, quien «tuvo la oportunidad de revertir algunas de las apropiaciones de poder del ejecutivo» llevadas a cabo por el presidente anterior; sin embargo, en vez de ello, las preservó e incluso las intensificó, «utilizando todo el aparato de poder del ejecutivo de manera tan excesiva como lo hicieron Bush y Cheney».[20]

Estos desafíos planteados a la legislación nacional dejan claro que, al hablar de las acciones del Estado estadounidense, no estamos hablando de la voluntad colectiva del pueblo. Incluso cuando la ciudadanía, a través de sus representantes, logra imponer restricciones al ejecutivo, este, con frecuencia, las ignora.

LOS PRESIDENTES DE POSGUERRA

Las violaciones estadounidenses del derecho internacional han sido constantes y atroces. Las cometen tanto presidentes demócratas como republicanos, y los hechos están bien documentados. Un breve repaso histórico basta para demostrar que, si se aplicaran de manera sistemática los criterios establecidos en Núremberg, todos los presidentes estadounidenses desde la Segunda Guerra Mundial habrían sido condenados y sentenciados.

En el caso de Truman, no solo están los bombardeos de Hiroshima y Nagasaki, sino también los ataques masivos con bombas incendiarias sobre ciudades japonesas, realizados incluso después de Nagasaki, cuando Japón ya había ofrecido rendirse. Esos bombardeos, «los bombardeos convencionales más intensos de la guerra», no tenían justificación militar alguna y fueron concebidos como un «acto final». También, como hemos visto antes, está el caso de Grecia, donde Estados Unidos promovió una guerra de contrainsurgencia devastadora, con la que logró destruir la resistencia antinazi y restaurar el viejo orden —que incluía a los principales colaboradores nazis—, a costa de unas 160.000 vidas y decenas de miles de víctimas de cámaras de tortura.[21]

Durante el Gobierno de Eisenhower, los bombardeos de Corea del Norte en 1951 y 1952 constituyeron un crimen de guerra manifiesto. Blaine Harden, de *The Washington Post*, señala que «tras quedarse sin objetivos urbanos, en las últimas etapas de la guerra los bombarderos estadounidenses destruyeron represas hidroeléctricas y de irrigación, inundando tierras agrícolas y arruinando cosechas». Curtis LeMay, en una historia oficial de las Fuerzas Aéreas, comenta: «En tres años más o menos, matamos —¿a cuántos?— al 20 por ciento de la población». Dean Rusk, quien fuera secretario de Estado, dice que Estados Unidos destruyó «todo lo que se movía en Corea del Norte, y cada ladrillo que estaba puesto sobre otro». En Núremberg se condenó a muerte a gente por menos, pero este no fue el único acto atroz del Gobierno de Eisenhower. También están el golpe de Estado organizado por la CIA contra el primer ministro democráticamente elegido de Irán, Mohammad Mossadegh, y el derrocamiento de Jacobo Árbenz, de Guatemala, acontecimientos que desataron conflictos civiles y verdaderas masacres.[22]

Poco queda por añadir sobre los crímenes cometidos en Vietnam, Laos y Camboya durante los Gobiernos de Kennedy, Johnson y Nixon. Kennedy, cuyo «Gobierno de Camelot» aún contemplan con nostalgia muchos liberales, fue quien envió por primera vez a las Fuerzas Aéreas a bombardear aldeas vietnamitas y autorizó el uso del napalm. Además, sentó las bases para la ola de represión que más tarde arrasaría América Latina, promoviendo la instauración de dictaduras neonazis que recibieron el apoyo directo de Estados Unidos. En cuanto a Johnson, su historial incluye la invasión de la República Dominicana. Tras el derrocamiento de un dictador respaldado por Washington, Johnson envió a los marines para «impedir que la República Dominicana se volviera comunista». Más tarde ordenó al director del FBI, J. Edgar Hoover, que le «encontrara algunos comunistas en la República Dominicana» para justificar la invasión. (Johnson quería impedir que el intelectual liberal Juan Bosch fuera restituido en el poder.) Una vez más, otra flagrante violación de la Carta de las Naciones Unidas.[23]

Los crímenes de Richard Nixon en Indochina han sido ampliamente documentados, pero un horror menos conocido de su administración fue su respaldo a uno de los peores genocidios del siglo XX, las masacres de bengalíes en Pakistán en 1971. Como explica Ishaan Tharoor en *The Washington Post*, después de que los nacionalistas bengalíes ganaran las elecciones, la represión del ejército pakistaní «se convirtió en una matanza masiva». «Cientos de miles de mujeres fueron violadas [...], pueblos enteros fueron arrasados y las ciudades despobladas.» No obstante, la Casa Blanca de Nixon «se alineó con los generales pakistaníes (claros aliados durante la Guerra Fría)» y «les suministró armas de forma encubierta, violando un embargo impuesto por el Congreso». Y este apoyo al genocidio no podía excusarse alegando su desconocimiento; Kissinger recibió múltiples «mensajes y otros cables por el *dissent channel* de parte de diplomáticos estadounidenses sobre el terreno, advirtiéndole de que se estaba llevando a cabo un genocidio con su complicidad».[24]

Gerald Ford, aunque estuvo poco tiempo en el cargo, también dejó un legado significativo de crímenes. Junto con su secretario de Estado, Henry Kissinger, dio luz verde a la invasión de Timor Oriental por parte de Indonesia, que provocó la muerte de 200.000 personas. Durante su administración, también se apoyó la Operación Cóndor, un plan que buscaba desestabilizar Gobiernos de izquierdas en América Latina mientras fortalecía a las dictaduras de derechas. Ford intentó frenar las investigaciones del Comité Church sobre las operaciones encubiertas de Estados Unidos, que incluían espionaje ilegal a disidentes norteamericanos, experimentos ilegales de tortura psicológica y complots para asesinar a líderes extranjeros. Al comité le advirtió de que «hacer público el informe sobre el tema de los asesinatos» resultaría en «un grave daño para el interés nacional». Una vez más, se refuerza la idea de que al público debe negársele la posibilidad de tomar decisiones informadas sobre política exterior, ya que el «interés nacional» no es algo que, al parecer, deba estar bajo su juicio.[25]

Durante los años de Carter, entre los crímenes más destacables están el apoyo continuo a la invasión indonesia de Timor Oriental, ya analizada, y la asistencia al régimen de Somoza en Nicaragua. De hecho, es un verdadero tributo al poder del sistema de propaganda que los medios aún se refieran a una supuesta «campaña de derechos humanos» bajo la administración Carter, presidencia que patrocinó y apoyó a regímenes autoritarios como el de la familia Somoza en Nicaragua, al sah de Irán, Marcos en Filipinas, Park en Corea del Sur, Pinochet en Chile, Suharto en Indonesia, Mobutu en Zaire, los generales brasileños y sus muchos cómplices en la represión y la violencia.

En el caso de Reagan, no sería ni necesario presentar la acusación porque la Corte Internacional ya emitió su veredicto en *Nicaragua contra los Estados Unidos*, aunque Estados Unidos lo ignorara. No obstante, merece la pena mencionar también la invasión de Granada, un acto condenado por la Asamblea General de la ONU como «una flagrante violación del derecho internacional». Reagan se atribuyó el habitual derecho a desplegar la fuerza militar en cualquier parte del mundo y respaldó al Gobierno supremacista blanco de Sudáfrica, incluso cuando el país era considerado un «Estado canalla». En 1988, su Gobierno declaró al Congreso Nacional Africano de Nelson Mandela como uno de los grupos terroristas «más notorios» del mundo. Aunque Mandela gozaba de gran reconocimiento internacional, no fue hasta 2008 cuando su nombre fue eliminado de la lista de terroristas de Estados Unidos, lo que le permitía entrar en el país sin una dispensa especial.[26]

Los principales crímenes de los años de George H. W. Bush también han sido ampliamente tratados. La invasión de Panamá fue un acto de agresión que quebrantó con claridad la Carta de las Naciones Unidas y que fue condenado por la comunidad internacional. También hemos hablado de los crímenes ignorados de la guerra del Golfo y del recurso a la violencia en vez de a la diplomacia.

A los pocos meses de asumir el poder, Bill Clinton ordenó el bombardeo de Bagdad, sin un pretexto creíble y en flagrante violación de la Carta de las Naciones Unidas. Durante su legislatura, aproximadamente la mitad de la ayuda militar de los programas de entrenamiento dirigidos a América Latina tuvieron como destino Colombia, un país con el peor historial de derechos humanos en el hemisferio, donde miles de personas fueron asesinadas. También se produjo el ataque con misiles a

Irak en 1993, en el que tres proyectiles impactaron en un barrio residencial. Las justificaciones legales para esta acción fueron completamente insostenibles, pero dichas violaciones se han vuelto tan rutinarias que apenas ocupan un pie de página en la historia de su presidencia.

En 1998, Clinton también bombardeó la planta farmacéutica Al-Shifa, en Sudán, destruyendo un suministro de medicamentos que es vital para un país pobre. Clinton afirmó que la planta estaba produciendo armas químicas, pero no presentó pruebas y, en lugar de llevar su caso a las Naciones Unidas, decidió atacar unilateralmente a un país soberano. Años después, *The New York Times* señalaba que los sudaneses seguían profundamente resentidos por el ataque y por el hecho de que Estados Unidos no había «pedido disculpas» ni ofrecido «ninguna reparación».[27]

Los principales crímenes del Gobierno de George W. Bush han sido objeto de amplio análisis, pero el uso de la tortura por parte de su administración merece un examen más detallado. En 2011, Amnistía Internacional publicó un informe titulado *Bringing George W. Bush to Justice* [Llevando a George W. Bush ante la justicia], en el que se demostraba de manera concluyente que la CIA había practicado torturas, cosa que vulnera con gravedad el derecho internacional. Según el informe, el propio Bush era directamente responsable, ya que él en persona había «decidido que las protecciones de las Convenciones de Ginebra de 1949 [...] no se aplicarían a los detenidos [talibanes o de al-Qaeda]». Según Amnistía Internacional, argumentó que, en virtud de la Convención de las Naciones Unidas contra la Tortura, todos los Estados tienen la obligación de investigar y procesar a Bush por sus crímenes.[28]

Otros analistas han llegado a conclusiones similares. El oficial del ejército estadounidense Antonio Taguba, que ostenta el rango de mayor general y es autor de un importante informe interno sobre los abusos contra los derechos humanos, afirmó: «Ya no hay ninguna duda de que esta administración ha cometido crímenes de guerra. La única pregunta que queda es si quienes ordenaron el uso de la tortura rendirán cuentas». Por su parte, Human Rights Watch, en un extenso informe titulado *Getting Away with Torture* [Torturando impunemente], detalló cómo, pocos días después de los ataques del 11 de septiembre, la administración Bush empezó a diseñar políticas que «violaban las leyes de la guerra, la legislación internacional sobre derechos humanos y el derecho penal federal de Estados Unidos». Estas políticas incluyeron «tácticas que Estados Unidos había condenado repetidamente como tortura o trato inhumano cuando las practican otros». A los detenidos se les enviaba a instalaciones secretas donde «eran golpeados, arrojados contra las paredes, obligados a permanecer en pequeñas cajas y sometidos a *waterboarding*». En Guantánamo, a algunos prisioneros «se les obligó a sentarse sobre sus propios excrementos, y varios de ellos fueron humillados sexualmente por interrogadoras mujeres». David Hicks, un ciudadano australiano que estuvo detenido en Guantánamo, ha contado que pensaba: «¿Cómo pueden tratar a otro ser humano de esta manera? ¿Cómo pueden ser tan crueles?», y ha descrito «el temor al dolor, el temor a las palizas, el temor a los extraños juegos psicológicos» a los que le sometían. Human Rights Watch ha dejado claro que estos abusos «no fueron resultado de las acciones aisladas de soldados individuales o agentes de inteligencia que se saltaron las reglas», sino resultado de la decisión deliberada de los líderes estadounidenses de ignorar tales reglas.[29]

No cabe duda de que estas prácticas son tortura, independientemente de los eufemismos que empleara el Gobierno de Bush. Un columnista partidario de la guerra que se sometió a *waterboarding* como experimento para un artículo de *Vanity Fair* concluyó sin ambigüedades: «Si el *waterboarding* no constituye tortura, entonces no existe tal cosa como la tortura».[30]

La lista continúa. Poco después de asumir el cargo, Barack Obama recibió el Premio Nobel de la Paz en una apuesta por sus prometidas contribuciones futuras a la paz. Se esperaba que, como antiguo profesor de derecho constitucional, Obama rompiera con las ilegalidades de su predecesor. Sin embargo, en su discurso de aceptación del Nobel, que dedicó en gran parte a justificar el uso del poder militar estadounidense, Obama afirmó que «las palabras de la comunidad internacional deben significar algo» y que «los regímenes que violan las normas deben rendir cuentas». Como prueba de su compromiso con el derecho internacional, Obama destacó el hecho de que había «ordenado el cierre de la prisión de la bahía de Guantánamo». (Cabe decir que Obama no la cerró.)[31]

El compromiso de Obama de hacer cumplir las reglas internacionales contra los regímenes que las violan se puso a prueba desde el principio. Contaba con una abrumadora cantidad de pruebas que demostraban que el Gobierno de su predecesor había cometido atroces actos de tortura, en violación tanto del derecho interno como del internacional. Un informe elaborado por la Clínica Internacional de Derechos Humanos de la Facultad de Derecho de Harvard y presentado ante el Comité de las Naciones Unidas contra la Tortura decía de tales actos que tenían «un alcance impresionante». Sin embargo, Obama decidió rápidamente que, en lugar de hacer valer la ley, «miraría hacia delante en lugar de hacia atrás». Mientras las víctimas, atrapadas en el pasado por el dolor de perder a familiares y amigos, siguen «mirando hacia atrás con amargura», Estados Unidos, según Obama, debía avanzar. Aunque reconoció que habíamos «torturado a algunas personas», expresó su preocupación acerca de que investigar a la CIA podría hacer que los agentes se sintieran perseguidos: «No quiero que de repente les parezca que tienen que pasar todo el tiempo mirando por encima del hombro». Como escribió Murtaza Hussain en *The Intercept*, esta «actitud de no mirar atrás» —que sería absurda si se aplicara a cualquier otro delito— garantizaba impunidad total para futuros crímenes. Al no procesar a los miembros de la administración Bush, Obama «demostró que, aun si los representantes del Gobierno perpetran los crímenes más atroces, pueden seguir confiando en que sus pares encubrirán sus fechorías y los protegerán de ser procesados».[32]

Obama también llevó a cabo ataques ilegales con drones por todo el mundo, arrogándose el derecho de asesinar a cualquiera que él personalmente hubiera determinado que no merecía vivir. En 2013, Malala Yousafzai, durante un encuentro con Obama, le advirtió de que «en estos actos se mata a víctimas inocentes y generan resentimiento entre el pueblo pakistaní», lo que significa que, en última instancia, «los ataques con drones alimentan el terrorismo». A la misma conclusión llegó un estudio de la Universidad de Nueva York y Stanford, que explicaba el impacto de los drones en los pakistaníes, sobre los que los drones sobrevolaban «las veinticuatro horas del día», y su presencia aterrorizaba «a hombres, mujeres y niños, generando ansiedad y trauma psicológico entre la población civil». Las consecuencias eran devastadoras: los trabajadores humanitarios evitaban socorrer a las víctimas por miedo a un segundo ataque, la gente tenía miedo de reunirse en grupos y las familias de celebrar funerales, los niños se quedaban en casa. Todo el tejido de la comunidad quedó profundamente fracturado. Farea Al-Muslimi, un yemení educado en Estados Unidos, declaró ante el Senado en 2013 que sus esfuerzos por mejorar la percepción de Estados Unidos en Yemen eran inútiles, porque «cuando los yemeníes piensan en Estados Unidos, piensan en el terror que sienten por los drones que sobrevuelan sus cabezas listos para disparar misiles en cualquier momento».[33]

En 2013, Zubair uh Rehman, un niño de trece años, declaró ante el Congreso que ya no le gustaban «los cielos azules» después de haber visto a su madre morir despedazada en un ataque con drones estadounidenses. El dron «había aparecido en un cielo azul brillante». Zubair confesó que había llegado a «preferir los cielos grises» porque «los drones no vuelan cuando el cielo está nublado».[34]

La criminalidad del Estado estadounidense alcanzó un nuevo nivel con Donald Trump, quien exhibió sin tapujos su disposición a actuar como matón (en una ocasión se jactó incluso de haber enviado agentes federales a asesinar a un activista de Antifa). Durante su administración, las bajas civiles causadas por ataques con drones aumentaron drásticamente. Además, con el asesinato del general iraní Qasem Soleimani, Trump reivindicó abiertamente el derecho de Estados Unidos a ejecutar de manera unilateral a altos funcionarios de otros países.[35]

Con el argumento de que el Gobierno venezolano oprime a su pueblo, la administración Trump impuso una serie de sanciones que agravaron aún más las condiciones de vida de la población. Según un estudio de Mark Weisbrot y Jeffrey Sachs, estas sanciones «redujeron la ingesta calórica de la población, incrementaron las enfermedades y la mortalidad (tanto en adultos como en niños) y forzaron a millones de venezolanos a huir del país debido al empeoramiento de la depresión económica y la hiperinflación». En un periodo de dos años, las sanciones fueron responsables de unas 40.000 muertes y afectaron de forma desproporcionada a los sectores más pobres de la sociedad. Weisbrot y Sachs concluyen, reveladoramente, que «estas sanciones encajan en la definición de castigo colectivo a la población civil, tal como se describe en las convenciones internacionales de Ginebra y La Haya, de las cuales Estados Unidos es signatario. También son ilegales según el derecho internacional y los tratados suscritos por Estados Unidos, así como posiblemente contrarias también a la propia legislación norteamericana». A pesar de todo esto, nunca se planteó un debate público sobre la posibilidad de enjuiciar a Donald Trump por las letales e ilegales sanciones impuestas a Venezuela.[36]

En Estados Unidos, Vladímir Putin ha sido condenado de manera casi unánime por intentar mantener a Ucrania dentro de la esfera de influencia rusa mediante el uso de la fuerza militar. Se argumenta que Ucrania tiene pleno derecho a decidir sobre sus propias alianzas y que Rusia no cuenta con autoridad para dictar si el país puede o no integrarse a la OTAN. Rusia, según esta visión, tampoco puede justificar un cambio de régimen bajo el pretexto de que de lo contrario Ucrania se alejará de su órbita de influencia. Estos argumentos son, sin duda, razonables. Pero pensemos en una confesión que hace en sus memorias Mike Pompeo, que fue secretario de Estado de Donald Trump. Al hablar de Venezuela, Pompeo afirma que no podían «tolerar» que un país cercano a Florida «extendiera la alfombra roja» a potencias como Rusia e Irán, porque constituía «una violación del siglo XXI de la Doctrina Monroe». Pompeo admite que Washington empleó la presión económica para tratar de deponer al Gobierno existente y que incluso consideró la «opción militar» (esto es, la invasión de Venezuela). La razón por la que esta última no se llevó a cabo no tuvo nada que ver con un supuesto respeto por la Carta de las Naciones Unidas por parte de Trump, sino, más bien, cuenta Pompeo, con la expectativa de que otros métodos, como sabotear la capacidad del Gobierno venezolano para exportar petróleo, fueran suficientes para forzar un cambio de régimen.[37]

En el momento en el que escribimos estas líneas, el mandato de Joe Biden no ha concluido aún, pero tenemos ya documentadas una larga lista de graves violaciones del derecho internacional. Entre ellas bombardeos ilegales en Siria, incumplimiento de los derechos de los solicitantes de asilo, la controvertida entrega de bombas de racimo a Ucrania y su incondicional apoyo a la guerra de Israel en Gaza, en contra de la condena casi unánime del resto del mundo. Biden se ha saltado los procedimientos del Congreso para aprobar el envío de armas a Israel y se ha opuesto persistentemente a la comunidad internacional para proteger al país hebreo en las Naciones Unidas. Las políticas climáticas de Biden, aunque han sido mejores que las de Donald Trump, han resultado una producción petrolífera récord, un logro del cual la administración Biden se enorgullece, a pesar de su devastador impacto sobre el planeta.[38]

En un mundo que respetara los principios básicos de la Carta de las Naciones Unidas y juzgara y condenara a sus infractores, ninguno de estos mandatarios se habría librado de una condena por delitos graves. Tenemos, además, una Constitución. Y esa Constitución establece que los tratados firmados por el Gobierno son la ley suprema del país. Uno de esos tratados es precisamente la Carta de las Naciones Unidas, cuyo artículo 2.4 prohíbe de manera explícita la amenaza o el uso de la fuerza en los asuntos internacionales. Esto significa que, en la práctica, todas las figuras políticas estadounidenses importantes han violado su propia Constitución.

Sin embargo, este asunto nunca se pone sobre la mesa en el debate público.

En lugar de adherirse al derecho internacional, Estados Unidos ha impulsado una visión alternativa al orden establecido por la ONU; lo denomina el «orden basado en reglas». Con este concepto no se refiere a un respeto estricto por las leyes internacionales tal como las interpreta la ONU, sino a un conjunto opaco de «reglas». En la práctica, las «reglas» las define la potencia hegemónica global, que en la mayor parte del mundo es Estados Unidos. Como señala Stephen M. Walt, destacado experto en relaciones internacionales: «Cuando los funcionarios estadounidenses hablan de un "orden basado en reglas", se refieren al orden imperante, normas que han sido diseñadas en gran medida por Estados Unidos». Esto explica que Estados Unidos tenga razones para mostrar una profunda oposición al orden basado en la ONU, cuyo principio fundamental es la prohibición del uso de la fuerza y la amenaza, excepto en circunstancias muy específicas. Acciones como atacar países sin una justificación creíble, iniciar guerras terroristas, imponer duras sanciones para intentar derrocar Gobiernos o simplemente declarar que «todas las opciones están sobre la mesa» si un país no se pliega a ciertas exigencias son violaciones flagrantes del artículo 2 de la Carta de las Naciones Unidas.[39]

Michael Byers, en su obra *War Law: Understanding International Law and Armed Conflict*, destaca que no se hagan apenas esfuerzos por ocultar «la tensión existente entre un mundo que aún aspira a un sistema legal internacional justo y sostenible y una sola superpotencia a la que no parece importarle verse colocada junto a Birmania, China, Irak y Corea del Norte por defender una concepción absolutista, propia del siglo XVII, de la soberanía» para sí misma, mientras menosprecia la soberanía de los demás como si se tratara de un concepto obsoleto.[40]

Es importante subrayar que solo porque algo sea una violación de la ley no tiene por qué significar que esté mal, y el hecho de que algo sea legal no necesariamente lo exime de ser un «crimen» desde el punto de vista ético o moral. Sabemos que Estados Unidos ha cometido crímenes graves en el sentido común del término. Lo que podríamos preguntarnos, razonablemente, es si las acciones que están documentadas y demostradas constituyen también crímenes según el marco jurídico, y debemos ser conscientes de que, al plantear esta pregunta, también se está poniendo en tela de juicio a las leyes mismas. Si descubrimos que hay determinadas atrocidades que el derecho internacional no condena técnicamente como crímenes, cualquier persona racional contemplará las leyes con la misma consideración que al derecho divino de los reyes.

El derecho internacional es en muchos sentidos inadecuado e injusto. (¿Por qué, por ejemplo, Estados Unidos y algunos otros países poderosos cuentan con derecho de veto en el Consejo de Seguridad y tienen la capacidad de evitar que se condenen las malas acciones de sus aliados?) Sin embargo, los principios básicos del orden basado en la ONU, establecidos tras la Segunda Guerra Mundial, siguen siendo tan válidos hoy como entonces, y cualquier país comprometido con un orden sustentado en «reglas» debería considerar seriamente guiarse por ellos.[41]

Como hemos visto, Estados Unidos viola los tratados internacionales cada vez que lo considera oportuno. Cuando el Tribunal Internacional de Justicia dictaminó que su apoyo a la Contra nicaragüense era ilegal, Estados Unidos se negó directamente a reconocer la jurisdicción del tribunal y bloqueó la ejecución de la sentencia. Todo para asegurarse de no verse sujeto a las mismas reglas que los demás. Estas acciones ni siquiera se intentan justificar. No se considera necesario. Se asume, sin más, que Estados Unidos tiene derecho a gobernar.

11

Cómo se fabrican las mitologías

En un prefacio inédito a *Rebelión en la granja*, George Orwell apunta algunas sagaces observaciones sobre cómo las consideradas «ideas impopulares» pueden sufrir la censura incluso en contextos de amplia libertad de expresión. Orwell es hoy célebre por su crítica visión acerca de los medios de control del pensamiento llevados a cabo por la fuerza en las distopías totalitarias. Sin embargo, su útil reflexión sobre las sociedades libres es menos conocida. En estas sociedades, explica Orwell, la censura no proviene de la coacción del Estado, pero existe, y silencia a quienes desafían la «ortodoxia dominante». Según Orwell, este proceso opera gracias a la internalización de valores de conformismo y subordinación, así como al control de la prensa por parte de «hombres ricos que tienen todos los motivos para ser deshonestos con respecto a ciertos temas importantes».[1]

Orwell captó con claridad cómo una sociedad democrática puede producir conformidad intelectual y suprimir opiniones incómodas. En estos contextos, la prensa puede ser libre en el sentido de no estar sometida a la intervención gubernamental. No obstante, si quienes poseen los medios de comunicación deciden no presentar determinados puntos de vista, estos difícilmente llegarán al público. Se trata de decisiones que se toman a diario, lo que hace razonable suponer que la información difundida reflejará inevitablemente los intereses y prejuicios de los dueños de esos medios. El filósofo John Dewey identificó un mecanismo similar. Al referirse a «nuestra prensa no libre», observó el «efecto que el sistema económico actual ejerce necesariamente sobre todo el sistema de publicidad; sobre el juicio de lo que es noticia, sobre la selección o eliminación del material que se publica, sobre el tratamiento de las noticias tanto en los editoriales como en las columnas». Deberíamos preguntarnos «hasta qué punto es posible una auténtica libertad intelectual y una responsabilidad social significativa bajo el régimen económico actual».[2] (No demasiado, creía él.)

En Estados Unidos existe un notable margen legal en términos de libertad de expresión, pero los mecanismos que describió Orwell siguen operando y moldeando lo que en efecto se acaba escuchando y leyendo. Las grandes corporaciones mediáticas no son monolíticas en sus opiniones, ni respaldan uniformemente todas las políticas estatales, pero sí reproducen con fidelidad los supuestos y perspectivas de las élites estadounidenses. Los medios pueden albergar críticas y debates encendidos, pero siempre en línea con un marco de presuposiciones y principios compartidos que constituyen un poderoso consenso de élite, y que son, en gran medida, interiorizados por los actores individuales sin tan siquiera ser conscientes de ello.

Uno de estos presupuestos tácitos, omnipresente en el discurso político norteamericano, es la creencia de que Estados Unidos posee un derecho inherente a dominar al resto del mundo. De hecho, el destacado comentarista liberal Matthew Yglesias ha señalado que esa es una «premisa indiscutible» y observa que, más allá de unos pocos «intelectuales de izquierda» alternativos, el derecho de Estados Unidos a ejercer ese dominio se da por sentado. «Durante toda mi vida, Estados Unidos ha sido la primera potencia mundial», señala Yglesias, y «la idea de que esta es una situación deseable y que debe mantenerse es una de las menos controvertidas de la política estadounidense actual». Él mismo acepta esta premisa sin necesidad de argumentarla, dado lo poco controvertida que es. Yglesias podría haber añadido que no es solo que ningún «miembro electo de la administración» cuestione esa creencia, sino que tampoco lo hacen casi nunca los medios de comunicación estadounidenses. Incluso cuando surge un debate sobre la prudencia o conveniencia del uso de la fuerza militar por parte de Estados Unidos, rara vez se discute si, para empezar, nuestro país tiene derecho a emplear la fuerza.[3]

Tomemos como ejemplo el caso de la invasión de Irak. Cuando la guerra degeneró en un baño de sangre desbocado, los medios estadounidenses empezaron a plantear numerosas críticas. Sin embargo, como ha documentado Anthony DiMaggio en su detallado estudio sobre la cobertura mediática de la «guerra contra el terrorismo», las críticas de los comentaristas liberales se centraron predominantemente en si la guerra se estaba librando con eficacia, no en si era, en primer lugar, legítima. Por ejemplo, Bob Herbert, de *The New York Times*, dijo que la guerra estaba «mal gestionada», que era «insostenible» e «imposible de ganar», y denunció que no había «ninguna estrategia coherente». Los editores de *Los Angeles Times* condenaron una «ocupación terriblemente chapucera», donde el problema, más que la ocupación, era la chapuza. Paul Begala, estratega demócrata, afirmó que Bush «no había enviado suficientes tropas» a Irak. DiMaggio señala que estas críticas, en apariencia «antibélicas», en realidad se posicionan a favor de la guerra, se centran en poner de relieve «errores militares que, de ser corregidos, podrían facilitar una mayor operatividad de la ocupación y del esfuerzo bélico». Esto lleva a DiMaggio a preguntar: «Si la guerra es imperial e inmoral, destinada a asegurar el control del petróleo y no a defender la democracia, ¿qué sentido tiene criticar al Gobierno por no librarla de manera eficaz? ¿Por qué lamentar que fuera "imposible de ganar" o estuviera "mal gestionada" cuando el problema real era que Estados Unidos nunca debió intentar "ganar" ni "administrar" una guerra imperialista represiva en primer lugar?».[4]

Se puede plantear que Estados Unidos ha cometido errores en su intento por alcanzar ciertos objetivos, pero rara vez se debate sobre la legitimidad de esos objetivos. Por ejemplo, en un editorial que *The New York Times* publicó tras el final de la guerra de Vietnam, se delinearon así los límites del debate: «Hay estadounidenses», señalaba el editorial, «que creen que la guerra [...] podría haberse librado de otra manera», mientras que otros creen que la idea de «un Vietnam del Sur viable y no comunista fue siempre un mito». La «disputa en curso», según se dice, sigue sin resolverse: los halcones sostienen que la guerra podría haberse ganado, mientras que las palomas creen que no. Este es el terreno sobre el que es permisible debatir.[5]

Palabras como «equivocado», «trágico» y «error» se repiten constantemente en los análisis. Pero ¿qué sucede con otra perspectiva, la que afirma que Estados Unidos no tenía, de entrada, ningún derecho legal o moral a intervenir en Vietnam? Estados Unidos no «confiaba en que el pueblo de Vietnam del Sur pudiera decidir sobre su propio Gobierno», sino que bloqueó la democracia. No tenía derecho a apoyar el intento de Francia de reconquistar el país, ni a violar el Acuerdo de Ginebra de 1954 oponiéndose a la reunificación de Vietnam mediante unas elecciones. En los medios se debate sobre la cuestión —«¿Podríamos haber ganado?»—, pero no sobre otras más esenciales: «¿Teníamos derecho a intervenir?», «¿Fue un acto de agresión criminal?» o «¿Cuándo habrá juicios por crímenes de guerra contra los responsables de esta agresión ilegal?». Estas preguntas están fuera de un debate para el que el *Times* establece el marco.

Julian E. Zelizer, profesor de historia y políticas públicas en la Universidad de Princeton, refleja esta perspectiva dominante en un artículo publicado en *Foreign Policy*. Según él, la «única constante» en la historia de Estados Unidos es que «los presidentes cometen frecuentemente descuidos, errores de cálculo e incluso graves equivocaciones en la gestión de la seguridad nacional». Descuidos. Errores de cálculo. Equivocaciones. Los fines, sin embargo, siguen sin cuestionarse. Lo único que se somete a análisis son los medios utilizados para alcanzarlas, que, en ocasiones, se pueden considerar imprudentes. Si se examina la historia de las guerras de Estados Unidos, se verá que el marco de debate es igual de estrecho: se limita a la discusión sobre las tácticas, mientras se asume como incuestionable la legitimidad del poder global estadounidense. El espectro se extiende solo desde quienes creen que la guerra se está gestionando correctamente hasta quienes opinan que está mal dirigida (el mismo margen de debate que existe hoy en Rusia con respecto a la guerra en Ucrania, donde hay duras críticas a Putin por su falta de eficacia, pero no por la guerra en sí). Es un error creer que debatir si una guerra se puede ganar o si esta es un error constituye, en realidad, un debate sobre la guerra en sí. A fin de cuentas, hasta los generales de Hitler podrían haber criticado sus errores de guerra, es decir, su fracaso con respecto a los objetivos deseados. Y podrían haberlo hecho manteniendo un compromiso con el nazismo no menos fanático que el del propio Führer. En el caso alemán, somos capaces de reconocer que las críticas estratégicas no ponen en cuestión el objetivo subyacente; más bien, lo refuerzan. Sin embargo, en Estados Unidos, muchas de las críticas que se expresan hacia nuestra política exterior no son más que ajustes estratégicos que aceptan el consenso bipartidista de que Estados Unidos, por definición, no puede cometer crímenes.[6]

El tipo de actitud que podríamos calificar de «pacifismo moderado» liberal —cuestionar las tácticas pero no los objetivos— también estaba presente en los medios durante los años ochenta, cuando la Contra, respaldada por Estados Unidos, aterrorizaba Nicaragua. Por ejemplo, *The Washington Post* era crítico con el apoyo a la Contra, pero únicamente por razones tácticas. La idea de que Nicaragua representaba una amenaza, al estilo soviético, que justificaba la confrontación se daba por hecha. Recogiendo el relato del Gobierno de Reagan, el consejo editorial del periódico calificaba a los sandinistas de «una seria amenaza para la paz civil y la democracia en Nicaragua, así como para la estabilidad y la seguridad en la región», y mostraba su acuerdo en la necesidad de contener su «agresivo avance». No obstante, argumentaban que «las fuerzas de la Contra no son un instrumento útil de presión» y que esa no era «la mejor manera posible» de socavar al Gobierno nicaragüense. Sin embargo, en ningún momento se puso en duda la legitimidad del uso de la fuerza por parte de Estados Unidos.[7]

La guerra de Afganistán provocó críticas similares entre los sectores liberales. Por ejemplo, la MSNBC, considerada una cadena progresista alineada con el Partido Demócrata, expresó su oposición a la guerra a través de voces como la de Rachel Maddow, una de sus presentadoras estrella, quien se denomina a sí misma «liberal en materia de seguridad nacional». Maddow fue muy crítica con la intervención estadounidense en Afganistán, pero sus argumentos se centraron en cuestiones tácticas. Esta era, por ejemplo, una de las ideas que planteaba: «Si creen que nuestras acciones, las acciones americanas de 2010, no pueden aumentar las posibilidades [...] de que haya un Gobierno real en Afganistán, entonces pedirles a los americanos que mueran en Afganistán es un error». En otras palabras, las consideraciones morales giraban en torno a nuestras probabilidades éxito, no a los derechos de los afganos.[8]

Cuando las guerras estadounidenses llegan a su fin, rara vez se produce un ejercicio de examen de conciencia nacional, exceptuando la consideración de si fueron o no errores. Como hemos visto, el relato general sobre la guerra de Vietnam se refleja en la descripción de Ken Burns de que «comenzó por decisiones bienintencionadas de personas decentes, debido a malentendidos fatídicos, un exceso de confianza estadounidense y errores de cálculo propios de la Guerra Fría». De manera similar, a medida que la masacre se desmandaba en Irak, Nicholas Kristof, de *The New York Times*, afirmó que los iraquíes estaban pagando «un horrible precio por las buenas intenciones de unos conservadores bienintencionados que deseaban liberarlos».[9]

Como señalan los críticos de los medios estadounidenses Adam Johnson y Nima Shirazi, el relato retrospectivo que suelen hacer los medios acerca del uso de la fuerza por parte de Estados Unidos lo retrata como algo «desagradable, imperfecto, erróneo, pero en última instancia resultado accidental de un imperio noble y justo que, por encima de todo, tenía buenas intenciones». Los autores explican que, cuando las guerras pierden apoyo popular, «surge una especie de industria casera de expertos y pseudohistoria» que alimenta la idea de que todo «fue un accidente, que se equivocaron, que tenían información errónea, que estaban motivados por un profundo com-

332

promiso con la libertad y la democracia». Johnson y Shirazi comparan este fenómeno con la labor de un abogado que trata de que su cliente sea condenado por homicidio involuntario en vez de por asesinato en primer grado. La estrategia es necesaria porque, en la mitología norteamericana, los enemigos del Estado son como «villanos de las películas de James Bond» que actúan de manera intrínsecamente malvada, mientras que nosotros somos inocentes y estamos comprometidos con el bien.[10]

En este marco, muchas cuestiones y preguntas fundamentales quedan, simplemente, sin plantearse. Afganistán e Irak casi han desaparecido del panorama. Cuando leemos que Estados Unidos ha llevado a cabo un ataque con drones en Irak, lo que no se nos cuenta es que el Gobierno iraquí se opuso de manera contundente a lo que era una violación de su soberanía, y tampoco se plantea ningún debate sobre el tema. Del mismo modo, los países que siguen sufriendo las consecuencias a largo plazo de nuestras «intervenciones» apenas reciben cobertura, y cuando lo hacen es de manera superficial. Los «no pueblos» del mundo bien podrían no existir siquiera.[11]

TERRORISMO: ANATOMÍA DE UN CONCEPTO PROPAGANDÍSTICO

En *La ciudad de Dios*, San Agustín habla del encuentro entre Alejandro Magno y un corsario. Alejandro confronta al pirata preguntándole por qué se siente con derecho a tener «inquieto y turbado el mar» y este, con «arrogante libertad», le responde: «¿Y qué te parece a ti cómo tienes conmovido y turbado todo el mundo? Mas porque yo ejecuto mis piraterías con un pequeño bajel, me llaman ladrón, y a ti, porque las haces con formidables ejércitos, te llaman rey». Es decir, que por el mismo tipo de comportamiento pueden acabar llamándote pirata o gran emperador.

Un ejemplo evidente de cómo en Estados Unidos el discurso político está moldeado por supuestos ideológicos tácitos lo ofrecen los distintos usos de la palabra *terrorismo*. Según la definición del Departamento de Defensa, el terrorismo es «el uso ilegal de la violencia o su amenaza, a menudo motivado por creencias religiosas, políticas o ideológicas de otro signo, para infundir miedo con la intención de coaccionar a los Gobiernos o sociedades para conseguir objetivos generalmente políticos». Sin embargo, esta definición resulta impracticable porque, si se aplicase de manera estricta, es obvio que convertiría a Estados Unidos en un Estado terrorista. George W. Bush, que hizo un uso ilegal de la violencia, motivado por creencias ideológicas, con la intención de coaccionar a sociedades para conseguir objetivos políticos, sería, según esta lógica, uno de los principales terroristas del mundo. Lo mismo podría decirse del venerado estadista Henry Kissinger y del Premio Nobel de la Paz Barack Obama.

Existen otras definiciones oficiales de terrorismo.[12] Ninguna de ellas se aplica realmente en el discurso político estadounidense, ya que todas llevarían a la misma conclusión incómoda: respetadas figuras políticas estadounidenses serían consideradas terroristas. Lyndon Johnson fue un terrorista. Richard Nixon, sin duda, fue también un terrorista cuando ordenó los «bombardeos de Navidad» (Operación Linebacker II) en 1972. En esa campaña, doscientos bombarderos B-52 arrojaron 20.000 toneladas de bombas sobre Vietnam del Norte con el objetivo de obligar a los norvietnamitas a regresar a las negociaciones, aun cuando ellos solo la habían abandonado después de que el Gobierno de Nixon echara por tierra una oferta previa.[13] Los bombardeos destruyeron el hospital Bach Mai, mataron a docenas de trabajadores y dejaron «libros de medicina y farmacia [...] esparcidos por todas partes sobre un amasijo de hierros retorcidos, vigas de hormigón quebradas y paredes derrumbadas». «Se van a llevar una buena sorpresa», dijo Richard Nixon al lanzar el ataque.[14]

Hasta un mero análisis superficial de cómo se aplica realmente la palabra *terrorismo* en Estados Unidos revela una premisa implícita: el terrorismo es, por definición, algo que otros nos hacen a nosotros o a nuestros aliados. No es algo que nosotros, ni nuestros aliados, podamos cometer. La idea de que

Estados Unidos practique terrorismo es doctrinalmente inadmisible, con independencia de los hechos.

Por ejemplo, Estados Unidos incluye en la actualidad a Cuba entre el pequeño grupo de «Estados patrocinadores del terrorismo». Pero, en realidad, Estados Unidos ha sido responsable de décadas de terrorismo contra la isla caribeña. (Barack Obama retiró brevemente a Cuba de la lista, pero luego, durante el mandato de Donald Trump, se volvió a incluir. Joe Biden ha mantenido esta decisión, a pesar de que la infundada inclusión de Cuba en la lista «produce obstáculos adicionales para el envío de ayuda humanitaria en un momento en que el país sufre una grave escasez de bienes básicos y suministros médicos».) Además, Estados Unidos se niega a extraditar a individuos que han llevado a cabo acciones terroristas contra países como Haití y Cuba. Pero, si aplicáramos el principio establecido durante la era de Bush —según el cual los países que «albergan» a terroristas pueden ser atacados por la fuerza—, los Gobiernos de Haití y Cuba tendrían base legítima para bombardear Washington.[15]

Cuando Vladímir Putin lanzó misiles contra Ucrania, *The Washington Post* lo acusó de «terrorismo aéreo» y calificó el ataque de «bombardeos terroristas». Cuando los separatistas ucranianos prorrusos derribaron un avión civil (de manera imprudente, pero no como acción deliberada), Hillary Clinton no tardó en tacharlo de acción «terrorista». Y también podemos señalar lo que jamás se etiqueta como terrorismo: la campaña de bombardeos de «conmoción y pavor» estadounidense sobre Irak, o el derribo de un avión civil iraní por parte de Estados Unidos (acción también imprudente, pero aparentemente no deliberada), o la absoluta devastación de Gaza al estilo de Dresde.[16] La categoría de «terrorismo» nunca incluye las misiones de bombarderos B-52 en Indochina que arrasaron pueblos enteros, ni a los altos mandos que autorizaron estos ataques.

Si damos un vistazo a la historia del último medio siglo, podemos encontrar una serie interminable de ejemplos que ilustran estas dinámicas. Cuando se produce un ataque de palestinos contra civiles israelíes, la prensa estadounidense lo recoge como «atentados terroristas». ¿Y los ataques de colonos israelíes contra los palestinos? Se describen simplemente como «incidentes violentos de colonos». Cuando los mandos de la CIA y el Pentágono dieron orden a la Contra nicaragüense de atacar objetivos civiles, el editor de *The New Republic*, Michael Kinsley, comentarista político que se sitúa en el espectro liberal, defendió que no había por qué rechazar de plano las razones que podían justificar esos atentados terroristas: una «política sensata» debe «pasar la prueba del análisis coste-beneficio», sopesando «la cantidad de sangre derramada y sufrimiento producido contra la probabilidad de que, al final, emerja la democracia». Se da por hecho que son las élites estadounidenses las que tienen la prerrogativa de realizar el análisis y emprender el proyecto si pasa la prueba.[17]

En 1986, Leon Klinghoffer, ciudadano estadounidense discapacitado, fue asesinado por miembros del Frente de Liberación Palestina durante el secuestro del crucero Achille Lauro. Reflejando el horror general ante un crimen tan despreciable, el corresponsal de *The New York Times*, John Burns, escribió que el asesinato «parecería establecer un estándar de inhumanidad entre los terroristas». Pero otros casos igualmente brutales no generan el mismo tipo de condena, por ejemplo, durante la ofensiva de Ariel Sharon sobre el campo de refugiados de Yenín, en la primavera de 2002, cuando los periodistas británicos encontraron «los restos aplastados de una silla de ruedas» entre los escombros. «Había quedado completamente aplastada, plana, como en los dibujos animados», contaron. «Entre los escombros había una bandera blanca rota» que había llevado Kemal Zughayer, un palestino discapacitado que «fue abatido a tiros cuando trataba de subir por la carretera con su silla de ruedas. Al parecer, los tanques israelíes pasaron por encima de su cuerpo, porque cuando [un amigo] lo encontró, le faltaban una pierna y ambos brazos, y la cara, según contó, estaba desgarrada, partida en dos». Este acto, sin embargo, no se incluye en los registros del terrorismo junto al asesinato de Leon Klinghoffer. Porque, en este caso, el responsable no fue un «monstruo», sino un «hombre de paz», como George W. Bush llamó a Ariel Sharon.[18]

La palabra no cabe en un discurso honesto y, sin embargo, se utiliza con indiferencia una y otra vez. «Debemos reconocer», señala el experto en comunicación Michael Stohl, «que, por convención» el uso de la fuerza por parte de las grandes potencias «normalmente se describe como diplomacia coercitiva y no como una forma de terrorismo», aunque por lo común implica «la amenaza de la violencia, y frecuentemente su uso, con fines que serían calificados como terroristas si no fueran las grandes potencias las que estuvieran empleando esas tácticas». Solo habría que añadir un matiz: la aplicación del término *grandes potencias* queda restringido a los Estados favorecidos; dentro de estas «convenciones», Rusia, por ejemplo, no goza de la misma licencia retórica.[19]

El uso oportunista y carente de principios del término *terrorismo* es solo un ejemplo de cómo la violencia se evalúa de forma distinta cuando la ejercen enemigos oficiales o cuando los responsables son Estados Unidos y sus aliados. Los medios mantienen una jerarquía implícita de víctimas, en la que algunas de ellas son más dignas de atención que otras. Anthony Marro, editor de *Newsday*, admitió abiertamente en el contexto de la guerra de Irak que «prestamos más atención a los muertos estadounidenses» que a los muertos iraquíes. Cuando comenzó la guerra de Ucrania, se hizo evidente que los reporteros trataban a las víctimas como seres humanos en mucho mayor grado que a las de otros conflictos. Un corresponsal de la CBS, por ejemplo, expresó su horror al contemplar cómo el conflicto tenía lugar en un lugar «relativamente civilizado, relativamente europeo», donde «no es imaginable que suceda algo así».[20]

La cobertura mediática también varía según quién cometa los crímenes y la posición que mantengan los propios Estados Unidos en el conflicto. En la década de 1980, el sacerdote polaco Jerzy Popiełuszko fue asesinado por los comunistas y el hecho obtuvo una enorme atención mediática en Estados Unidos. Sin embargo, el asesinato del sacerdote salvadoreño Óscar Romero —crítico con el apoyo norteamericano a la dictadura de El Salvador— mereció mucha menos atención. Ejemplos comparativos de pares de casos como este revelan un patrón de sesgo sistemático.[21]

Desde 1986, la organización Fairness and Accuracy in Reporting (FAIR), dedicada a la vigilancia de los medios, ha monitoreado con rigor a la prensa estadounidense en busca de ejemplos de ese tipo de sesgo. Ha documentado numerosos casos que confirman cómo el consenso en política exterior de Washington se refleja directamente en la cobertura de los medios tradicionales. Estas son algunas de sus conclusiones:

- Durante la guerra de Irak, FAIR analizó las noticias de la televisión por cable y descubrió que el 64 por ciento de los invitados a los programas estaban a favor de la guerra, mientras que solo el 10 por ciento de ellos se posicionaban en contra.[22]
- En los conflictos entre Israel y Palestina, la cobertura de las víctimas es profundamente desigual: las muertes israelíes reciben siete veces más menciones que las palestinas, mientras que los derechos legales de los palestinos suelen ser minimizados o directamente ignorados.[23]
- Los medios de comunicación estadounidenses destacan con frecuencia cuando la violencia en el mundo se comete con «armas de fabricación iraní», pero rara vez señalan del mismo modo los crímenes perpetrados con armas de fabricación estadounidense.[24]
- La exigencia de «renunciar a la violencia» se dirige repetidamente a los musulmanes, pero rara vez se aplica al propio Gobierno de Estados Unidos.[25]
- El imperialismo chino sobre Hong Kong recibe una amplia cobertura en los medios, pero apenas hay atención comparable sobre la dominación estadounidense en otros países.[26]
- Puede haber horas de discusión sobre la guerra en Afganistán sin que se dedique un análisis sustancial al

impacto de las políticas estadounidenses en el deterioro de las condiciones en la región.[27]

- Cuando Donald Trump bombardeó Siria, prácticamente no hubo oposición en la prensa. De hecho, *The New York Times* llegó a publicar el absurdo titular: «On Syria Attack, Trump's Heart Came First» («En el ataque a Siria, el corazón de Trump fue lo primero»).[28]
- La guerra de Arabia Saudita en Yemen, respaldada por Estados Unidos, ha sido prácticamente ignorada por los medios.[29]
- Un polémico anuncio navideño de las bicicletas estáticas Peloton obtuvo más cobertura mediática que el nuevo presupuesto del Pentágono.[30]

Existen numerosas pruebas de cómo el sesgo nacionalista, sumado a la dependencia de las fuentes gubernamentales, distorsionan la cobertura que realizan los medios estadounidenses de los conflictos internacionales. Un claro ejemplo es el tratamiento que hace *The New York Times* de China, considerada competidora estratégica de Estados Unidos. En la prensa norteamericana, la «agresión china» se presenta como un hecho incuestionable[31] mientras que la «agresión estadounidense» es algo inconcebible. En un artículo titulado «China Sends Spy Balloons over Military Sites Worldwide, U.S. Officials Say» [«China envía globos de observación a enclaves militares de todo el mundo, afirman miembros de la administración estadounidense»], se dice que «las agencias de inteligencia norteamericanas han concluido que el programa de globos de observación de China se integra en un proyecto de vigilancia global diseñado para recopilar información sobre las capacidades militares de diversos países». El artículo cita a un experto que afirma que el programa de espionaje de China ha «violado la soberanía nacional de varios Estados en los cinco continentes».

Sin embargo, una prensa que fuera verdaderamente honesta no podría pasar por alto un contexto evidente e indispensable: ¿cuáles son los programas de espionaje que desarrolla Estados Unidos contra China? Para poder evaluar si el comportamiento del país asiático resulta particularmente reprochable, es crucial preguntarse si acaso nosotros no estamos reclamando también el derecho a llevar a cabo esas mismas prácticas. Como explica el experto en política exterior Van Jackson, las acciones de espionaje de Estados Unidos en China han sido mucho más invasivas que el incidente del globo chino que flotó brevemente sobre territorio estadounidense antes de ser derribado. De hecho, en 2010, los dirigentes chinos «descubrieron que la CIA tenía infiltrados en el aparato del partido a altísimo nivel, incluidos los ministerios encargados de la seguridad y la inteligencia». China consideró la infiltración «como una extrema amenaza para el régimen», y esto llevó a que «China se volviese mucho más firme» en sus relaciones internacionales. Jackson señala lo extraño que resulta que «en la política exterior estadounidense nadie hable del hecho de que China se encontró agentes de la CIA metidos en sus más altos niveles de Gobierno. ¡Y cuando hablamos de vigilancia, nos alarmamos por un globo!».[32]

La selección de temas a los que se da cobertura también es fundamental. Algunos simplemente ni se tratan y, por tanto, quedan fuera del debate público. Por ejemplo, la cobertura mediática de la guerra en Ucrania ha sido exhaustiva, y *The New York Times* ha publicado un flujo constante de perfiles empáticos con los combatientes y víctimas civiles ucranianos. Pero las víctimas yemeníes de la agresión saudí, las víctimas kurdas de la agresión turca o las víctimas iraquíes de la agresión estadounidense no han recibido un tratamiento similar. Y las víctimas palestinas de la violencia israelí merecen para los medios considerablemente menos atención que las víctimas israelíes de la violencia palestina. El valor que se otorga a una vida no se mide de manera objetiva (no se da el mismo trato a todas las personas), sino, más bien, según las prioridades de la política exterior estadounidense.[33]

EL LENGUAJE DE LA PROPAGANDA

En su ensayo *La política y el idioma inglés*, George Orwell explicó cómo el uso de eufemismos hace posible la «defensa de lo indefendible». Bombardear aldeas indefensas puede llamarse «pacificación». Despojar a los campesinos de sus tierras y expulsarlos puede llamarse «traslado de población». Los crímenes y malas acciones se camuflan por medio de frases vagas y agradables, una práctica que es «necesaria cuando se quiere nombrar las cosas sin evocar sus imágenes mentales». Por tanto, para entender de verdad lo que se está diciendo en el discurso político, es necesario traducirlo constantemente a un lenguaje claro y directo. La elección de la terminología que se emplea no es neutra: moldea y distorsiona los marcos de pensamiento y dificulta tanto la comprensión de los hechos como el debate coherente sobre asuntos de relevancia.[34]

Podríamos elaborar un glosario entero de propaganda descodificando todas las expresiones orwellianas que abundan en el discurso político estadounidense. En particular, la política exterior es un ámbito dado a que los horrores se enmascararen bajo una terminología anodina. Ya hemos visto cómo la palabra *terrorismo* se emplea de manera oportunista y no según una definición neutral. A veces se eligen cuidadosamente las palabras para suavizar la crudeza de nuestras propias acciones (*detenido* en lugar de *encarcelado*, *interrogatorio mejorado* en lugar de *tortura*, *ayuda letal* en lugar de *bombas de racimo*, etcétera). La expresión *postura de disuasión* refiere a la amenaza de una aniquilación violenta. Términos como *equilibrio* y *estabilidad* se utilizan como eufemismos para designar la preservación de la posición de poder de Estados Unidos. Como bien señaló un académico en referencia a Chile, «estábamos decididos a buscar la estabilidad» por medio de «nuestros esfuerzos por desestabilizar un Gobierno marxista democráticamente elegido». La aparente contradicción desaparece cuando entendemos que «estabilidad» significa, en realidad, «protección de los intereses de Estados Unidos».[35]

Prestemos atención también a otro caso: Rusia tiene «oligarcas», mientras que en Estados Unidos esas mismas figuras se describen como *businessmen*, empresarios. Y la misma atención deberíamos prestar al uso selectivo del término *dictador*. La palabra *seguridad* no se refiere a la seguridad de la población en general, sino, más bien, a de los «principales arquitectos de la política»: en tiempos de Adam Smith, los «comerciantes e industriales»; en nuestra época, las megacorporaciones y las grandes instituciones financieras, respaldadas por unos Estados que, en gran medida, dominan. Cuando los Estados e intelectuales occidentales emplean el concepto de «comunidad internacional», en realidad se están refiriendo a ellos mismos. Por ejemplo, el bombardeo de Serbia por parte de la OTAN fue descrito consistentemente en la retórica occidental como una acción de la «comunidad internacional», aunque todo el que no viviera con la cabeza enterrada en la arena sabía que la mayor parte del mundo se oponía rotundamente a esa operación. Aquellos que no respaldan las decisiones del poder y la riqueza simplemente quedan excluidos de lo que se denomina «comunidad global».[36]

En una sociedad enormemente desigual, este sesgo a favor de los intereses de la élite estadounidense no es el resultado de una conspiración consciente. Como explicó Edward Herman, «forma parte integral de la estructura del sistema y emerge de manera casi natural por las diversas presiones de propietarios, patrocinadores, Gobiernos y demás lobbies que delimitan los márgenes dentro de los que pueden operar los medios, y de la naturaleza de las fuentes de las que estos dependen para recibir un flujo constante de noticias». No se trata de que los periodistas se autocensuren de forma deliberada o conspiren para ocultar información. En general, son perfectamente sinceros y están comprometidos con su labor. Creen lo que dicen, pero si tuvieran unas creencias distintas, no estarían en sus puestos.[37]

Aquellos que se salen de los límites no tardan mucho en comprobar de qué modo se mantiene el discurso en el marco de unos estrechos confines determinados. Un ejemplo es el caso de Phil Donahue, quien, a pesar de contar con buenos índices de audiencia, en 2003 fue despedido como presentador de su programa en la MSNBC por cuestionar la invasión de Irak. Los ejecutivos de la cadena expresaron su temor de que fuera «un rostro público problemático para la NBC en tiempos de guerra». Chris Hedges ha contado que en el momento en que planteó «advertencias en foros públicos sobre el caos y el derramamiento de sangre» que iba a conllevar la invasión de Irak, fue reprendido formalmente en *The New York Times*, mientras que otro colega reportero que apoyaba la invasión no lo fue.[38]

Christiane Amanpour, de la CNN, lo ha expresado con claridad: «Creo que la prensa fue amordazada y creo que la prensa se autoamordazó». Y ha admitido lo siguiente: «No cabe duda de que la televisión —y probablemente también mi propia cadena— fue intimidada tanto por la propia administración como por sus peones de Fox News». Existía, cuenta, «un clima de miedo y de autocensura con el tipo de emisiones» que hacían. Por su parte, Elisabeth Bumiller, periodista de *The New York Times*, ha sido franca sobre la notable reticencia que existía en hacer preguntas difíciles al Gobierno. «Fuimos muy deferentes», ha confesado, «da miedo estar allí [...] en televisión, en directo, en horario de máxima audiencia, y plantearle preguntas al presidente de Estados Unidos cuando el país está a punto de entrar en guerra. [...] Nadie quería discutir con el presidente en un momento tan crítico».[39]

Dan Rather, de la CBS, fue también honesto al reconocer abiertamente su incapacidad para ofrecer una cobertura libre de prejuicios nacionalistas.

> A ver, yo soy americano. Nunca he pretendido engañar a nadie diciendo que soy un internacionalista ni nada similar. Y si mi país está en guerra, quiero que gane, sea cual sea la definición de «ganar». Ahora bien, no puedo afirmar, y no lo hago, que esa cobertura esté exenta de prejuicios. Con eso sí tengo prejuicios.[40]

También hay quienes han defendido vehementemente su propio trabajo. Judith Miller, autora de algunos de los artículos más infames publicados en *The New York Times* durante el periodo previo a la guerra de Irak que reproducían las afirmaciones falsas del Gobierno, se justificó diciendo que el papel de un periodista del *Times* es repetir acríticamente la propaganda gubernamental: «Mi trabajo no es evaluar la información que ofrece el Gobierno ni actuar como una analista de inteligencia independiente. [...] Mi trabajo es decirles a los lectores de *The New York Times* lo que el Gobierno pensaba acerca del arsenal de Irak». Según esta lógica, sería responsabilidad de los lectores convertirse en «analistas de inteligencia independientes» si desean descubrir la verdad.[41]

En todo caso, desde la debacle de la guerra de Irak sí se ha producido cierta reflexión dentro del periodismo estadounidense, especialmente en torno a la cuestión de si deben reproducirse las afirmaciones de fuentes gubernamentales anónimas. Sin embargo, más de una década después, el uso de fuentes anónimas sigue siendo una práctica común, y expresiones como «según los altos cargos de los servicios de inteligencia y las fuerzas armadas» aparecen en la prensa como un sinónimo de «esto es verdad». Además, con frecuencia, los entrevistados en los programas de noticias de la televisión por cable mantienen algún vínculo directo con el complejo militar-industrial. Las opiniones que se ofrecen al público siguen estando confinadas dentro de un rango ideológico estrecho, y siguen operando los mismos mecanismos que en 2003 silenciaron a figuras como Phil Donahue.[42]

La propaganda es a la democracia lo que las porras a los Estados totalitarios. Como señaló David Hume en su ensayo *Sobre los primeros principios de gobierno*, los gobernantes dependen, en última instancia, de ejercer el control sobre el pensamiento de las personas: «La opinión es, por tanto, el único fundamento del gobierno, y esta máxima alcanza lo mismo a los Gobiernos más despóticos y militares que a los más populares y libres». Para mantenerse en el poder, los gobernantes deben asegurarse de mantener a la opinión pública de su lado. En una dictadura, ese control de la opinión puede lograrse metiendo a los disidentes a la cárcel. En una sociedad relativamente libre y democrática, el control del pensamiento se ejerce de manera distinta.[43]

La prensa norteamericana ha tenido un papel fundamental ayudando al Estado a construir nuevos enemigos. Repetidamente, los medios refuerzan y amplifican las doctrinas básicas de la política exterior estadounidense, presentando nuestros actos de agresión o terrorismo como legítima defensa y compromiso con unos inspirados ideales. A nuestros adversarios se les retrata como malvados empeñados en nuestra destrucción. Mientras tanto, nuestras malas acciones pasadas son enterradas en el olvido o reinterpretadas como «errores bienintencionados». Como argumentó Harold Pinter en el discurso con el que recogió el Premio Nobel de Literatura: «Los crímenes de Estados Unidos han sido sistemáticos, constantes, crueles y despiadados, pero muy pocas personas han hablado realmente de ellos». Es, dijo, como si «nunca hubiera pasado», e «incluso mientras estaba pasando, no estaba pasando». Estados Unidos, señaló, «ha ejercido una manipulación clínica del poder a escala global mientras se disfraza de fuerza del bien universal».[44]

Hoy tenemos una cantidad ingente de información y, sin embargo, sabemos muy poco. Aunque Internet ha facilitado la aparición de canales alternativos de información y ha desafiado, en cierta medida, el monopolio de los medios corporativos, las plataformas donde se difunde esta información aún están diseñadas para servir a los intereses del lucro empresarial. Por tanto, la ciudadanía continúa profundamente desinformada sobre lo que sucede en el mundo, y, lo que es peor, ni siquiera es consciente de su propia ignorancia. Unos medios de comunicación verdaderamente democráticos, comprometidos con el interés público, podrían cambiar esta situación. Y ya existen propuestas para construirlos. Pero, hasta que se materialicen, los consumidores de los medios deben recordar que su desconocimiento es un elemento esencial para que los poderosos sigan manteniendo su dominio.[45]

Conclusión

¿Hegemonía o supervivencia?

Estados Unidos tiene una historia particularmente sangrienta. Según algunas estimaciones, entre los años 1775 y 2018 ha estado involucrado en conflictos bélicos el 93,5 por ciento del tiempo. Los padres fundadores definieron al país, explícitamente, como un «imperio en ciernes», y sus inicios estuvieron marcados por un devastador proyecto de conquista que fue aniquilador para la población nativa. Detrás de esa retórica según la cual el «país que amamos» —tal como lo expresó Obama en uno de sus discursos del Estado de la Unión— se define por su «mirada cristalina», su «gran corazón» y su «optimismo en la creencia de que la verdad desarmada y el amor incondicional prevalecerán al final», se oculta un ejercicio del poder sostenido por la violencia.[1]

«Gran parte de lo que se hace pasar por idealismo [...] no es más que amor al poder disimulado», dijo Bertrand Russell. De hecho, la historia de Estados Unidos puede leerse según dos relatos paralelos: el de la retórica (presente en los periódicos y los discursos presidenciales) y el de los hechos, que constituye la experiencia de vida de las víctimas. En todas las épocas, la prensa ha estado llena de declaraciones altisonantes. Mientras tanto, aparte de aniquilar a la población indígena, Estados Unidos conquistó el Reino de Hawái y Filipinas, se apropió de la mitad de México, intervino con violencia en otras regiones cercanas y (desde la Segunda Guerra Mundial) expandió su uso de la fuerza a gran parte del mundo. El número de víctimas que todo ello ha dejado es colosal.[2]

En los documentos escritos por los más importantes estrategas estadounidenses durante la posguerra, estos manifestaban su visión de que las principales amenazas para el nuevo orden mundial liderado por Estados Unidos eran los «regímenes nacionalistas» que recogían las «demandas populares de garantizar una mejora inmediata en el precario nivel de vida de las masas» y de orientar la producción para que respondiese a las necesidades nacionales. El objetivo básico de estos estrategas, que se repite una y otra vez en los documentos, era impedir que dichos regímenes «ultranacionalistas» tomaran el poder o, en caso de que llegaran a lograrlo, derrocarlos e instalar Gobiernos dóciles que favorecieran la inversión privada, la producción destinada a la exportación y la extracción de las ganancias hacia el exterior.

Dado que posicionarse en contra de la democracia y las reformas sociales no suele ser la mejor estrategia para hacerse popular en el país que es víctima de estas maquinaciones, Estados Unidos depende del uso de la fuerza y del establecimiento de alianzas con el poder militar —«el menos antiamericano de los grupos políticos de América Latina», tal como lo definieron los estrategas de Kennedy— para aplastar cualquier movimiento popular autóctono que se les vaya de las manos.

En determinadas condiciones, pueden ser toleradas algunas formas de democracia, pero solo si sus procesos están alineados con los planes estratégicos y económicos de Estados Unidos. Washington se ha opuesto sistemáticamente a la democracia cuando no puede controlar sus resultados y solo ha aceptado reformas sociales cuando estas han ido orientadas a suprimir los derechos de los trabajadores y a preservar un clima beneficioso para la inversión extranjera. Tal como lo plantea Thomas Carothers, que durante los años de Reagan trabajó en el Departamento de Estado en proyectos de «democratización», Estados Unidos «deseaba únicamente formas limitadas de transformación democrática, dirigidas desde arriba y que no entrañaran el peligro de alterar las estructuras tradicionales de poder con las que Estados Unidos se ha aliado desde siempre». Lo relevante no era si un Gobierno era democrático o no, sino si estaba alineado con los «intereses estadounidenses». Un golpe fascista en Colombia, inspirado en el de Franco en España, no despertó apenas protestas del Gobierno estadounidense; como tampoco lo hicieron un golpe militar en Venezuela ni la restauración de un admirador del fascismo en Panamá. Sin embargo, el primer Gobierno democrático de toda la historia de Guatemala, inspirado en las políticas del New Deal de Roosevelt, desató un fiero antagonismo por parte de Estados Unidos. Y esta lógica apenas ha cambiado con los años. Cuando los derechos de los inversores están en riesgo, la democracia tiene que desaparecer. Pero cuando esos derechos están asegurados, hasta los mayores asesinos y torturadores resultan perfectamente aceptables.[3]

En ocasiones, desde el ámbito liberal moderado del espectro político se ha reconocido con franqueza la existencia de este dilema clave al que deben enfrentarse los responsables de la política pública en Estados Unidos. Por ejemplo, Robert Pastor, que fue asesor de seguridad nacional para América Latina del presidente Carter, explicó por qué su Gobierno tenía que apoyar en Nicaragua al régimen corrupto y sanguinario de Somoza y, cuando la continuidad del mandatario se demostró imposible, tratar al menos de mantener en el poder a la Guardia Nacional, entrenada por Estados Unidos, aun si esta estaba masacrando a la población «con una brutalidad que un país normalmente reservaría para su enemigo». La razón era la misma de siempre: «Estados Unidos no quería tener el control de Nicaragua ni de las otras naciones de su ámbito, pero tampoco quería que los acontecimientos se descontrolaran. Deseaba que los nicaragüenses actuaran de forma independiente, salvo si esa independencia afectaba negativamente los intereses de Estados Unidos».[4]

Existen numerosos casos de agresiones directas por parte de Estados Unidos. Por nombrar solo unos pocos, ha conspirado para derrocar Gobiernos (en ocasiones con éxito, en otras no) en Guatemala, Chile, Irán, Cuba, Haití y la Guayana Británica. Una y otra vez, han surgido oportunidades para la diplomacia y la negociación que, si bien no eran garantía de éxito, sí ofrecían al menos posibilidades prometedoras, y que fueron descartadas y abandonadas en favor del uso de la fuerza y la violencia. La actual carrera armamentística con China y el hecho de que la guerra en Ucrania podría haberse evitado son ejemplos especialmente trágicos de cómo la preferencia de Estados Unidos por las amenazas en vez de por la cooperación nos está abocando constantemente a nuevas catástrofes y creando un mundo cada vez más peligroso.

Incluso en aquellos casos en los que Estados Unidos no ha sido el agresor, el desmedido empleo de una fuerza extrema ha producido carnicerías del todo innecesarias. La guerra del Pacífico, en la Segunda Guerra Mundial, fue brutal por ambas partes, pero muchas atrocidades racistas cometidas contra los japoneses han quedado en gran medida olvidadas. Los ataques con bombas incendiarias sobre ciudades japonesas —que destruyeron sesenta y nueve ciudades y mataron a cerca de medio millón de personas— estuvieron calculados con la total intención de maximizar el número de víctimas civiles. Los estrategas militares estadounidenses diseñaron incluso «mapas de inflamabilidad» de las ciudades para garantizar que la mayor cantidad posible de personas se quemaran vivas. En su minucioso análisis de los bombardeos masivos de los Aliados sobre poblaciones civiles, el filósofo A. C. Grayling concluyó que estas acciones deben considerarse «crímenes morales». Curtis LeMay estaba en lo cierto al señalar que, de haber perdido los Aliados, probablemente habrían sido juzgados como criminales de guerra. Sin embargo, los juicios penales de la posguerra se diseñaron de tal modo que solo se consideraron criminales las acciones que no cometimos nosotros. Como observó el abogado de la acusación en los juicios de Núremberg, Telford Taylor, «no había base para imputar cargos criminales contra los líderes alemanes o japoneses» por los bombardeos aéreos porque «ambos bandos jugaron al terrible juego de la destrucción urbana, aunque los Aliados lo hicieron con mucho mayor éxito». En la práctica, la definición operativa de «crimen de guerra» designa solo a la actividad criminal de la que son culpables los enemigos derrotados, pero no los vencedores.[5]

350

Y, a lo largo de todo este tiempo, el mito del idealismo americano ha seguido persistiendo. Sin embargo, los documentos internos revelan, con frecuencia, que las decisiones políticas de Estados Unidos no estaban motivadas por nada que se pareciera al idealismo, sino por la voluntad de servir a los intereses económicos «nacionales» o de proteger su «credibilidad». No obstante, una inquebrantable fe en la buena voluntad y la generosidad de Estados Unidos sigue hoy nublando el pensamiento político y degradando el discurso público. A veces se dice que la política exterior se mueve en una oscilación entre el «idealismo wilsoniano» y el «realismo kissingeriano», pero, en la práctica, estas distinciones son en gran medida retóricas. Todas las grandes potencias recurren al discurso de las buenas intenciones y el sacrificio altruista en bien del mundo. Nuestra creencia en nuestro propio excepcionalismo es precisamente lo menos excepcional que tenemos.

Por otro lado, está la doctrina del «cambio de rumbo». Según ese relato, los errores del pasado fueron meros accidentes —atribuibles a nuestra inocencia o a nuestra excesiva buena voluntad— y esos tiempos ya quedaron atrás, de modo que ahora podemos aferrarnos a las grandes perspectivas que tenemos por delante, ignorando la historia entera y todo lo que esta revela sobre el funcionamiento de las estructuras institucionales, que permanecen inalteradas. Es asombroso lo frecuentemente que se hacen invocaciones a esta doctrina, siempre acompañadas de solemnes gestos de aprobación ante la profundidad de la idea.

Existe, además, un sorprendente consenso bipartidista en cuanto a la legitimidad del dominio estadounidense. Tras la llegada de Joe Biden a la presidencia, *The New York Times* señalaba en un titular que «en materia de política exterior estadounidense» el nuevo jefe actuaba «de forma muy similar al anterior», y destacaba las amenazas que dirigía contra China, su cálido abrazo al homicida príncipe heredero saudí y la continuación de su apoyo a Israel, a pesar de la condena internacional por la ocupación de Palestina. El artículo citaba a un exsubsecretario de Estado de Donald Trump que resumía la situación con un preciso comentario: «La continuidad es la norma, incluso entre presidentes tan diferentes como Trump y Biden».[6]

Sobre las buenas intenciones

Jamás ha existido un Estado dominante que se considere a sí mismo malvado. Todos se han creído siempre «los buenos», los verdaderos villanos son sus adversarios. Tendríamos, por tanto, que asegurarnos de no caer en esa trampa de asumir que estamos en el bando correcto simplemente porque así nos lo han contado. Debemos, en cambio, mirar de frente la cruda realidad y prestar oídos a quienes han sido víctimas de nuestro país. Existe un sistema doctrinal que impregna los medios de comunicación, las revistas de opinión y gran parte del pensamiento académico, y cualquier análisis honesto nos llevará a darnos cuenta de cómo se suprimen, ignoran o niegan algunos elementos inquietantes y sistemáticos de nuestras acciones en el ámbito internacional. Ese análisis también pondrá de manifiesto que el papel que hemos desempeñado en la perpetuación de la miseria y la opresión, e incluso de la tortura y las masacres, no solo es significativo en escala, sino que también es una consecuencia predecible, e igualmente sistemática, de unas concepciones geopolíticas y unas estructuras institucionales que han permanecido inmutables durante décadas.

De todos modos, aunque decidiéramos aferrarnos a la idea de que la violencia estadounidense se funda sobre buenas intenciones, tampoco es que las intenciones sean algo particularmente significativo desde un punto de vista ético. Al fin y al cabo, a la hora de evaluar las acciones de los Estados enemigos, rara vez consideramos sus intenciones. Por ejemplo, no medimos la legitimidad de la invasión de Ucrania en función de si Vladímir Putin creía realmente que el país estaba plagado de nazis. Su posible honestidad se considera un factor irrelevante, porque sus acciones eran criminales. Del mismo modo, la hambruna que padeció China entre 1958 y 1961 no se pasa por alto con el argumento de que fue un «error» y que Mao no tenía «intención» de causar la muerte de decenas de millones de personas. Tampoco se atenúa el impacto de la hambruna especulando sobre las motivaciones personales que pudiera tener para dar las órdenes que la provocaron. Cuando se trata de adversarios, tendemos a juzgarlos por las consecuencias previsibles de sus acciones, sin importar que creyeran estar haciendo el bien. Somos capaces de reconocer que incluso los mayores monstruos pueden sentirse convencidos de que lo que están haciendo es moralmente justo o noble.[7]

Sabemos que quienes conquistan y reprimen suelen verse a sí mismos como benefactores de sus víctimas. Los esclavistas no manifestaban abiertamente que lo que querían era mano de obra barata y explotable para su propio beneficio, sino que argumentaban que estaban actuando por el bien de las personas esclavizadas. John C. Calhoun, que defendía la esclavitud como un «bien positivo», llegó a afirmar: «Nunca antes la raza negra de África central, desde los albores de la historia hasta el día de hoy, había alcanzado un estado tan civilizado y avanzado, no solo físicamente, sino también moral e intelectualmente». ¿Importa algo que Calhoun lo creyera de verdad? ¿Paliaría en algo la situación?[8]

En vez de centrarnos en las intenciones, es decir, lo que pretendíamos hacer, deberíamos analizar las consecuencias, lo que en realidad hemos hecho. Marcamos una diferencia entre nosotros y «los terroristas» diciendo que cuando ellos matan a civiles lo hacen deliberadamente, mientras que nosotros —y nuestros aliados— solo lo hacemos de forma accidental. Las víctimas que nosotros causamos son «daños colaterales». Claro está que, para las víctimas, esta distinción es irrelevante. Además, ¿qué diferencia real existe si quien lanza una bomba sobre un pueblo lo hace con la intención de matar a sus habitantes o con el objetivo de destruir sus casas?

La aplicación de este doble rasero —o, más bien, de un rasero único por el que nosotros, por definición, nunca podemos estar haciendo el mal— lleva a un extraordinario ejercicio de contorsionismo intelectual. Por ejemplo, si Fidel Castro hubiera organizado múltiples intentos de asesinar al presidente de Estados Unidos o hubiera tenido implicación en ellos, o si hubiera tratado de destruir el ganado y las cosechas estadounidenses, sería considerado el epítome de la barbarie. Sin embargo, damos por sentado que tenemos derecho a hacerle a Cuba exactamente eso. También asumimos como legítimo el derecho a desplegar misiles a las puertas de territorio soviético, pero cuando la Unión Soviética quiso ejercer ese mismo derecho, estuvimos al borde de la Tercera Guerra Mundial. Y apenas se repara en estas inconsistencias.

Plantear preguntas serias acerca de la naturaleza y el comportamiento de la sociedad en la que uno vive es a menudo un ejercicio difícil e incómodo. Difícil porque las respuestas generalmente se nos ocultan, e incómodo porque esas respuestas no suelen ser bonitas y sí dolorosas. Sin embargo, es un ejercicio necesario, ya que el peligro de seguir alimentando nuestro autoengaño no deja de crecer.

En 1999, el analista político Samuel P. Huntington señaló que, para gran parte del mundo, Estados Unidos se está «convirtiendo en la superpotencia canalla» (*rogue superpower*) y que es percibido como «la mayor amenaza externa para sus sociedades». Poco después de que George W. Bush asumiera su primer mandato, Robert Jervis, entonces presidente de la Asociación Estadounidense de Ciencias Políticas, advirtió que «a ojos de gran parte del mundo [...] el principal Estado canalla (*rogue state*) es hoy Estados Unidos». Sin embargo, los norteamericanos suelen ser incapaces de concebir a su país como agresivo o como una amenaza. En su percepción, solo actúan en defensa propia.[9]

Siempre que se oye el término *defensa*, generalmente estaríamos en lo cierto si lo interpretamos como «ofensiva». La terminología defensiva enmascara con frecuencia un proyecto imperialista: no es que estemos tratando de dominar un sistema mundial integrado, sino que pretendemos negar áreas estratégicas al Kremlin o a China, protegiendo así nuestra seguridad —y la de otros— frente a su «agresión». Los líderes de la Unión Soviética adoptaron una postura similar, probablemente con la misma sinceridad y las mismas justificaciones. La práctica tiene unos arraigados antecedentes históricos, y la palabra *seguridad* es, en esencia, un eufemismo recurrente. Lo que argumentan los estrategas es que únicamente buscan garantizar la seguridad de la nación, no los intereses de las clases sociales dominantes.

Estados Unidos ya está muy por delante en el cómputo de fuerzas convencionales y armas de destrucción masiva que posee: el gasto que destina es superior al de los siguientes diez países juntos. No obstante, sigue alimentando una vasta carrera armamentística global y está tratando de avanzar hacia la militarización de una nueva frontera: el espacio exterior. Esto violaría el Tratado del Espacio Exterior de 1967, que hasta ahora ha impedido su militarización (Estados Unidos e Israel se abstuvieron de reafirmar este tratado en la ONU). Como explican los documentos del Comando Espacial de Estados Unidos, el objetivo es dominar «la dimensión espacial de las operaciones militares para proteger los intereses e inversiones estadounidenses». Además, Estados Unidos está a la cabeza en desarrollo y despliegue de nuevos tipos de sistemas de armas autónomas, capaces de tomar sus propias decisiones sobre a quién matar y cuándo hacerlo. El peligro que representan estos avances no podría ser más extremo, aunque rara vez se discute abiertamente.[10]

Existe un camino alternativo al que hemos seguido hasta ahora, un camino que implica tomarse en serio los ideales que proclamamos y actuar en consecuencia. Estados Unidos podría comprometerse a respetar el derecho internacional, adherirse a la Carta de las Naciones Unidas y aceptar la jurisdicción tanto de la Corte Penal Internacional como del Tribunal Internacional de Justicia. Podría ratificar el Protocolo de Kioto, y cumplirlo. El presidente podría asistir a las cumbres internacionales sobre el clima y tener iniciativa en la negociación de acuerdos. Estados Unidos podría dejar de vetar las resoluciones del Consejo de Seguridad de la ONU y demostrar, como establece la Declaración de Independencia, un «respeto decente por las opiniones de la humanidad». Podría reducir el gasto militar y aumentar la inversión social, y también resolver los conflictos mediante acciones diplomáticas y medidas económicas y no con la fuerza militar.

Para cualquiera que crea en la democracia, todas estas propuestas sonarán moderadas y conservadoras, y cuentan con el respaldo de la abrumadora mayoría de la población. Lo que ocurre es que son radicalmente distintas de nuestras actuales políticas públicas.

LA RESPONSABILIDAD DE ACTUAR

Cuando conocemos las consecuencias derivadas de los intentos de imponer la hegemonía estadounidense por la fuerza, tenemos la obligación moral de oponernos a ello. Resistir y contener la violencia del Estado es un deber fundamental de la ciudadanía. Es fácil —y cómodo— condenar los crímenes de los demás mientras se justifican o minimizan los propios. Pero una persona honesta debe tomar otro camino.

Quienes tienen la capacidad de actuar también tienen el deber de hacerlo. Vivir en una sociedad libre donde podemos acceder a una extraordinaria riqueza entraña la responsabilidad de, como mínimo, comprender cómo opera el poder y de hacernos algunas preguntas éticas básicas.

Incluso las personas que no son «héroes» por naturaleza tienen capacidad de plantear resistencia. A lo largo de la historia, los movimientos populares han estado formados por personas comunes con el coraje y la integridad intelectual suficiente como para plantarse frente a los desafíos éticos de su época. El mundo está sembrado de sufrimiento, amargura, violencia y catástrofes. Y todos debemos plantearnos si todo eso nos importa algo o no.

Muchas de las personas que pertenecen a los sectores privilegiados pueden ser reacias a renunciar a las recompensas que, en una sociedad rica, les ofrece su servilismo al poder, y quizá tampoco deseen aceptar los sacrificios que conlleva la honestidad. Hasta en las sociedades más humanas y democráticas hace falta un coraje considerable para negarse a ser parte de crímenes contra la paz.

Afortunadamente, ese valor no escasea. La historia del mundo no es solo un sombrío compendio de atrocidades, también es una crónica de la resistencia, la de quienes se negaron a aceptar la crueldad y la opresión como algo natural, normal o inevitable. Allá donde hay injusticias, siempre hay también gente que trata de combatirlas.

En Estados Unidos, los movimientos populares han cosechado éxitos notables. En el siglo XIX, los trabajadores empezaron a articular un movimiento sindical independiente basado en el principio de que «las fábricas deben ser de quienes las trabajan». En unas condiciones infinitamente más represivas y de mucha mayor dificultad que las actuales, lucharon no solo por mejorar su propia situación, sino también por el bienestar colectivo. Aunque al final fueron derrotados, su esfuerzo tuvo unos efectos que han perdurado a lo largo del tiempo. Durante esos mismos años, la educación se hizo extensiva a las masas, un instrumento clave para fortalecer la democracia (no es casualidad que hoy la educación sea uno de los principales objetivos de ataque para quienes desean debilitar la democracia). Posteriormente, el movimiento obrero militante de la década de 1930 —surgido de las cenizas de la represión de la era Wilson— llevó a Estados Unidos a la socialdemocracia en un momento en el que Europa sucumbía bajo el fascismo (otro proceso que ahora se está viendo atacado y que corre el peligro de involucionar). En lugar del fascismo, lograron instaurar la seguridad social y garantizar derechos como la negociación colectiva.[11]

En los años sesenta, hubo nutridos grupos de personas que decidieron abandonar la pasividad y la apatía y activarse políticamente para defender sus demandas. Los movimientos que estos grupos iniciaron (en defensa de los derechos civiles, de la liberación de la mujer, de los derechos LGBTQ, de la protección del medio ambiente y en contra de la guerra de Vietnam) hicieron de Estados Unidos un país mejor, y muchas de esas transformaciones han sido permanentes. Hoy somos más conscientes de la opresión racista y sexista, estamos más implicados en la protección del medio ambiente y mostramos un mayor respeto por los derechos humanos y la diversidad cultural. Podemos aprender mucho de las palabras y las acciones de quienes impulsaron movimientos como el Mississippi Freedom Summer, el American Indian Movement, el Free Speech Movement, el Chicano Movement, el Movimiento Estudiantil en México y otras importantes iniciativas globales que han luchado por una redistribución del poder.

También hemos visto importantes esfuerzos por mejorar la comprensión general sobre la historia de Estados Unidos y las injusticias que persisten en el presente. A partir del activismo de la década de 1960 surgieron programas como los Black Studies y los Women's Studies que abrieron espacio para perspectivas que habían quedado completamente excluidas de la investigación académica convencional. Obras clave como *La otra historia de los Estados Unidos* (y su volumen complementario, *Voices*) de Howard Zinn desvelaron lo que ocultaban los relatos patrióticos convencionales, exponiendo aspectos del pasado que muchos preferirían ignorar. Sin embargo, la difusión de estas verdades ha provocado también una reacción violenta, con intentos de censurar y eliminar este tipo de contenidos, que se tildan de peligrosos. El concepto de «teoría crítica de la raza», por ejemplo, se está utilizando como una etiqueta alarmista para desacreditar cualquier estudio de los factores estructurales y culturales que han sostenido cuatrocientos años de historia de represión racista en este país. Existe un esfuerzo organizado por garantizar que las generaciones jóvenes no tengan acceso más que a narrativas propagandísticas, diseñadas para venerar y celebrar acríticamente a Estados Unidos.[12]

Hoy, gracias a la labor de los activistas, existe una mayor conciencia y también un mayor rechazo público hacia los crímenes que Estados Unidos ha cometido en el mundo. Por ejemplo, en 1963, cuando la administración Kennedy lanzó un ataque directo contra Vietnam del Sur, en Estados Unidos casi no se produjeron protestas. Pero a finales de la década de 1960, la indignación pública había crecido tanto que los militares comenzaron a preocuparse por la posibilidad de que, al enviar más tropas a Vietnam, estuvieran perdiendo recursos necesarios para sofocar revueltas dentro del país. Ese mayor escrutinio público sobre las acciones estadounidenses aún se mantiene. La presión de los movimientos sociales contribuyó a limitar y, en última instancia, a poner fin al apoyo de Estados Unidos al *apartheid* sudafricano. Y durante el Gobierno de Reagan el respaldo a las atrocidades en Centroamérica se manejó en gran parte de manera clandestina, pues se tenía conciencia del escaso apoyo público a estas políticas.

En 2003, cuando la administración Bush emprendió su guerra criminal contra Irak, estallaron inmediatamente las mayores protestas antibelicistas de toda la historia. Aunque las manifestaciones no lograran parar la guerra, sí eran una demostración clara de la mayor renuncia general a tolerar atrocidades, un ejemplo de los «efectos civilizadores» del activismo de los años sesenta. Para obtener apoyo público para la invasión, la administración Bush tuvo que recurrir a una masiva campaña de propaganda y presentar a Irak, un país debilitado, como el epítome del mal y una amenaza inminente para nuestra supervivencia. En Estados Unidos, la resistencia popular puede imponer ciertos límites a la violencia del Estado.[13]

Tenemos las historias de muchas personas que vieron clara la realidad de las cosas y se armaron de valor para actuar, arriesgando incluso su propia libertad. Chelsea Manning reveló los crímenes de guerra cometidos por Estados Unidos en Irak. Por ello, terminó recluida en confinamiento solitario durante años y en varias ocasiones estuvo al borde del suicidio. Edward Snowden sabía que, al exponer el gran alcance de los sistemas de vigilancia estadounidense, se vería destinado al exilio permanente. En Israel, el técnico nuclear Mordejái Vanunu pasó casi dos décadas en prisión (de ellas, once años en confinamiento solitario) por revelar la existencia del programa nuclear secreto de su país. Rachel Corrie, una estudiante estadounidense, se convirtió en mártir por la paz al ser asesinada por una excavadora israelí cuando intentaba impedir que esta demoliera una casa palestina. En Honduras, Berta Cáceres, activista ecologista y líder indígena, fue asesinada por organizar protestas para detener el saqueo y la destrucción de su comunidad (uno de sus asesinos, para sorpresa de nadie, había sido entrenado por el Gobierno de los Estados Unidos).[14]

Sin embargo, las historias particulares de heroicidad individual pueden darnos una impresión falsa sobre cómo, en realidad, acaban triunfando los movimientos. La necesaria transformación social se produce por el empuje colectivo de un gran número de personas comprometidas que trabajan juntas día tras día a todos los niveles y la mayoría de cuyos nombres no llegan a conocerse nunca. Cuando los libros de historia seleccionan solo a unos pocos líderes famosos, distorsionan la realidad. El hecho es que, desde la abolición de la esclavitud hasta los esfuerzos democratizadores de la década de 1960, pasando por Black Lives Matter y el actual movimiento de los socialistas democráticos, «lo que importa», como dijo el difunto Howard Zinn, «son las innumerables pequeñas acciones de las personas anónimas, que sientan las bases para esos acontecimientos significativos que, posteriormente, entran en la historia».

En nuestra propia época, hay muchos ejemplos en los que inspirarse. Los palestinos que arriesgaron su vida en la Gran Marcha del Retorno, desafiando las balas israelíes (financiadas por Estados Unidos), demostraron un coraje impresionante. Los kurdos de Rojava no solo han resistido a un ejército hostil (apoyado por Estados Unidos), sino que han experimentado con un nuevo modelo social innovador que prioriza la participación popular en el Gobierno y la liberación de las mujeres. En México, los zapatistas siguen siendo un ejemplo de auténtica política democrática. En todo el sur global hay extraordinarios movimientos populares por la justicia.

Hemos visto cómo los movimientos sociales pueden lograr cambios políticos tangibles. En la década de 1960, las iniciativas ecologistas consiguieron obligar a una administración republicana a que tomara medidas reales contra la contaminación. Hoy, el Sunrise Movement está a la vanguardia del activismo climático y utiliza la desobediencia civil como forma de presión. Con ello han logrado que la administración Biden mejorara sus políticas climáticas. Otros movimientos populares de esta época, muchos de ellos impulsados por las campañas de

Bernie Sanders de 2016 y 2020, han obligado al Gobierno de Biden a adoptar posturas progresistas que antes hubieran estado fuera de lo políticamente posible. Aunque el historial de Biden en cuestiones laborales sigue siendo decepcionante, es el primer presidente desde Franklin Roosevelt que ha expresado en público su apoyo a la sindicalización. Esto no se debe únicamente a sus convicciones personales, sino a la presión de un movimiento sindical renovado y combativo. Así fue también como surgió el New Deal: mediante una combinación de la acción de la militancia obrera, la capacidad de organización del Congreso de Organizaciones Industriales, huelgas y sentadas y una administración abierta a escuchar.

Tomar conciencia del historial de crímenes puede convertirse en algo abrumador. Es fácil caer en la desesperanza al encontrarse ante una potencia hegemónica aparentemente inapelable. Sin embargo, existen innumerables oportunidades para contribuir a la construcción de un mundo más humano y decente, siempre que decidamos actuar en consecuencia. Para quienes desean impulsar cambios políticos en una dirección progresista, el desafío es crecer y fortalecerse lo suficiente como para que los centros de poder no puedan ignorarlos. Hay mucho que aprender de las largas y arduas luchas por la justicia social de los últimos años, y podemos y debemos comprometernos a seguir construyendo sobre sus logros y a superarlos.

Vivimos enredados en una maraña de engaños —con frecuencia de autoengaños—, pero con un pequeño esfuerzo honesto podemos liberarnos de ella. Si lo logramos, seremos capaces de ver un mundo muy diferente al que nos presenta el sistema ideológico dominante, que opera con una eficacia impresionante. También descubriremos que este sistema de control del pensamiento puede desplomarse con sorprendente rapidez; es lo que ocurrió durante la guerra de Vietnam, y sus consecuencias han perdurado hasta hoy. El principal logro de los sistemas jerárquicos es lograr que el «no pueblo» acepte su opresión como un orden natural. Y el primer paso para lograr una transformación es identificar y reconocer las formas de opresión existentes. La historia nos ofrece lecciones invaluables, pero tal vez ninguna sea más clara que esta: a menudo permanecemos totalmente inconscientes de las formas de opresión que sufrimos, o que perpetuamos, hasta que los movimientos sociales despiertan nuestra conciencia y nos abren los ojos. Lo que hoy necesitamos es lo que el gran activista contra la guerra A. J. Muste llamó «pacifismo revolucionario». Muste sostenía que «uno tiene que ser revolucionario antes de poder ser pacifista», con lo que quería decir que debemos dejar de «conformarnos tan fácilmente con las situaciones de maldad» y debemos enfrentarnos «honesta y decididamente [...] a la violencia que sustenta el sistema actual, así como al inmenso daño —tanto material como espiritual— que esto inflige a las masas de personas en todo el mundo».[15]

Los ciudadanos de las sociedades democráticas debemos desarrollar nuestra capacidad de pensamiento crítico como una forma de autodefensa intelectual, para poder protegernos de la manipulación y el control. Podemos hacerlo. Ni las ciencias sociales ni la historia ni ningún otro ámbito tienen nada que esté más allá de las capacidades intelectuales de cualquier joven de quince años. Lo único que hace falta es un poco de esfuerzo. Leer un poco. Pero no hay nada que sea demasiado profundo como para no poder entenderlo.

Nos encontramos en un momento único en la historia. Las decisiones que hoy tomemos determinarán el futuro de nuestra especie (si es que lo hay). La ventana de tiempo para aplicar las medidas necesarias contra la catástrofe de la destrucción ambiental es muy estrecha. Trágicamente, los «amos de la humanidad» —que dominan el Estado más poderoso del mundo— han trabajado arduamente para que esa ventana se cierre, asegurando que sus exorbitantes ganancias y privilegios a corto plazo permanezcan intactos mientras el mundo arde.

La acumulación de armas nucleares capaces de aniquilar el planeta está creciendo, y los países que las poseen no solo se niegan a cooperar, sino que ni siquiera abordan abiertamente la posibilidad de que exista el peligro de una guerra entre ellos. El Reloj del Apocalipsis creado por el *Bulletin of the Atomic Scientists*, que mide lo cerca que estamos del riesgo de una catástrofe global según las estimaciones de los expertos, se ha situado hace poco en noventa segundos para la medianoche, lo más cerca que ha estado nunca del fin. Los expertos que ajustaron el reloj citan dos razones fundamentales: la creciente amenaza de una guerra nuclear y la inacción ante la necesidad de adoptar las medidas necesarias para impedir que el calentamiento global llegue a un punto irreversible. Y puede que noventa segundos sea incluso un cálculo demasiado optimista, a menos que quienes desean salvar al mundo de horrores aún mayores actúen con rapidez, firmeza y decisión.[16]

Sin embargo, sigue habiendo una falta de comprensión pública de la urgencia que entraña la situación. Según una encuesta del Pew Research Center, cuando se pidió a los encuestados clasificar una serie de prioridades, la amenaza de una guerra nuclear ni siquiera figuraba en la lista. El cambio climático ocupó el último lugar y, entre los republicanos, solo el 13 por ciento consideró que combatirlo debería ser una prioridad máxima.[17]

Si un extraterrestre estuviera observando a nuestra especie, diría que nos dirigimos directamente al suicidio, que estamos corriendo todos juntos hacia un precipicio. Puede que la civilización humana, que comenzó hace casi diez mil años en la Media Luna Fértil, esté acercándose a un ignominioso final. Quizá nuestra inteligencia superior sea, en realidad, una especie de «error evolutivo». Una de las teorías que explica por qué hasta ahora no hemos descubierto vida inteligente en ninguna otra parte del universo —la llamada «paradoja de Fermi»— plantea que es posible que la vida inteligente sea una forma de mutación letal que, cuando surge, acaba aniquilándose a sí misma. En realidad, somos una especie nueva, en la escala temporal de la evolución hemos existido apenas un instante y, por el momento, sí parece que estamos decididos a demostrar esa teoría de que la inteligencia lleva a la autodestrucción.

Ahora estamos en medio de un experimento histórico que determinará si nuestra capacidad moral como humanidad tiene el alcance suficiente como para controlar nuestra capacidad técnica de autodestrucción. Las perspectivas, lamentablemente, no son alentadoras. Ese observador podría muy bien pensar que la brecha entre nuestra capacidad moral y nuestra capacidad tecnológica es tan inmensa que resulta demasiado grande como para que sea posible impedir el suicidio de la especie.

No obstante, el observador también podría estar equivocado. De nosotros depende demostrar que su juicio es erróneo.

No sabemos con certeza si un esfuerzo honesto y comprometido será suficiente para resolver los enormes desafíos que enfrentamos, o siquiera para paliarlos. Pero de lo que sí podemos estar seguros es de que, sin esos esfuerzos, la catástrofe es inevitable. En este punto, la libertad y la democracia no son valores que debamos simplemente atesorar, sino, muy posiblemente, un requisito de la mera supervivencia. De modo que solo tenemos dos opciones. La primera es decir: «No hay esperanza. Resignémonos». Con ello garantizaremos que acabe sucediendo lo peor. La segunda es decir: «Queremos cambiar las cosas, así que vamos a intentarlo».

Dada la urgencia de las crisis que enfrentamos, no tenemos tiempo que perder.

Notas

PREFACIO

1. Hasta ahora, la mejor aproximación a ello ha sido *Understanding Power* [hay trad. cast.: *Chomsky: Obra esencial*, Barcelona, Crítica, 2002], una colección de entrevistas que cuenta con una edición excepcional pero que, lamentablemente, tiene ya treinta años. Los distintos libros de Chomsky entran en profundidad en cada uno de los temas que se tratan en la presente obra y ofrecen más contexto y datos para respaldar los planteamientos que aquí se exponen. Su crítica a los medios de comunicación puede verse por extenso en *Requiem for the American Dream* y en *Manufacturing Consent: The Political Economy of Mass Media*, de Chomsky y Herman [hay trad. cast.: *Réquiem por el sueño americano*, trad. de Magdalena Teresa Palmer, Sexto Piso, 2017, y *Los guardianes de la libertad: propaganda, desinformación y consenso en los medios de comunicación de masas*, trad. de Carme Castells, Barcelona, Crítica, 2003]. Es recomendable consultar también *Necessary Illusions*; *Letters from Lexington: Reflections on Propaganda*; *Media Control* y *Propaganda and the Public Mind* [hay trad. cast.: *Ilusiones necesarias: control del pensamiento en las sociedades democráticas*, trad. de Loreto Bravo y Juan José Saavedra, Madrid, Libertarias Prodhufi, 1991; *Cartas de Lexington: reflexiones sobre la propaganda*, Madrid, Siglo XXI, 2000; *El control de los medios de comunicación*, Kolectivo Conciencia Libertaria, 2013; y *La propaganda y la opinión pública*, trad. de Lara Vilà, Barcelona, Crítica, 2002]. Sobre la estructura del poder a nivel nacional, es recomendable *Consequences of Capitalism*, de Chomsky y Marv Waterstone [hay trad. cast.: *Las consecuencias del capitalismo: la fábrica de descontento y resistencia*, Manresa, Bellaterra Edicions, 2021]. En lo relativo a Vietnam, destacan *American Power and the New Mandarins*; *At War With Asia*, *For Reasons of State* y *Re-*

thinking Camelot [hay trad. cast.: *Los nuevos intelectuales*, Sexto Piso, 2020; *La guerra de Asia*, Barcelona, Ariel, 1972; *Por razones de Estado*, trad. de Joaquín Sempere, Barcelona, Ariel, 1975; y *Repensando Camelot*, trad. de Loreto Bravo, Madrid, Libertarias Prodhufi, 1994]. Este último hace un trabajo excelente desmontando el mito de JFK como figura pacifista y exponiendo la bancarrota moral de la nostalgia liberal con respecto a Kennedy. Sobre la engañosa imagen que se tiene popularmente de la Guerra Fría, recomiendo *World Orders Old and New* [hay trad. cast.: *El nuevo orden mundial (y el viejo)*, trad. de Carme Castells, Barcelona, Crítica, 1997]. Para los temas relacionados con Centroamérica, *Turning the Tide* y *Deterring Democracy* [hay trad. cast.: *El miedo a la democracia*, Barcelona, Crítica, 2027] son lecturas esenciales. Respecto al conflicto entre Israel y Palestina, son fundamentales sus libros *Fateful Triangle* y *Middle East Illusions* [hay trad. cast.: *El triángulo fatal*, trad. de Ester Posada, Madrid, Editorial Popular, 2017; e *Ilusiones de Oriente Medio*, trad. de Marcel Coderch, Madrid, Editorial Popular, 2004]. También ofrecen información valiosa los libros de entrevistas *On Palestine* y *Gaza in Crisis* (ambos en colaboración con Ilan Pappé) [hay trad. cast.: *Conversaciones sobre Palestina*, trad. de Clorinda Zea, Iruñea, Txalaparta, 2016; y *Gaza en crisis*, trad. de Miguel Marqués, Barcelona, Taurus, 2011]. Sobre Irak y Afganistán, son relevantes *Hegemony or Survival* y *Failed States* [hay trad. cast.: *Hegemonía o supervivencia: la estrategia imperialista de Estados Unidos*, trad. de Miguel Izquierdo, B de Bolsillo, 2016; y *Estados fallidos: el abuso de poder y el ataque a la democracia*, Barcelona, B de Bolsillo, 2017]. Para temas relacionados con Cuba, mi sugerencia es *On Cuba* (escrito en colaboración con Vijay Prashad) [hay trad. cast.: *Sobre Cuba*, Madrid, Capitán Swing, 2024]. Sobre la colonización de las Américas, destaca *Year 501: The Conquest Continues* [hay trad. cast.: *Año 501: la conquista continúa*, trad. de Loreto Bravo, Madrid, Libertarias Prodhufi, 1993]. En cuanto a anarquismo y filosofía política, es recomendable *Chomsky on Anarchism* [hay trad. cast.: *Sobre el anarquismo*, trad. de Alejandro Gibert, Madrid, Capitán Swing, 2022]. Sobre temás de educación una referencia clave es *Chomsky on Mis-Education* [hay trad. cast.: *La (des)educación*, trad. de Gonzalo G. Djembé, Barcelona, Crítica, 2016]. En cuanto a la crítica de Chomsky a los intelectuales, pueden leerse los ensayos «The Responsibility of Intellectuals» y «Foreign Policy and the Intelligentsia»; el primero está disponible (en inglés) como libro independiente y el segundo se incluye en *Towards a New Cold War*, donde también puede encontrarse una minuciosa disección, por parte de Chomsky, de las memorias de Henry Kissinger. Una introducción accesible a sus ideas sobre lingüística y ciencia cognitiva sería *What Kind of Creatures Are We?* [hay trad. cast.: *¿Qué clase de criaturas somos?*, trad. de Jorge Paredes, Barcelona, Ariel, 2017]. Por último, una visión general de las reflexiones de Chomsky sobre diversos temas puede encontrarse en *The Essential Chomsky* (editado por Anthony Arnove) [hay trad. cast.: *Chomsky esencial*, trad. de Jorge Vigil, Barcelona, Austral, 2012], así como en los numerosos libros de entrevistas realizadas por David Barsamian y C. J. Polychroniou. Una breve introducción al análisis lingüístico y político de Chomsky se encuentra en *Problems of Knowledge and Freedom* [hay trad. cast.: *Conocimiento y libertad*, trad. de C. P. Otero, Barcelona, Ariel, 1977], que contiene dos conferencias tituladas «On Interpreting the World» [«Acerca de la interpretación del mundo»] y «On Changing The World» [«Acerca de la transformación del mundo»], ambas tareas vitales.

Introducción: Nobles fines, lógica mafiosa

1. Heinrich Himmler, «Himmler's Posen Speech—"Extermination"», 4 de octubre de 1943, Jewish Virtual Library; «Decree of the Government of the Reich on the Protectorate of Bohemia and Moravia», 16 de marzo de 1939, en *Foreign Relations of the United States, Diplomatic Papers, 1939*, vol. I, Washington, D. C., Oficina de Publicaciones del Gobierno de Estados Unidos, 1956, pp. 45-47, 51-52.

2. Hirohito, emperador de Japón, «Discurso de rendición», emisión radiofónica, 14 de agosto de 1945; Edward Said, *Orientalism* (1978), Londres, Penguin, 2003, p. xvi [hay trad. cast.: *Orientalismo*, trad. de María Luisa Fuentes, Barcelona, DeBolsillo, 2002]. Esta cita pertenece al prólogo de una nueva edición conmemorativa de Penguin de 2003 que no se ha traducido al español. La traducción de la cita es de María Serrano.

3. Maximilien Robespierre, «On the Moral and Political Principles of Domestic Policy», 5 de febrero de 1794 [hay trad. cast.: «Sobre los principios de moral política que deben guiar a la Convención Nacional en la administración interna de la República», <https://www.marxists.org/espanol/tematica/cienpol/robespierre/moralpolitica.htm#n1>]; Andrew Kopkind, *The Thirty Years' War*, Londres y Nueva York, Verso, 1995, p. 61.

4. Madeleine Albright dijo la famosa frase «si tenemos que usar la fuerza es porque somos América; somos la nación indispensable», entrevista en *Today*, NBC, 19 de febrero de 1998.

5. «Remarks by President Obama at the 70th Anniversary of D-Day», Normandía, Francia, 6 de junio de 2014; George W. Bush, «State of the Union Address», 20 de enero de 2004.

6. Charles E. Bohlen, *The Transformation of American Foreign Policy*, Nueva York, W. W. Norton, 1969, pp. 95-96; Michael Howard, «The Bewildered American Raj; Reflections on a Democracy's Foreign Policy», *Harper's Magazine*, marzo de 1985, pp. 56-57.

7. Samuel Huntington, «Why International Primacy Matters», *International Security* 17, núm. 4, primavera de 1993, p. 82; Jessica T. Mathews, «The Road from Westphalia», *The New York Review of Books*, 19 de marzo de 2015. Estados Unidos vacila, escribe Mathews, entre «la estricta promoción de su seguridad propia» y «el servicio idealista a los intereses de otros», es decir, actúa de forma defensiva o benevolente, pero nunca agresiva.

8. Hans J. Morgenthau, *The Purpose of American Politics*, Nueva York, Vintage, 1964.

9. Sin duda, los intereses económicos y estratégicos no son la única motivación. También operan vectores sumamente irracionales, como el orgullo, el miedo a la emasculación o el puro y duro prejuicio. Se cuenta que Lyndon Johnson, ante la pregunta de por qué continuaba con la guerra en Vietnam, se sacó el pene, se lo enseñó al periodista y respondió: «Por esto». También es bien sabido que el general de brigada británico que, en 1919, perpetró la masacre de Amritsar declaró que había recurrido al empleo de munición real porque no quería que la multitud se riera de él. Robert Dallek, *Flawed Giant: Lyndon Johnson and His Times*, Nueva York, Oxford University Press, 1998, p. 491; Ferdinand Mount, «They Would Have Laughed», *London Review of Books*, 4 de abril de 2019.

10. Adam Smith, *An Inquiry into the Nature and Causes of the Wealth of Nations*, libro III, capítulo IV [hay trad. cast.: *Una investigación sobre la naturaleza y causas de la riqueza de las naciones*, trad. de Carlos Rodríguez Braun, Madrid, Tecnos, 2018].

11. Tengamos en cuenta que los padrinos también pueden hacer cosas que benefician a la gente. Y son capaces de amar a sus hijos. Decir que Estados Unidos se maneja en el mundo como un capo de la mafia no significa que no sea posible encontrar en toda su historia ningún acto de humanidad. El propio Al Capone patrocinó una vez un comedor de beneficencia.

12. Franklin D. Roosevelt, discurso anual ante el Congreso, 6 de enero de 1941.

13. «Paper Prepared by the National Security Council Planning Board», 29 de julio de 1958, en *Foreign Relations of the United States, 1958-1960, Near East Region; Iraq; Iran; Arabian Peninsula*, vol. XII, Washington, D. C., Oficina de Publicaciones del Gobierno de Estados Unidos, 1956.

14. Curtis emplea el término *unpeople* para señalar a ese pueblo ninguneado cuyas vidas son para los legisladores prácticamente prescindibles o carentes de valor. Véase Mark Curtis, *Unpeople: Britain's Secret Human Rights Abuses*, Londres, Vintage, 2004.

15. El lenguaje puede llegar a ser incluso gansteril. Se cuenta que Lyndon Johnson le dijo en una ocasión al embajador griego: «A la mierda su Parlamento y su Constitución. América es un elefante. Chipre es una pulga. Grecia es una pulga. Si estas dos pulgas siguen picando al elefante, a lo mejor se encuentran con que les pegan un buen trompazo [...]. Les damos muchos buenos dólares americanos a los griegos, señor embajador. Si su primer ministro sigue hablándome de democracia, Parlamento y Constitución, es posible que ni él ni su Parlamento ni su Constitución duren demasiado». (Citado en Philip Deane, *I Should Have Died*, Nueva York, Atheneum, 1977, pp. 113-114.) De hecho, la democracia griega fue pronto derrocada y el país pasó a ser gobernado por una junta de derechas apoyada por Estados Unidos.

16. Jorge I. Domínguez, «The @@#$%& Missile Crisis: (Or, What Was "Cuban" About U.S. Decisions During the Cuban Missile Crisis?)», *Diplomatic History* 24, núm. 2, 2000, pp. 305-315; «Memorandum from Gordon Chase of the National Security Council Staff to the President's Special Assistant for National Security Affairs (Bundy)», 12 de septiembre de 1963, en *Foreign Relations of the United States, 1961-1963, Cuban Missile Crisis and Aftermath*, vol. XI; Ernest R. May y Philip D. Zelikow (eds.), *The Kennedy Tapes: Inside the White House During the Cuban Missile Crisis*, Nueva York, W. W. Norton, 2002, p. 47.

17. «Russia: 20,000 Activists Subject to Heavy Reprisals as Russia Continues to Crack Down on Anti-War Movement at Home», Amnistía Internacional, 20 de julio de 2023 [hay trad. cast.: «Rusia: duras represalias contra 20.000 activistas mientras se sigue reprimiendo el movimiento contra la guerra en el propio país», <https://www.amnesty.org/es/latest/news/2023/07/russia-20000-activists-subject-to-heavy-reprisals-as-russia-continues-to-crack-down-on-anti-war-movement-at-home/>].

18. Larry Shoup y William Minter, *Imperial Brain Trust*, Nueva York, *Monthly Review Press*, 1977, p. 130.

19. Winston S. Churchill, *The Second World War*, vol. V: *Closing the*

Ring, Nueva York, Houghton Mifflin, 1951, p. 337 [hay trad. cast.: *La Segunda Guerra Mundial*, trad. de María Alejandra Devoto Carnicero, Madrid, La Esfera de los Libros, 2009]; Leo Welch, «Speech at the National Trade Convention», 12 de noviembre de 1946, citado en Carl Marzani, *We Can Be Friends: Origins of the Cold War*, Nueva York, Topical Books, 1952, p. 107.

20. Shoup y Minter, *Imperial Brain Trust*, cit., pp. 163-164.

21. George Kennan, «Report by the Policy Planning Staff», 24 de febrero de 1948, en *Foreign Relations of the United States, 1948, General; The United Nations*, vol. I, parte 2.

22. Shoup y Minter, *Imperial Brain Trust*, cit., p. 130.

23. Reunión de Subsecretaría, 4 de abril de 1949, UM D-26, Oficina de Secretaría Ejecutiva, citado en Michael Schaller, «Securing the Great Crescent: Occupied Japan and the Origins of Containment in Southeast Asia», *Journal of American History* 69, núm. 2, septiembre de 1982, p. 403; «Memorandum by the Under Secretary of State (Acheson) to the Secretary of State», 9 de octubre de 1945, en *Foreign Relations of the United States: Diplomatic Papers, 1945, The Near East and Africa*, vol. VIII, Washington, D. C., Oficina de Publicaciones del Gobierno de Estados Unidos, 1969; «Memorandum from the Assistant Secretary of State for Near Eastern, South Asian, and African Affairs (Rountree) to Secretary of State Dulles», 24 de marzo de 1958, en *Foreign Relations of the United States, 1958-1960, Near East Region; Iraq; Iran; Arabian Peninsula*, vol. XII, cit.

24. Gerald Haines, *The Americanization of Brazil*, Wilmington, Scholarly Resources, 1989. Estados Unidos, escribe Haines, había «asumido, por interés personal, la responsabilidad del bienestar del sistema capitalista mundial». Stimson citado en Gabriel Kolko, *The Politics of War: The World and U.S. Foreign Policy*, Nueva York, Random House, 1968, p. 471; presidente William Howard Taft citado en Jenny Pearce, *Under the Eagle: U.S. Intervention in Central America and the Caribbean*, Boston, South End Press, 1981, p. 17.

25. David Green, *The Containment of Latin America: A History of the Myths and Realities of the Good Neighbor Policy*, Chicago, Quadrangle Books, 1971, pp. 175-176; «U.S. Economic and Industrial Proposals Made at Inter-American Conference», *The New York Times*, 26 de febrero de 1945.

26. «Overall framework of order» es una frase de Henry Kissinger que cita Donald Brandon en «Henry Kissinger's Approach to Foreign Policy», *Worldview* 12, núm. 3, marzo de 1969, p. 9.

27. Adam Smith, *An Inquiry into the Nature and Causes of the Wealth of Nations*, libro V, cap. III.

28. Carol Cohn, «Sex and Death in the Rational World of Defense Intellectuals», *Signs* 12, núm. 4, 1987, pp. 687-718.

29. Ashleigh Banfield, Landon Lecture, Kansas State University, 24 de abril de 2003; Michael Isikoff, «Yemenis: Drone Strike "Turned Wedding into Funeral"», NBC News, 7 de enero de 2014; «Iraqi Child Crushed by U.S. Tank», Al Jazeera English, 3 de noviembre de 2003.

30. Chris Hedges, *The Greatest Evil Is War*, Nueva York, Seven Stories Press, 2022, ebook.

31. Aaron Blake, «John Kelly's Full-Throated Confirmation of Trump's Ugliest Comments, Parsed», *The Washington Post*, 2 de octubre de 2023.

32. Propuestas de designación del 113 Congreso, primera sesión. Comparecencias ante el Comité de Relaciones Exteriores, Senado de Estados Unidos, de 7 de mayo a 17 de diciembre de 2013. Anteriormente, Power había escrito que, en cuanto que somos «el imperio con más poder de la historia de la humanidad», nos hacía falta «un ajuste de cuentas histórico con los crímenes cometidos, respaldados o permitidos por Estados Unidos» como «los golpes de Estado que contaron con ayuda de la CIA en Guatemala, Chile y el Congo, el bombardeo de Camboya, y el apoyo a los escuadrones terroristas de derechas en América Latina». Samantha Power, «Force Full», *The New Republic*, 2 de marzo de 2003.

33. Una reflexión más amplia sobre el libro de Cotton, *Only the Strong*, puede verse en Nathan J. Robinson, «We Can't Overstate the Danger of Tom Cotton's "Might Makes Right" Foreign Policy», *Current Affairs*, 17 de abril de 2023.

34. El epíteto «blame America first» se popularizó durante la administración Reagan a partir de que la embajadora Jeane Kirkpatrick lo empleara en su discurso ante la Convención Nacional Republicana de 1984.

35. Pensemos, por ejemplo, en nuestra predecesora como potencia dominante imperial, Gran Bretaña. Historiadores como Caroline Elkins y Shashi Tharoor están empezando a levantar el velo sobre el terrorífico historial que supusieron los siglos de imperialismo británico. La riqueza y el poder global de Gran Bretaña derivaron de la piratería (con figuras tan «heroicas» como sir Francis Drake), del saqueo de la India por medio de la astucia y la violencia, de la abominable esclavitud, de la mayor red de narcotráfico del mundo, entre otros actos igual-

mente despreciables. El caso de Francia no es muy distinto. Bélgica batió récords en crímenes atroces. La China actual no es nada benigna dentro del alcance de su influencia, mucho más limitada. Sería difícil encontrar excepciones. Igual que en Estados Unidos, incluso durante la época en la que Gran Bretaña cometía las peores atrocidades los intelectuales británicos se ufanaban de ser las personas con mayor sentido moral del mundo. John Stuart Mill, en calidad de agente de la Compañía de las Indias Orientales, era consciente de la destrucción y la muerte que infligía el Imperio británico. Sin embargo, cuando escribió sobre los principios que debían guiar la intervención en países extranjeros, hizo una excepción con Gran Bretaña. Según él, se trataba de un país angelical. «Esta nación no solo no desea ningún beneficio para sí misma a expensas de los demás, sino que tampoco busca ninguno en el que los demás no participen igualmente.» De hecho, aseguraba que Gran Bretaña era tan magnificente que otros países no son capaces de entenderlo. Les lanzaban «vituperios» porque no veían que las acciones que los británicos emprendían eran en beneficio de la humanidad. «Buscan por todas partes indicios que sustenten explicaciones egoístas para nuestra conducta.» Cuando masacraban a los indios y conquistaban territorios de la India para acrecentar su control sobre el comercio del opio, de modo que pudiesen irrumpir en China por la fuerza, los criticaban. Sin embargo, aseveró, debían dejar a un lado esas críticas, ser conscientes de que, simplemente, no eran capaces de comprender la magnificencia británica, y seguir adelante con sus acciones humanitarias. Shashi Tharoor, *Inglorious Empire: What the British Did to India*, Scribe, 2018; Caroline Elkins, *Legacy of Violence: A History of the British Empire*, Nueva York, A. A. Knopf, 2022; John Stuart Mill, «A Few Words on Non-Intervention», 1859, en *The Collected Works of John Stuart Mill*, vol. XXI: *Essays on Equality, Law, and Education*, Londres, Routledge, 2014.

36. Un ejemplo extremo de este tipo de pensamiento binario es la encuesta Harvard Harris de 2023, en la que se preguntó a los encuestados si estaban «más del lado de Israel o de Hamás», lo que los obligaba a elegir entre respaldar el bombardeo indiscriminado de Gaza o las atrocidades del 7 de octubre (encuesta Harvard CAPS Harris, 19 de octubre de 2023).

37. Ni la Unión Soviética era comunista en ningún sentido significativo ni Estados Unidos practica la economía de libre mercado. Para una elaboración más detallada de este argumento véase Noam Chomsky, *World Orders Old and New*, Nueva York, Columbia University Press, 1994,

passim [hay trad. cast.: *El nuevo orden mundial (y el viejo)*, trad. de Carme Castells, Barcelona, Austral, 2013].

38. Rob Schmitz, «Poll: Much of the World Sees the U.S. as a Threat to Democracy», NPR, 5 de mayo de 2021.

1. DISCIPLINAR EL SUR GLOBAL

1. Henry Kissinger, *White House Years*, Nueva York, Little, Brown and Company, 1979, ebook; «The CIA and Chile: Anatomy of an Assassination», Archivo de Seguridad Nacional, 22 de octubre de 2020.

2. «Kissinger and Chile: The Declassified Record», National Security Archive Electronic Briefing Book núm. 437, Peter Kornbluh (ed.), Archivo de Seguridad Nacional, 11 de septiembre de 2013; Peter Kornbluh, *The Pinochet File: A Declassified Dossier on Atrocity and Accountability*, Nueva York, New Press, 2003 [hay trad. cast: *Pinochet, los archivos secretos*, Barcelona, Crítica, 2013]; David E. Sanger, «Henry Kissinger Is Dead at 100; Shaped the Nation's Cold War History», *The New York Times*, 1 de diciembre de 2023; Peter Kornbluh, «Kissinger's Bloody Paper Trail in Chile», *The Nation*, 15 de mayo de 2023; «Allende and Chile: "Bring Him Down"», Archivo de Seguridad Nacional, 3 de noviembre de 2020; David Schmitz, *Thank God They're on Our Side*, Chapel Hill, University of North Carolina Press, 1999.

3. «Memorandum of Conversation of a Meeting of the National Security Council», 6 de noviembre de 1970, en *Foreign Relations of the United States, 1969-1976, Chile, 1969-1973*, vol. XXI, Washington, D. C., Oficina de Publicaciones del Gobierno de Estados Unidos, 2014; «Telegram from the Central Intelligence Agency to the Station in Chile», 16 de octubre de 1970, en *Foreign Relations of the United States, 1969-1976*, vol. XXI, cit.

4. «Kissinger and Chile: The Declassified Record», cit.; Stephen M. Streeter, *«Uncool and Incorrect» in Chile: The Nixon Administration and the Downfall of Salvador Allende*, Jefferson, McFarland, 2023. Un miembro del equipo de Kissinger dijo: «Henry veía a Allende como una amenaza mucho más seria que Castro [...]. Allende era un puro ejemplo de la reforma social democrática en América Latina».

5. Un aspecto de esta represión de la resistencia antifascista fue el reclutamiento de criminales de guerra como Klaus Barbie, un oficial de las SS conocido como el Carnicero de Lyon. A pesar de ser responsable de numerosos crímenes atroces, el ejército estadounidense lo empleó

como espía y lo ayudó a huir a Bolivia para evitar que lo procesaran por crímenes de guerra. Más tarde, cuando seguir protegiendo a estos individuos útiles en Europa se hizo difícil o imposible, muchos de ellos (incluido Barbie) recibieron ayuda para desvanecerse, y se trasladaron entre otros lugares a Estados Unidos, que se convirtió en un «puerto seguro» para los nazis. De hecho, «acogimos aproximadamente a unos diez mil nazis, algunos de los cuales habían desempeñado funciones clave en el genocidio». Un informe de los National Archives, que detalla cómo «la contrainteligencia estadounidense reclutó a antiguos oficiales de la Gestapo, veteranos de las SS y colaboradores nazis», concluye que «rastrear y castigar a los criminales de guerra no estaba entre las prioridades del ejército» después de la guerra. En vez de ello, el cuerpo de contrainteligencia del ejército «espiaba a grupos sospechosos que iban desde comunistas alemanes hasta refugiados judíos que desarrollaban actividades políticas en campos de desplazados», con la creencia de que «algunos crímenes de guerra cometidos por antiguos nazis y por sus colaboradores debían ser ignorados, pues los sospechosos podían convertirse en activos valiosos» en la lucha de poder contra la Unión Soviética. Sam Roberts, «Declassified Papers Show U.S. Recruited Ex-Nazis», *The New York Times*, 11 de diciembre de 2010. Veáse Richard Breitman y Norman J. W. Goda, «Hitler's Shadow: Nazi War Criminals, U.S. Intelligence, and the Cold War», National Archives, 2010; Martin Lee, «The CIA's Worst-Kept Secret: Newly Declassified Files Confirm United States Collaboration with Nazis», *Foreign Policy in Focus*, Institute for Policy Studies, 1 de mayo de 2001; Stuart Taylor Jr., «U.S. Army Shielded Barbie; Offers "Regrets" to the French», *The New York Times*, 17 de agosto de 1983; Tom Bower, *The Paperclip Conspiracy: The Battle for the Spoils and Secrets of Nazi Germany*, Londres, Michael Joseph, 1987; Eric Lichtblau, *The Nazis Next Door: How America Became a Safe Haven for Hitler's Men*, Boston, Mariner, 2015; Deborah E. Lipstadt, «"The Nazis Next Door", by Eric Lichtblau», *The New York Times*, 31 de octubre de 2014; Billie Anania, «Why Monuments to Nazi Collaborators Are All Over America», *ARTnews*, 1 de noviembre de 2022; Eric Lichtblau, «Nazis Were Given "Safe Haven" in U.S., Report Says», *The New York Times*, 13 de noviembre de 2010.

6. Véase Frank Kofsky, *Harry S. Truman and the War Scare of 1948: A Successful Campaign to Deceive the Nation*, Nueva York, St. Martin's, 1993, p. 268. Kofsky demuestra que Truman «engañó al Congreso y al público acerca de las intenciones de la Unión Soviética y de la probabilidad de una guerra» y «rechazó todos los esfuerzos de los soviéticos

para alcanzar acuerdos con Estados Unidos». Kennan citado en John Lewis Gaddis, *Strategies of Containment: A Critical Appraisal of American National Security Policy During the Cold War* (1982), ed. rev., Nueva York, Oxford University Press, 2005, p. 39; Melvyn Leffler, *A Preponderance of Power: National Security, the Truman Administration, and the Cold War*, Redwood City, Stanford University Press, 1992.

7. Thomas Boghardt, «"By All Feasible Means": New Documents on the American Intervention in Italy's Parliamentary Elections of 1948», *Sources and Methods*, blog, Cold War International History Project, Wilson Center, 1 de mayo de 2017. Al público estadounidense se le mantuvo en la ignorancia al respecto. El Gobierno de Truman estaba «preocupado por las consecuencias que tendría en su país que se filtrara la información de que Estados Unidos estaba llevando a cabo operaciones secretas de dudosa rectitud legal y moral en un país donde miles de soldados norteamericanos yacían enterrados en solemne testimonio de los esfuerzos estadounidenses por liberar a Italia del régimen autoritario», especialmente teniendo en cuenta que la financiación de la operación provenía, en parte, de bienes nazis confiscados que incluían «riqueza robada, entre otros, a los judíos asesinados de Europa». Robert A. Ventresca, *From Fascism to Democracy: Culture and Politics in the Italian Election of 1948*, Toronto, University of Toronto Press, 2004, pp. 95-96.

8. «Report by the National Security Council», 14 de noviembre de 1947, en *Foreign Relations of the United States, 1948, Western Europe*, vol. III; Alan A. Platt y Robert Leonardi, «American Foreign Policy and the Postwar Italian Left», *Political Science Quarterly* 93, núm. 2, 1978; pp. 197-215; Michael Peck, «Declassified: How America Planned to Invade Italy (to Save It from Russia)», *The National Interest*, 12 de febrero de 2017; «CIA Covert Aid to Italy Averaged $5 Million Annually from Late 1940s to Early 1960s, Study Finds», Archivo de Seguridad Nacional, 7 de febrero de 2017; «Interview with Mark Wyatt», Archivo de Seguridad Nacional, 15 de febrero de 1996. Véase también John L. Harper, *America and the Reconstruction of Italy*, Cambridge, Cambridge University Press, 1986; James E. Miller, *The United States and Italy 1940-1950*, Chapel Hill, University of North Carolina Press, 1986.

9. Dov H. Levin, «Partisan Electoral Interventions by the Great Powers: Introducing the PEIG Dataset», *Conflict Management and Peace Science* 36, núm. 1, 2019, pp. 88-106; Scott Shane, «Russia Isn't the Only One Meddling in Elections. We Do It, Too», *The New York Times*, 17 de febrero de 2018. El oficial de la CIA que se jactaba de estas prácticas

estaba reflejando con precisión la cultura de la organización. Mike Pompeo ha confesado: «¿Cuál es el lema de los cadetes en West Point? No mentirás, no engañarás, no robarás. No tendrás ningún tipo de tolerancia con quienes lo hagan. Yo era el director de la CIA. Mentíamos, engañábamos y robábamos. Teníamos cursos enteros específicos de formación. Te recuerda la gloria del experimento estadounidense». Mike Pompeo, «Why Diplomacy Matters», conferencia en la Texas A&M University, 15 de abril de 2019.

10. Sobre la «reeducación», véase Lawrence Wittner, *American Intervention in Greece, 1943-1949*, Nueva York, Columbia University Press, 1982, p. 164, que señala que el plan recibió una «aprobación entusiasta» del Departamento de Estado. Wittner afirma que «perseguidos por el temor a la revolución y decididos, a toda costa, a acabar con el electorado proclive a esta, los funcionarios estadounidenses se unieron a la derecha griega para fomentar las políticas represivas» (p. 166). «Text of Stevenson's Speech at UN and Excerpts from Fedorenko's Reply», *The New York Times*, 22 de mayo de 1964. Otros agentes citan de igual forma a Grecia como modelo para Vietnam, véase Wittner, p. 308. Este autor señala que las principales consecuencias de la guerra fueron «reducir a gran parte de Grecia a la ruina, consolidar a Estados Unidos como potencia dominante en los asuntos griegos e inspirar un patrón creciente de intervención estadounidense en el extranjero» (p. 312).

11. John W. Dower y Hirata Tetsuo, «Japan's Red Purge: Lessons from a Saga of Suppression of Free Speech and Thought», *Asia-Pacific Journal: Japan Focus* 5, núm. 7, 2007; Joe Moore, *Japanese Workers and the Struggle for Power, 1945-1947*, Madison, University of Wisconsin Press, 1983; Christopher Reed, «The United States and the Japanese Mengele: Payoffs and Amnesty for Unit 731», *Asia-Pacific Journal: Japan Focus* 4, núm. 8, 2006; John W. Dower, *Embracing Defeat: Japan in the Wake of World War II*, Nueva York, W. W. Norton, 1999, p. 525.

12. Donald Kirk, «Is the U.S. to Blame for the Massacre on Jeju?», InsideSources.com, 25 de abril de 2018; Anthony Kuhn, «Survivors of a Massacre in South Korea Are Still Seeking an Apology from the U.S.», NPR, 7 de septiembre de 2022. Para conocer el contexto véase Bruce Cumings, *Origins of the Korean War*, vol. I: *Liberation and the Emergence of Separate Regimes, 1945-1947*, Princeton, Princeton University Press, 1981; Bruce Cumings, *Origins of the Korean War*, vol. II: *The Roaring of the Cataract, 1947-1950*, Princeton, Princeton University Press, 1992.

13. «Comentarios del honorable Dean Acheson», *Proceedings of the American Society of International Law*, 1963, pp. 13-14; Michael Grow, *U.S.*

Presidents and Latin American Interventions: Pursuing Regime Change in the Cold War, Lawrence, University Press of Kansas, 2008.

14. Stephen G. Rabe, *U.S. Intervention in British Guiana: A Cold War Story*, Chapel Hill, University of North Carolina Press, 2005. Arthur Schlesinger apunta que John F. Kennedy tenía la «absoluta determinación de impedir que ningún otro Estado siguiera el camino de Castro», independientemente de lo que tuviera que decir la propia gente de dicho país. Arthur Schlesinger Jr., *A Thousand Days: John F. Kennedy in the White House*, Greenwich, Fawcett Publications, 1965, p. 712 [hay trad. cast.: *Los mil días de Kennedy,* Barcelona, Aymá Editora, 1966]. De forma similar, Lyndon Johnson creía que «cualquier hombre que permitiera el surgimiento de un segundo Estado comunista en este hemisferio» se enfrentaría «a su recusación, y merecidamente». Eric F. Goldman, *The Tragedy of Lyndon Johnson*, Nueva York, Dell Publishers, 1969, p. 451.

15. Aunque Estados Unidos estaba intentando asesinar a Lumumba, no organizó directamente su asesinato. Sin embargo, como escribe Stuart Reid, «desempeñó un papel en todos los sucesos que llevaron a la caída y muerte de Lumumba». Emmanuel Gerard y Bruce Kuklick, *Death in the Congo: Murdering Patrice Lumumba*, Cambridge, Harvard University Press, 2015; Stuart A. Reid, *The Lumumba Plot: The Secret History of the CIA and a Cold War Assassination*, Nueva York, A. A. Knopf, 2023; Sean Kelly, *America's Tyrant: The CIA and Mobutu of Zaire*, Washington, D. C., American University Press, 1993; Susan Williams, *White Malice: The CIA and the Covert Recolonization of Africa*, Nueva York, Public Affairs, 2021, p. 509. Williams señala que «la deliberada violación de la democracia por parte de Estados Unidos en unas naciones africanas donde la gente había luchado contra viento y marea para liberarse de la ocupación colonial y lograr un Gobierno de la mayoría» se hizo «en nombre de la democracia estadounidense» (p. 517). Mobutu tenía más influencia con los presidentes estadounidenses que cualquier otro líder africano y fue el primer líder extranjero con el que se reunió George H. W. Bush cuando ocupó el cargo. Ronald Reagan dijo de Mobutu que era «un hombre de buen sentido y buena voluntad», y Bush lo llamó «uno de nuestros amigos más valiosos» y dijo: «Lo apoyamos en su esfuerzo por resolver pacíficamente los problemas». Mobutu fue un déspota que robó miles de millones de dólares a la gente empobrecida de su país y «a menudo fue comparado con el rey Leopoldo II de Bélgica, quien en 1876 reclamó el Congo como propiedad privada para ser explotado para su propio beneficio». Después de su muerte, *The Washing-*

ton Post señaló que «la especulación a la que sometió a su país y sus abusos contra los derechos humanos contaban menos en Washington que sus credenciales anticomunistas». J. Y. Smith, «Congo Ex-Ruler Mobutu Dies in Exile», *The Washington Post*, 8 de septiembre de 1997; George H. W. Bush, «Remarks Following Discussions with President Mobutu Sese Seko of Zaire», 29 de junio de 1989; Howard W. French, «Mobutu Sese Seko, 66, Longtime Dictator of Zaire», *The New York Times*, 8 de septiembre de 1997.

16. Maureen Dowd, «War in the Gulf: White House Memo; Bush Moves to Control War's Endgame», *The New York Times*, 23 de febrero de 1991.

17. «Minutes of Telephone Conversations of John Foster Dulles and Christian Herter», 19 de junio de 1958, Dwight D. Eisenhower Library, Abilene, Kansas, citado en «A View from Below», *Diplomatic History*, invierno de 1992; Lars Schoultz, *Human Rights and United States Policy Toward Latin America*, Princeton, Princeton University Press, 1981, p. 7.

18. George Gedda, «50 Years Ago in Guatemala», *Foreign Service Journal*, junio de 2004; Charles R. Burrows, citado en Piero Gleijeses, *Shattered Hope: The Guatemalan Revolution and the United States, 1944-1954*, Princeton, Princeton University Press, 1991, p. 365.

19. Arthur M. Schlesinger Jr., *Robert Kennedy and His Times*, Boston, Houghton Mifflin Harcourt, 1978. La frase «los terrores de la tierra» la acuñó Schlesinger. Louis A. Pérez Jr., «Fear and Loathing of Fidel Castro: Sources of U.S. Policy Toward Cuba», *Journal of Latin American Studies* 34, núm. 2, 2002, pp. 227-254; «Kennedy and Cuba: Operation Mongoose», Archivo de Seguridad Nacional, 3 de octubre de 2019.

20. Christian Appy, *American Reckoning: The Vietnam War and Our National Identity*, Nueva York, Viking, 2015, pp. 193fn [hay trad. cast.: *La guerra de Vietnam. Una historia oral*, Barcelona, Crítica, 2008]. El Estado Mayor elaboró un documento en el que se exponían posibles «pretextos que justificarían la intervención militar estadounidense en Cuba», entre ellos montajes para cometer atentados contra objetivos estadounidenses y culpar al país caribeño. Hasta el escritor neoconservador Max Boot comentó que «es difícil imaginar un documento más estrafalario o desagradable, dejando a un lado el hecho de que recuerda a la artimaña que Hitler utilizó el 31 de agosto de 1939 para iniciar la Segunda Guerra Mundial». Max Boot, «Operation Mongoose: The Story of America's Efforts to Overthrow Castro», *The Atlantic*, 5 de enero de 2018; Taylor Branch y George Crile III, «The Kennedy Vendetta:

How the CIA Waged a Silent War Against Cuba», *Harper's Magazine*, agosto de 1975; Aviva Chomsky, *A History of the Cuban Revolution*, Hoboken, Wiley-Blackwell, 2010; Keith Bolender, *Voices from the Other Side: An Oral History of Terrorism Against Cuba*, Londres, Pluto Press, 2010.

21. «Estábamos histéricos con Castro en la época de la bahía de Cochinos y después», recordó Robert McNamara. Documentos internos de la administración Kennedy hablan de una atmósfera de lo que se llamó «fanatismo» derivada del fracaso de Estados Unidos en la reconquista de Cuba. Louis A. Pérez Jr., «Change Through Impoverishment: A Half-Century of Cuba-U.S. Relations», North American Congress on Latin America (NACLA), 14 de diciembre de 2015; Louis A. Pérez Jr., «The Personal Is Political: Animus and Malice in the U.S. Policy Toward Cuba, 1959-2009», en Soraya M. Castro Marino y John S. Reitan (eds.), *Fifty Years of Revolution: Perspectives on Cuba, the United States, and the World*, Gainesville, University Press of Florida, 2012; Documento 270, *Foreign Relations of the United States, 1961-1963, Cuba, January 1961-September 1962*, vol. X.

22. Salim Lamrani, *The Economic War Against Cuba: A Historical and Legal Perspective on the U.S. Blockade*, Nueva York, *Monthly Review Press*, 2013.

23. *Denial of Food and Medicine: The Impact of the U.S. Embargo on Health and Nutrition in Cuba*, American Association for World Health, Executive Summary, marzo de 1997, Washington, D. C.; Maria C. Werlau, «The Effects of the U.S. Embargo on Health and Nutrition in Cuba: A Critical Analysis», *Cuba in Transition*, 1998; Amnistía Internacional, «The U.S. Embargo Against Cuba: Its Impact on Economic and Social Rights», 2009; «Research-Based Progress Report of the Human Rights Council Advisory Committee Containing Recommendations on Mechanisms to Assess the Negative Impact of Unilateral Coercive Measures on the Enjoyment of Human Rights and to Promote Accountability», Consejo de Derechos Humanos de las Naciones Unidas, 10 de febrero de 2015.

24. Lars Schoultz, *That Infernal Little Cuban Republic: The United States and the Cuban Revolution*, Chapel Hill, University of North Carolina Press, 2009, p. 561.

25. Anna Samson, «A History of the Soviet-Cuban Alliance (1960-1991)», *Politeja*, núm. 10/2, 2008, pp. 89-108.

26. El término *desafío exitoso* («successful defiance») aparece en un documento de la Estimación de la Inteligencia Nacional (NIE) realizado por la CIA en marzo de 1960; declaraciones del senador John F. Kennedy en la cena del Partido Demócrata, Cincinnati, Ohio, 6 de oc-

tubre de 1960; «Summary of Conversation Between the Vice President and Fidel Castro», 19 de abril de 1959.

27. «Memorandum from the President's Special Assistant (Schlesinger) to President Kennedy», 10 de marzo de 1961, *Foreign Relations of the United States, 1961-1963, American Republics*, vol. XII; Stephen G. Rabe, *The Most Dangerous Area in the World: John F. Kennedy Confronts Communist Revolution in Latin America*, Chapel Hill, University of North Carolina Press, 1999; Piero Gleijeses, «The Cuban Revolution: The First Decade», en *The Cambridge History of Communism*, vol. II, Norman Naimark *et al.* (eds.), Cambridge, Cambridge University Press, 2017, pp. 364-387.

28. John Quincy Adams, *Writings of John Quincy Adams*, vol. VII, Chauncey Ford Worthington (ed.), Boston, Adamant Media, 2001, p. 372; Ada Ferrer, *Cuba: An American History*, Nueva York, Scribner, 2021, p. 179; Bolender, *Voices from the Other Side*, cit.

29. Ernest R. May y Philip D. Zelikow (eds.), *The Kennedy Tapes: Inside the White House During the Cuban Missile Crisis*, Nueva York, W. W. Norton, 2002, p. xi; Michael J. Strauss, *The Leasing of Guantanamo Bay*, Westport, Praeger Security International, 2009. Las administraciones de George H. W. Bush y Clinton mantuvieron a refugiados haitianos encerrados en Guantánamo. Véase «Haitians and GTMO», Guantánamo Public Memory Project. Un hecho infame y olvidado es que Clinton mantuvo hasta veinte meses a haitianos seropositivos en Guantánamo, aunque eran «candidatos factibles al asilo político», porque a los inmigrantes portadores del virus les estaba prohibida la entrada a Estados Unidos, con lo que convirtió Guantánamo en un «campo de prisioneros para personas con VIH». La enfermedad de los refugiados empeoró en Guantánamo, donde la asistencia médica era inadecuada, y uno de ellos murió poco después de su liberación. Lynne Duke, «U.S. Ordered to Free HIV-Infected Haitians», *The Washington Post*, 9 de junio de 1993; George J. Annas, «Detention of HIV-Positive Haitians at Guantanamo—Human Rights and Medical Care», *The New England Journal of Medicine* 329, núm. 8, agosto de 1993. Según Priscilla Álvarez, la administración Biden se ha planteado reactivar la práctica de encerrar en Guantánamo a los haitianos que huyen. Priscilla Álvarez, «Biden Administration Discussing Using Guantanamo Bay to Process Possible Influx of Haitian Migrants», CNN, 13 de marzo de 2024.

30. Roosevelt citado en A. G. Hopkins, *American Empire: A Global History*, Princeton, Princeton University Press, 2019, p. 559; Lamrani, *The Economic War Against Cuba*, cit., p. 75.

31. Estados Unidos alentó y dio apoyo a este golpe, aunque no participó directamente en él. Estaba preparado para, si era necesario, ayu-

dar a los generales a hacerse con el poder y había trabajado para soca-var el Gobierno de izquierda moderada de João Goulart, que se había negado a apoyar los planes de invasión de Cuba de Kennedy. «Brazil Marks 40th Anniversary of Military Coup: Declassified Documents Shed Light on U.S. Role», James G. Hershber y Peter Kornbluh (eds.), Archi-vo de Seguridad Nacional; John DeWitt, «The Alliance for Progress: Economic Warfare in Brazil (1962-64)», *Journal of Third World Studies* 26, núm. 1, 2009, pp. 57-76; Matias Spektor, «The United States and the 1964 Brazilian Military Coup», Oxford Research Encyclopedia of Latin American History, 2018; Anthony W. Pereira, «The U.S. Role in the 1964 Coup in Brazil: A Reassessment», *Bulletin of Latin American Re-search* 37, núm. 1, enero de 2018.

32. «Statement of Policy by the National Security Council», 18 de marzo de 1953, en *Foreign Relations of the United States, 1952-1954, The American Republics*, vol. IV, Washington, D. C., Oficina de Publicaciones del Gobierno de Estados Unidos, 1983.

33. Informe de investigación de la Oficina de Inteligencia, 1949, citado en Walter LaFeber, *Inevitable Revolutions: The United States in Central America*, Nueva York, W. W. Norton, 1993, pp. 97-98; John Foster Dulles, llamada telefónica a Allen Dulles, 19 de junio de 1958, minutos de conversaciones telefónicas de John Foster Dulles y Christian Herter, Eisenhower Presidential Library, Abilene; William Y. Elliott (ed.), *The Political Economy of American Foreign Policy*, Nueva York, Henry Holt & Co., 1955, p. 42; Kennedy citado en Russell Crandall, *The Salvador Op-tion: The United States in El Salvador 1977-1992*, Cambridge, Cambridge University Press, 2011, p. 501.

34. Estimación de la Inteligencia Nacional, 19 de mayo de 1953, *Foreign Relations of the United States, 1952-1954, The American Republics*, vol. IV; Daniel Denvir, entrevista con Greg Grandin, «The United States Has Used Latin America as Its Imperial Laboratory», *Jacobin*, 23 de mar-zo de 2023.

35. Grandin, «The United States Has Used Latin America as Its Im-perial Laboratory», *art. cit.* El estudio clásico sobre este golpe es el de Stephen Schlesinger y Stephen Kinzer, *Bitter Fruit: The Untold Story of the American Coup in Guatemala* (1982), Cambridge, Harvard University Press, 2005. Véase también Nick Cullather, *Secret History: The CIA's Clas-sified Account of Its Operations in Guatemala 1952-1954*, Redwood City, Stanford University Press, 2006.

36. Kirsten Weld, *Paper Cadavers: The Archives of Dictatorship in Gua-temala*, Durham, Duke University Press, 2014, p. 117; Greg Grandin, *The*

Last Colonial Massacre: Latin America in the Cold War, Chicago, University of Chicago Press, 2004, p. 99; Schlesinger y Kinzer, *Bitter Fruit*, 254, da cuenta de los duraderos y terribles efectos de la intervención de EE.UU. tanto en el país como en la region. El golpe «ha seguido siendo el episodio central de la historia moderna de ese país». Significó que «los movimientos hacia una reforma pacífica en la región retrocedieron, los dictadores se vieron reforzados y alentados, y los activistas [buscaron] la guerra de guerrillas en lugar de las elecciones como única forma de producir el cambio».

37. «Did Reagan Finance Genocide in Guatemala?», ABC News, 14 de mayo de 2013; «Question-and-Answer Session with Reporters on the President's Trip to Latin America», 4 de diciembre de 1982, Ronald Reagan Presidential Library and Museum; Keane Bhatt, «This American Life Whitewashes U.S. Crimes in Central America, Wins Peabody Award», *North American Congress on Latin America*, blog, 29 de julio de 2013; Lou Cannon, «Reagan Praises Guatemalan Military Leader», *The Washington Post*, 5 de diciembre de 1982; Sibylla Brodzinsky y Jonathan Watts, «Former Guatemalan Dictator Convicted of Genocide and Jailed for 80 Years», *The Guardian*, 10 de mayo de 2013; Julio Godoy, «Return to Guatemala: Unlike East Europe Fear Without Hope», *The Nation* 250, núm 9, 5 de marzo de 1990.

38. Existen, de hecho, un buen número de estos volúmenes. Véase, por ejemplo, David Schmitz, *Thank God They're on Our Side: The United States and Right-Wing Dictatorships, 1921-1965*, Chapel Hill, University of North Carolina Press, 1999; David Schmitz, *The United States and Right-Wing Dictatorships, 1965-1989*, Nueva York, Cambridge University Press, 2006; Stephen G. Rabe, *The Killing Zone: The United States Wages Cold War in Latin America*, Nueva York, Oxford University Press, 2015.

39. Greg Grandin, *Empire's Workshop: Latin America, the United States, and the Rise of the New Imperialism*, Nueva York, Henry Holt, 2007; «Memorandum from the President's Assistant for National Security Affairs (Kissinger) to President Nixon», 7 de octubre de 1970; «Conversation Between the President's Assistant for National Security Affairs (Kissinger) and President Nixon», 11 de junio de 1971, en *Foreign Relations of the United States, 1969-1976, Documents on American Republics, 1969-1972*, vol. E-10; Stephen G. Rabe, *Kissinger and Latin America: Intervention, Human Rights, and Diplomacy*, Ithaca, Cornell University Press, 2020, pp. 70-73.

40. John Dinges, *The Condor Years: How Pinochet and His Allies Brought Terrorism to Three Continents*, Nueva York, New Press, 2004, p. 245 [hay trad. cast.: *Los años del cóndor*, Madrid, Editorial Debate, 2021]; J. Patrice

McSherry, *Predatory States: Operation Condor and Covert War in Latin America*, Lanham, Rowman and Littlefield, 2005. Días antes del asesinato de Letelier, Henry Kissinger había bloqueado una advertencia de Estados Unidos a Pinochet para que se abstuviera de cometer nuevos asesinatos. «New Docs Show Kissinger Rescinded Warning on Assassinations Days Before Letelier Bombing in DC», *Democracy Now!*, 12 de abril de 2010; «Memorandum from the Assistant Secretary of State for Inter-American Affairs (Shlaudeman) to Secretary of State Kissinger», *Foreign Relations of the United States, 1969-1976, Documents on South America, 1973-1976*, vol. E-11, parte 2. El memorando expresa cierta preocupación por la Operación Cóndor, pero fundamentalmente por la posibilidad de que esta provoque una reacción inoportuna. Señala que existen «paralelismos molestos» entre los regímenes que Estados Unidos apoya y la Alemania nazi, y que denominarlos fascistas es «técnicamente correcto». De hecho, la «Doctrina de Seguridad Nacional» (NSD) a la que se adhirieron las élites militares de estos Estados latinoamericanos era, en sus principios básicos, fascista. Defendían: (1) que el Estado es absoluto y el individuo no es nada; (2) que todos los Estados están envueltos en una guerra permanente, y que en ese momento dicha guerra la libraban «el comunismo» y el «mundo libre»; y (3) que el control de la «subversión» solo es posible por medio de la dominación, por parte del liderazgo natural en la lucha contra la subversión. Para más información sobre la conexión entre el fascismo europeo y las dictaduras latinoamericanas apoyadas por Estados Unidos, incluida la colaboración norteamericana con antiguos fascistas tras la Segunda Guerra Mundial debido a su anticomunismo, véase Branko Marcetic, «The CIA's Secret Global War Against the Left», *Jacobin*, 30 de noviembre de 2020.

41. Rabe, *The Killing Zone,* cit., p. 148. Rabe señala que, aun en los lugares donde se produjeron disturbios civiles y hubo muertos causados por múltiples bandos, «los líderes y las fuerzas de seguridad apoyados por Estados Unidos fueron responsables del 90 por ciento o más de los asesinatos en todos los países latinoamericanos».

42. Lawrence Pezzullo citado en William LeoGrande, *Our Own Backyard: The United States in Central America 1977-1992*, Chapel Hill, University of North Carolina Press, 2000, p. 26. Brzezinski citado en Robert Pastor, *Not Condemned to Repetition: The United States and Nicaragua*, Boulder, Westview Press, 2018, ebook. Véase también Morris H. Morley, *Washington, Somoza and the Sandinistas: State and Regime in U.S. Policy Toward Nicaragua 1969-1981*, Cambridge, Cambridge University Press, 2002; Holly Sklar, *Washington's War on Nicaragua*, Boston, South End

Press, 1988; Aviva Chomsky, *Central America's Forgotten History: Revolution, Violence, and the Roots of Migration*, Boston, Beacon Press, 2021.

43. Bernard Gwertzman, «Kissinger on Central America: A Call for U.S. Firmness», *The New York Times*, 19 de julio de 1983; «Notice of the Continuation of the National Emergency with Respect to Nicaragua», 22 de abril de 1986, Ronald Reagan Presidential Library and Museum; «Address to the Nation on the Situation in Nicaragua», 16 de marzo de 1986, Ronald Reagan Presidential Library and Museum.

44. En una demostración aún mayor de su cruel desprecio por el pueblo nicaragüense, Estados Unidos retuvo la ayuda humanitaria tras el huracán Joan de 1988 (decisión que contrasta marcadamente con la importante magnitud de la ayuda que envió tras el terremoto de 1972 y que fue, en gran parte, malversada por el régimen de Somoza). Al retener la ayuda, Estados Unidos se aseguró de poner en dificultades al Gobierno sandinista para socorrer a su pueblo, priorizando nuevamente los objetivos políticos sobre las preocupaciones humanitarias. «U.S. Accused of Impeding Relief Effort for Nicaragua», *Los Angeles Times*, 29 de octubre de 1988.

45. Thomas W. Walker y Christine J. Wade, *Nicaragua: Living in the Shadow of the Eagle*, Boulder, Westview Press, 2011, ebook; Greg Grandin, «Chomsky Listens: Latin America and the Ethics of Solidarity», en *The Cambridge Companion to Chomsky*, James McGilvray (ed.), Cambridge, Cambridge University Press, 2017, pp. 295-313.

46. Arzobispo Óscar Romero, «Letter to President Carter on Aid to Military in El Salvador», 17 de febrero de 1980, United States Conference of Catholic Bishops.

47. «From Madness to Hope: The 12-Year War in El Salvador», Informe de la Comisión para la Verdad en El Salvador; Hilary Goodfriend, «30 Years Ago Today in El Salvador, U.S.-Trained Soldiers Murdered 6 Priests in Cold Blood», *Jacobin*, 16 de noviembre de 2019; «Justice Remains Elusive to Survivors of Salvador's Sumpul River Massacre», Catholic News Service, 18 de mayo de 2021; LaFeber, *Inevitable Revolutions*, cit., p. 250. Un sacerdote que fue al río al día siguiente observó que «había tal número de buitres picoteando los cuerpos que la superficie del agua parecía una alfombra negra». Se puede obtener más información sobre el contexto en Raymond Bonner, *Weakness and Deceit: U.S. Policy and El Salvador*, Nueva York, Times Books, 1984.

48. Danny Hajek, «"I Miss Them, Always": A Witness Recounts El Salvador's 1989 Jesuit Massacre», NPR, 11 de noviembre de 2016; Carlos Dada, «The Beatification of Óscar Romero», *The New Yorker*, 19 de

mayo de 2015; Mary McGrory, «Salvador Murder and Resurrection», *The Washington Post*, 14 de abril de 1990. McGrory apunta que «por lo que se veía, el ejército salvadoreño haría cualquier cosa para barrer de su país a los trabajadores de la Iglesia con conciencia social, los jesuitas especialmente» sirviéndose del «armamento proporcionado por Estados Unidos».

49. Raymond Bonner, «In Salvador, a U.S.-Trained Unit at War», *The New York Times*, 13 de julio de 1981; Tracy Wilkinson, «Notorious Salvadoran Battalion Is Disbanded», *Los Angeles Times*, 9 de diciembre de 1992; Nelson Rauda y John Washington, «The U.S. Role in the El Mozote Massacre Echoes in Today's Immigration», *The Washington Post*, 12 de mayo de 2021; Leigh Binford, *The El Mozote Massacre: Human Rights and Global Implications*, Tucson, University of Arizona Press, 2016; Mark Danner, *Massacre at El Mozote: A Parable of the Cold War*, Nueva York, Vintage, 1993; *El Salvador: The Making of U.S. Policy, 1977-1984*, Archivo de Seguridad Nacional; Dustin Hill, «Commitment Beyond Morality: American Complicity in the Massacre at El Mozote», tesis de máster, Eastern Kentucky University, 2011; John Beverley, «El Salvador», *Social Text*, núm. 5, primavera de 1982, pp. 67-72; Mark Hertsgaard, *On Bended Knee: The Press and the Reagan Presidency*, Nueva York, Farrar, Straus and Giroux, 1988. Como explica Greg Grandin, la administración Reagan llevó a cabo una campaña concertada para intentar ocultar información sobre las consecuencias en términos humanos de sus políticas en América Central: «En 1983, la administración Reagan creó la Oficina de Diplomacia Pública. Esto era una violación directa de la Ley de Seguridad Nacional, que prohibía el uso de la propaganda para desinformar al público estadounidense. Su personal estaba compuesto por agentes de operaciones psicológicas del Departamento de Defensa y empleaba a agencias de publicidad de Madison Avenue alineadas con los republicanos para que realizaran encuestas y grupos de discusión con el objetivo de averiguar cuál sería el lenguaje más funcional para influir en la opinión pública. Cuando alguien publicaba una noticia negativa sobre el régimen de El Salvador, respaldado por Estados Unidos, la estrategia de respuesta no era necesariamente refutarla, sino más bien embarrarla lo suficiente como para que nadie pudiera formarse una opinión clara sobre lo que había sucedido». Grandin, «The United States Has Used Latin America as Its Imperial Laboratory», *art. cit.*

50. Más información sobre el entrenamiento estadounidense de violadores de los derechos humanos, y en particular la infame «School

of the Americas», puede verse en Lesley Gill, *The School of the Americas: Military Training and Police Violence in the Americas*, Durham, Duke University Press, 2004. La conclusión de Gill es clara: «Gente común que deseaba una reforma agraria, mejores salarios, mejor atención médica, educación y el derecho básico de autodeterminación fueron calificados de comunistas por unos regímenes que contaban con el respaldo de Estados Unidos y, subsiguientemente, unos oscuros escuadrones de la muerte paramilitares y las fuerzas de seguridad del Estado entrenadas por Estados Unidos los torturaron, los asesinaron y los hicieron desaparecer», p. 2.

51. CIA, Directorio de Inteligencia, «Intelligence Report: Indonesia 1965—The Coup That Backfired», 1968. El informe describe el golpe y los asesinatos como «uno de los acontecimientos más significativos del siglo xx, mucho más trascendental que otros que han recibido mucha mayor publicidad», aunque no se detiene en por qué hay otros acontecimientos que reciben «mucha mayor publicidad». Jess Melvin, *The Army and the Indonesian Genocide: Mechanics of Mass Murder*, Nueva York, Routledge, 2018. Melvin presenta argumentos convincentes en defensa del planteamiento de que estas matanzas constituyen un caso de genocidio según los términos de la Convención sobre el Genocidio de 1948.

52. Geoffrey B. Robinson, *The Killing Season: A History of the Indonesian Massacres, 1965-66*, Princeton, Princeton University Press, 2018, pp. 122-123; Vincent Bevins, *The Jakarta Method: Washington's Anticommunist Crusade and the Mass Murder Program That Shaped Our World*, Nueva York, PublicAffairs, 2020, p. 11. Bevins nos recuerda: «Si hemos de conformarnos con estimaciones es por una razón. Porque, durante más de cincuenta años, el Gobierno indonesio ha bloqueado cualquier intento de que se registrara lo que ocurrió, y nadie más en el mundo se ha molestado tampoco en preguntar».

53. «Indonesia: Vengeance with a Smile», *Time*, 15 de julio de 1966; *The Atlantic* aparece citado en Isabel Hilton, «Our Bloody Coup in Indonesia», *The Guardian*, 1 de agosto de 2001; James Reston, «Washington: A Gleam of Light in Asia», *The New York Times*, 19 de junio de 1966. *The New York Times* informa en 1970 de que Suharto había asegurado a Estados Unidos que «tenía capacidad para contener cualquier presión a favor de la nacionalización y otros ataques a las inversiones norteamericanas, europeas o japonesas». Robert Walker, «Indonesia Assures U.S. on Investments», *The New York Times*, 9 de julio de 1970.

54. Robinson, *The Killing Season*, cit., p. 198. Kathy Kadane, «U.S. Officials' Lists Aided Indonesian Bloodbath in '60s», *The Washington Post*, 21 de mayo de 1990.

55. Reston, «Washington: A Gleam of Light in Asia», *art. cit.*; Robinson, *The Killing Season*, cit.; Bevins, *The Jakarta Method*, cit. Bevins señala: «Que sepamos, esta fue al menos la tercera vez en la historia que funcionarios estadounidenses proporcionaron listas de comunistas y supuestos comunistas a sus aliados para que pudieran capturarlos y matarlos. La primera fue en Guatemala en 1954, la segunda en Irak en 1963». «Telegram from the Embassy in Indonesia to the Department of State», 8 de abril de 1958; «Memorandum from the Joint Chiefs of Staff to Secretary of Defense McElroy», 8 de abril de 1958, en *Foreign Relations of the United States, 1958-1960, Indonesia*, vol. XVII, Washington, D. C., Oficina de Publicaciones del Gobierno de Estados Unidos, 1994.

56. Kadane, «U.S. Officials' Lists Aided Indonesian Bloodbath in '60s», *art. cit.*

57. Kadane, «U.S. Officials' Lists Aided Indonesian Bloodbath in '60s», *art. cit.*; Brad Simpson, «Accomplices in Atrocity», *Inside Indonesia*, julio-septiembre de 1996; Jaechun Kim, «U.S. Covert Action in Indonesia in the 1960s: Assessing the Motives and Consequences», *Journal of International and Area Studies* 9, núm 2, 2002, pp. 63-85. De hecho, Robert McNamara, entonces secretario de Defensa, declaró ante el Congreso que la ayuda y el entrenamiento militar de Estados Unidos habían «dado sus frutos». McNamara le dijo a Lyndon Johnson que el apoyo militar estadounidense había «alentado [al ejército] a actuar contra el partido comunista cuando se presentó la oportunidad».

58. Estados Unidos no es la única potencia occidental que tiene alguna responsabilidad. Los británicos contribuyeron con la propaganda anticomunista y emitieron unos boletines que exhortaban a los homicidas a continuar. «El comunismo debe ser abolido en todas sus formas. La labor iniciada por el ejército debe continuar e intensificarse», decía uno de los boletines británicos. «Estoy encantado de que se haya acabado con un buen número de comunistas», decía Norman Reddaway, «coordinador de la guerra política» británica en Indonesia. Paul Lashmar, Nicholas Gilby y James Oliver, «Slaughter in Indonesia: Britain's Secret Propaganda War», *The Guardian*, 17 de octubre de 2021; «Survivors of 1965 Indonesia Massacres Urge UK to Apologise», *The Observer*, 24 de octubre de 2021.

59. Daniel Patrick Moynihan, *A Dangerous Place*, Boston, Little, Brown and Company, 1978, p. 247; Liechty citado en John Pilger, «The Rape of East Timor», *Fair Observer*, 25 de febrero de 2016.

60. «Remarks by President Carter», 6 de diciembre de 1978, en *Foreign Relations of the United States, 1977-1980, Foundations of Foreign Policy*, vol. I, Washington, D. C., Oficina de Publicaciones del Gobierno de Estados Unidos, 2014; G. Taylor, «"Encirclement and Annihilation": The Indonesian Occupation of East Timor», en R. Gellately y B. Kiernan (eds.), *The Specter of Genocide: Mass Murder in Historical Perspective*, Cambridge, Cambridge University Press, 2003, pp. 163-186; comparecencias ante el Subcomité de Organizaciones Internacionales del Comité de Relaciones Internacionales, Cámara de Representantes, 95.º Congreso, primera sesión, 28 de junio y 19 de julio de 1977.

61. S. Staveteig, «How Many Persons in East Timor Went "Missing" During the Indonesian Occupation?: Results from Indirect Estimates», IIASA Interim Report, International Institute for Applied Systems Analysis, Laxenburg, Austria, 2007; Clinton Fernandes, *The Independence of East Timor: Multidimensional Perspectives—Occupation, Resistance, and International Political Activism*, Durham, Duke University Press, 2004, pp. 48, 58; John Pilger, *Distant Voices*, Nueva York, Vintage, 1994, p. 233.

62. Allan Nairn, un periodista que presenció la masacre de 1991, ha descrito vívidamente el ataque como «muy organizado, muy sistemático», y afirma que los timorenses fueron «simplemente acribillados por las balas» hasta que «no quedó nadie en pie», en «Amy Goodman Recounts the East Timor Massacre 15 Years Ago», *Democracy Now!*, 13 de noviembre de 2006; Krithika Varagur, «Declassified Files Provide Insight into Indonesia's Democratic Transition», *Voice of America*, 24 de julio de 2018; David E. Sanger, «Real Politics: Why Suharto Is In and Castro Is Out», *The New York Times*, 31 de octubre de 1995; Jim Mann y Glenn F. Bunting, «Clinton Aided Indonesia Regime», *Los Angeles Times*, 16 de octubre de 1996; «U.S. Promoted Close Ties to Indonesian Military as Suharto's Rule Came to an End in Spring 1998», Archivo de Seguridad Nacional, 24 de julio de 2018.

63. Brian Knowlton, «Albright Nudges Suharto to Resign: "An Opportunity for Statesmanship"», *The New York Times*, 21 de mayo de 1998. «El presidente Suharto ha dado mucho a su país en los últimos treinta años», añadió Albright. Cabe destacar que no pidió que se permitiera al pueblo de Timor Oriental disfrutar del derecho a la libre determinación.

64. Dan Merica y Jason Hanna, «In Declassified Document, CIA Acknowledges Role in '53 Iran Coup», CNN, 19 de agosto de 2013.

65. Roham Alvandi y Mark J. Gasiorowski, «The United States Overthrew Iran's Last Democratic Leader», *Foreign Policy*, 30 de octubre de

2019; Tim Weiner, *Legacy of Ashes: The History of the CIA*, Nueva York, Doubleday, 2007, p. 92.

66. Mostafa T. Zahrani, «The Coup That Changed the Middle East: Mossadeq v. the CIA in Retrospect», *World Policy Journal* 19, núm. 2, 2002, pp. 93-99; «Iranian Nuclear Scientists Studied in U.S.», NPR, 12 de marzo de 2007.

67. «The Iranian Accord», *The New York Times*, 6 de agosto de 1954. Para el *Times*, Mossadegh era un «árabe lunático». Cabe destacar que la cobertura del *Times* cambió de signo una vez que el sah llegó al poder. *The New York Times* había denunciado un plebiscito convocado por Mossadegh como algo «más fantástico y ridículo que cualquier otro que hubieran celebrado Hitler o Stalin». Un plebiscito realizado por el sah diez años después «en circunstancias mucho más cuestionables» que arrojó un 99 por ciento de votos a su favor fue elogiado por el *Times* como «prueba evidente» de que «el pueblo iraní apoya sin duda al sah en sus nuevos y audaces esfuerzos de reforma». Las elecciones fraudulentas del sah fueron elogiadas con el mismo entusiasmo. Richard W. Cottam, *Iran and the United States: A Cold War Case Study*, Pittsburgh, University of Pittsburgh Press, 1989, p. 129. Véase también William A. Dorman y Mansour Farhang, *The U.S. Press and Iran: Foreign Policy and the Journalism of Deference*, Oakland, University of California Press, 1988.

68. Andrew Scott Cooper, «Declassified Diplomacy: Washington's Hesitant Plans for a Military Coup in Pre-Revolution Iran», *The Guardian*, 11 de febrero de 2015; Ray Takeyh, «The Coup That Wasn't: Jimmy Carter and Iran», *Survival* 64, núm. 4, 2022, pp. 137-150; Mahan Abedin, «36 Years On, the U.S. Is Still Struggling to Understand Iran», *Middle East Eye*, 20 de febrero de 2015.

69. Gary Milhollin, «Building Saddam Hussein's Bomb», *The New York Times*, 8 de marzo de 1992. Milhollin dice que «el material americano fue directamente a parar a los programas iraquíes de armas de destrucción masiva» y que los oficiales estadounidenses «sabían que estaba yendo a parar allí». El Gobierno norteamericano «permitió que su equipamiento sensible siguiera fluyendo hacia las compañías fachada iraquíes incluso después de saber que con toda probabilidad estaba siendo desviado» a la producción de armas de destrucción masiva. Gary Milhollin, «Testimony: U.S. Exports to Iraq», Comité Senatorial de Banca, Vivienda y Asuntos Urbanos, 27 de octubre de 1992. La conferencia de armas de Estados Unidos de 1989 fue «muy útil para Irak» en su proyecto de desarrollo de armas nucleares. David Albright y Kevin O'Neill, «Iraq's Efforts to Acquire Information About Nuclear Weapons and Nu-

clear-Related Technologies from the United States», Institute for Science and International Security, 12 de noviembre de 1999.

70. Farah Pandith, «Extremism Is Riyadh's Top Export», *Foreign Policy*, 24 de marzo de 2019; Sudarsan Raghavan, «An Unnatural Disaster: Yemen's Hunger Crisis Is Born of Deliberate Policies, Pursued Primarily by a Saudi-Led Coalition Backed by the United States», *The Washington Post*, 27 de diciembre de 2018. El *Post* señala que «un tercio de los dieciocho mil ataques aéreos llevados a cabo por la coalición han tenido objetivos no militares, entre ellos fábricas, granjas, mercados, centrales eléctricas y almacenes alimentarios». Radhya Almutawakel y Abdulrasheed Alfaqih, «Saudi Arabia and the United Arab Emirates Are Starving Yemenis to Death», *Foreign Policy*, 8 de noviembre de 2019. Almutawakel y Alfaqih señalan que «los saudíes y los emiratíes no podrían continuar su campaña de bombardeos en Yemen sin el apoyo militar de Estados Unidos». Natasha Bertrand y Alex Marquardt, «U.S. Seeks Full Reset with Saudi Arabia, Effectively Moving On from the Murder of Jamal Khashoggi», CNN, 10 de junio de 2022; «The AP Interview: Khashoggi Fiancee Criticizes Biden Visit», Associated Press, 14 de julio de 2022; Ellen Knickmeyer y Matthew Lee, «U.S. Moves to Shield Saudi Crown Prince in Journalist Killing», Associated Press, 18 de noviembre de 2022.

71. «Iran and Nuclear Weapons Production», Congressional Research Service, 20 de marzo de 2024.

72. Martin Van Creveld, «Sharon on the Warpath: Is Israel Planning to Attack Iran?», *International Herald Tribune*, 21 de agosto de 2004; Thomas Powers, «Iran: The Threat», *The New York Review of Books*, 17 de julio de 2008; «Tehran Accuses Netanyahu of Threatening to Nuke Iran in His UN Speech», *The Times of Israel*, 27 de septiembre de 2023; Ben Norton, «UN Votes 152 to 5 Telling Israel to Get Rid of Its Nuclear Weapons», *Monthly Review*, 3 de noviembre de 2022.

73. «"Maximum Pressure": U.S. Economic Sanctions Harm Iranians' Right to Health», Human Rights Watch, 29 de octubre de 2019; Adam Dubard, «Biden Has Maintained Trump's Failed Sanctions Policy», *The Hill*, 22 de junio de 2023; Michael D. Shear y Farnaz Fassihi, «Iran Releases 5 Americans as U.S. Unfreezes Billions in Oil Revenue for Tehran», *The New York Times*, 18 de septiembre de 2023, señalan que, no obstante, el Gobierno finalmente incumplió el acuerdo y mantuvo congelado el dinero de Irán; Nancy Cordes, «U.S. Reaches "Quiet Understanding" with Qatar Not to Release $6 Billion in Iranian Oil Revenues», CBS News, 12 de octubre de 2023.

74. «U.S. State Department: Iran Remains "World's Worst State Sponsor of Terrorism"», Radio Free Europe, 2 de noviembre de 2019; «Country Reports on Terrorism 2020: Iran», Departamento de Estado de Estados Unidos; «2023 Annual Threat Assessment of the U.S. Intelligence Community», Oficina del Director de Inteligencia Nacional.

75. Ese ataque dejó comprometidos los datos de 15 millones de tarjetas bancarias, que representan cerca de una quinta parte de la población del país, y fue la «mayor estafa financiera en la historia de Irán». *The New York Times* advirtió que era probable que perjudicase aún más a una economía que ya se estaba tambaleando «por los efectos de las sanciones estadounidenses».

76. Thomas Warrick, «U.S.-Iran Tensions: Implications for Homeland Security», Statement to the House Committee on Homeland Security, 15 de enero de 2020; Paul Wagenseil, «Hard-Rocking Cyberattack Said to Strike Iranian Nuclear Plants», NBC News, 23 de julio de 2012; Samore citado en Edward Lucas, *Cyberphobia: Identity, Trust, Security, and the Internet*, Nueva York, Bloomsbury, 2015, pp. 137-138; David E. Sanger, «Obama Order Sped Up Wave of Cyberattacks Against Iran», *The New York Times*, 1 de junio de 2012; Idrees Ali y Phil Stewart, «U.S. Carried Out Secret Cyber Strike on Iran in Wake of Saudi Oil Attack: Officials», Reuters, 16 de octubre de 2019. Misha Glenny sostiene que la utilización de Stuxnet por parte de Estados Unidos e Israel «supuso un punto de inflexión significativo y peligroso en la militarización de Internet», y señala la diferencia entre «guardar [los virus] de forma segura para su uso futuro» y «utilizarlos en tiempos de paz». Stuxnet ha «dado el pistoletazo de salida a una nueva carrera armamentística» y «todos los países que poseen una capacidad cibernética ofensiva se verán tentados a utilizarla ahora que ya se ha empezado a usar». Misha Glenny, «A Weapon We Can't Control», *The New York Times*, 24 de junio de 2012.

77. Archit Shukla, «The Killing of General Soleimani—A Blatant Violation of Inter- national Laws», *Jurist*, 14 de abril de 2020; Nick Cumming-Bruce, «The Killing of Qassim Suleimani Was Unlawful, Says UN Expert», *The New York Times*, 9 de julio de 2020; Michael Crowley, «For Some Never Trumpers, Killing of Suleimani Was Finally Something to Like», *The New York Times*, 6 de enero de 2020; Mohammed Rasool, «New Call of Duty Starts with "Assassination of Qassem Soleimani"», *Vice*, 24 de octubre de 2022.

78. Citado en LaFeber, *Inevitable Revolutions*, cit., p. 107.

79. «Report by the Special Study Group», 1954, en *Foreign Relations*

of the United States, 1950-1955, The Intelligence Community, 1950-1955, Washington, D. C., Oficina de Publicaciones del Gobierno de Estados Unidos, 2007; Lars Schoultz, «U.S. Foreign Policy and Human Rights Violations in Latin America: A Comparative Analysis of Foreign Aid Distributions», *Comparative Politics* 13, núm. 2, 1981, pp. 149-170.

80. «U.S. Foreign Assistance to the Middle East: Historical Background, Recent Trends, and the FY2022 Request», Congressional Research Service, 7 de septiembre de 2021; Philippe Nassif y Sara Salama, «Biden's Egypt Problem», *Just Security*, 19 de julio de 2021, señalan la práctica estadounidense de «seguir haciendo la vista gorda y permitiendo las flagrantes violaciones de los derechos humanos por parte de Al Sisi en su "prisión al aire libre para críticos"»; «Egypt: U.S. to Provide Security Assistance Despite Repression», Human Rights Watch, 15 de septiembre de 2023; Alex Emmons, «State Department Fails to Vet or Monitor Military Aid to Egypt», *The Intercept*, 12 de mayo de 2016; «The Questionable Legality of Military Aid to Egypt», *The New York Times*, 19 de agosto de 2015.

81. Nazeeha Saeed y Vivian Nereim, «Mass Hunger Strike in Bahrain Prison Sets Off Rare Protests», *The New York Times*, 6 de septiembre de 2023; Brian Dooley, «Bahrain Faces New Crisis as Prison Protests Escalate», Human Rights First, 18 de agosto de 2023.

82. Barak Ravid, «U. S. and Bahrain to Sign Strategic Security and Economic Agreement», *Axios*, 11 de septiembre de 2023; Vivian Nereim, «U.S. Deepens Security Pledge to Bahrain, an Adversary of Iran», *The New York Times*, 13 de septiembre de 2023; Karen DeYoung, «U.S. Pact with Bahrain Seen as Model for Strengthening Persian Gulf Ties», *The Washington Post*, 13 de septiembre de 2013; Paul R. Pillar, «Is Bahrain a Dry Run for Controversial U.S.-Saudi Pact?», Quincy Institute for Responsible Statecraft, 18 de septiembre de 2023.

83. «Biden-Harris Administration Strengthens Partnership with Kingdom of Bahrain and Launches "Comprehensive Security Integration and Prosperity Agreement"», Casa Blanca, 13 de septiembre de 2023.

84. Leila Fadel, «The Family of a Jailed Bahrain Activist Says He Has Resumed a Hunger Strike», NPR, 14 de septiembre de 2023.

85. Daniel Flatley, «Biden Signs Bipartisan Law Punishing China Over Uyghur Abuse», Bloomberg.com, 23 de diciembre de 2021; Quint Forgey y Kelly Hooper, «Biden Fist Bump with MBS Triggers Backlash», *Politico*, 15 de julio de 2022.

2. La guerra en el sudeste asiático

1. Anthony Lewis, «Look on My Works...», *The New York Times*, 1 de mayo de 1975; John K. Fairbank, «Assigment for the '70s», discurso presidencial, American Historical Association, Nueva York, 29 de diciembre de 1968; Pete Buttigieg, *Shortest Way Home*, Nueva York, Liveright, 2019, ebook; Max Hastings, *Vietnam: An Epic Tragedy, 1945-1975*, Nueva York, Harper Collins, 2018, ebook [hay trad. cast.: *La guerra de Vietnam: una tragedia épica*, trad. de Gonzalo García, Barcelona, Crítica, 2022].

2. Daniel Ellsberg, *Secrets: A Memoir of Vietnam and the Pentagon Papers*, Nueva York, Penguin Books, 2003, ebook.

3. Hồ Chí Minh, «Declaration of Independence of the Democratic Republic of Vietnam», en Bernard B. Fall (ed.), *On Revolution: Selected Writings, 1920-66*, Nueva York, Frederick A. Praeger, 1967, pp. 143-145.

4. Telegrama de Hồ Chí Minh al presidente Harry Truman, 28 de febrero de 1946; carta de Hô Chí Minh al presidente Harry Truman, 18 de enero de 1946.

5. Hastings, *Vietnam*, cit.; Murrey Marder, «When Ike Was Asked to Nuke Vietnam», *The Washington Post*, 22 de agosto de 1982.

6. Michael Schaller, *The American Occupation of Japan*, Nueva York, Oxford University Press, 1987, p. 151; «The Secretary of State to the Embassy in the United Kingdom», 4 de abril de 1954, en *Foreign Relations of the United States, 1952-1954, Indochina*, vol. XIII, parte 1, Washington, D. C., Oficina de Publicaciones del Gobierno de Estados Unidos, 1982; «Department of State Policy Statement on Indochina, September 27, 1948», en *Foreign Relations of the United States, 1948, The Far East and Australasia*, vol. VI, Washington, D. C., Oficina de Publicaciones del Gobierno de Estados Unidos, 1974.

7. George Kahin, *Intervention: How America Became Involved in Vietnam*, Nueva York, A. A. Knopf, 1986, pp. 89, 60-66; Dwight D. Eisenhower, *The White House Years (1953-1956): Mandate for Change*, Garden City, Doubleday, 1963, p. 372; Charles Mohr, «Nightmare for Saigon», *The New York Times*, 24 de octubre de 1966.

8. Christian Appy, *American Reckoning: The Vietnam War and Our National Identity*, Nueva York, Viking, 2015, ebook; Seth Jacobs, *Cold War Mandarin: Ngo Dinh Diem and the Origins of America's War in Vietnam, 1950-1963*, Lanham, Rowman & Littlefield, 2006, pp. 123-125; David Hotham, *Viet-Nam: The First Five Years*, R. Lindholm (ed.), Lansing, Michigan State University Press, 1959, p. 346.

9. Stanley Karnow, *Vietnam: A History*, Londres, Guild Publishing, 1985, p. 255.

10. Entrevista del general Nguyễn Khánh a la revista alemana *Stern*, reproducida en *Los Angeles New Advocate*, 1-15 de abril de 1972; documento «Prepared by the Ambassador in Vietnam (Taylor)», en *Foreign Relations of the United States, 1964-1968*, vol. I: *Vietnam, 1964*, Washington, D. C., Oficina de Publicaciones del Gobierno de Estados Unidos, 1992.

11. Douglas Pike, *Viet Cong*, Cambridge, MIT Press, 1966, p. 110; Vann citado en Eric M. Bergerud, *The Dynamics of Defeat: The Vietnam War in Hau Nghia Province*, Boulder, Westview Press, 1993, ebook.

12. Bernard B. Fall y Marcus G. Raskin (eds.), *The Viet-Nam Reader*, Nueva York, Vintage Books, 1965; Bernard B. Fall, *Last Reflections on a War*, Garden City, Doubleday, 1967. En *Vietnam Inc.*, Philip Jones Griffiths reproduce lo que le contó un piloto sobre lo impresionante que era el napalm: «Estamos muy contentos con los chicos de Dow [Chemical Company]. El producto original no era tan bueno; si los amarillos eran rápidos, lo podían raspar y quitárselo. Entonces los chicos empezaron a añadir poliestireno y ahora se pega como la mierda a una manta. Pero entonces, si los amarillos saltaban al agua, dejaba de arder, así que comenzaron a añadirle Willie Peter [WP, de *white phosphrus*, 'fósforo blanco'] para que ardiera más. Y ahora arde incluso debajo del agua. Y con solo una gota es suficiente, seguirá ardiendo hasta llegar a los huesos, así que morirán de todos modos por envenenamiento con fósforo».

13. «Greatest bomber in history» [«El mayor bombardero de la historia»] fue una frase que apareció en *The Washington Post*, y que pronto usaron también los senadores John V. Tunney (demócrata por California) y Frank Moss (demócrata por Utah), *Congressional Record-Senate*, 17 de abril de 1972, p. 12817, y 19 de abril de 1972, p. 13455; «Conversation Between President Nixon and His Assistant for National Security Affairs (Kissinger)», 19 de abril de 1972, en *Foreign Relations of the United States, 1969-1976, Soviet Union, October 1971-May 1972*, vol. XIV, Washington, D. C., Oficina de Publicaciones del Gobierno de Estados Unidos, 2006; Appy, *American Reckoning*, cit.; Martha Gellhorn, *The Face of War*, Nueva York, Simon & Schuster, 1959, p. 224.

14. Los datos de este párrafo están extraídos de Nick Turse, *Kill Anything That Moves: The Real American War in Vietnam*, Nueva York, Metropolitan Books, 2013. Aquí nos basamos en el libro fundamental de Turse en varias ocasiones. Truong Nhu Tang, *A Vietcong Memoir: An Inside Account of the Vietnam War and Its Aftermath*, Nueva York, Vintage, 1986.

15. Quy-Toan Do, «Agent Orange and the Prevalence of Cancer Among the Vietnamese Population 30 Years After the End of the Vietnam War», Policy Research Working Paper núm. 5041, World Bank Development Research Group, septiembre de 2009; «The U.S. Military and the Herbicide Program in Vietnam», en *Veterans and Agent Orange: Health Effects of Herbicides Used in Vietnam*, Institute of Medicine Committee to Review the Health Effects in Vietnam Veterans of Exposure to Herbicides, Washington, National Academies Press, 1994; Arthur H. Westing, «"Agent Blue" in Vietnam», *The New York Times*, 12 de julio de 1971; John Milner, *Vietnam: After the Fire*, Acacia Productions, Channel Four y Cinema Guild, 1988.

16. Gabriel Kolko, *Vietnam: Anatomy of a Peace*, Nueva York, Routledge, 1997, p. 2; RAND, en Turse, *Kill Anything That Moves*, cit., p. 95.

17. Guenter Lewy, *America in Vietnam*, Nueva York, Oxford University Press, 1978, p. 226; Nick Turse, «The Ken Burns Vietnam War Documentary Glosses Over Devastating Civilian Toll», *The Intercept*, 28 de septiembre de 2017.

18. Geoffrey C. Ward y Ken Burns, *The Vietnam War: An Intimate History*, Nueva York, A. A. Knopf, 2017, p. 153.

19. Lewy, *America in Vietnam*, cit., pp. 180-181; David Gates, «Transition: Westmoreland», *Newsweek*, 31 de julio de 2005.

20. Lewy, *America in Vietnam*, cit., p. 96. Puede verse una crítica más detallada a la historia de Lew en Noam Chomsky, «On the Aggression of South Vietnamese Peasants Against the United States», en *Towards a New Cold War*, Nueva York, Pantheon, 1982, pp. 154-165.

21. Ward y Burns, *The Vietnam War*, cit., p. 54; Lewy, *America in Vietnam*, cit., p. 243.

22. Wallace Terry, *Bloods: An Oral History of the Vietnam War by Black Veterans*, Nueva York, Presidio Press, 1984; Turse, *Kill Anything That Moves*, cit., p. 28.

23. Peter Davis, *Hearts and Minds*, Culver City, Columbia Pictures, 1974; John Mecklin, *Mission in Torment*, Garden City, Doubleday, 1965, p. 76.

24. Andrew Preston, «How Vietnam Was America's Avoidable War», *The New Statesman*, 19 de septiembre de 2018; Tim O'Brien, *The Things They Carried*, Boston, Houghton Mifflin, 1990 [hay trad. cast.: *Las cosas que llevaban los hombres que lucharon*, Barcelona, Anagrama, 2011.]

25. Deborah Nelson, *The War Behind Me: Vietnam Veterans Confront the Truth About U.S. War Crimes*, Nueva York, Basic Books, 2008, p. 76; Lewy, *America in Vietnam*, cit., p. 452.

26. Ward y Burns, *The Vietnam War*, cit., p. 273; Nick Turse, «A My Lai a Month», *The Nation*, 13 de noviembre de 2008; Turse, *Kill Anything That Moves*, cit., p. 206.

27. Ward y Burns, *The Vietnam War*, cit., p. 154.

28. Lewis M. Simons, «The U.S. Promised Ukraine Cluster Bombs. In Laos, They Still Kill Civilians», NPR, 11 de julio de 2023; «War Legacy Issues in Southeast Asia: Unexploded Ordnance», Congressional Research Service, 3 de junio de 2019.

29. Leah Zani, *Bomb Children: Life in the Former Battlefields of Laos*, Durham, Duke University Press, 2019, p. 19; Joshua Kurlantzick, *A Great Place to Have a War: America in Laos and the Birth of a Military CIA*, Nueva York, Simon & Schuster, 2017, p. 18.

30. Antonia Bolingbroke-Kent, «"I Don't Want More Children to Suffer What I Did": The 50-Year Fight to Clear U.S. Bombs from Laos», *The Guardian*, 27 de abril de 2023.

31. Thomas Fuller, «One Woman's Mission to Free Laos from Millions of Unexploded Bombs», *The New York Times*, 5 de abril de 2015; Stearns citado en Kurlantzick, *A Great Place to Have a War*, cit., p. 179, donde comenta que se lanzaron bombas «incluso sin objetivos militares claros, para que los pilotos pudieran practicar un poco», y cita a otro funcionario estadounidense que bromeaba diciendo que no podían dejar «que los aviones se oxidaran» durante las pausas entre bombardeos en Vietnam del Norte; Fred Branfman, *Voices from the Plain of Jars: Life Under an Air War*, Madison, University of Wisconsin Press, 1972. Véase también Brett S. Morris, «Laos After the Bombs», *Jacobin*, 3 de julio de 2015.

32. Bolingbroke-Kent, «"I Don't Want More Children to Suffer What I Did", *art. cit.* Mirándolo por el lado positivo, hoy algunos campesinos pueden ganarse la vida recolectando las municiones que no han explotado.

33. Elizabeth Becker, «Kissinger Tapes Describe Crises, War and Stark Photos of Abuse», *The New York Times*, 27 de mayo de 2004; Taylor Owen y Ben Kiernan, «Bombs over Cambodia», *The Walrus*, octubre de 2006.

34. Ben Kiernan, *The Pol Pot Regime: Race, Power, and Genocide in Cambodia Under the Khmer Rouge, 1975-79*, New Haven, Yale University Press, 1998, p. 16. Similares conclusiones plantea William Shawcross en *Sideshow: Kissinger, Nixon, and the Destruction of Cambodia*, Londres, Andre Deutsch, 1979. Taylor Owen y Ben Kiernan, «Making More Enemies Than We Kill? Calculating U.S. Bomb Tonnages Dropped on Laos and Cambodia, and Weighing Their Implications», *Asia-Pacific Journal: Japan Focus* 13, núm. 16, 27 de abril de 2015.

35. Elizabeth Becker, *When the War Was Over: The Voices of Cambodia's Revolution and Its People*, Nueva York, Simon & Schuster, 1986, p. 440; Adam Jones, *Genocide: A Comprehensive Introduction*, Londres, Taylor & Francis, 2010, p. 302. Jones comenta la «anómala escena, durante toda la década de 1980, de ver a comunistas genocidas recibir el más firme respaldo de Washington, D. C.».

36. Don Oberdorfer, «U.S. to Support Pol Pot Regime for UN Seat», *The Washington Post*, 15 de septiembre de 1980; Elizabeth Becker, «Death of Pol Pot: The Diplomacy», *The New York Times*, 17 de abril de 1998; Ben Kiernan, *How Pol Pot Came to Power*, Londres y Nueva York, Verso, 2008, p. xxix.

37. Shawcross, *Sideshow*, cit., p. 395; William Shawcross, «Sihanouk's Case», *The New York Review of Books*, 22 de febrero de 1979. Sobre Kissinger específicamente, véanse Nick Turse, «Blood on His Hands», *The Intercept*, 23 de mayo de 2023; Reed Brody, «Is Henry Kissinger a War Criminal?», *Just Security*, 27 de junio de 2023; René Rojas, Bhaskar Sunkara y Jonah Walter (eds.), *The Good Die Young: The Verdict on Henry Kissinger*, Londres y Nueva York, Verso, 2024.

38. «Year Zero Author on Justice», *The Phnom Penh Post*, 11 de abril de 2013.

39. Christian Appy, *Patriots: The Vietnam War Remembered from All Sides*, Nueva York, Penguin Books, 2003, p. 126.

40. Elizabeth Becker, «The Secrets and Lies of the Vietnam War, Exposed in One Epic Document», *The New York Times*, 9 de junio de 2021.

41. McNaughton citado en Howard Zinn, *A People's History of the United States*, Nueva York, HarperCollins, 1999, p. 499 [hay trad. cast.: *La otra historia de los Estados Unidos*, Logroño, Pepitas de Calabaza, 2021.]. En este libro de Zinn, el capítulo sobre Vietnam es fundamental para comprender los antecedentes de la guerra, así como el movimiento de resistencia que intentó detenerla. «Conversation Among President Nixon, the Assistant to the President (Haldeman), and the President's Assistant for National Security Affairs (Kissinger)», 5 de mayo de 1972, en *Foreign Relations of the United States, 1969-1976, Vietnam, January-October 1972*, vol. VIII, Washington, D. C., Oficina de Publicaciones del Gobierno de Estados Unidos, 1972.

42. William Ehrhart, «A Vietnam Vet», entrevista con David Hoffman, 1989, YouTube, <https://www.youtube.com/watch?v=tixOyiR8B-8>.

43. Jimmy Carter, conferencia de prensa del presidente, 24 de marzo de 1977.

3. EL 11 DE SEPTIEMBRE Y LA DESTRUCCIÓN DE AFGANISTÁN

1. George W. Bush, «President Bush Addresses the Nation», 20 de septiembre de 2001; Osama bin Laden, *Messages to the World: The Statements of Osama bin Laden*, Londres y Nueva York, Verso, 2005, pp. 46-47 [hay trad. cast.: *Mensajes al mundo. Los manifiestos de Osama bin Laden*, Madrid, Foca Ediciones, 2007].

2. «Victims Relive the Terror of Israel Attack on Lebanon», *Deseret News*, 17 de abril de 1997. Según el informe de Associated Press, «nadie conoce con certeza la cifra porque en muchos casos los cuerpos de las víctimas quedaron destrozados por los proyectiles de 155 mm». Sam F. Ghattas, «A Year Later, Survivors Carry Scars of Qana Massacre», Associated Press, 16 de abril de 1997. Las cicatrices no han desaparecido, como reflejan las entrevistas con los supervivientes veinte años después. Federica Marsi, «Two Decades of Pain: Lebanese Village Still Reeling from Israeli "Massacre"», *Middle East Eye*, 1 de agosto de 2016.

3. «Israel/Lebanon: Unlawful Killings During Operation "Grapes of Wrath"», Amnistía Internacional, 23 de julio de 1996. La organización Human Rights Watch concluyó que «el lanzamiento sostenido de esos proyectiles, sin aviso previo y en las inmediaciones de una gran concentración de civiles, violó un principio clave del derecho internacional humanitario». «Operation "Grapes of Wrath": The Civilian Victims», Human Rights Watch, septiembre de 1997; «Qana Dead "a Bunch of Arabs"», *The Independent*, 10 de mayo de 1996. El comandante del ataque, Naftali Bennett, acabó convirtiéndose en primer ministro de Israel.

4. Osama bin Laden, «Letter to America», *The Guardian*, 24 de noviembre de 2002.

5. Véase Scott D. Seligman, «The Franklin Prophecy», *Tablet*, 4 de agosto de 2021.

6. Peter Waldman *et al.*, «The Moneyed Muslims Behind the Terror», *The Wall Street Journal*, 14 de septiembre de 2001; Peter Waldman y Hugh Pope, «Worlds Apart: Some Muslims Fear War on Terrorism Is Really a War on Them», *The Wall Street Journal*, 21 de septiembre de 2001. El *Journal* afirma que «un lamento que se escucha a menudo entre árabes y musulmanes es: ¿por qué, si la igualdad y la libertad son tan importantes para Occidente, Estados Unidos no las defiende en el mundo musulmán?». El periódico árabe *Al-Quds al-Arabi*, aunque condenó los atentados del 11 de septiembre, también llamó a «los ciudadanos estadounidenses a preguntarse por qué, entre todas las embajadas,

edificios y establecimientos de defensa de todas las potencias occidentales, son los suyos los que están en el punto de mira de las acciones terroristas».

7. Waldman y Pope, «Worlds Apart», *art. cit.*; David Gardner, «The West's Role in Islam's War of Ideas», *Financial Times*, 8 de julio de 2005.

8. Serge Schmemann, «War Zone; What Would "Victory" Mean?», *The New York Times*, 16 de septiembre de 2001.

9. O, si queremos ser más exactos, la relanzó. Originalmente, la «guerra global contra el terrorismo» fue declarada por el Gobierno de Reagan cuando este asumió el cargo, empleando una retórica febril sobre lo que denominaron una «peste propagada por depravados oponentes a la civilización misma» y un «retorno a la barbarie en la era moderna» (palabras del secretario de Estado George Shultz). Esa «guerra contra el terrorismo» ha sido discretamente borrada del relato de la historia. No tardó en convertirse en una guerra terrorista asesina y destructiva que se cernió sobre América Central, el sur de África y Oriente Medio con repercusiones nefastas hasta el presente.

10. «Costs of War: Summary of Findings», Watson Institute for International and Public Affairs, Providence, Brown University, s.f.

11. «U.S. Tried for Years to Secure Bin Laden», *Orlando Sentinel*, 29 de octubre de 2001; Carter Malkasian, *The American War in Afghanistan: A History*, Nueva York, Oxford University Press, 2021, ebook.

12. David B. Ottaway y Joe Stephens, «Diplomats Met with Taliban on Bin Laden», *The Washington Post*, 29 de octubre de 2001; Mujib Mashal, «Taliban "Offered bin Laden Trial Before 9/11"», Al Jazeera English, 11 de septiembre de 2011; John Mueller, «What If the U.S. Didn't Go to War in Afghanistan After 9/11?», Cato Institute, 3 de septiembre de 2021; Vahid Brown, «The Facade of Allegiance: Bin Ladin's Dubious Pledge to Mullah Omar», *CTC Sentinel* 3, núm. 1, enero de 2010.

13. John F. Burns, «Pakistan Antiterror Support Avoids Vow of Military Aid», *The New York Times*, 16 de septiembre de 2001; Samina Ahmed, «The United States and Terrorism in Southwest Asia: September 11 and Beyond», *International Security* 26, núm. 3, invierno 2001-2002, p. 92.

14. Patrick E. Tyler, «Bush Warns "Taliban Will Pay a Price"», *The New York Times*, 8 de octubre de 2001; «Bush Announces Strikes Against Taliban», *The Washington Post*, 7 de octubre de 2001; Alice Thomas, «Exercise Caution, Experts Say», *The Columbus Dispatch*, 16 de septiembre de 2001; Michael Howard, «What's in a Name? How to Fight Terrorism», *Foreign Affairs*, enero-febrero de 2002; Robert Kagan, «It Wasn't

Hubris That Drove America into Afghanistan. It Was Fear», *The Washington Post*, 26 de agosto de 2021; Dan Balz, Bob Woodward y Jeff Himmelman, «Afghan Campaign's Blueprint Emerges», *The Washington Post*, 28 de enero de 2002; Carlos Lozada, «9/11 Was a Test. The Books of the Last Two Decades Show How America Failed», *The Washington Post*, 3 de septiembre de 2021.

15. Malkasian, *The American War in Afghanistan*, cit., pp. 60-61; Patrick Cockburn, «Who Killed 120 Civilians? The U.S. Says It's Not a Story», *The Independent*, 10 de mayo de 2009.

16. Rory McCarthy, «New Offer on Bin Laden», *The Guardian*, 16 de octubre de 2001; Carl Conetta, «Strange Victory: A Critical Appraisal of Operation Enduring Freedom and the Afghanistan War», *Project on Defense Alternatives Research Monograph* 6, 30 de enero de 2002; «Afghanistan: New Civilian Deaths Due to U.S. Bombing», Human Rights Watch, 30 de octubre de 2001; «U.S. Planes Bomb a Red Cross Site», *The New York Times*, 27 de octubre de 2001; «A Future for the Afghans», *The Guardian*, 16 de octubre de 2001.

17. Sarah Chayes, «Spinning the War in Afghanistan», *Bulletin of the Atomic Scientists* 62, núm. 5, 2006, pp. 54-61.

18. «Pentagon: Afghan Village a "Legitimate Target"», CNN, 2 de noviembre de 2001; Jason Burke, «U.S. Admits Lethal Blunders», *The Guardian*, 13 de octubre de 2001; Robert Nickelsberg y Jane Perlez, «Survivors Recount Fierce American Raid That Flattened a Village», *The New York Times*, 2 de noviembre de 2001.

19. Barry Bearak, «Leaders of the Old Afghanistan Prepare for the New», *The New York Times*, 25 de octubre de 2001; Anatol Lieven, «On the Road: Interview with Commander Abdul Haq», Carnegie Endowment for International Peace, 14 de octubre de 2001. Haq comentó: «Ahora se está haciendo pagar a los afganos por estos fanáticos árabes, pero todos sabemos quién trajo a estos árabes a Afganistán en los años ochenta». Haq está haciendo referencia al periodo en el que los extremistas fundamentalistas religiosos de Afganistán fueron reclutados, armados y financiados por la CIA y sus aliados de los servicios de inteligencia pakistaníes para infligir el máximo daño a los rusos durante la ocupación soviética. Para los reaganitas, «el único objetivo» era «desangrar a los rusos y poner en la picota a los soviéticos ante la opinión pública mundial». El resultado inmediato fue una guerra que devastó Afganistán y tuvo consecuencias aún peores cuando los rusos se retiraron y los yihadistas de Reagan tomaron el poder. El resultado a largo plazo fueron dos décadas de terror y guerra civil. Véase Steve Coll, *Ghost*

Wars: The Secret History of the CIA, Afghanistan, and bin Laden, from the Soviet Invasion to September 10, 2001, Nueva York, Penguin Press, 2004.

20. «RAWA Statement on the U.S. Strikes on Afghanistan», Revolutionary Association of the Women of Afghanistan, 11 de octubre de 2001, <http://www.rawa.org/us-strikes.htm>.

21. Conferencia de prensa de Donald Rumsfeld, 29 de octubre de 2001; Leslie Rose, «U.S. Bombing of Afghanistan Not Justified as Self-Defense Under International Law», 59 Guild Prac. 65, 2002; Alfred W. McCoy, «You Must Follow International Law (Unless You're America)», *The Nation*, 24 de febrero de 2015.

22. Craig Whitlock, *The Afghanistan Papers*, Nueva York, Simon & Schuster, 2021, p. 28.

23. «Not Inviting Taliban to Bonn Conference Was a Historic Mistake», *South Asia Monitor*, 31 de diciembre de 2020. Malkasian escribe que «es posible que [Rumsfeld] amenazara incluso con retirar el apoyo estadounidense si se llegaba a algún acuerdo».

24. Salvo que se especifique lo contrario, todas las citas están extraídas de Malkasian, *The American War in Afghanistan*, cit., y Whitlock, *The Afghanistan Papers*, cit.

25. Joel Roberts, «Plans for Iraq Attack Began on 9/11», CBS News, 4 de septiembre de 2002; Maura Reynolds, «Bush "Not Concerned" About Bin Laden in '02», *Los Angeles Times*, 14 de octubre de 2004.

26. Oficina del Secretario de Defensa, de Donald Rumsfeld «Snowflake» para [redactado]. Asunto: «Meetings with President», 21 de octubre de 2002, 5:50 p. m., Archivo de Seguridad Nacional.

27. James Risen, «A War's Epitaph», *The Intercept*, 26 de agosto de 2001; «The United States' Response to Corruption in Afghanistan», Institute of World Politics, 1 de mayo de 2018.

28. Rodric Braithwaite, «New Afghan Myths Bode Ill for Western Aims», *Financial Times*, 15 de octubre de 2008.

29. «Dexter Filkins on the Fall of Afghanistan», *The New Yorker Radio Hour*, 20 de agosto de 2021; Patrick Cockburn, «Return to Afghanistan: A Report from Kabul», *London Review of Books*, 11 de junio de 2009.

30. Sarah Chayes, *The Punishment of Virtue: Inside Afghanistan After the Taliban*, Nueva York, Penguin Books, 2007, ebook.

31. Luke Harding, «Afghan Massacre Haunts Pentagon», *The Guardian*, 14 de septiembre de 2002. La Casa Blanca resistió a las presiones de las agrupaciones por los derechos humanos para investigar la terrorífica masacre de Dostum. James Risen, «U.S. Inaction Seen After Taliban P.O.W.'s Died», *The New York Times*, 10 de julio de 2009; Rod Nord-

land, «Accused of Rape and Torture, Exiled Afghan Vice President Returns», *The New York Times*, 22 de julio de 2018; Joshua Partlow, «Dostum, a Former Warlord Who Was Once America's Man in Afghanistan, May Be Back», *The Washington Post*, 23 de abril de 2014; Matthew Rosenberg, «Afghanistan's Vice President Is Barred from Entering U.S.», *The New York Times*, 25 de abril de 2016.

32. Hillary Clinton, «The Way Forward in Afghanistan», testimonio ante el Comité de Relaciones Exteriores del Senado, Washington, D. C., 23 de junio de 2011, citado en Whitlock, *The Afghanistan Papers*, cit.

33. Nick Davies y David Leigh, «Afghanistan War Logs: Massive Leak of Secret Files Exposes Truth of Occupation», *The Guardian*, 25 de julio de 2010.

34. Peter Finn, «Staff Sgt. Robert Bales Admits to Killing 16 Afghans», *The Washington Post*, 5 de junio de 2013; Ben Doherty, «Ben Roberts-Smith Called Alleged Killing of Unarmed Afghan Teenager "Beautiful Thing", Court Hears», *The Guardian*, 11 de febrero de 2022; «On 3 October 2015, U.S. Airstrikes Destroyed Our Trauma Hospital in Kunduz, Afghanistan, Killing 42 People», Médecins Sans Frontières; Spencer Ackerman, «Doctors Without Borders Airstrike: U.S. Alters Story for Fourth Time in Four Days», *The Guardian*, 6 de octubre de 2015.

35. Risen, «A War's Epitaph», *art. cit.*

36. Risen, «A War's Epitaph» *art. cit.*; Scott Shane, «Drone Strikes Reveal Uncomfortable Truth: U.S. Is Often Unsure About Who Will Die», *The New York Times*, 23 de abril de 2015; Scott Shane, «Drone Strike Statistics Answer Few Questions, and Raise Many», *The New York Times*, 3 de julio de 2016; Ryan Bort, «The U.S. Government Just Killed 30 Innocent People», *Rolling Stone*, 19 de septiembre de 2019; Peter Finn, «Rise of the Drone: From Calif. Garage to Multibillion-Dollar Defense Industry», *The Washington Post*, 23 de diciembre de 2011. El proyecto Costs of War estimó que en toda la zona de guerra entre Afganistán y Pakistán murieron 70.000 civiles durante el curso de la participación de Estados Unidos.

37. Gopal citado en Malkasian, *The American War in Afghanistan*, p. 113.

38. «U.S. Drops Its Biggest Non-Nuclear Bomb on Afghans, Already Traumatized by Decades of War», *Democracy Now!*, 14 de abril de 2017; Alex Emmonds, «"Mother of All Bombs" Never Used Before Due to Civilian Casualty Concerns», *The Intercept*, 13 de abril de 2017; oficial estadounidense citado en Dexter Filkins, «Last Exit from Afghanistan», *The New Yorker*, 1 de marzo de 2021.

39. «Dexter Filkins on the Fall of Afghanistan», *The New Yorker Radio Hour*; Eliza Griswold, «The Afghans America Left Behind», *The New Yorker*, 20 de diciembre de 2021.

40. Matthew Aikins *et al.*, «In U.S. Drone Strike, Evidence Suggests No ISIS Bomb», *The New York Times*, 20 de septiembre de 2021; Eric Schmitt, «No U.S. Troops Will Be Punished for Deadly Kabul Strike, Pentagon Chief Decides», *The New York Times*, 13 de diciembre de 2021.

41. «15 Million Afghans Receive WFP Food Assistance So Far in 2021; Massive Uplift Needed as Economy Disintegrates», World Food Program, 14 de diciembre de 2021; Saeed Shah, «As Afghanistan Sinks into Destitution, Some Sell Children to Survive», *The Wall Street Journal*, 16 de octubre de 2021; Sune Engel Rasmussen, «"No Father Wants to Sell His Son's Kidney." Afghans Pushed to Desperate Measures to Survive», *The Wall Street Journal*, 19 de abril de 2022; «Afghanistan: WFP Forced to Cut Food Aid for 2 Million More», *UN News*, 5 de septiembre de 2023; Mansoor Khosrow, «"Life of Toil": Growing Number of Starving Afghan Families Send Children to Work», Radio Free Europe, 17 de mayo de 2023.

42. Ellen Ioanes, «U.S. Policy Is Fueling Afghanistan's Humanitarian Crisis», *Vox*, 22 de enero de 2022; Charlie Savage, «Spurning Demand by the Taliban, Biden Moves to Split $7 Billion in Frozen Afghan Funds», *The New York Times*, 11 de febrero de 2022; Ruth Pollard, «Joe Biden's $7 Billion Betrayal of Afghanistan», Bloomberg, 13 de febrero de 2022.

43. Afganistán es uno de los países más pobres del mundo, pero no el más pobre en términos absolutos.

44. Citado en Sima Samar, *Outspoken: My Fight for Freedom and Human Rights in Afghanistan*, Toronto, Random House Canada, 2024, pp. 290-291.

45. Baheer citado en Pollard, «Joe Biden's $7 Billion Betrayal of Afghanistan», *art. cit.*; Lynne O'Donnell, «Afghanistan Still Wants Its Frozen Funds», *Foreign Policy*, 21 de julio de 2022; «The Biden Administration Frees Up $7 Billion in Afghan Assets Frozen in the U.S.», NPR, 14 de febrero de 2022; Javed Ahmad Kakar, «Biden Extends Freeze on Afghan Central Bank's Assets», *Pajhwok Afghan News*, 8 de febrero de 2024.

46. Laurel Miller, «Afghanistan Is in Meltdown, and the U.S. Is Helping to Speed It Up», *The New York Times*, 11 de enero de 2022; David Miliband, «The Afghan Economy Is a Falling House of Cards. Here Are 5 Steps to Rebuild It», CNN, 20 de enero de 2022; Mark Weis-

brot, «Biden's Sanctions on Afghanistan Threaten to Kill More Civilians Than Two Decades of War», *USA Today*, 10 de marzo de 2022.

47. Camilo Montoya-Galvez, «U.S. Is Rejecting over 90% of Afghans Seeking to Enter the Country on Humanitarian Grounds», CBS News, 20 de junio de 2022; Dan De Luce, «Afghans Subject to Stricter Rules Than Ukrainian Refugees, Advocates Say», NBC News, 29 de abril de 2022; Claire Adida *et al.*, «Americans See Afghan and Ukrainian Refugees Very Differently. Why?», *The Washington Post*, 29 de abril de 2022; Alice Speri, «The Biden Administration Is Keeping Thousands of Afghans in Limbo Abroad», *The Intercept*, 13 de septiembre de 2023; Moustafa Bayoumi, «They Are "Civilised" and "Look Like Us": The Racist Coverage of Ukraine», *The Guardian*, 2 de marzo de 2022.

48. Miller, «Afghanistan Is in Meltdown, and the U.S. Is Helping to Speed It Up», *art. cit.*

49. «Taliban Diplomat Condemns Attacks», CNN, 12 de septiembre de 2001; Rajiv Chandrasekaran, *Little America: The War Within the War for Afghanistan*, Nueva York, Vintage, 2013, p. 22; «Human and Budgetary Costs to Date of the U.S. War in Afghanistan, 2001-2022», Costs of War Project, Watson Institute for International and Public Affairs, Brown University; Nitin J. Ticku, «Taliban Says They Condemned 9/11 Terror Attacks in 2001, Were Ready to Cooperate with the U.S.», *The EurAsian Times*, 12 de septiembre de 2021.

50. Howard, «What's in a Name?», *art. cit.*

51. Patrick Cockburn, «Wasn't Bin Laden the Reason We Went to War?», *The Independent*, 8 de mayo de 2011.

52. Patrick Cockburn, *The Age of Jihad*, Londres y Nueva York, Verso, 2016, ebook. Más detalles y fuentes acerca de la guerra de Afganistán pueden verse en Scott Horton, *Fool's Errand: Time to End the War in Afghanistan*, Austin, CreateSpace Independent Publishing Platform, 2017.

4. IRAK: EL CRIMEN DEL SIGLO

1. El otro gran contendiente en este ranking es la política climática de Estados Unidos.

2. Bryan Pietsch, «George W. Bush Called Iraq War "Unjustified and Brutal". He Meant Ukraine», *The Washington Post*, 19 de mayo de 2022; Meredith Clark, «The War Killed 500,000 Iraqis», NBC News, 16 de octubre de 2013; «Iraqi Civilians», Costs of War Project, Watson Ins-

titute for International and Public Affairs, Brown University. Debe tenerse en cuenta que las estimaciones sobre el número de víctimas varían considerablemente.

3. Dahr Jamail, «Iraq: War's Legacy of Cancer», Al Jazeera English, 15 de marzo de 2013; Aaron Rupar, «Red Cross: Iraq Situation Getting Worse», ThinkProgress.com, 11 de abril de 2007; «Iraq Conflict: Crisis of an Orphaned Generation», BBC News, 28 de noviembre de 2012. En 2005, el director de la Asociación de Profesores Universitarios de Irak estimó que «unos trescientos académicos y administrativos universitarios han muerto en una misteriosa ola de asesinatos desde que comenzó la ocupación estadounidense de Irak en 2003», mientras que «unos dos mil más [...] han huido del país porque temían por sus vidas». Charles Crain, «Approximately 300 Academics Have Been Killed», *USA Today*, 17 de enero de 2005. En 2006, la revista *Time* informaba de las consecuencias: «El éxodo ha obligado a muchas universidades a promocionar a profesores poco cualificados para que ocupen el puesto de profesores titulares, o simplemente a eliminar departamentos enteros. Esto significa que los estudiantes iraquíes están recibiendo una educación deficiente, con consecuencias desastrosas para el futuro del país. Es difícil de creer ahora, pero en las décadas de 1960 y 1970, el mundo académico iraquí era la envidia de los países árabes. Ahora está hecho pedazos». Aparisim Ghosh, «Baghdad Bulletin: Death Stalks the Campus», *Time*, 2 de noviembre de 2006.

4. William Kristol, «We Were Right to Fight in Iraq», *USA Today*, 20 de mayo de 2015. En 2003, Kristol había dicho: «Me sorprendería mucho que no encontráramos armas de destrucción masiva [...]. Lo que creo es que las vamos a encontrar y, de no ser así, eso debilitaría en parte la lógica de la guerra». Sin embargo, cuando Bernie Sanders le preguntó si pensaba pedir disculpas por la horrible guerra que había promovido, Kristol rehusó hacerlo, y dijo: «Me desagradan las exigencias cuasiestalinistas de que pida disculpas». Véase Jon Schwarz, «Bernie Sanders Asked Bill Kristol to Apologize for Pushing the Iraq War. Guess What Happened Next», *The Intercept*, 28 de mayo de 2019; Andrew Sullivan, *I Was Wrong*, publicación independiente, 2013, ebook.

5. David Ignatius, «A War of Choice, and One Who Chose It», *The Washington Post*, 2 de noviembre de 2003. Wolfowitz, que, dicho sea de paso, es un idealista paradigmático, había ocupado el cargo de embajador de Estados Unidos en Indonesia durante el Gobierno de Reagan y ayudó a proteger a la administración Reagan de la vergüenza del historial respecto a los derechos humanos de Suharto. Cuando Suharto fue

finalmente derrocado, Wolfowitz escribió un artículo de opinión en el que argumentaba que era «demasiado pronto para emitir un veredicto» sobre el dictador asesino de masas. Paul Wolfowitz, «The Tragedy of Suharto», *The Wall Street Journal*, 27 de mayo de 1998.

6. «Obama Says His Position on Iraq Is Unchanged», NPR, 3 de julio de 2008. Los Obama mantienen una relación cordial con George W. Bush. Michelle Obama declaró en el programa *USA Today*: «Lo quiero a morir. Es un hombre maravilloso» y «es mi compinche». Hannah Yasharoff, «George W. Bush Thinks It's a "Problem" That People Can't Understand His Friendship with Michelle Obama», *USA Today*, 19 de abril de 2021.

7. De hecho, el ascenso inicial del Partido Baaz de Huseín contó con el apoyo de la CIA, que había operado para facilitar un golpe de Estado contra el Gobierno nacionalista de Abd al-Karim Qasim, después de que este expropiara las participaciones que británicos y estadounidenses tenían en la Compañía Petrolera de Irak. Tal como explica el historiador Eric Jacobsen, los responsables políticos estadounidenses temían que Qasim pudiera inspirar levantamientos nacionalistas en otras partes de la región y socavar «el orden social neocolonial de posguerra». Eric Jacobsen, «A Coincidence of Interests: Kennedy, U.S. Assistance, and the 1963 Iraqi Ba'th Regime», *Diplomatic History* 37, núm. 5, 2013, pp. 1029-1059. Sigue debatiéndose si la CIA colaboró activamente en el golpe del Baaz o si en ese momento estaba simplemente organizando su propio golpe de Estado, pero hay pruebas de que, en sus postrimerías, «la CIA proporcionó a los guardias nacionales iraquíes, armados con metralletas, listados de presuntos comunistas que después fueron encarcelados, interrogados y ametrallados sumariamente». Sabemos que «los documentos ya desclasificados revelan que, cuando menos, funcionarios estadounidenses estaban considerando activamente diversos complots contra Qasim y que la CIA estaba acumulando activos para operaciones encubiertas en Irak». Kenneth Osgood, «Eisenhower and Regime Change in Iraq: The United States and the Iraqi Revolution of 1958», en David Ryan y Patrick Kiely (eds.), *America and Iraq: Policymaking, Intervention and Regional Politics*, Nueva York, Routledge, 2008. Brandon Wolfe-Hunnicutt afirma que hay «pruebas irrefutables de que Estados Unidos tuvo un papel en el golpe de Estado». Brandon Wolfe-Hunnicutt, «Oil Sovereignty, American Foreign Policy, and the 1968 Coups in Iraq», *Diplomacy & Statecraft* 28, núm. 2, 2017, p. 235-253. Véase también Richard Sale, «Saddam Key in Early CIA Plot», United Press International, 10 de abril de 2003.

8. Ian Black, «Iran and Iraq Remember War That Cost More Than a Million Lives», *The Guardian*, 23 de septiembre de 2010; «Lo único que se interponía...» es una cita extraída de Kenneth Pollack, *The Threatening Storm: The Case for Invading Iraq*, Nueva York, Random House, 2002, ebook; Matt Kelley, «U.S. Supplied Germs to Iraq in '80s», Associated Press, 1 de octubre de 2002; Julian Borger, «Rumsfeld "Offered Help to Saddam"», *The Guardian*, 31 de diciembre de 2002. Estados Unidos también vendió armas a Irán en la misma época, en lo que después se conocería como el «Iran-Contra *affaire*», quizá operando con el principio que en tiempos Harry Truman sugirió que habría que aplicar a la Alemania nazi y la Unión Soviética: «Si vemos que Alemania está ganando, debemos ayudar a Rusia, y si Rusia está ganando, debemos ayudar a Alemania y de esa manera dejar que maten a tantos como sea posible». David McCullough, *Truman*, Nueva York, Simon & Schuster, 1992, p. 262.

9. James Gerstenzang, «U.S. Sinks or Damages 6 Iran Ships in Persian Gulf Clashes: Tehran Strikes Back After Oil Rig Shellings», *Los Angeles Times*, 19 de abril de 1988; International Court of Justice, *Case Concerning Oil Platforms (Islamic Republic of Iran v. United States of America)*, juicio del 6 de noviembre de 2003. Aunque está prácticamente olvidado en Estados Unidos, el derribo del avión «sigue siendo uno de los casos que el Gobierno iraní señala como motivo para explicar su desconfianza hacia Estados Unidos a lo largo de décadas». Para mayor indignación iraní, Estados Unidos otorgó al capitán que derribó el avión de pasajeros una condecoración de la Legión al Mérito. Jon Gambrell, «30 Years Later, U.S. Downing of Iran Flight Haunts Relations», Associated Press, 3 de julio de 2018. Un profesor iraní declaró a NBC News en 2020 (después de que dos aviones de combate estadounidenses estuvieran a punto de derribar otro avión de pasajeros iraní) que el de 1988 ha contribuido a crear la impresión generalizada entre los iraníes de que «a Estados Unidos no le importan las vidas de las personas inocentes». Amin Hossein Khodadadi e Isobel van Hagen, «Iranian Passenger Flight Incident a Grim Echo of U.S. Downing of Airliner in 1988», NBC News, 25 de julio de 2020. Marty Steinberg, «"Kinder, Gentler", and Other George HW Bush quotes», CNBC, 1 de diciembre de 2018.

10. Robert Fisk, *The Great War for Civilization: The Conquest of the Middle East*, Nueva York, A. A. Knopf, 2005, ebook; Julian Borger, «Rumsfeld "Offered Help to Saddam"», *The Guardian*, 31 de diciembre de 2022. Borger señala que en 1983 «el secretario de Estado, George Shultz, recibió informes de inteligencia sobre "un uso casi diario de armas quími-

cas" por parte de Irak», pero, apenas unas semanas después, «Ronald
Reagan firmó una orden secreta en la que instruía a la administración a
hacer "todo lo que fuera necesario y legal" para impedir que Irak per-
diera la guerra». Patrick E. Tyler, «Officers Say U.S. Aided Iraq in War
Despite Use of Gas», *The New York Times*, 18 de agosto de 2002; Shane
Harris y Matthew M. Aid, «CIA Files Prove America Helped Saddam as
He Gassed Iran», *Foreign Policy*, 26 de agosto de 2013.

11. Tyler, «Officers Say U.S. Aided Iraq in War Despite Use of Gas»,
art. cit. Supuestamente, Estados Unidos eliminó miles de páginas del
informe de declaración de armas de Irak a las Naciones Unidas, algunas de las cuales «implicaban a veinticuatro corporaciones con sede en
Estados Unidos y a las sucesivas administraciones de Ronald Reagan y
George Bush padre en relación con el suministro ilegal al Gobierno de
Sadam Huseín de una miríada de armas de destrucción masiva y el entrenamiento necesario para utilizarlas». «U.S. Illegally Removes Pages
from Iraq UN Report», ProjectCensored.org, 29 de abril de 2010; «President Bush: Monday "Moment of Truth" for World on Iraq», Casa
Blanca, Oficina del Secretario de Prensa, 16 de marzo de 2003.

12. Joost R. Hiltermann, «Halabja: America Didn't Seem to Mind
Poison Gas», *The New York Times*, 17 de enero de 2003; Peter W. Galbraith, «The True Iraq Appeasers», *The New York Times*, 4 de septiembre
de 2006.

13. Steven A. Holmes, «Congress Backs Curbs Against Iraq», *The
New York Times*, 28 de julio de 1990; John Edward Wilz, «The Making of
Mr. Bush's War: A Failure to Learn from History?», *Presidential Studies
Quarterly* 25, núm. 3, 1995, p. 525.

14. Existe cierta controversia acerca de si Huseín interpretó los co-
mentarios como una indicación de que Estados Unidos no intervendría, y Kenneth Pollack escribe que la embajadora efectivamente «aseguró a Sadam que Estados Unidos no tenía intención de interceder en
la disputa de Irak con Kuwait, al tiempo que lo instaba a encontrar una
solución pacífica». Años después, ya en cautiverio, Huseín preguntaría
a los investigadores estadounidenses: «Si no querían que entrara, ¿por
qué no me lo dijeron?». Steve Coll, *The Achilles Trap: Saddam Hussein,
the C.I.A., and the Origins of America's Invasion of Iraq*, Nueva York, Penguin Press, 2024, p. 174. Coll dice que Huseín creyó incluso que «podía
ser que Bush quisiera, de hecho, que tomara Kuwait», porque no estaba
ocultando sus preparativos y Estados Unidos «no dio ninguna advertencia directa o contundente contra un posible ataque».

15. Elaine Sciolino, «U.S. Gave Iraq Little Reason Not to Mount

Kuwait Assault», *The New York Times*, 23 de septiembre de 1990; Pollack, *The Threatening Storm*, cit.

16. R. W. Apple Jr., «Standoff in the Gulf: U.S. "Nightmare Scenario": Being Finessed by Iraq», *The New York Times*, 19 de diciembre de 1990.

17. William Drozdiak, «Arab Nations Break Silence, Condemn Iraq», *The Washington Post*, 4 de agosto de 1990; George H. W. Bush, «Remarks to Community Members at Fort Stewart, Georgia», 1 de febrero de 1991; «Confrontation in the Gulf; Proposals by Iraqi President: Excerpts from His Address», *The New York Times*, 13 de agosto de 1990; «Bush Tabbed for "Nobel War Prize"», *Greensboro News and Record*, 26 de febrero de 1991; *The Times of India*, citado en William Dalrymple, *The Spectator*, 23 de febrero de 1991.

18. Como contaba una columna de opinión publicada en 1990 en el *Orlando Sentinel*: «Durante una década, Estados Unidos ha observado la agresión y las atrocidades de Sadam Huseín, y su política ha sido, deliberadamente, alimentarlo, prestarle dinero, ignorar sus ataques a los barcos estadounidenses y proteger su flujo de efectivo. Resulta difícil, por tanto, tragarse la explicación que ofrece el presidente Bush de que hemos ido a la guerra en el golfo Pérsico porque de pronto nos oponemos, como una cuestión de principios, a la agresión de Irak, o porque de repente nos horrorizan sus atrocidades, o porque deseamos "servir a la causa de la justicia y la libertad"». Joshua Holland, «The First Iraq War Was Also Sold to the Public Based on a Pack of Lies», BillMoyers.com, 27 de junio de 2014. Más información sobre lo fácilmente que se extienden los relatos falsos sobre el enemigo durante la guerra puede verse en *Falsehood in War-Time*, de Arthur Ponsonby, publicado en 1928, que trata sobre la Primera Guerra Mundial pero aún tiene una enorme relevancia.

19. La frase, que nos suena ya de la guerra de Vietnam con el infame comentario de Kissinger, debe entenderse como un llamamiento genocida a ignorar las reglas ordinarias de la guerra.

20. «Hussein to "Get Ass Kicked" in War—Bush», *Los Angeles Times*, 20 de diciembre de 1990; «Needless Deaths in the Gulf War: Civilian Casualties During the Air Campaign and Violations of the Laws of War», Human Rights Watch, 1991; Noura Boustany, «Bombs Killed Victims as They Slept», *The Washington Post*, 14 de febrero de 1991; Al Kamen, «Iraqi Factory's Product: Germ Warfare or Milk?», *The Washington Post*, 8 de febrero de 1991; «No Justice for the Victims of Al-Amiriyah», Geneva International Center for Justice, 13 de febrero de 2019; Ray

Howze, «"Highway of Death" Still Stands Out for One Gulf War Veteran», *The Leaf Chronicle*, 26 de febrero de 2016; Patrick Cockburn, «In Middle East Wars It Pays to Be Skeptical», *CounterPunch*, 23 de abril de 2018; Tim Arango, «After 25 Years of U.S. Role in Iraq, Scars Are Too Stubborn to Fade», *The New York Times*, 16 de febrero de 2016; Eric Schmitt, «U.S. Army Buried Iraqi Soldiers Alive in Gulf War», *The New York Times*, 15 de septiembre de 1991; «Army Tanks Buried Iraqi Soldiers Alive in Trenches», *Deseret News*, 12 de septiembre de 1991. El coronel Lon Maggart, que dirigió la 1.ª Brigada en el asalto, defendió esa práctica: «Sé que enterrar a la gente de esa manera suena bastante horrible. [...] Pero peor sería si tuviéramos que meter a nuestros soldados en las trincheras a limpiarlas con bayonetas». Para más información sobre por qué la matanza no fue denunciada, véase Patrick J. Sloyan, «What I Saw Was a Bunch of Filled-In Trenches with People's Arms and Legs Sticking Out of Them. For All I Know, We Could Have Killed Thousands», *The Guardian*, 14 de febrero de 2003.

21. Barton Gellman, «Allied Air War Struck Broadly in Iraq: Officials Acknowledge Strategy Went Beyond Purely Military Targets», *The Washington Post*, 23 de junio de 1991.

22. Mehdi Hasan, «The Ignored Legacy of George H. W. Bush: War Crimes, Racism, and Obstruction of Justice», *The Intercept*, 1 de diciembre de 2018; George H. W. Bush, «Remarks to Community Members at Fort Stewart, Georgia», 1 de febrero de 1991; George H. W. Bush, «Remarks to the American Legislative Exchange Council», 1 de marzo de 1991.

23. George H. W. Bush, rueda de prensa del presidente sobre el conflicto del golfo Pérsico, 1 de marzo de 1991.

24. Obsérvese que las atrocidades se convierten en meros «pecados» cuando se hace referencia a ellas como impedimento para el apoyo que prestamos a un dictador, porque decir «pese a todas sus atrocidades, él ofrecía a Occidente una mayor esperanza de estabilidad» haría que la posición de Estados Unidos sonara reprensible. Si traducimos también el término *estabilidad* a su significado real (en este caso, «subordinación a los intereses estadounidenses»), vemos que la interpretación correcta de la frase es: «No hay cantidad alguna de terror y represión que pueda persuadir a Washington de tomar en consideración los derechos humanos de los iraquíes por encima de los intereses personales de Washington». Thomas L. Friedman, «A Rising Sense That Iraq's Hussein Must Go», *The New York Times*, 7 de julio de 1991. Carole O'Leary, de la Universidad Americana, que estudia a los grupos opositores ira-

quíes, afirma que Bush llegó a decir a los rebeldes: «Háganlo y los ayudaremos», citado en Jason Embry, «Uprising in Iraq May Be Slow Because of U.S. Inaction in 1991», Cox News Service, 4 de abril de 2003. Tim Arango, «A Long-Awaited Apology for Shiites, but the Wounds Run Deep», *The New York Times*, 8 de noviembre de 2011; Alan Cowell, «Kurds Assert Few Outside Iraq Wanted Them to Win», *The New York Times*, 11 de abril de 1991.

25. El apoyo que Estados Unidos brindó a Sadam mientras este cometía las peores de sus atrocidades creó complicaciones cuando el mandatario iraquí fue finalmente llevado a juicio, y el tribunal tuvo que diseñarse específicamente para «impedir que el señor Huseín» llamase «a testigos como el secretario de Defensa Donald H. Rumsfeld» para que testificasen «sobre la cooperación inicial de Estados Unidos con el Gobierno de Huseín». Neil A. Lewis y David Johnston, «U.S. Team Is Sent to Develop Case in Hussein Trial», *The New York Times*, 7 de marzo de 2004.

26. Sobre los bombardeos, «la operación aérea estadounidense continuada más larga desde la guerra de Vietnam», véase Chip Gibbons, «When Iraq Was Clinton's War», *Jacobin*, 6 de mayo de 2016; Halliday citado en Anthony Arnove (ed.), *Iraq Under Siege: The Deadly Impact of Sanctions and War*, Boston, South End Press, 2003; H. C. von Sponeck, *A Different Kind of War: The UN Sanctions Regime in Iraq*, Oxford y Nueva York, Berghahn Books, 2006. Los informes sobre el impacto de las sanciones en la mortalidad infantil fueron posteriormente cuestionados, pues se les achacaba que estaban basados en estadísticas manipuladas. Tim Dyson y Valeria Cetorelli, «Changing Views on Child Mortality and Economic Sanctions in Iraq: A History of Lies, Damned Lies and Statistics», *British Medical Journal, Global Health* 2, 2017. Sin embargo, en ese momento, sin refutar la afirmación de que 500.000 niños iraquíes podrían haber muerto como consecuencia de ellas, la secretaria de Estado Madeleine Albright dijo que ese «precio [...] merecía la pena». El alivio que uno siente al saber que el número de muertes infantiles se había sobreestimado no hace que sea menor el horror ante el hecho de que un alto miembro del Gobierno estadounidense racionalizara unas políticas que tenía razones para creer que estaban causando la muerte generalizada de los niños. «Madeleine Albright Saying Iraqi Kids' Deaths "Worth It" Resurfaces», *Newsweek*, 23 de marzo de 2022.

27. Yasmin Husein Al-Jawaheri, *Women in Iraq: The Gender Impact of International Sanctions*, Boulder, Lynne Rienner, 2008; Joy Gordon, *In-*

visible War: The United States and the Iraq Sanctions, Cambridge, Harvard University Press, 2010, pp. 2-3, 102; Lisa Blaydes, *State of Repression: Iraq Under Saddam Hussein*, Princeton, Princeton University Press, 2020, p. 25.

28. «Comical Ali/Baghdad Bob», KnowYourMeme.com.

29. Thom Shanker, «Rights Group Faults U.S. Over Cluster Bombs», *The New York Times*, 12 de diciembre de 2003; Peter Maass, «Good Kills», *The New York Times*, 20 de abril de 2003.

30. Véase Ali A. Allawi, *The Occupation of Iraq: Winning the War, Losing the Peace*, New Haven, Yale University Press, 2007.

31. George F. Will, «A Report Overtaken by Reality», *The Washington Post*, 7 de diciembre de 2006.

32. *Winter Soldier: Iraq and Afghanistan: Eyewitness Accounts of the Occupations*, Chicago, Haymarket Books, 2008, ebook.

33. Christian Appy, *American Reckoning*, Nueva York, Penguin Books, 2015, p. 309. Rumsfeld negó que lo que hubiera ocurrido allí fueran torturas, y declaró que era «abuso, que creo que técnicamente es diferente de la tortura». «U.S. Avoiding "Torture" to Describe Soldiers' Actions», CBC News, 14 de mayo de 2004. Mientras que la administración Bush trataba de negar aquellos crímenes o de restarles importancia, hubo quienes, entre la derecha estadounidense, defendían abiertamente tales prácticas. Rush Limbaugh dijo que los soldados que estaban «bajo fuego todos los días» merecían «algo de diversión» como «descarga emocional», y Michael Savage afirmó que deseaba que la tortura hubiera sido peor: «Me hubiera gustado ver dinamita metida en sus orificios [...]. Necesitamos más tácticas de humillación, no menos». Andrew Sullivan, «Limbaugh on Torture: A Recap», DailyDish.com, 28 de julio de 2009; Nicole Casta y Shant Mesrobian, «Savage Nation: It's Not Just Rush; Talk Radio Host Michael Savage: "I Commend' Prisoner Abuse; 'We Need More'"», MediaMatters.org, 13 de mayo de 2004. Las víctimas de las torturas en Abu Ghraib ni siquiera tuvieron su juicio, véase Elise Swain, «Iraqis Tortured by the U.S. in Abu Ghraib Never Got Justice», *The Intercept*, 17 de marzo de 2023.

34. Mike Hoyt y John Palattella (eds.), *Reporting Iraq: An Oral History of the War by the Journalists Who Covered It*, Hoboken, Melville House, 2007, pp. 21, 62, 65-66. El traductor Ali Fadhil ha contado cómo tuvo que tranquilizar a dos jóvenes soldados norteamericanos que se alarmaron cuando oyeron la llamada diaria a la oración y creyeron que era una señal para que los insurgentes se alzaran y mataran a los estadounidenses.

35. Hoyt y Palattella, *Reporting Iraq*, cit., pp. 65-66; Jason Burke, *The 9/11 Wars*, Nueva York, Penguin Books, 2012, ebook.

36. Ali Fadhil, «City of Ghosts», *The Guardian*, 11 de enero de 2005.

37. Joe Carr, «A Drive Through Devastated Fallujah», *National Catholic Reporter*, 17 de junio de 2005.

38. En 2003, por ejemplo, un tanque estadounidense abrió fuego contra el hotel de Bagdad donde se alojaban los miembros de toda la prensa internacional y mató a dos periodistas. Giles Tremlett, «Tank Captain Admits Firing on Media Hotel», *The Guardian*, 23 de abril de 2003.

39. El diálogo es, como dijo un colega de los periodistas muertos que trabajaba en Reuters, el «tipo de lenguaje que los niños usarían en los videojuegos» («Mira a esos cabrones muertos.» «Guay.»). Los militares mintieron repetidamente sobre las circunstancias de la muerte de los periodistas y encubrieron lo que había sucedido. Paul Daley, «"All Lies": How the U.S. Military Covered Up Gunning Down Two Journalists in Iraq», *The Guardian*, 14 de junio de 2020.

40. Comentarios del vicepresidente ante la 103.ª Convención Nacional de Veteranos de Guerras Extranjeras, Casa Blanca, 26 de agosto de 2002: «No conocemos exactamente la dimensión real de la amenaza», confesó el director de Política del Departamento de Estado, Richard Haass, citado en Bob Roberts y Richard Wallace, «Blair: I Have No Idea What Saddam's Up To», *Mirror*, 9 de septiembre de 2002.

41. Zinni citado en David Corn, «"Hubris": New Documentary Reexamines the Iraq War "Hoax"», *Mother Jones*, 16 de febrero de 2013. Los llamados «memorandos de Downing Street» «revelaron que los miembros del más alto nivel del Gobierno británico creían que el presidente Bush tenía tomada la decisión de invadir Irak casi un año antes de comunicársela a la opinión pública estadounidense». Tal como lo parafraseó el periodista del *Sunday Times* Michael Smith, los memorandos mostraban que los oficiales del Gobierno británico habían concluido que «las pruebas contra Sadam Huseín» eran escasas y que el cambio de régimen era «ilegal según el derecho internacional», y añadían lo siguiente: «Vamos a tener que acudir a la ONU para obtener un ultimátum no como forma de evitar la guerra, sino como excusa para hacerla legal, y [...] ni nos estamos preparando para lo que sucederá después ni nadie tiene la menor idea de cómo será Irak después de una guerra». Joseph Cirincione, «The Media and the Downing Street Memos», Carnegie Endowment for International Peace, 21 de junio de 2005; Richard Clarke, *Against All Enemies: Inside America's War on Terror*, Nueva York, Free Press, 2004, ebook.

42. Es importante señalar que, aunque se suele decir que no se encontraron armas de destrucción masiva en Irak, esto no es estrictamente cierto. Se descubrieron diversos arsenales abandonados de armas químicas anteriores a 1991. Y la realidad es que el Gobierno de Bush se esforzó por ocultar ese descubrimiento, porque aquellas armas «sucias, oxidadas o corroídas» llevaban claramente «abandonadas mucho tiempo». Sin embargo, hirieron de gravedad a soldados estadounidenses y a miembros de la policía iraquí, y Estados Unidos «perdió el rastro de las armas químicas que encontraron sus tropas, dejó grandes depósitos sin asegurar y no advirtió a la población —ni a los iraquíes ni a los soldados extranjeros— cuando hizo estallar a toda prisa algunos artefactos químicos al aire libre». El secretismo sobre aquellos descubrimientos «impidió que los soldados que realizaban algunos de los trabajos más peligrosos de la guerra recibieran la atención médica adecuada y el reconocimiento oficial de sus heridas». Una de las razones por las que la administración Bush no quiso hacer públicos los descubrimientos fue que en «cinco de seis incidentes en los que los soldados resultaron heridos por agentes químicos, las municiones parecían haber sido diseñadas en Estados Unidos, fabricadas en Europa y utilizadas en líneas de producción de agentes químicos construidas en Irak por empresas occidentales». C. J. Chivers, «The Secret Casualties of Iraq's Abandoned Chemical Weapons», *The New York Times*, 14 de octubre de 2014.

43. Barton Gellman y Walter Pincus, «Depiction of Threat Outgrew Supporting Evidence», *The Washington Post*, 10 de agosto de 2003. El único informe en el que aparecía una acusación de ese tipo se había publicado a principios de la década de 1990 y se refería a un programa de armas nucleares que se sabía que había sido posteriormente destruido. De hecho, la conclusión de la OIEA en aquel momento fue que no había «ninguna indicación de que se hubieran reanudado las actividades nucleares [...] ni ninguna indicación de que existieran actividades prohibidas relacionadas con la energía nuclear». Véase «In a Chief Inspector's Words: "A Substantial Measure of Disarmament"», *The New York Times*, 8 de marzo de 2003. El portavoz de la OIEA dijo en 2003: «Jamás ha existido un informe como ese que haya emitido esta agencia [...]. Si alguien le asegura que conoce la situación nuclear en Irak en este momento, a falta de cuatro años de inspecciones, yo diría que le están engañando porque no existen pruebas sólidas», citado en Mehdi Hasan, «Blair: Truth and Lies», *The Guardian*, 29 de enero de 2010. Hasan documenta un patrón similar de mentiras flagrantes por parte del primer ministro británico Tony Blair, incluidas afirmaciones sobre

la certeza («más allá de toda duda») de la existencia de un programa de armas en activo que contradecían directamente las conclusiones de los servicios de inteligencia británicos (quienes hablaban de rastros «esporádicos y fragmentarios»). Posteriormente, Blair, aunque expresó un brumoso arrepentimiento, también dijo que «no hubo ninguna mentira, no hubo ningún engaño», lo cual es, en sí mismo, una mentira más. «Tony Blair: "I Express More Sorrow, Regret and Apology Than You Can Ever Believe"», *The Guardian*, 6 de julio de 2016; «Powell '01: WMDs Not "Significant"», CBS News, 28 de septiembre de 2003. En 2003, Powell le diría al Consejo de Seguridad de la ONU: «La gravedad de este momento es equiparable a la gravedad de la amenaza que las armas de destrucción masiva de Irak suponen para el mundo. Permítanme ahora referirme a esos programas de armas letales y explicarles por qué son un verdadero peligro para la región y para el mundo». Más tarde insistiría falsamente: «No cambié mi evaluación». «Lies and More Lies», *Outlook India*, 3 de febrero de 2022. No hubo mucho debate acerca de por qué, aun en el caso de que un régimen dictatorial poseyera armas de destrucción masiva, eso sería justificación para infligir miserias a la ciudadanía por medio de una guerra. Y sin duda no hubo ningún debate público sobre la cuestión de por qué Sadam Huseín no tenía derecho a poseer armas de destrucción masiva, pero Estados Unidos (país que las ha utilizado repetidamente contra la población civil, incluido el uso de armas químicas en Vietnam y de armas nucleares en Japón) sí lo tiene. Es interesante que, en un momento dado, Bush dijera lo siguiente: «Año tras año, Sadam Huseín había hecho grandes esfuerzos, había gastado enormes sumas de dinero, había asumido grandes riesgos para fabricar y almacenar armas de destrucción masiva. Pero ¿por qué? La única explicación posible, el único uso posible que podía tener para esas armas, era dominar, intimidar o atacar». Si la única explicación posible para la posesión de tales armas es la dominación, la intimidación y la agresión, uno podría preguntarse por qué Estados Unidos las posee en cantidades mucho mayores que las que jamás tuvo Huseín, cuestión que nunca saldrá a la luz en la prensa estadounidense.

44. «In Their Own Words: Iraq's "Imminent' Threat"», Center for American Progress, 2004; «Iraq on the Record: The Bush Administration's Public Statements on Iraq», Comité de Reforma Gubernamental de la Cámara de Representantes de Estados Unidos, 16 de marzo de 2004; Jeffrey Lewis, «Rumsfeld on the Imminent Threat from Iraq», Arms Control Wonk, 18 de marzo de 2004; Dylan Matthews, de *Vox*, cita

muchos más ejemplos flagrantes. Dylan Matthews, «No, Really, George W. Bush Lied About WMDs», *Vox*, 9 de julio de 2016; Barton Gellman y Walter Pincus, «Depiction of Threat Outgrew Supporting Evidence», *The Washington Post*, 9 de agosto de 2003.

45. «Official's Key Report on Iraq Is Faulted: "Dubious" Intelligence Fueled Push for War», *The Washington Post*, 9 de febrero de 2007. En un informe diario confidencial del presidente, publicado el 21 de septiembre de 2001, Bush decía que «existían pocas pruebas creíbles de que Irak tuviera vínculos de colaboración significativos con al-Qaeda». No obstante, procedió a pasarse el año y medio siguiente repitiendo exactamente lo contrario, a pesar de saber que el público escucharía su voz y no vería el contenido de sus informes de inteligencia.

46. Joseph Cirincione, «Let's Go to the Videotape», Carnegie Endowment for International Peace, 22 de marzo de 2006; «Communication from the President of the United States Transmitting a Report Consistent with the War Powers Resolution That He Directed U.S. Armed Forces, Operating with Other Coalition Forces, to Commence Combat Operations on March 19, 2003, Against Iraq», 21 de marzo de 2003; «President Bush Announces Major Combat Operations in Iraq Have Ended», Oficina del Secretario de Prensa, Casa Blanca, 1 de mayo de 2003.

47. Pollack, *The Threatening Storm*, cit., p. xxi.

48. Mattathias Schwartz, «Secret 9/11 Memo Reveals Bush Rewriting the History of the 9/11 Attacks and the Warnings He'd Tuned Out», *Business Insider*, 30 de noviembre de 2022; «O'Neill: Bush Planned Iraq Invasion Before 9/11», CNN, 10 de enero de 2004; carta a William J. Clinton, Project for the New American Century, 26 de enero de 1998.

49. Cuando las justificaciones pasaron de que se estaba tratando de prevenir una amenaza a que se estaba haciendo un servicio a los iraquíes, Ken Roth, de Human Rights Watch, ofreció una explicación detallada de por qué la guerra no cumplía los estándares necesarios que permiten que una acción militar sea considerada «humanitaria», y ello suponiendo que no se tratara de un pretexto deshonesto. «War in Iraq, Not a Humanitarian Intervention», Human Rights Watch, 25 de enero de 2004. A pesar de que no se encontraron armas de destrucción masiva, Bush se limitó simplemente a mentir e insistir en que lo cierto era lo contrario: «Encontramos las armas de destrucción masiva. Encontramos laboratorios biológicos». No obstante, Bush participaría más tarde en un *sketch* cómico en la cena de corresponsales de la Casa Blanca en

la que bromeó sobre ese fracaso en la búsqueda de las armas de destrucción masiva. El *sketch* mostraba a Bush deambulando por la Casa Blanca y haciendo comentarios como «Esas armas de destrucción masiva tienen que estar por aquí, en algún sitio» y «Quizá aquí debajo». Dada la cantidad de personas que murieron de formas horribles y violentas como consecuencia del engaño, hay quienes consideraron que el *sketch* era «de mal gusto y poco acertado». David Teather, «Bush Jokes About Search for WMD, But It's No Laughing Matter for Critics», *The Guardian*, 26 de marzo de 2004. Sobre la «única cuestión» véase «President George Bush Discusses Iraq in National Press Conference», Oficina del Secretario de Prensa, 6 de marzo de 2003; Augustus Richard Norton, «The United States in the Middle East: Grand Plans, Grand Ayatollahs and Dark Alleys», Middle East Policy Council, 5 de septiembre de 2004.

50. Walter Pincus, «Skepticism About U.S. Deep, Iraq Poll Shows», *The Washington Post*, 12 de noviembre de 2003; «Poll: U.S. Are Occupiers, Not Liberators», Al Jazeera English, 20 de mayo de 2004; Tom Hayden, «What Iraqis Really Think About the Occupation», *The Nation*, 11 de octubre de 2005; Jane Arraf, «Iraqi Parliament Votes to Expel U.S. Troops, Trump Threatens Sanctions», NPR, 6 de enero de 2020.

51. Don van Natta Jr., «U.S. Recruits a Rough Ally to Be a Jailer», *The New York Times*, 1 de mayo de 2005; Matt Bivens, «Uzbekistan's Human Rights Problem», *The Nation*, 12 de noviembre de 2001.

52. Alison Langley, «Readying Relief for Iraqis», *The New York Times*, 17 de febrero de 2003; Kenneth H. Bacon, «Iraq: The Humanitarian Challenge», *Bulletin of the Atomic Scientists*, 1 de enero de 2003; Ed Vulliamy, Burhan Wazir y Gaby Hinsliff, «Aid Groups Warn of Disaster in Iraq», *The Guardian*, 22 de diciembre de 2002.

53. «Powell to UN: Butt Out», *New York Post*, 27 de marzo de 2003; Peter W. Galbraith, *The End of Iraq: How American Incompetence Created a War Without End*, Nueva York, Simon & Schuster, 2007, p. 142; Walter Gibbs, «Scowcroft Urges Wide Role for the UN in Postwar Iraq», *The New York Times*, 9 de abril de 2003.

54. David Rohde, «Iraqis Were Set to Vote, but U.S. Wielded a Veto», *The New York Times*, 19 de junio de 2003.

55. John D. Colgan, «Oil, Conflict, and U.S. National Interests», *International Security*, octubre de 2013. Un análisis equilibrado del papel que desempeñó el petróleo en la decisión de Estados Unidos de ir a la guerra puede verse en John S. Duffield, «Oil and the Decision to Invade Iraq», en Jane K. Cramer y A. Trevor Thrall (eds.), *Why Did the United*

States Invade Iraq?, Nueva York, Routledge, 2012. «Address by President Carter on the State of the Union Before a Joint Session of Congress», 23 de junio de 1980.

56. «Bush Says Iraqi Aggression Threatens "Our Way of Life"», *The New York Times*, 16 de agosto de 1990; «Bush: Out of These Troubled Times, a New World Order», *The Washington Post*, 12 de septiembre de 1990. George H. W. Bush dijo que, además de una cuestión de principios, estaban «en riesgo también intereses económicos vitales». Y continuaba: «El propio Irak controla en torno al diez por ciento de las reservas petroleras del mundo. Irak más Kuwait controlan el doble de esa cantidad. Si se permitiera a Irak absorber a Kuwait, tendría el poder económico y militar y la arrogancia suficientes como para intimidar y coaccionar a sus vecinos, vecinos que controlan la mayor parte de las reservas petroleras que quedan en el mundo». Discurso ante una sesión conjunta del Congreso sobre la crisis del golfo Pérsico y el déficit en los presupuestos federales, 11 de septiembre de 1990; John Abizaid, «Courting Disaster: The Fight for Oil, Water and a Healthy Planet», mesa de debate, Stanford University, 13 de octubre de 2007; Richard Haass, *War of Necessity, War of Choice: A Memoir of Two Iraq Wars*, Nueva York, Simon & Schuster, 2009, ebook. Haass dice que este hecho «no sostiene la afirmación de que la guerra [de Irak] fuera por el petróleo» porque «el interés de Estados Unidos en el petróleo de la región es estratégico [...], no está vinculado de ninguna manera a la obtención de ventajas económicas». Pero el hecho de que el interés sea de naturaleza «estratégica» no afecta a la cuestión de si la guerra era «por» el petróleo.

57. Sin embargo, Frum también cuenta que se vio con Ahmed Chalabi y Dick Cheney. «Cheney y él pasaron largas horas juntos, contemplando qué posibilidades ofrecía el hecho de que Irak se orientase hacia Occidente: una fuente adicional de petróleo, una alternativa a la dependencia de Estados Unidos de una Arabia Saudita a todas luces inestable», citado en Jillian Rayfield, «David Frum on Iraq: There Was No WH Debate», *Salon*, 19 de marzo de 2013.

58. Pollack, *The Threatening Storm*, cit., pp. 152, 272.

59. Michael Moore, «Six Years Ago, Chuck Hagel Told the Truth About Iraq», *HuffPost*, 5 de enero de 2013; Peter Beaumont y Joanna Walters, «Greenspan Admits Iraq Was About Oil, as Deaths Put at 1.2m», *The Guardian*, 16 de septiembre de 2007; Clarke, *Against All Enemies*, cit.

60. Kim Cobb, «Writer Says Bush Talked About War in 1999», *Houston Chronicle*, 1 de noviembre de 2004.

61. Scott McClellan, «George W. Bush, the Great Pretender», *Sunday Times*, 1 de junio de 2008.

62. Monica Prasad, «Republicans Play Dirty Because Republican Policies Are Unpopular», *Economic Sociology* 21, núm. 2, marzo de 2020; Richard Perle, «Thank God for the Death of the UN», *The Guardian*, 20 de marzo de 2003; Roger Owen, «War by Example», *Al-Ahram Weekly*, 3-9 de abril de 2003; «Interview: Richard Perle», PBS, *Frontline*.

63. Citado en Thomas Ricks, *Fiasco: The American Military Adventure in Iraq, 2003-2005*, Nueva York, Penguin Books, 2006, p. 87.

64. Riverbend, *Baghdad Burning: Girl Blog from Iraq*, Nueva York, Feminist Press at the City University of New York, 2005, p. 251; Kim Sengupta, «How the Iraq War Unleashed Jihad and the Rise of Isis», *The Independent*, 20 de marzo de 2023. Quienes fueron los impulsores de la guerra no reconocieron nunca que habían dejado un mundo menos seguro. Donald Rumsfeld insistió en su libro de memorias en que «librar a la región del brutal régimen de Sadam ha creado un mundo más estable y seguro».

65. Ben Terris, «George W. Bush's Wars Are Now Over. He Retreated a While Ago», *The Washington Post*, 1 de septiembre de 2021; Peter Schjeldahl, «George W. Bush's Painted Atonements», *The New Yorker*, 3 de marzo de 2017. Jonathan Alter, en un artículo igualmente generoso de *The New York Times*, «Bush Nostalgia Is Overrated, but His Book of Paintings Is Not», afirmaba que Bush es «un artista sorprendentemente competente con un notable poder evocador». Tal como dijo Michael Moore en una oscura observación: «Solo en América podría un criminal de guerra reinventarse como el nuevo Bob Ross».

66. Sheehan, una activista de sólidos principios que estuvo contra la guerra y que fue vilipendiada con acritud por la prensa de derechas, se mostró igualmente crítica con Barack Obama, al que llamó «ese criminal de guerra que ocupa la Casa Blanca». Stephen L. Carter, «Cindy Sheehan Antiwar Activism Continues Despite Being Used by the Democrats», *Daily Beast*, 16 de mayo de 2011; Anna Iovine, «The Iraqi Man Who Threw His Shoes at George W. Bush Is a Twitter Hero for Today's Protesters», *Mashable*, 4 de junio de 2020.

67. Robert D. McFadden, «Donald H. Rumsfeld, Defense Secretary During Iraq War, Is Dead at 88», *The New York Times*, 30 de junio de 2021; Eric Schmitt, «Colin Powell, Who Shaped U.S. National Security, Dies at 84», *The New York Times*, 18 de octubre de 2021. Un titular más ajustado a la realidad hubiera sido, sin duda, «Colin Powell, cuyas falsedades justificaron un enorme crimen contra la humanidad, muere a los

ochenta y cuatro años». Benjamin Hart, «Paul Bremer Is Alive and Well and Teaching Skiing in Vermont», *New York Magazine*, marzo de 2003; Emily Cochrane, «The Cheneys, Once Despised by the Left, Are Welcomed Warmly by Democrats at a January 6 Observance», *The New York Times*, 6 de enero de 2022.

68. Jonathan Snyder, «USS *Fallujah*: Future Navy Amphibious Assault Ship Will Honor Marine Battles in Iraq», *Stars and Stripes*, 14 de diciembre de 2022; Nabil Salih, «U.S. Empire's Legacy: Fallujah and Football Played in a Graveyard», Al Jazeera English, 5 de enero de 2023.

69. Peter Bergen y Paul Cruickshank, «The Iraq Effect: War Has Increased Terrorism Sevenfold Worldwide», *Mother Jones*, 1 de marzo de 2007; «Declassified Key Judgments of the National Intelligence Estimate on Global Terrorism», *The New York Times*, 27 de septiembre de 2006; Carter Malkasian, *The American War in Afghanistan: A History*, Nueva York, Oxford University Press, 2021, p. 79.

70. J. M. Berger, *Jihad Joe: Americans Who Go to War in the Name of Islam*, Lincoln, Potomac Books/Nebraska Press, 2011, p. 351. En 2010, un hombre pakistanoestadounidense de treinta años intentó detonar un coche bomba en Times Square. Según declaró, estaba motivado por su oposición «a la política estadounidense en el mundo musulmán» y porque a los norteamericanos «no les importa la gente que muere en otras partes del mundo». Cuando le preguntaron cómo podía justificar la posibilidad de causar muertes de civiles, el hombre respondió: «Los ataques de los drones en Afganistán e Irak [...] matan a mujeres, matan a niños, matan a todo el mundo. Es una guerra [...]. Yo soy parte de la reacción al hecho de que Estados Unidos infunda el terror entre las naciones y el pueblo musulmanes [...]. Estoy vengando esos ataques». Según contó *The New York Times*, aunque a este hombre le había «ido bien en Occidente», sus desavenencias con la política exterior norteamericana se habían acrecentado a partir del 11 de septiembre. Testimonios similares han podido escucharse en boca de otros hombres que también diseñaron estrategias para cometer atentados. Najibullah Zazi, el afganoestadounidense que ideó un plan para poner una bomba en el metro de Nueva York en 2009, afirmó que le habían movido a ello sus «sentimientos por lo que Estados Unidos estaba haciendo en Afganistán». Richard Reid, conocido como el «terrorista del zapato», que intentó hacer estallar un vuelo de American Airlines en diciembre de 2001, declaró que su «motivación para recurrir a la violencia [...] era la política exterior del Gobierno de Estados Unidos», que, según él, «había resultado en el asesinato de miles de musulmanes y pueblos oprimi-

dos por todo el mundo, desde Vietnam hasta el sur de África, Afganistán y Palestina». El autor del tiroteo en Fort Hood, Nidal Hasan, expresó su «profunda y pública oposición a las guerras en Irak y Afganistán» y presentó un PowerPoint titulado *Por qué la guerra contra el terrorismo es una guerra contra el islam*. El «terrorista del calzoncillo», Umar Farouk Abdulmutallab, explicó que la motivación de su atentado radicaba en el apoyo de Estados Unidos a Israel y era una «represalia por el asesinato de civiles musulmanes inocentes en Palestina, en especial por causa del bloqueo a Gaza, así como por las muertes de civiles musulmanes inocentes en Yemen, Irak, Somalia, Afganistán y otras regiones, la mayoría de ellos mujeres, niños y no combatientes». El único terrorista superviviente del atentado en el maratón de Boston declaró en los interrogatorios que «las guerras estadounidenses en Irak y Afganistán» lo movieron, a él y a su hermano, «a perpetrar el atentado». El clérigo radical Anwar Al-Awlaki, cuyos sermones alentaban la violencia contra Estados Unidos, también era ciudadano estadounidense. Nacido en Nuevo México, había estudiado un doctorado en la Universidad George Washington. No obstante, Al-Awlaki, que fue ejecutado extrajudicialmente por el Gobierno de Obama en 2011, declaró que «con la invasión de Irak por parte de Estados Unidos y las constantes agresiones contra los musulmanes, ya no podía conciliar el vivir en Estados Unidos y ser musulmán». Y añadía: «Finalmente, llegué a la conclusión de que la yihad contra Estados Unidos era una obligación para mí, al igual que para todo el resto de los musulmanes».

5. Estados Unidos, Israel y Palestina

1. Noam Chomsky, «Palestine 2012 — Gaza and the UN Resolution», Chomsky.info, 2012 [hay trad. cast.: «"Soñamos con una vida normal, en libertad y dignidad." Palestina 2012. Gaza y la resolución de la ONU», <https://www.rumboagaza.org/libertad-y-dignidad/>].

2. Ronald Reagan, «Remarks at the Welcoming Ceremony for Prime Minister Menachem Begin of Israel», 9 de septiembre de 1981; Crossman citado en Amy Kaplan, *Our American Israel: The Story of an Entangled Alliance*, Cambridge, Harvard University Press, 2018, ebook.

3. Avi Shlaim, «Britain and the Arab-Israeli War of 1948», *Journal of Palestine Studies* 16, núm. 4, 1987, p. 70; «Paper Prepared by the National Security Council Planning Board», 29 de julio de 1958, *Foreign Relations of the United States, 1958-1960, Near East Region; Iraq; Iran; Ara-*

bian Peninsula, vol. XII, Washington, D. C., Oficina de Publicaciones del Gobierno de Estados Unidos, 1956.

4. Biden dijo específicamente que «si no existiera un Israel, los Estados Unidos de América tendrían que inventarlo para proteger sus intereses en la región». M. Muhannad Ayyash, «Biden Says the U.S. Would Have to Invent an Israel if It Didn't Exist. Why?», TheConversation.com, 24 de julio de 2023; Henry Jackson, *Congressional Record*, 21 de mayo de 1973, S9446.

5. Todas las citas de testimonios de las víctimas que aparecen en esta sección están extraídas de Maram Humaid, «"Blood, Body Parts, Screams": Gaza Reels After Israeli Strikes», Al Jazeera English, 7 de agosto de 2022.

6. Véase, por ejemplo, Andrew Carey y Abeer Salman, «More Than 40 People Killed in Gaza in Weekend of Violence», CNN, 7 de agosto de 2022. El artículo habla de la muerte de numerosos habitantes de Gaza y de la consecuente crisis humanitaria, incluidos la falta de combustible, el cierre de las instalaciones de tratamiento de agua y la ausencia de electricidad en los hogares gazatíes. Pero no se menciona el bloqueo impuesto a Gaza por parte de Israel.

7. En 2020, la fuerza aérea de Israel contaba con «324 aviones de combate y de ataque terrestre, todos de origen estadounidense: 83 Boeing F-15, 224 Lockheed Martin F-16 y 16 Lockheed Martin F-35». Salih Booker y William D. Hartung, «Israel's Military, Made in the USA», *The Nation*, 21 de mayo de 2021.

8. Fawaz Turki, *The Disinherited: Journal of a Palestinian Exile*, Nueva York, *Monthly Review Press*, 1972, ebook.

9. En 1901, Israel Zangwill utilizó la famosa frase «una tierra sin pueblo para un pueblo sin tierra». Zangwill reconoció más tarde que «Palestina ya tiene propiamente sus habitantes. El *pashalik* de Jerusalén ya cuenta con una densidad de población dos veces mayor que Estados Unidos». De ese modo, Zangwill concluyó: «Debemos estar preparados para expulsar por la espada a las tribus [árabes] que están en posesión de la tierra, como hicieron nuestros antepasados, o para enfrentarnos al problema de una gran población extranjera, en su mayoría maometana y acostumbrada durante siglos a despreciarnos. [...] Es una absoluta estupidez permitir que sea el país de dos pueblos [...]; se debe encontrar un lugar diferente para los judíos o para sus vecinos». Citado en Nur Masalha, *Expulsion of the Palestinians: The Concept of «Transfer» in Zionist Political Thought, 1882-1948*, Beirut, Institute for Palestine Studies, 1992, pp. 6, 10; Smilansky citado en Benny Morris, *Righteous Vic-*

tims: A History of the Zionist-Arab Conflict, 1881-1999, Nueva York, A. A. Knopf, 1999, p. 42. Morris (p. 654) dice que los «líderes y los colonos sionistas», en gran medida, «se las arreglaron para no "ver" a los árabes», por lo general evitando simplemente mencionarlos, lo que identifica con «la obliteración mental habitual que practicaban los colonos europeos hacia los "nativos"», en parte para evitar hacer frente a las dificultades prácticas de lo que llegó a conocerse como el «problema árabe», y en parte para evitar sentir «culpa» por la «dudosa moral» de un proyecto expansionista. *Kol Kitve Ahad Ha'am*, Tel Aviv, Hotsaat Dvir, 1947, p. 23, citado en Rashid Khalidi, «Palestinian Peasant Resistance to Zionism Before World War I», en Edward W. Said y Christopher Hitchens (eds.), *Blaming the Victims: Spurious Scholarship and the Palestinian Question*, Londres y Nueva York, Verso, 1988, p. 216.

10. Hillel Zeitlin, «Ha-mashber» [«La Crisis»], *Ha-Zman* 3, julio-septiembre de 1905, citado en Anita Shapira, *Land and Power: The Zionist Resort to Force, 1881-1948*, Redwood City, Stanford University Press, 1999, p. 46; Yitzhak Epstein, «She'ela Ne'elama» [«Una cuestión ocultada»], *Ha-Shilo'ah* 17, noviembre de 1907-abril de 1908, citado en Shapira; carta de Yusuf Diya Pasha al-Khalidi (Pera, Estanbul) a Rabbi Zadok Kahn, 1 de marzo de 1899, Central Zionist Archives, H1\197 [Herzl Papers], citada en Rashid Khalidi, *The Hundred Years' War on Palestine*, Nueva York, Metropolitan Books, 2020, p. 10 [hay trad. cast.: Palestina. *Cien años de colonialismo y resistencia*, Madrid, Capitán Swing, 2023.]; Theodor Herzl, *Complete Diary*, Raphael Patai (ed.), trad. de Harry Zohn, Nueva York, Herzl Press and T. Yoseloff, 1960, vol. I, p. 88; Edward W. Said, *The Question of Palestine*, Nueva York, Vintage, 1980, p. 13 [hay trad. cast.: *La cuestión palestina*, Barcelona, Debate, 2013].

11. Vladímir Jabotinsky, «The Iron Wall», *art. cit.*, trad. de L. Brenner, 1923.

12. Weizmann citado en Ann Moseley Lesch, «The Palestine Arab Nationalist Movement Under the Mandate», en William B. Quandt, Fuad Jabber y Ann Mosely Lesch (eds.), *The Politics of Palestinian Nationalism*, Berkeley, University of California Press, 1973, p. 12; Joseph Weitz, *My Diary and Letters to the Children*, Masada, Ramat Gan, 1965, vol. II, pp. 181-182, citado en Said, *The Question of Palestine*, cit., p. 100; Morris, *Righteous Victims*, cit., p. 654.

13. E. L. Woodward y R. Butler (eds.), *Documents on British Foreign Policy, 1919- 1939*, primera serie, 1919-1929, Londres, Her Majesty's Stationery Office, 1952, pp. 340-348, citado en Khalidi, *The Hundred Years' War on Palestine*, cit., p. 47; Michael Cohen, *Churchill and the Jews 1900-*

1948, Nueva York, Routledge, 2003, pp. 62-63; Isaiah Friedman, *The Question of Palestine: 1914-1918: British-Jewish-Arab Relations*, Nueva York, Schocken Books, 1973, p. 7.

14. Informe de la Comisión King-Crane, 28 de agosto de 1919.

15. Véase Masalha, *Expulsion of the Palestinians*, cit.; protocolo de la reunión de la Jewish Agency Executive con el Political Committee of the Zionist Actions Committee, 2 de junio de 1938, CZA, citado en Benny Morris, «Refabricating 1948», *Journal of Palestine Studies* 27, núm. 2, invierno de 1998, p. 86; Benny Morris, artículo publicado en *Ha'aretz*, 9 de mayo de 1989, citado en Masalha, «A Critique of Benny Morris», *Journal of Palestine Studies* 21, núm. 1, otoño de 1991, p. 92; en «Refabricating 1948», Morris dice que existen «montañas de pruebas» que demuestran que «la mayoría de los líderes del movimiento» apoyaron la transferencia (limpieza étnica). Véase también el extenso análisis que ofrece el capítulo 2 de Benny Morris, *The Birth of the Palestinian Refugee Problem Revisited*, Cambridge, Cambridge University Press, 2004.

16. Vincent Sheean, *Personal History*, Nueva York, Doubleday, Doran & Co., 1935, fragmentos reeditados en Walid Khalidi (ed.), *From Haven to Conquest*, Beirut, Institute for Palestine Studies, 1971. Theodor Herzl, *The Jewish State*, Nueva York, American Zionist Emergency Council, 1946, p. 15; Herzl también esperaba que el Estado fuera «un muro de defensa para Europa en Asia». Amira Hass, «Barak's Jargon Is Identical to That of Gush Emunim», *Haaretz*, 21 de diciembre de 1999; Said, *The Question of Palestine*, cit., p. 8.

17. En cambio, el Alto Comité Árabe pidió una Palestina independiente «con protección de todos los derechos legítimos de los judíos y otras minorías y salvaguardando los intereses británicos razonables», citado en Sumantra Bose, *Contested Lands: Israel-Palestine, Kashmir, Bosnia, Cyprus, and Sri Lanka*, Cambridge, Harvard University Press, 2007, pp. 223-224.

18. Número especial de *Filastin*, 19 de mayo de 1914, p. 1, citado en Khalidi, *The Hundred Years' War on Palestine*, cit., p. 34; Abba Eban, *Personal Witness: Israel Through My Eyes*, Nueva York, Putnam, 1992, pp. 49-50.

19. Morris, *Righteous Victims*, cit., pp. 136-137; Rashid Khalidi, entrevista en *Current Affairs*, julio-agosto de 2022; «The Case Against a Jewish State in Palestine: Albert Hourani's Statement to the Anglo-American Committee of Enquiry of 1946», *Journal of Palestine Studies* 35, núm. 1, 2005-2006, pp. 80-90. Sobre el carácter expansionista del sionismo y las razones que los árabes palestinos tenían para temer que la partición

fuera un «trampolín», véase el capítulo 3 de Jerome Slater, *Mythologies Without End: The U.S., Israel, and the Arab-Israeli Conflict, 1917-2020*, Nueva York, Oxford University Press, 2020.

20. Se han hecho diversos esfuerzos por presentar la salida palestina como un gesto voluntario, pero no se sostienen. Benny Morris comenta que «sobre todo [...] el problema de los refugiados estuvo causado por los ataques de las fuerzas judías sobre las aldeas y pueblos árabes y por el temor de sus habitantes a dichos ataques, agravado por las expulsiones, las atrocidades cometidas, los rumores sobre atrocidades, y por la crucial decisión del gabinete Israelí, en junio de 1948, de prohibir el regreso de los refugiados», dejando a los palestinos «aplastados, unos 700.000 de ellos obligados al exilio y otros 150.000 bajo el dominio israelí». Aunque los palestinos hubieran huido voluntariamente, no está claro por qué tal cosa serviría como justificación para prohibirles regresar a sus hogares o reclamar sus propiedades. Ben-Gurión dijo en 1948 que el regreso de los refugiados «debe impedirse [...] a toda costa». «[D]ebemos frustrar su reingreso [...]. También estoy a favor de negar su reaparición después de la guerra.» Yoav Gelber, *Palestine 1948: War, Escape, and the Emergence of the Palestinian Refugee Problem*, Liverpool, Liverpool University Press, 2006, p. 283.

21. Sharett citado en Mark Tessler, *A History of the Israeli-Palestinian Conflict*, Bloomington, Indiana University Press, 2009, p. 298; «Human dust», citado en Avi Shlaim, *Collusion Across the Jordan: King Abdullah, the Zionist Movement, and the Partition of Palestine*, Oxford, Clarendon Press, 1988, p. 491.

22. Ari Shavit, «Interview with Ehud Barak», *Haaretz*, 2 de febrero de 2001; David Ben-Gurión, «Speech at the Mapai Political Committee», 7 de junio de 1938, citado en Simha Flapan, *Zionism and the Palestinians*, Nueva York, Harper & Row, 1979, pp. 141-42. Ben-Gurión dijo también: «Si yo fuera un líder árabe, nunca firmaría un acuerdo con Israel. Es normal; les hemos quitado su país. Cierto es que nos fue prometido por Dios, pero ¿qué interés podría tener eso para ellos? Nuestro Dios no es el suyo. Han ocurrido el antisemitismo, los nazis, Hitler, Auschwitz, pero ¿acaso fue culpa suya? Ellos solo ven una cosa: hemos venido y les hemos robado su país. ¿Por qué tendrían que aceptarlo?», citado por Nahum Goldmann en *Le Paradoxe Juif*, Nueva York, Grosset & Dunlap, 1978, p. 121.

23. Frank Giles, «Golda Meir: "Who Can Blame Israel"», *Sunday Times*, 15 de junio de 1969, p. 12. Hay incluso quienes se han inventado supuestas pruebas que indicarían que los habitantes árabes de Palestina

en el momento de la fundación del Estado de Israel eran inmigrantes recientes. Véase Norman G. Finkelstein, «A Land Without a People: Joan Peters' "Wilderness" Image», en *Image and Reality of the Israel-Palestine Conflict*, Londres y Nueva York, Verso, 2003. La afirmación de que por mucho que los palestinos pudieran vivir en Palestina carecían de una «identidad palestina» (lo que implica que, por lo tanto, no tenían derecho a la autodeterminación nacional) no es inusual. Irónicamente, el proyecto sionista en sí mismo fue un empeño en construir una nueva identidad nacional, y no solo un proyecto dirigido a obtener tierras para un pueblo existente. Begin citado en el periódico israelí *Yediot Aharanot*, 17 de octubre de 1969, citado a su vez en Slater, *Mythologies Without End*, cit., p. 108.

24. «Israel's Occupation: 50 Years of Dispossession», Amnistía Internacional, 7 de junio de 2017 [hay trad. cast.: «La ocupación de Israel: 50 años de desposesión», <https://www.amnesty.org/es/latest/campaigns/2017/06/israel-occupation-50-years-of-dispossession/>].

25. Eqbal Ahmad, «Pioneering in the Nuclear Age: An Essay on Israel and the Palestinians», en Carollee Bengelsdorf, Margaret Cerullo y Yogesh Chandrani (eds.), *The Selected Writings of Eqbal Ahmad*, Pakistán, Oxford University Press, 2006, p. 313; Morris, *Righteous Victims*, cit., p. 341. El día a día de la ocupación lo refleja muy bien Nathan Thrall en *A Day in the Life of Abed Salama*, Nueva York, Metropolitan Books, 2023.

26. La retirada no fue un reconocimiento benévolo de la autonomía palestina. Dov Weissglas, hombre de confianza del entonces primer ministro Ariel Sharon, que estuvo a cargo de las negociaciones y de la implementación, explicó para *Haaretz* el cinismo de los cálculos que subyacían a la estrategia: «La importancia del plan de retirada está en congelar el proceso de paz. Y cuando se congela ese proceso, se impide el establecimiento de un Estado palestino y también un debate sobre los refugiados, las fronteras y Jerusalén. En la práctica, todo ese paquete denominado "el Estado palestino", con todo lo que conlleva, queda indefinidamente eliminado de nuestra agenda. Y todo ello con autoridad y con el debido permiso. Todo con una bendición presidencial [estadounidense] y la ratificación de ambas cámaras del Congreso [...]. La retirada es, en realidad, formaldehído. La cantidad de suministro de formaldehído necesaria para que no se produzca un proceso político con los palestinos». La existencia del bloqueo significa que la ONU sigue considerando que Gaza es territorio ocupado a pesar de la retirada militar. Tal como señala el periodista israelí Gideon Levy, lo que debería ser relevante no es la cuestión de si Israel controla Gaza con un

ejército situado fuera o dentro de la franja, sino cómo las acciones de Israel crean las condiciones dentro de Gaza: «El hecho de que sea más conveniente para el ocupante controlarla desde fuera no tiene nada que ver con las intolerables condiciones de vida de los ocupados». Gideon Levy, *The Punishment of Gaza*, Londres y Nueva York, Verso, 2010.

27. «Gaza in 2020: A Liveable Place?», Agencia de Naciones Unidas para los Refugiados de Palestina en Oriente Próximo, 2012. Hasta David Cameron, primer ministro conservador británico, describió Gaza como un «campo de prisioneros». Nicholas Watt y Harriet Sherwood, «David Cameron: Israeli Blockade Has Turned Gaza Strip into a "Prison Camp"», *The Guardian*, 27 de julio de 2010. La organización de derechos humanos israelí B'Tselem dijo en 2005 que la zona se había convertido en «una prisión gigante», y afirmó que las «políticas de Israel han dejado muchos derechos humanos —entre ellos el derecho a la libertad de movimiento, la vida familiar, la salud, la educación y el trabajo— reducidos a "gestos humanitarios" que Israel proporciona con moderación». «One Big Prison: Freedom of Movement to and from the Gaza Strip», B'Tselem.org, 2005; Weisglass citado en Conal Urquhart, «Gaza on Brink of Implosion as Aid Cut-Off Starts to Bite», *The Guardian*, 15 de abril de 2006.

28. Juan Cole, «Top 10 Myths About Israel's Attack on Gaza», *Arab American News*, 23 de noviembre de 2012. Cole cita «Gaza's Children: Falling Behind, the Effect of the Blockade on Child Health in Gaza», Save the Children, 2012; «Trapped: The Impact of 15 Years of Blockade on the Mental Health of Gaza's Children», Save the Children, 2022; «Gaza Children Living in "Hell on Earth", UN Chief Says, Urging Immediate End to Fighting», UN News, 20 de mayo de 2021; Rajaie Batniji, «Searching for Dignity», *The Lancet* 380, núm. 9840, 4 de agosto de 2012, pp. 466-467.

29. Suzanne Goldenberg, «U.S. Plotted to Overthrow Hamas After Election Victory», *The Guardian*, 3 de marzo de 2008; Levy, *The Punishment of Gaza*, cit. Hillary Clinton dijo que Estados Unidos no debería haber permitido que se celebraran unas elecciones palestinas si no podía amañar el resultado: «Si íbamos a presionar para que se celebraran elecciones, entonces deberíamos habernos asegurado de hacer algo para determinar quién iba a ganarlas». «Recording Released of Clinton Suggesting Rigging 2006 Palestine Election», *Jerusalem Post*, 29 de octubre de 2016. Sobre la extrema violencia desplegada durante la Operación Plomo Fundido, puede verse «Breaking the Silence: Soldiers' Testimonies from Operation Cast Lead, Gaza, 2009», que documenta el

uso de «munición de fósforo blanco en barrios densamente habitados, destrucción masiva de edificios sin relación con ninguna amenaza directa para las fuerzas israelíes y reglas permisivas de combate que derivaron en el asesinato de personas inocentes», incluido un uso de cantidades «descabelladas» de potencia de fuego. Véase también Norman G. Finkelstein, *Gaza: An Inquest into Its Martyrdom*, Berkeley, University of California Press, 2018. Más detalles sobre este periodo, que llenan algunos vacíos, pueden verse en Noam Chomsky, «Ceasefires in Which Violations Never Cease: What's Next for Israel, Hamas, and Gaza?», Tom-Dispatch, 9 de septiembre de 2014; Noam Chomsky, «Guillotining Gaza», InformationClearingHouse.info, 30 de julio de 2007; Noam Chomsky, entrevista con Solomon Eppel y Tushar Khadloya, «Contradictions in U.S. Foreign Policy», *The Brown Journal of World Affairs* 14, núm. 2, primavera-verano de 2008, pp. 229-239.

30. Sara Roy, «A Deliberate Cruelty: Rendering Gaza Unviable», Said Memorial Lecture, 2012. Véase también Sara Roy, *Unsilencing Gaza: Reflections on Resistance*, Londres, Pluto Press, 2021.

31. «Desmond Tutu: Israel Guilty of Apartheid in Treatment of Palestinians», *Jerusalem Post*, 10 de marzo de 2014; Hirsh Goodman, *Let Me Create a Paradise, God Said to Himself: A Journey of Conscience from Johannesburg to Jerusalem*, Nueva York, Public Affairs, 2009, p. 78; Goodman está rememorando un comunicado radiofónico de Ben-Gurión de 1967; «In 1976 Interview, Rabin Likens Settler Ideologues to "Cancer", Warns of "Apart- heid"», *The Times of Israel*, 25 de septiembre de 2015. «Olmert Warns of "End of Israel"», BBC News, 29 de noviembre de 2007. Dentro de las fronteras legalmente reconocidas de Israel, existe una grave discriminación contra la población araboisraelí, aunque no llega al nivel del *apartheid*. Este hecho se utiliza a veces erróneamente para demostrar que Israel no aplica un *apartheid*.

32. Tom Perry, «Israel Is Imposing "Apartheid Regime" on Palestinians, UN Agency Says», *The Independent*, 16 de marzo de 2017; Mehdi Hasan, «Top Israelis Have Warned of Apartheid, so Why the Outrage at a UN Report?», *The Intercept*, 22 de marzo de 2017.

33. «A Threshold Crossed: Israeli Authorities and the Crimes of Apartheid and Persecution», Human Rights Watch, 27 de abril de 2021.

34. «Israel's Apartheid Against Palestinians: A Look into Decades of Oppression and Domination», Amnistía Internacional, febrero de 2022; «A Regime of Jewish Supremacy from the Jordan River to the Mediterranean Sea: This Is Apartheid», B'Tselem.org, 12 de enero de 2021.

35. Obsérvese que, si bien se exige constantemente a los palestinos que reconozcan el «derecho a existir» del Estado de Israel, no se exige que Israel reconozca el «derecho a existir» de un Estado palestino. Además, exigir que los palestinos, o, en realidad, cualquier otra persona, acepte el «derecho a existir» de Israel es concederle a este país algo que ningún Estado del sistema internacional tiene. Se les da reconocimiento, pero a ningún Estado se le concede el «derecho a existir». En el caso de Israel, eso exigiría que los palestinos reconocieran la legitimidad de su expulsión. Es como si se exigiera a México que aceptara el derecho de Estados Unidos a existir en la mitad de México que se obtuvo por medio de la conquista. Los mexicanos no lo aceptarían ni deberían aceptarlo. Casi todas las fronteras del mundo son resultado de conquistas. Se reconocen las fronteras, pero nadie exige que se reconozca la legitimidad, especialmente por parte de una población que ha sido expulsada.

36. *Judea y Samaria* es un término israelí para la Cisjordania ocupada de Palestina.

37. Plan Electoral del Gobierno de Israel, Jerusalén, 14 de mayo de 1989, texto oficial distribuido por la Embajada de Israel en Washington, reimpreso en el *Journal of Palestine Studies* XIX, núm. I, otoño de 1989, pp. 145-148; Yitzhak Rabin, «Speech to Knesset on Ratification of Oslo Peace Accords», 5 de octubre de 1995; Liel Leibovitz, «Fibi Netanyahu», *Tablet*, 15 de julio de 2010. Netanyahu estaba hablando sin darse cuenta de que lo estaban grabando. Explicó sus métodos: «Antes de las elecciones me preguntaron si cumpliría [los acuerdos de Oslo]. Dije que lo haría, pero [...] voy a interpretar los acuerdos de tal manera que me permitan poner fin a este avance galopante hacia las sesenta y siete fronteras. ¿Cómo lo hicimos? Nadie explicitó lo que eran las zonas militares definidas. Las zonas militares definidas son zonas de seguridad; en lo que a mí respecta, todo el valle del Jordán es una zona militar definida. Que me lo discutan». En el vídeo también dice que la manera de tratar con los palestinos es «golpearlos no una vez, sino repetidamente, golpearlos hasta que el dolor sea tanto que resulte insoportable». Michael Hirsh y Colum Lynch, «The Long Game of Benjamin Netanyahu», *Foreign Policy*, 9 de abril de 2019; en la cita, Hirsh y Lynch están parafraseando la posición de Netanyahu. «Netanyahu: No Palestinian State on My Watch», *The Times of Israel*, 16 de marzo de 2015. También ha dicho: «Nunca acepté regresar a las líneas del 67, nunca acepté reconocer el derecho al retorno y nunca acepté renunciar a nuestra presencia en el valle del Jordán. Nunca». «Netanyahu Agreed

to Withdraw to '67 Lines, Document Confirms», *Haaretz*, 8 de marzo de 2015. «Likud—Platform», 1999; la plataforma prometía tomar «medidas estrictas» en caso de que se produjera una «declaración palestina unilateral sobre el establecimiento de un Estado palestino». Ron Pundak, «From Oslo to Taba: What Went Wrong?», *Survival* 43, núm. 3, otoño de 2001, p. 33; David Matz, «Why Did Taba End? (Part 2)», *Palestine-Israel Journal* 2, núm. 3, 2003. En su conferencia de prensa final, ambas partes emitieron una declaración conjunta en la que afirmaban que nunca habían estado «más cerca de alcanzar un acuerdo» y que, por lo tanto, creían que «las brechas restantes podrían superarse con la reanudación de las negociaciones después de las elecciones israelíes».

38. Reuven Pedatzur, «No One Is Blameless», *Haaretz*, 25 de febrero de 2005.

39. Greg Myre, «4 Israeli Ex-Security Chiefs Denounce Sharon's Hard Line», *The New York Times*, 15 de noviembre de 2003; Joel Greenberg, «Yeshayahu Leibowitz, 91, Iconoclastic Israeli Thinker», *The New York Times*, 19 de agosto de 1994.

40. Moshe Gorali, «The Lines Between Good and Evil Have Blurred», *Haaretz*, 31 de marzo de 2004; Morris, *Righteous Victims*, cit., p. 342. Eldar y Zartel citados en Reuven Pedatzur, reseña de *Adonei Ha'aretz*, de Akiva Eldar y Idit Zartel, *Ha'aretz*, 21 de febrero de 2005.

41. «U.S. Foreign Aid to Israel», Congressional Research Service, 18 de febrero de 2022; Josh Ruebner, Salih Booker y Zaha Hassan, «Bringing Assistance to Israel in Line with Rights and U.S. Laws», Carnegie Endowment for International Peace, 12 de mayo de 2021.

42. Frase que empleó *The New York Times* para describir a Yasir Arafat.

43. Jacob Magin, «UN Panel Votes 163-5 in Support of Palestinian Statehood, End of Occupation», *The Times of Israel*, 20 de noviembre de 2020.

44. Elaine Sciolino, «Self-Appointed Israeli and Palestinian Negotiators Offer a Plan for Middle East Peace», *The New York Times*, 2 de diciembre de 2003; «From Oslo to Taba: What Went Wrong?», *art. cit.*, p. 41; Aaron David Miller, *The Much Too Promised Land: America's Elusive Search for Arab-Israeli Peace*, Nueva York, Bantam Books, 2008, p. 243. En 2005, Miller reconoció que «muchos miembros del Gobierno estadounidense implicados en la paz árabe-israelí, yo incluido, han actuado como abogados de Israel, atendiendo y coordinando con los israelíes a expensas del éxito de las negociaciones de paz». Aaron David Miller, «Israel's Lawyer», *The Washington Post*, 23 de mayo de 2005; John

Crowley, «Israel Rejects Arab Peace Initiative», *The Telegraph*, 29 de marzo de 2007; Barak Ravid, «Netanyahu: Israel Will Never Accept Arab Peace Initiative as Basis for Talks with Palestinians», *Haaretz*, 13 de junio de 2016.

45. Shlomo Shamir, «United States Vetoes Anti-Israel Security Council Resolution», *Haaretz*, 26 de marzo de 2004.

46. Barack Obama, discursos ante el AIPAC, 4 de marzo de 2012; Ben Rhodes, *The World as It Is: A Memoir of the Obama White House*, Nueva York, Random House, 2018, pp. 162-163; Jeffrey Goldberg, «Obama to Iran and Israel: "As President of the United States, I Don't Bluff"», *The Atlantic*, 2 de marzo de 2012.

47. Adam Entous, «The Maps of Israeli Settlements That Shocked Barack Obama», *The New Yorker*, 11 de junio de 2018; Natasha Mozgovaya, «Lieberman Praises Obama's UN General Assembly Speech», *Haaretz*, 21 de septiembre de 2011, citado en Rashid Khalidi, *Brokers of Deceit*, Boston, Beacon Press, 2014, p. 145. Sobre el contexto del racismo de Lieberman, véase Samah Salaime, «This Election, Lieberman's Racism Is Going Mainstream», *+972 Magazine*, 17 de enero de 2015; David Gardner, «Israeli Hardliners Sense an Opportunity in Donald Trump's Victory», *Financial Times*, 7 de diciembre de 2016.

48. «Greenlighting De Facto Annexation: A Summary of Trump's Impact on the Settlements», *Peace Now*, 11 de septiembre de 2020; Slater, *Mythologies Without End*, cit., p. 595.

49. Slater, *Mythologies Without End*, cit., p. 338; «Kushner: Palestinians Showing They Aren't Ready for Statehood», *The Times of Israel*, 29 de enero de 2020; Jonathan Swan, «Kushner Uncertain Palestinians Are Capable of Governing Themselves», *Axios*, 2 de junio de 2019. Cabe destacar que Kushner consideró que Obama había «tratado de golpear a Israel y darles todo a los palestinos», una declaración significativa, pues demuestra que la administración Trump tenía intención de darles muy poco a los palestinos, porque Obama, en realidad, no les había dado nada. Adam Entous, «Donald Trump's New World Order», *The New Yorker*, 11 de junio de 2018.

50. Alexander Ward, Nahal Toosi y Jonathan Lemire, «The One Word Biden Won't Say in Israel», *Politico*, 13 de julio de 2022.

51. Obsérvese que la capacidad de Israel para declarar «áreas prohibidas» en el interior de Gaza socava su afirmación de que no está ocupando la zona. La Oficina de Coordinación de Asuntos Humanitarios de las Naciones Unidas (OCHA) ha señalado que Israel impone el cumplimiento de estas «zonas de acceso restringido» dentro de Gaza

«mediante el disparo de munición real, la devastación de tierras, la destrucción de propiedades, las detenciones y la confiscación de equipamiento». Véase «2015 Overview: Movement and Access Restrictions», UNOCHA.

52. «Report of the Independent International Commission of Inquiry on the Protests in the Occupied Palestinian Territory», Consejo de Derechos Humanos de las Naciones Unidas, 2019, p. 11.

53. Rosie Perper, «120 Countries Voted to Condemn Israel for Using "Excessive" Force in Gaza Clashes That Killed over 100 People», *Business Insider*, 13 de junio de 2018; «Report of the Independent International Commission of Inquiry».

54. Noa Landau, «UN Council: Israel Intentionally Shot Children and Journalists in Gaza», *Haaretz*, 28 de febrero de 2019.

55. Isabel Kershner y David M. Halbfinger, «Israelis Reflect on Gaza: "I Hope at Least That Each Bullet Was Justified"», *The New York Times*, 15 de mayo de 2018; Declan Walsh e Isabel Kershner, «After Deadly Protests, Gazans Ask: What Was Accomplished?», *The New York Times*, 18 de mayo de 2018; Shmuel Rosner, «Israel Needs to Protect Its Borders. By Whatever Means Necessary», *The New York Times*, 18 de mayo de 2018. Un análisis completo de los argumentos de la columna de opinión puede leerse en Nathan J. Robinson, «Propaganda 101: How to Defend a Massacre», *Current Affairs*, 21 de mayo de 2018.

56. «UN General Assembly Urges Greater Protection for Palestinians, Deplores Israel's "Excessive" Use of Force», *UN News*, 13 de junio de 2018.

57. John Fetterman, senador demócrata de Pensilvania, dijo: «Siempre que me encuentre en una situación en la que se me pida que apoye la causa de fortalecer y mejorar la seguridad de Israel o profundizar la relación entre nuestros países, voy a apoyarla». En 2021, miembros de los Socialistas Demócratas de América tomaron en consideración la expulsión del congresista Jamaal Bowman, miembro de DSA, después de que votara a favor de continuar con la ayuda militar a Israel, una decisión que no impidió que el director de Pro-Israel America dijera que Bowman «no es de fiar» en lo que respecta a Israel y que apoya una agenda «odiosa».

58. Bret Stephens, «Ilhan Omar Knows Exactly What She Is Doing», *The New York Times*, 7 de marzo de 2019; Liam Quinn, «Meghan McCain Slams Rep. Ilhan Omar's "Blatantly Anti-Semitic Rhetoric" Amid Bitter Twitter Spat», Fox News, 8 de marzo de 2019; Kevin D. Williamson, «Anti-Semitism's Collaborators», *National Review*, 6 de marzo de 2019.

59. El escritor Ta-Nehisi Coates describió una revelación similar después de visitar los territorios ocupados, dándose cuenta de que lo que se describía como un conflicto complicado era en realidad bastante sencillo: «Creo que lo que más me impactó fue que, en cualquier tipo de artículo de opinión o artículo periodístico [...] que he leído sobre Israel y sobre el conflicto con los palestinos, hay una palabra que aparece todo el tiempo, y es *complejidad* [...]; lo que esperaba era encontrar una situación en la que resultara difícil discernir el bien del mal, en la que fuera difícil entender la moralidad en juego, difícil entender el conflicto. [Pero] comprendí inmediatamente lo que estaba sucediendo allí [...]. Y tengo que decir que me resultó bastante familiar. Una vez más, estaba en un territorio donde tu movilidad está inhibida, donde tu derecho al voto está inhibido, donde tu derecho al agua está inhibido, donde tu derecho a la vivienda está inhibido. Y todo está inhibido en términos de etnicidad [...]. Así que lo que más me impactó de mi estancia allí es lo sencillo que es todo en realidad».

60. «The Perle-Chomsky debate», Ohio State University, 1988.

61. «Israeli Forces Open Fire to Stop People Returning to North Gaza», Al Jazeera English, 24 de noviembre de 2023.

62. Maayan Lubell *et al.*, «Israel Vows "Mighty Vengeance" After Surprise Attack», Reuters, 7 de octubre de 2023; «Gaza: 3,195 Children Killed in Three Weeks Surpasses Annual Number of Children Killed in Conflict Zones Since 2019», Save the Children International, 29 de octubre de 2023; Nicholas Kristof, «So Many Child Deaths in Gaza, and for What?», *The New York Times*, 6 de diciembre de 2023; Allegra Goodwin *et al.*, «Infants Found Dead and Decomposing in Evacuated Hospital ICU in Gaza», CNN, 8 de diciembre de 2023. Las Fuerzas de Defensa de Israel prometieron al personal médico encargado de la evacuación que enviarían ambulancias para los bebés, pero no lo hicieron.

63. «"Are You Seriously Asking Me About Palestinian Civilians?": Ex-Israeli PM», *TRT World*, octubre de 2023.

64. Yuval Abraham, «"A Mass Assassination Factory": Inside Israel's Calculated Bombing of Gaza», *+972 Magazine*, 30 de noviembre de 2023; Yuval Abraham, «"Lavender": The AI Machine Directing Israel's Bombing Spree in Gaza», *+972 Magazine*, 3 de abril de 2024. Hay numerosos ejemplos específicos de ataques israelíes contra infraestructura civil que no tenían ningún propósito militar evidente. Véase, por ejemplo, «Gaza: Israeli Strike Killing 106 Civilians an Apparent War Crime», Human Rights Watch, 4 de abril de 2024.

65. John Paul Rathbone, «Military Briefing: The Israeli Bombs

Raining on Gaza», *Financial Times*, 5 de diciembre de 2023; Julian Borger, «Civilians Make Up 61% of Gaza Deaths from Airstrikes, Israeli Study Finds», *The Guardian*, 9 de diciembre de 2023; «"Pallywood Propaganda": Pro-Israeli Accounts Online Accuse Palestinians of Staging Their Suffering», France 24, 21 de noviembre de 2023; Omar Shakir, «While a Fire Rages in Gaza, the West Bank Smolders», Human Rights Watch, 22 de noviembre de 2023.

66. Ryan Grim, «Netanyahu's Goal for Gaza: "Thin" Population "to a Minimum"», *The Intercept*, 3 de diciembre de 2023; Aurora Almendral y Yasmine Salam, «A Forced Exodus from Gaza to Egypt? Israeli "Concept Paper" Fuels Outrage», NBC News, 2 de noviembre de 2023; «PM Warns Ministers to Pipe Down After Comments on New "Nakba" and Nuking Gaza», *The Times of Israel*, 12 de noviembre de 2023; «Israel's Unfolding Crime of Genocide of the Palestinian People & U.S. Failure to Prevent and Complicity in Genocide», Center for Constitutional Rights, 8 de octubre de 2023; Neil Vigdor, «Republican Congressman Says of Gaza: "It Should Be Like Nagasaki and Hiroshima"», *The New York Times*, 31 de marzo de 2024. No hay precisamente escasez de declaraciones como estas. Algunas más pueden verse en Nathan J. Robinson, «My Date with Destiny», *Current Affairs*, 28 de marzo de 2024.

67. «Former Israel General Says "Severe Epidemics" in Gaza Would Help Israel Win the War», *Middle East Eye*, 21 de noviembre de 2023; Gretchen Stenger, «Infectious Disease Specialist with UVA Health Explains Effects of Water Crisis in Gaza», CBS-19 News, 1 de abril de 2024.

68. Mitchell McCluskey y Richard Allen Greene, «Israel Military Says 2 Civilians Killed for Every Hamas Militant Is a "Tremendously Positive" Ratio Given Combat Challenges», CNN, 6 de diciembre de 2023; Yaniv Kubovich, «Israel Created "Kill Zones" in Gaza. Anyone Who Crosses into Them Is Shot», *Haaretz*, 31 de marzo de 2024.

69. Steve Holland y Jeff Mason, «U.S. Not Drawing Red Lines for Israel, White House Says», Reuters, 27 de octubre de 2023. Más tarde, Biden rectificó y dijo que una invasión de Rafah sería una «línea roja». Israel invadió Rafah de todos modos, y Estados Unidos negó que esto hubiera supuesto cruzar una «línea roja». Benjamin Q. Huỳnh *et al.*, «No Evidence of Inflated Mortality Reporting from the Gaza Ministry of Health», *The Lancet* 403, núm. 10421, 2024, pp. 23-24; «U.S. State Dept Human Rights Officer Latest to Resign in Gaza Protest», Al Jazeera English, 27 de marzo de 2024; Maria Abi-Habib *et al.*, «More Than 500 U.S. Officials Sign Letter Protesting Biden's Israel Policy», *The New York Times*, 14 de noviembre de 2023.

70. «"Please Stop This War Against Us": Gaza Doctor Begs for World's Help as Hunger & Disease Spread», *Democracy Now!*, 4 de abril de 2024; Irfan Galarian, «I'm an American Doctor Who Went to Gaza. What I Saw Wasn't War—It Was Annihilation», *Los Angeles Times*, 16 de febrero de 2024; Jason Burke, «Unicef Official Tells of "Utter Annihilation" After Travelling Length of Gaza», *The Guardian*, 22 de marzo de 2024.

71. Alexander Ward, Adam Cancryn y Jonathan Lemire, «Biden Admin Officials See Proof Their Strategy Is Working in Hostage Deal», *Politico*, 21 de noviembre de 2023; Emily Rauhala, «U.S. Backs Israel Before UN Court as Biden-Netanyahu Tension Simmers», *The Washington Post*, 21 de febrero de 2024.

72. John Hudson, «U.S. Approved More Bombs to Israel on Day of World Central Kitchen Strikes», *The Washington Post*, 4 de abril de 2024; Isaac Chotiner, «Biden's Increasingly Contradictory Israel Policy», *The New Yorker*, 2 de abril de 2024. El mejor libro disponible sobre la situación posterior al 7 de octubre es el de Jamie Stern-Weiner (ed.), *Deluge: Gaza and Israel from Crisis to Cataclysm*, Nueva York y Londres, OR Books, 2024.

6. LA GRAN AMENAZA CHINA

1. Archivo de Twitter de Trump; *The Situation Room with Wolf Blitzer*, CNN, 20 de enero de 2011; Hui Feng, «Trump Took a Sledgehammer to U.S.-China Relations. This Won't Be an Easy Fix, Even If Biden Wins», TheConversation.org, 19 de octubre de 2020; Barbara Plett Usher, «Why U.S.-China Relations Are at Their Lowest Point in Decades», BBC, 24 de julio de 2020; Adam Shaw, «Pompeo Says Chinese Threat "In- side the Gates" Amid Rising Fears About Risk to U.S. Data, Economic Security», Fox News, 9 de julio de 2022; Stephen K. Bannon, «We're in an Economic War with China. It's Futile to Compromise», *The Washington Post*, 6 de mayo de 2019; Christopher Wray, «The Threat Posed by the Chinese Government and the Chinese Communist Party to the Economic and National Security of the United States», Washington, D. C., Hudson Institute, 7 de julio de 2020.

2. «Attorney General William P. Barr Delivers Remarks on China Policy at the Gerald R. Ford Presidential Museum», Oficina de Asuntos Públicos, Departamento de Justicia, 16 de julio de 2020.

3. «National Security Strategy of the United States of America», diciembre de 2017.

4. «U.S. Strategic Framework for the Indo-Pacific», National Archives (desclasificado en 2021).

5. Edward Wong *et al.*, «Joe Biden's China Journey», *The New York Times*, 6 de octubre de 2021; Nahal Toosi, «Biden Ad Exposes a Rift over China on the Left», *Politico*, 23 de abril de 2020; Joe Leahy y Demetri Sevastopulo, «China Hits Out at U.S. After Joe Biden Calls Xi Jinping a "Dictator"», *Financial Times*, 21 de junio de 2023; Joseph R. Biden Jr., «Why America Must Lead Again», *Foreign Affairs*, marzo-abril de 2020.

6. Jennifer Conrad, «A Year In, Biden's China Policy Looks a Lot Like Trump's», *Wired*, 30 de diciembre de 2021; Gavin Bade, «"A Sea Change": Biden Reverses Decades of Chinese Trade Policy», *Politico*, 26 de diciembre de 2022; Michael Schuman, «China Will Get Stronger», *The Atlantic*, enero-febrero de 2024; Didi Tang y Ken Moritsugu, «China Sees Two "Bowls of Poison· in Biden and Trump and Ponders Who Is the Lesser of Two Evils», Associated Press, 29 de enero de 2024.

7. Michael Hirsh, «The Big, Quiet Issue Biden and Xi Are Avoiding», *Politico*, 14 de noviembre de 2023; Ivana Saraci, «Blinken: China Poses "Most Serious, Long-Term Challenge" to World Order», *Axios*, 26 de mayo de 2022; «Fact Sheet: 2022 National Defense Strategy», Departamento de Defensa; Van Jackson, «America Is Turning Asia into a Powder Keg», *Foreign Affairs*, 22 de octubre de 2021; Edward Wong, «On U.S. Foreign Policy, the New Boss Acts a Lot Like the Old One», *The New York Times*, 24 de julio de 2022; «Fact Sheet: Advancing the Rebalance to Asia and the Pacific», Oficina del Secretario de Prensa, Casa Blanca, 16 de noviembre de 2015; «Obama Tells Asia U.S. "Here to Stay" as a Pacific Power», *The Guardian*, 16 de noviembre de 2011.

8. Para ampliar el contexto, puede verse Robert P. Newman, *Owen Lattimore and the «Loss» of China*, Berkeley, University of California Press, 1992.

9. Michael T. Klare, «Welcome to the New Cold War», *The Nation*, 14 de enero de 2022; Demetri Sevastopulo, «Joe Biden Announces U.S., UK and Australia Co-Operation on Hypersonic Weapons», *Financial Times*, 5 de abril de 2022; «U.S. Dept. of Defense, Military and Security Developments Involving the People's Republic of China 2021», USC U.S.-China Institute, 2 de noviembre de 2021.

10. Deb Riechmann, «U.S. Intelligence Director Says China Is Top Threat to America», AP News, 30 de diciembre de 2020; «Safeguarding Our Future: Protecting Government and Business Leaders at the U.S. State and Local Level from People's Republic of China (PRC) Influence Operations», Centro Nacional de Contrainteligencia y Seguridad, julio

de 2022; Burgess Everett, «Schumer Presses Trump to Label China a Currency Manipulator», *Politico*, 24 de enero de 2017; «Attorney General William P. Barr Delivers Remarks on China Policy at the Gerald R. Ford Presidential Museum», 16 de julio de 2020.

11. Deborah Brautigam y Meg Rithmire, «The Chinese "Debt Trap" Is a Myth», *The Atlantic*, 6 de febrero de 2021.

12. Véase Rob Larson, «The IMF's Bottomless Bottom-Line Cruelty», *Current Affairs*, 2 de febrero de 2022.

13. Paul Wiseman, «In Trade Wars of 200 Years Ago, the Pirates Were Americans», Associated Press, 28 de marzo de 2019; «Trade Secrets: Intellectual Piracy and the Origins of American Industrial Power», *Working Knowledge*, Harvard Business School, 21 de junio de 2004; Jack Goldsmith, «Does the U.S. Still Interfere in Foreign Elections?», *Project-Syndicate.org*, 28 de octubre de 2020. Otro ejemplo lo encontramos cuando Estados Unidos acusa sistemáticamente a otras potencias de llevar a cabo campañas online de injerencia. Pero durante la pandemia de COVID-19, el Pentágono intentó socavar las campañas internacionales de vacunación de China difundiendo deliberadamente información falsa antivacunas por Internet, en un intento de empeorar la situación de la COVID-19 para debilitar a China. Chris Bing y Joel Schectman, «Pentagon Ran Secret Anti-Vax Campaign to Undermine China During Pandemic», Reuters, 14 de junio de 2024.

14. Kyle Haynes, «Would China Be a Benign Hegemon?», *The Diplomat*, 2 de junio de 2017; Ha-Joon Chang, *Kicking Away the Ladder: Development Strategy in Historical Perspective*, Londres, Anthem Press, 2002.

15. «Declaraciones de PJ Keating», 28 de septiembre de 2021.

16. Cobus van Staden, «Fears of a Chinese Naval Base in West Africa Are Overblown», *Foreign Policy*, 3 de marzo de 2022; Phelim Kine, «U.S. Turns the Screws on Solomon Islands to Counter China», *Politico*, 28 de abril de 2022.

17. «We Shouldn't Underestimate the Incredible Danger Posed by the Taiwan Crisis», entrevista con Lyle Goldstein, *Jacobin*, 6 de agosto de 2022.

18. «U.S. Poses Most Serious Long-Term Challenge to International Order: Spokesperson», *Xinhua*, 31 de mayo de 2022.

19. Chris Buckley, «After China's Military Spectacle, Options Narrow for Winning Over Taiwan», *The New York Times*, 7 de agosto de 2022.

20. Nathaniel Sher, «Why We Shouldn't Declare Taiwan an Independent Country», Quincy Institute for Responsible Statecraft, 9 de octubre de 2023.

21. Kyle Mizokami, «The U.S. Military "Failed Miserably" in a Fake Battle over Taiwan», *Popular Mechanics*, 2 de agosto de 2021.

22. Kathrin Hille y Demetri Sevastopulo, «Taiwan: Preparing for a Potential Chinese Invasion», *Financial Times*, 6 de junio de 2022; Kathrin Hille y Demetri Sevastopulo, «U.S. Accused of Undermining Taiwan Defences by Focusing on "D-day" Scenario», *Financial Times*, 17 de mayo de 2022; Richard C. Bush, «What the Historic Ma-Xi Meeting Could Mean for Cross-Strait Relations», Brookings Institution, 9 de noviembre de 2015.

23. Chris Horton, «Taiwan's Status Is a Geopolitical Absurdity», *The Atlantic*, 8 de julio de 2019.

24. Jack Detsch, «The U.S. Is Getting Taiwan Ready to Fight on the Beaches», *Foreign Policy*, 8 de noviembre de 2021; Christina Lu, «Biden Vows to Defend Taiwan», *Foreign Policy*, 24 de mayo de 2022; Ben Burgis, «Nancy Pelosi Is Rolling the Dice on World War III», *Jacobin*, 4 de agosto de 2022.

25. Chris Buckley y Steven Lee Myers, «"Starting a Fire": U.S. and China Enter Dangerous Territory over Taiwan», *The New York Times*, 9 de octubre de 2021.

26. Paul Godwin, «Asia's Dangerous Security Dilemma», *Current History* 109, núm. 728, septiembre de 2010, pp. 264-266; Stephen Walt, «Does Anyone Still Understand the "Security Dilemma"?», Quincy Institute for Responsible Statecraft, 26 de julio de 2022; Roger Cohen, «In Submarine Deal with Australia, U.S. Counters China but Enrages France», *The New York Times*, 16 de septiembre de 2021; Stavros Atlamazoglu, «The U.S. Navy Is Training for War in the South China Sea», *1945*, 18 de julio de 2022; Takahashi Kosuke, «U.S.-Led RIMPAC, World's Largest Maritime Exercise, Starts Without China or Taiwan», *The Diplomat*, 1 de julio de 2022; Stavros Atlamazoglu, «What Is RIMPAC 2022? Simple: A Warning to China», *1945*, 18 de julio de 2022.

27. Hal Brands, «Containment Can Work Against China, Too», *The Wall Street Journal*, 3 de diciembre de 2021; S.2226—National Defense Authorization Act for Fiscal Year 2024; Alexa Fee, «Romney Calls for a Change of Course Concerning China», *The Daily Caller*, 16 de febrero de 2012; Jackie Calmes, «Trans-Pacific Partnership Text Released, Waving Green Flag for Debate», *The New York Times*, 5 de noviembre de 2015.

28. M. Taylor Fravel, «China's Misunderstood Nuclear Expansion», *Foreign Affairs*, 10 de noviembre de 2023.

29. John Mearsheimer, «The Rise of China Will Not Be Peaceful at All», *The Australian*, 18 de noviembre de 2005.

30. Richard Stone, «"National Pride Is at Stake." Russia, China, United States Race to Build Hypersonic Weapons», *Science*, 8 de enero de 2020; Peter Martin, «Kissinger Warns Biden of U.S.-China Catastrophe on Scale of WWI», Bloomberg, 16 de noviembre de 2020.

31. Gordon Corera, «China: MI5 and FBI Heads Warn of "Immense" Threat», BBC, 7 de julio de 2022; Tom Mitchell, «China Blasts "Extremely Dangerous" U.S. Policy at High-Level Talks», *Financial Times*, 25 de julio de 2021; John Kuo Wei Tchen y Dylan Yeats (eds.), *Yellow Peril! An Archive of Anti-Asian Fear*, Londres y Nueva York, Verso, 2014.

32. Cindy Wang e Isabel Reynolds, «China Likely Fired Missiles over Taiwan in High-Risk Milestone», Bloomberg, 3 de agosto de 2022; Stuart Lau, «China Suspends Climate Talks with U.S.», *Politico*, 5 de agosto de 2022.

7. La OTAN y Rusia después de la Guerra Fría

1. Strobe Talbott, introducción en John Norris, *Collision Course: NATO, Russia, and Kosovo*, Westport (Connecticut), Praeger, 2005.

2. J. de Hoop Scheffer, AP/Novum, *Trouw*, 29 de junio de 2007.

3. Kennan citado en Thomas L. Friedman, «Now a Word from X», *The New York Times*, 2 de mayo de 1998; Richard Sakwa, *Frontline Ukraine*, Londres, I. B. Tauris & Co., 2015, p. 4.

4. Charles A. Kupchan, «Expand NATO—and Split Europe», *The New York Times*, 27 de noviembre de 1994; Michael Mandelbaum, «Preserving the New Peace: The Case Against NATO Expansion», *Foreign Affairs*, mayo-junio de 1995; Ted Galen Carpenter, «Ignored Warnings: How NATO Expansion Led to the Current Ukraine Tragedy», Cato Institute, 24 de febrero de 2022. El propio Galen Carpenter había dicho en su momento: «Sería extraordinariamente difícil expandir la OTAN hacia el este sin que Rusia lo considerara una acción hostil. Hasta los planes más modestos llevarían a la alianza a las puertas de la antigua Unión Soviética. En otras versiones más ambiciosas la alianza acabaría rodeando virtualmente a la propia Federación Rusa [...]. [La expansión] constituiría una provocación innecesaria a Rusia».

5. «"We're Fundamentally at War": Rep. Moulton Says U.S. in Proxy War with Russia», *Democracy Now!*, 9 de mayo de 2022; Susan B. Glasser, «What If We're Already Fighting the Third World War with Russia?», *The New Yorker*, 29 de septiembre de 2022.

6. Así explicó el propio Bill Clinton sus motivos para ordenar los

bombardeos. «Clinton's Statements on Kosovo», *The Washington Post*, 1 de junio de 1999.

7. «A Cash-Starved Peace in Kosovo», *The New York Times*, 7 de marzo de 2000; Javier Solana, «NATO's Success in Kosovo», *Foreign Affairs*, noviembre-diciembre de 1999; Samantha Power, «A Problem from Hell": America and the Age of Genocide», Nueva York, Basic Books, 2002, ebook.

8. Michael Mandelbaum, «A Perfect Failure: NATO's War Against Yugoslavia», *Foreign Affairs* 78, núm. 5, 1999, pp. 2-8.

9. Christopher Layne y Benjamin Schwarz, «Was It a Mistake?», *The Washington Post*, 26 de marzo de 2000.

10. Wesley Clark, *Waging Modern War*, Nueva York, Public Affairs, 2001, p. 171; Elaine Sciolino y Ethan Bronner, «Crisis in the Balkans: The Road to War», *The New York Times*, 18 de abril de 1999; Jeremy Hammond, «Syria and Lessons Unlearned from the U.S./NATO Bombing of Kosovo», *Foreign Policy Journal*, 6 de septiembre de 2013; «Kosovo: Civilian Deaths in the NATO Air Campaign», Human Rights Watch, 1 de febrero de 2000. El embajador de China ante la ONU describió el atentado contra la embajada como un «acto de barbarie» y «una grave violación de la Carta de las Naciones Unidas, del derecho internacional y de las reglas que rigen las relaciones internacionales», así como «una violación de la Convención de Ginebra». La OTAN puso en duda que el bombardeo sobre el autobús fuera responsabilidad suya y calificó los informes de «distorsión deliberada», añadiendo que no había pruebas de su participación. Pero Human Rights Watch sí obtuvo pruebas que apuntaban a la responsabilidad de la OTAN y contabilizó a las víctimas como causadas por el bombardeo de la OTAN. En *Los Angeles Times*, Paul Watson presentó un desgarrador relato del ataque sobre el autobús: «Uno de los cuarenta y tres civiles que sobrevivieron al bombardeo del lunes se llamaba Nada. En la habitación donde yacía en el hospital principal de Pec, que albergaba a diez mujeres y niños, uno de los heridos era una niña rubia de unos cuatro años. La boda que Nada y su madre habían empezado a planear debía de parecerle ahora muy lejana. Un pedazo de metralla había seccionado la columna vertebral de Nada como un cuchillo, y el director del hospital de Pec, el doctor Miodrag Jasovic, pronosticaba que las posibilidades de que la chica volviera a caminar eran nulas [...]. Para otra de las pasajeras, Sladjana Prascevic, de veinticinco años, de Decani, la idea de sufrir un ataque de la OTAN mientras viajaba en autobús era tan impensable que en un primer momento pensó que se trataba de una emboscada del Ejército

de Liberación de Kosovo [...]. Incapaz de moverse y cubierta de sangre, Nada se encontró atrapada en un tumulto de personas presas del pánico que intentaban escapar. Aterrada, su madre la agarró con ambas manos y la sacó a rastras del autobús, pasando por encima de los cadáveres de pasajeros, policías y soldados. En ese momento, según cuentan los testigos, un bombardero de la OTAN lanzó una bomba de racimo. Soltó docenas de pequeñas bombas que explotaron en mil pedazos de metralla y perforaron agujeros del tamaño de pelotas de béisbol en el asfalto. Uno de los botes amarillos no detonó. Amenazaba con estallar a unos metros del cadáver de un policía vestido de camuflaje azul que yacía boca arriba, muy por detrás del autobús. Una placa metálica remachada a una pieza redonda de la bomba de racimo principal había aterrizado en medio de la carretera y ofrecía estos detalles sobre el origen de la bomba y su clase: «Sensor de proximidad FZU 39/B», decía la placa metálica. El número de lote era MN89F005-010 y el número de pieza 77757-10. Había sido fabricada en Estados Unidos y el nombre del fabricante era Magnavox. La madre de Nada la estaba arrastrando hacia un bosquecillo cercano cuando las bombas de racimo empezaron a explotar por toda la carretera, obligando a los aturdidos supervivientes a huir hacia lo profundo de los árboles, según reportaron Matanovic y otros testigos. La policía y los soldados llegaron más tarde y trasladaron a los supervivientes al hospital. Cuando un pequeño grupo de periodistas apareció en el lugar, en torno a las 3:15 p. m., la policía estaba cargando los últimos cadáveres en un camión». Paul Watson, «NATO Bombs Kill 17 More Civilians», *Los Angeles Times*, 4 de mayo de 1999.

11. Thomas L. Friedman, «Stop the Music», *The New York Times*, 23 de abril de 1999.

12. «No Justice for the Victims of NATO Bombings», Amnistía Internacional, 23 de abril de 2009 [versión en español: «No hay justicia para las víctimas de los bombardeos de la OTAN», <https://www.amnesty.org/es/latest/news/2009/04/no-justicia-victimas-bombardeos-otan-20090423/>]; «Serb Media Battles NATO with Scenes of Destruction», CNN, 9 de abril de 1999; Richard Norton-Taylor, «Serb TV Station Was Legitimate Target, Says Blair», *The Guardian*, 23 de abril de 1999.

13. Bradley Graham, «Report Says NATO Bombing Killed 500 Civilians in Yugoslavia», *The Washington Post*, 7 de febrero de 2000.

14. Susan Sontag, «Why Are We in Kosovo?», *The New York Times*, 2 de mayo de 1999; Independent International Commission on Kosovo,

The Kosovo Report, The Independent International Commission on Kosovo, Nueva York, Oxford University Press, 2000.

15. Michael MccGwire, «Why Did We Bomb Belgrade?», *International Affairs (Royal Academy of International Affairs)* 76, núm. 1, enero de 2000; «Bombing of Yugoslavia Awakens Anti-U.S. Feeling Around World», *The Washington Post*, 18 de mayo de 1999. El *Post* informó sobre que la oposición global a las acciones de la OTAN estaba muy extendida y presente en América Latina, Asia y África, y que podía verse «en los editoriales de los periódicos, las encuestas de opinión, las protestas públicas, la conversación en Internet y las pintadas en las calles». Anthony Sampson, «Mandela Accuses "Policeman" Britain», *The Guardian*, 4 de abril de 2000.

16. En la misma línea, Tony Blair mencionaba la «credibilidad de la OTAN» como una cuestión central que significaba que «no podíamos perder»; «Moral Combat: NATO at War», BBC Two, 12 de marzo de 2000.

17. Todas las citas son de Norris, *Collision Course*, cit. Hay que señalar que el libro de Norris está prologado por el vicesecretario de Estado del propio Clinton, Strobe Talbott.

18. Patrick Wintour, «War Strategy Ridiculed», *The Guardian*, 20 de julio de 2000.

19. Yeltsin citado en Norris, «Yeltsin Sees War Threat in NATO Enlargement», *Monitor* 1, núm. 91, 8 de septiembre de 1995.

20. Albright citado en Galen Carpenter; Strobe Talbott, «Why NATO Should Grow», *The New York Review of Books*, 10 de agosto de 1995.

21. Paul Taylor, «Ukraine: NATO's Original Sin», *Politico*, 23 de noviembre de 2021; Branko Marcetic, «Diplomatic Cables Show Russia Saw NATO Expansion as a Red Line», American Committee for U.S.-Russia Accord, 16 de enero de 2023.

22. Según el Archivo de Seguridad Nacional, el Gobierno del Reino Unido ofreció similares garantías: «En marzo de 1991, según el diario del embajador británico en Moscú, el primer ministro británico John Major le aseguró personalmente a Gorbachov: "No estamos hablando de fortalecer la OTAN". Después, cuando el ministro de Defensa soviético, el mariscal Dmitri Yazov, interrogó a Major acerca del interés de los gobernantes de Europa del Este por ser miembros de la OTAN, el mandatario británico respondió: "No va a pasar nada similar"»; «NATO Expansion: What Gorbachev Heard», Archivo de Seguridad Nacional, 12 de diciembre de 2017; Robert M. Gates, *Duty: Memoirs of a Secretary at War*, Nueva York, Vintage, 2015, p. 157. En la misma línea se pronunció

Steven Pifer, quien ocupó el cargo de embajador en Ucrania desde 1998 hasta el año 2000: «Fue un verdadero error [...]. A los rusos los enloqueció. Y creó unas expectativas en Ucrania y en Georgia que después no llegaron a cumplirse».

23. Horace Campbell y Ali A. Mazrui, *Global NATO and the Catastrophic Failure in Libya*, Nueva York, New York University Press, 2013; Ian Martin, *All Necessary Measures? The United Nations and International Intervention in Libya*, Londres, Hurst, 2022; Joe Dyke, «NATO Killed Civilians in Libya. It's Time to Admit It», *Foreign Policy*, 20 de marzo de 2021.

24. «This Man Predicted Russia-Ukraine War in 2015: The West Is Leading Ukraine Down the Primrose Path», *India Times*, 27 de febrero de 2022; Shane Harris *et al.*, «Road to War: U.S. Struggled to Convince Allies, and Zelensky, of Risk of Invasion», *The Washington Post*, 16 de agosto de 2022.

25. «On Launching a Special Military Operation in Ukraine», discurso del presidente de la Federación Rusa, 24 de febrero de 2022.

26. Thomas L. Friedman, «This Is Putin's War. But America and NATO Aren't Innocent Bystanders», *The New York Times*, 21 de febrero de 2022. En 1996, Friedman había descrito la expansión de la OTAN como «el proyecto peor concebido de la era posterior a la Guerra Fría». Noor Ibrahim, «Biden Tells Putin Where to Shove His "Red Lines"», *Daily Beast*, 7 de diciembre de 2021.

27. Anatol Lieven, «Ukraine: The Most Dangerous Problem in the World», *The Nation*, 15 de noviembre de 2021.

28. Jack F. Matlock Jr., «I Was There: NATO and the Origins of the Ukraine Crisis», Quincy Institute for Responsible Statecraft, 15 de febrero de 2022.

29. Michael Schwirtz, «NATO Signals Support for Ukraine in Face of Threat from Russia», *The New York Times*, 16 de diciembre de 2021; Samuel Charap, «NATO Honesty on Ukraine Could Avert Conflict with Russia», *Financial Times*, 13 de enero de 2022.

30. John R. Deni, «The Strategic Case for Risking War in Ukraine», *The Wall Street Journal*, 22 de diciembre de 2021.

31. Entrevista con Zbigniew Brzezinski, *Le Nouvel Observateur*, 15-21 de enero de 1998, p. 76.

32. Citado en Andrew van Wagner, «Stopping the Killing», *Join Andrew*, Substack, 19 de enero de 2023.

33. Alexander Ward, «Tell Us How the Ukraine War Ends», *Politico*, 1 de marzo de 2022; Daniel W. Drezner, «What Is the Plan Behind Sanc-

tioning Russia?», *The Washington Post*, 25 de abril de 2022; Natasha Bertrand *et al.*, «Austin's Assertion That U.S. Wants to "Weaken" Russia Underlines Biden Strategy Shift», CNN, 26 de abril de 2022.

34. Carta del Caucus Progresista del Congreso, 24 de octubre de 2022; Alexander Ward *et al.*, «House Progressives Retract Russia-Diplomacy Letter amid Dem Firestorm», *Politico*, 25 de octubre de 2022; Michael Birnbaum y Missy Ryan, «NATO Says Ukraine to Decide on Peace Deal with Russia—Within Limits», *The Washington Post*, 5 de abril de 2022.

35. Peter Baker, «Top U.S. General Urges Diplomacy in Ukraine While Biden Advisers Resist», *The New York Times*, 10 de noviembre de 2022; Kylie Atwood y Oren Liebermann, «Biden Admin Divided over Path Ahead for Ukraine as Top U.S. General Milley Pushes for Diplomacy», CNN, 11 de noviembre de 2022.

36. Yasmeen Serhan, «Why Germany Agonized over Sending Tanks to Ukraine», *Time*, 25 de enero de 2023; «Germany Is Refusing to Send Tanks to Ukraine. Biden Cannot Let This Stand», *The Washington Post*, 21 de enero de 2023.

37. Graham E. Fuller, «Washington Denies Reality of "Spheres of Influence"—a New Pinnacle of Hypocrisy», blog de Graham E. Fuller, 6 de febrero de 2022; Fiona Harrigan, «Don't Kick Russian Students Out of the U.S.», *Reason*, 1 de marzo de 2022; Jim Lobe, «Networks Covered the War in Ukraine More Than the U.S. Invasion of Iraq», Quincy Institute for Responsible Statecraft, 9 de abril de 2022. De hecho, en los medios de comunicación hubo muchas voces que se mostraron mucho más empáticas con las víctimas europeas; un corresponsal de la CBS dijo: «Verás, esta es una ciudad relativamente civilizada, relativamente europea (tengo que elegir las palabras con mucho cuidado) [Kiev], donde uno no esperaría ni desearía que sucediera algo así». H. A. Hellyer, «Coverage of Ukraine Has Exposed Long-Standing Racist Biases in Western Media», *The Washington Post*, 28 de febrero de 2022.

38. Timothy Ash, «It's Costing Peanuts for the U.S. to Defeat Russia», Center for European Policy Analysis, 18 de noviembre de 2022; Dennis Romboy, «Mitt Romney Says U.S. Support of Ukraine Is Good for Americans», *Deseret News*, 26 de enero de 2023.

39. Samuel Charap y Miranda Piebe, «Avoiding a Long War: U.S. Policy and the Trajectory of the Russia-Ukraine Conflict», RAND Research & Commentary, 25 de enero de 2023.

40. Alistair MacDonald y Daniel Michaels, «BAE, U.S. in Talks to Restart M777 Howitzer Production After Ukraine Success», *The Wall*

Street Journal, 9 de octubre de 2022; Eric Lipton *et al.*, «Military Spending Surges, Creating New Boom for Arms Makers», *The New York Times*, 18 de diciembre de 2022; David Ignatius, «The West Feels Gloomy About Ukraine. Here's Why It Shouldn't», *The Washington Post*, 18 de julio de 2023; Taras Kuzio, «The West Reaps Multiple Benefits from Backing Ukraine Against Russia», Atlantic Council, 12 de enero de 2023. De hecho, el ministro de Defensa de Ucrania presentó la guerra como un «campo de pruebas» ideal para las armas occidentales. Roman Olearchyk, «Military Briefing: Ukraine Provides Ideal "Testing Ground" for Western Weaponry», *Financial Times*, 5 de julio de 2023.

41. Eliot A. Cohen, «Western Aid to Ukraine Is Still Not Enough», *The Atlantic*, 17 de enero de 2023; Eliot A. Cohen, «Cut the Baloney Realism», *The Atlantic*, 21 de noviembre de 2023; Eliot A. Cohen, «Let's Use Chicago Rules to Beat Russia», *The Atlantic*, 6 de julio de 2023; Aaron Maté, «U.S. Fighting Russia "to the Last Ukrainian": Veteran U.S. Diplomat», *TheGrayzone.com*, 24 de marzo de 2022; Aaron Maté, «U.S., UK Sabotaged Peace Deal Because They "Don't Care About Ukraine": Fmr. NATO Adviser», *TheGrayzone.com*, 27 de septiembre de 2022; Branko Marcetic, «Ukraine's Tragedies: A "Good Deal" for Some War Supporters», Quincy Institute for Responsible Statecraft, 26 de febrero de 2025.

42. Barbara Moens *et al.*, «Europe Accuses U.S. of Profiting from War», *Politico*, 24 de noviembre de 2022; «Ukraine Crisis: List of Countries That Have Imposed Sanctions on Russia», *BusinessToday.in*, 23 de febrero de 2022; Howard W. French, «Why Ukraine Is Not a Priority for the Global South», *Foreign Policy*, 19 de septiembre de 2022.

43. Sakwa, *Frontline Ukraine*, cit.; Oli Brown *et al.*, «The Consequences of Russia's War on Ukraine for Climate Action, Food Supply and Energy Security», Chatham House, 13 de septiembre de 2023.

44. Respuestas detalladas a algunas críticas habituales pueden verse en Noam Chomsky, «The Ukraine War: Chomsky Responds», *CounterPunch.org*, 3 de junio de 2022. Un análisis extenso de la idea de que cuestionar la postura de Estados Unidos es una falta de respeto a la capacidad de Ucrania para tomar sus propias decisiones puede encontrarse en Branko Marcetic, «Free Agents?», *New Left Review*, 23 de noviembre de 2023.

45. «Head of Ukraine's Leading Party Claims Russia Proposed "Peace" in Exchange for Neutrality», *Ukrainska Pravda*, 24 de noviembre de 2023; Robert Semonsen, «Former Israeli PM: West Blocked Russo-Ukraine Peace Deal», *European Conservative*, 7 de febrero de 2023;

Catherine Belton, «Russia Will Stop "in a Moment" if Ukraine Meets Terms—Kremlin», Reuters, 7 de marzo de 2022; Anton Troianovski, «Putin Quietly Signals He Is Open to a Cease-Fire in Ukraine», *The New York Times*, 23 de diciembre de 2023; «Putin Says Russia Does Not Reject Talks with Ukraine», Reuters, 29 de julio de 2023; Ben Aris, «Lavrov Confirms Ukraine War Peace Deal Reached Last April, but Then Abandoned», Intellinews, 27 de septiembre de 2023; «Russia Has Shown No Interest in Negotiations to End War Despite Putin's Words, U.S. Officials Say», Radio Free Europe, 23 de diciembre de 2022; Kaitlin Lewis, «Russia Offered to End War if Ukraine Dropped NATO Bid: Kyiv Official», *Newsweek*, 27 de noviembre de 2023; «Blinken: "Kiev Willing to Negotiate if Russia Shows Interest in a Diplomatic Solution"», *Agenzia Nova*, 11 de septiembre de 2023.

46. Helene Cooper *et al.*, «Troop Deaths and Injuries in Ukraine War Near 500,000, U.S. Officials Say», *The New York Times*, 18 de agosto de 2023; Erin Snodgrass, «The Average Age of Ukrainian Soldier Is Older Than 40 as the Country Grapples with Personnel Problems», *Business Insider*, 6 de noviembre de 2023.

47. Oliver Milman, «How the Gas Industry Capitalized on the Ukraine War to Change Biden Policy», *The Guardian*, 22 de septiembre de 2022; Tom Fairless, «How War in Europe Boosts the U.S. Economy», *The Wall Street Journal*, 18 de febrero de 2024.

48. James Mattis, «National Defense Strategy and Nuclear Posture Review», Committee on Armed Services, Cámara de Representantes de Estados Unidos, 6 de febrero de 2018.

8. Amenaza nuclear y catástrofe climática

1. Alvin Powell, «Pinker Explains the Long Peace», *Harvard Gazette*, 30 de marzo de 2012; Steven Pinker, *The Better Angels of Our Nature: Why Violence Has Declined*, Nueva York, Viking, 2011 [hay trad. cast.: *Los ángeles que llevamos dentro. El declive de la violencia y sus implicaciones*, trad. de Joan Soler, Barcelona, Paidós, 2018, ebook]. Paul Thomas Chamberlain señala que «entre el final de la Segunda Guerra Mundial y 1990 murieron más de 20 millones de personas en conflictos violentos. Si lo desglosamos, eso supone que, durante cuarenta y cinco años, cada día murieron de media más de 1.200 personas en guerras de un tipo u otro. La mayoría de ellas eran civiles. En términos numéricos, esta cifra equivale a más de tres masacres de My Lai diarias durante cuarenta y cinco

años. Casi todas ellas han sido olvidadas». Paul Thomas Chamberlain, *The Cold War's Killing Fields: Rethinking the Long Peace*, Nueva York, Harper, 2018. Una respuesta más detallada a Pinker puede verse en Edward S. Herman y David Peterson, «Reality Denial: Steven Pinker's Apologetics for Western-Imperial Violence», *Znetwork.org*, 24 de julio de 2012, y Nathan J. Robinson, «The World's Most Annoying Man», *Current Affairs*, 29 de mayo de 2019.

2. Por ejemplo, si contáramos simplemente el número de linchamientos que se produjeron en el sur de Estados Unidos bajo la era de Jim Crow, no tendríamos una medición precisa de la violencia del sistema porque la amenaza del linchamiento era omnipresente; sería, de nuevo, como contabilizar como robos a mano armada solo aquellos casos en los que alguien ha acabado con una herida de bala.

3. Sobre los horrores de las bombas incendiarias y un análisis de las justificaciones que se presentan para su uso véase Edwin P. Hoyt, *Inferno: The Fire Bombing of Japan, March 9-August 15, 1945*, Montebello, Madison Books, 2000.

4. Véase Greg Mitchell, «The Great Hiroshima Cover-Up—and the Greatest Movie Never Made», *Asia-Pacific Journal* 9, núm. 21, agosto de 2011. Mitchell documenta cómo las autoridades estadounidenses ocultaron las imágenes más gráficas de las víctimas de la bomba atómica y cita al director del equipo de filmación del ejército, que, acerca de las imágenes, dice: «[Los altos mandos de la administración estadounidenses] querían enterrarlas [...]. Tenían miedo por el grado de horror que contenían [...], porque mostraban efectos en hombres, mujeres y niños [...]. No querían que ese material saliera a la luz porque estaban arrepentidos de sus pecados... y porque estaban trabajando en nuevas armas nucleares». Las imágenes salieron finalmente a la luz gracias a los esfuerzos de los activistas antinucleares japoneses.

5. J. Robert Oppenheimer, *Atom and Void: Essays on Science and Community*, Princeton, Princeton University Press, 2014, p. 141; Harold P. Green, «The Oppenheimer Case: A Study in the Abuse of Law», *Bulletin of the Atomic Scientists* 33, núm. 7, septiembre de 1977, p. 12; Holcomb B. Noble, «Joseph Rotblat, 96, Dies; Resisted Nuclear Weapons», *The New York Times*, 2 de septiembre de 2005.

6. Declaración de Mainau, 5.ª Reunión de Premios Nobel en Lindau, 15 de julio de 1955; «The Russell-Einstein Manifesto», Atomic Heritage Foundation, 9 de julio de 1955.

7. «Nuclear Weapons», United Nations Office for Disarmament Affairs. Discurso del representante soviético (Gromyko) ante la Comi-

sión de Energía Atómica de las Naciones Unidas, 19 de junio de 1946, en *Documents on Disarmament*, vol. I, Washington, D. C., United States Arms Control and Disarmament Agency, 1960, pp. 19-21.

8. Michio Kaku y Daniel Axelrod, *To Win a Nuclear War: The Pentagon's Secret War Plans*, Boston, South End Press, 1999, p. 30; Henry Stimson, entradas en su diario, 14-15 de mayo de 1945.

9. Lawrence S. Wittner, *One World or None: A History of the World Nuclear Disarmament Movement Through 1953*, Redwood City, Stanford University Press, 1993, p. 79.

10. Marion Lloyd, «Soviets Close to Using A-Bomb in 1962 Crisis, Forum Is Told», *The Boston Globe*, 13 de octubre de 2002.

11. Christian Appy, *American Reckoning*, Nueva York, Penguin Books, 2015, p. 76.

12. Véase también Sheldon M. Stern, *The Cuban Missile Crisis in American Memory: Myths versus Reality*, Redwood City, Stanford University Press, 2012; Noam Chomsky, «Cuban Missile Crisis: How the U.S. Played Russian Roulette with Nuclear War», *The Guardian*, 15 de octubre de 2012.

13. «President Reagan's Plan to Deploy 572 Intermediate Range Missiles», United Press International, 13 de septiembre de 1983; Ewa Pieta, «The Red Button and the Man Who Saved the World», Ithaca, Log In Productions, 2006, documental.

14. George Lee Butler, «General Lee Butler Addresses the Canadian Network Against Nuclear Weapons», Nuclear Age Peace Foundation, 11 de marzo de 1999; Daniel Ellsberg, *The Doomsday Machine: Confessions of a Nuclear War Planner*, Nueva York, Bloomsbury, 2017, ebook. Ellsberg consideró que este plan, tanto como nuestros planes actuales, era «escandalosamente demencial e inmoral en su casi incalculable e inconcebible capacidad de destrucción y voluntad homicida deliberadas». Sostiene que «no hay ningún interés, ninguna causa, ningún principio, ninguna consideración del honor u obligación o prestigio o mantenimiento del liderazgo en las alianzas actuales [...] que pueda justificar el mantenimiento de la amenaza de poner en riesgo la extinción de la vida humana y de los otros seres vivos de este planeta».

15. Hay más incidentes documentados en Eric Schlosser, *Command and Control: Nuclear Weapons, the Damascus Accident, and the Illusion of Safety*, Nueva York, Penguin Books, 2013. Véase también «Accidental Nuclear War: A Timeline of Close Calls», Future of Life Institute, 23 de febrero de 2016.

16. «Essentials of Post-Cold War Deterrence», STRATCOM, 1995.

17. Alex Emmons, «Obama's Russian Rationale for $1 Trillion Nuke Plan Signals New Arms Race», *The Intercept*, 23 de febrero de 2016; Hans M. Kristensen, «How U.S. Nuclear Force Modernization Is Undermining Strategic Stability», *Bulletin of the Atomic Scientists*, 1 de marzo de 2017.

18. Revisión de la Postura Nuclear de 2022, Departamento de Defensa; David A. Koplow, «Parsing Good Faith: Has the United States Violated Article VI of the Nuclear Non-Proliferation Treaty», *Wisconsin Law Review* 301, 1993.

19. Liu Zhen, «China Warns U.S. Nuclear Policy Will Fuel Arms Race and Threaten Peace», *South China Morning Post*, 28 de octubre de 2022.

20. Lawrence S. Wittner, *Confronting the Bomb: A Short History of the World Nuclear Disarmament Movement*, Redwood City, Stanford University Press, 2009, p. 79; «Memorandum of Discussion at the 277th Meeting of the National Security Council», 27 de febrero de 1956, *Foreign Relations of the United States, 1955-1957, National Security Policy*, vol. XIX, Washington, D. C., Oficina de Publicaciones del Gobierno de Estados Unidos, 1990.

21. Wittner, *Confronting the Bomb*, cit., p. 166.

22. «The Women Who Took on the British Government's Nuclear Programme», Imperial War Museum, Londres.

23. Elaine Scarry, *Thermonuclear Monarchy: Choosing Between Democracy and Doom*, Nueva York, W. W. Norton, 2014; George Lee Butler, «The Risks of Nuclear Deterrence: From Superpowers to Rogue Leaders», National Press Club, 2 de febrero de 1998.

24. Lisbeth Gronlund *et al.*, «An Expert Proposal: How to Limit Presidential Authority to Order the Use of Nuclear Weapons», *Bulletin of the Atomic Scientists*, 8 de enero de 2021; Anthony Summers, *The Arrogance of Power: The Secret World of Richard Nixon*, Nueva York, Penguin Books, 2001. Summers también cita a un colaborador de Kissinger que en otra ocasión oyó a Nixon, borracho, decirle a Kissinger: «Henry, tenemos que darles con lo nuclear». Y el propio Nixon admitió haberse planteado el uso de armas nucleares en Vietnam. Véase «Nixon Proposed Using A-Bomb in Vietnam War», Associated Press, 1 de marzo de 2002. De Nixon se dice habitualmente que era partidario de lo que él llamaba «la teoría del loco», una especie de farol en el que fingía estar lo bastante perturbado como para desencadenar una violencia terrible («Quiero que los norvietnamitas crean que he llegado al punto en que sería capaz de hacer cualquier cosa para terminar la guerra», también

echar «mano del botón nuclear», es decir, aparentar ser un genocida en potencia). En realidad, lo que muestran los documentos es que esa locura no era un farol y que la aniquilación nuclear de objetivos vietnamitas fue una opción que se consideró en serio. Véase «Nixon White House Considered Nuclear Options Against North Vietnam, Declassified Documents Reveal», Archivo de Seguridad Nacional, 31 de julio de 2006. En cualquier caso, como dijo Le Duc Tho a Kissinger, Vietnam ya había sido atacado con el equivalente a cientos de bombas atómicas. La locura homicida no era una mera amenaza o táctica diplomática, era la política oficial.

25. William Perry, entrevistado en PBS. «75 Years After Hiroshima, Should U.S. President Have Authority to Launch Nuclear Attack?», PBS NewsHour, 5 de agosto de 2020; Julian Borger, «Ex-Intelligence Chief: Trump's Access to Nuclear Codes Is "Pretty Damn Scary", *The Guardian*, 23 de agosto de 2017.

26. William J. Perry y Tom Z. Collina, *The Button: The New Nuclear Arms Race and Presidential Power from Truman to Trump*, Dallas, BenBella Books, 2020; Garrett M. Graff, «The Madman and the Bomb», *Politico*, 11 de agosto de 2017.

27. «Netanyahu Thanks U.S. for Blocking Push for Middle East Nuclear Arms Ban», *The Guardian*, 23 de mayo de 2015; «Public Opinion in Iran and America on Key International Issues», WorldPublicOpinion.org, Program on International Policy Attitudes, 24 de enero de 2007; «Iranian Public Opinion Under "Maximum Pressure"», Center for International & Security Studies, University of Maryland, 16 de octubre de 2019. Incluso el público israelí ha expresado en años anteriores su apoyo mayoritario a un Oriente Medio libre de armas nucleares. Michael Felsen, «Finding the Way to Helsinki», *Jerusalem Post*, 13 de diciembre de 2012.

28. «No First Use FAQs», Global Zero; «Treaty on the Prohibition of Nuclear Weapons (TPNW)», Nuclear Threat Initiative, entró en vigor el 22 de enero de 2021.

29. James M. Acton, «The U.S. Exit from the Anti-Ballistic Missile Treaty Has Fueled a New Arms Race», Carnegie Endowment for International Peace, 13 de diciembre de 2021; Paul Meyer, «Is There Any Fizz Left in the Fissban? Prospects for a Fissile Material Cutoff Treaty», Arms Control Association, 2007; Kingston Reif, «Biden Continues Trump Nuclear Funding», Arms Control Association, julio-agosto de 2021.

30. Mohamed el-Baradei, «Towards a Safer World», *The Economist*,

16 de octubre de 2003; Jimmy Carter, «Saving Nonproliferation», *The Washington Post*, 27 de marzo de 2005.

31. Harry S. Truman, «Annual Message to the Congress on the State of the Union», 7 de enero de 1953; Robert S. McNamara, «Apocalypse Soon», *Foreign Policy*, 21 de octubre de 2009; Julian Borger, «Nuclear Weapons Risk Greater Than in Cold War, Says Ex-Pentagon Chief», *The Guardian*, 7 de enero de 2016; Sam Nunn, «The Cold War's Nuclear Legacy Has Lasted Too Long», *Financial Times*, 5 de diciembre de 2004; Michael MccGwire, «Shifting the Paradigm», *International Affairs* 78, núm. 1, 2002.

32. Alexandra Topping, «Heatwave Led to London Firefighters' Busiest Day Since Second World War», *The Guardian*, 20 de julio de 2022; Aspen Pflughoeft, «"Busiest Day Since World War II' Sends Firefighters Rushing to 1,100 Fires in London», *Miami Herald*, 20 de julio de 2022; «Fire Which Swept Through Village "Like a Scene from the Blitz" Says Resident», *The Independent*, 20 de julio de 2022.

33. Claire M. Belcher *et al.*, *UK Wildfires and Their Climate Challenges*, University of Exeter Global Systems Institute, 2021. Los investigadores han concluido que «el aumento proyectado del riesgo de incendios se debe predominantemente al ascenso de las temperaturas, la reducción de las precipitaciones, una menor humedad y unos vientos de mayor fuerza que se prevé que continúen en todo el Reino Unido durante las próximas décadas debido al cambio climático».

34. «Up to 4 Million Children in Pakistan Still Living Next to Stagnant and Contaminated Floodwater», Unicef, 9 de enero de 2023; «Devastating Floods in Pakistan», Unicef, 2023; Leo Sands, «Pakistan Floods: One Third of Country Is Under Water—Minister», BBC News, 29 de agosto de 2022; «"It Was Just the Perfect Storm for Malaria"—Pakistan Responds to Surge in Cases Following the 2022 Floods», World Health Organization, 18 de abril de 2023.

35. John Schwartz, «A Million Years of Data Confirms: Monsoons Are Likely to Get Worse», *The New York Times*, 4 de junio de 2021; Benji Jones, «How Melting Glaciers Fueled Pakistan's Fatal Floods», *Vox*, 30 de agosto de 2022.

36. Damian Carrington, «Climate Crisis: 11,000 Scientists Warn of "Untold Suffering"», *The Guardian*, 5 de noviembre de 2019.

37. Henry Fountain, «Climate Change Is Accelerating, Bringing World "Dangerously Close" to Irreversible Change», *The New York Times*, 4 de diciembre 2019; Jason P. Dinh, «Climate Scientists Fear the "Uncharted Territory" Earth Has Entered», *Atmos*, 13 de noviembre

de 2023; Raymond Pierrehumbert, «There Is No Plan B for Dealing with the Climate Crisis», *Bulletin of the Atomic Scientists* 75, núm. 5, 2019, pp. 215-221; Ammar Frangoul, «We're on a "Highway to Climate Hell", UN Chief Guterres Says, Calling for a Global Phase-Out of Coal», CNBC, 7 de noviembre de 2022; Oded Carmeli, «"The Sea Will Get as Hot as a Jacuzzi": What Life in Israel Will Be Like in 2100», *Haaretz*, 17 de agosto de 2019.

38. Cristian Román-Palacios y John J. Wiens, «Recent Responses to Climate Change Reveal the Drivers of Species Extinction and Survival», *PNAS*, 2020; Betsy Mason, «Spiders Might Be Quietly Disappearing», *The Atlantic*, 28 de octubre de 2023; Chi Xu *et al.*, «Future of the Human Climate Niche», *PNAS*, 2019.

39. Timothy M. Lenton, «Climate Tipping Points—Too Risky to Bet Against», *Nature*, 27 de noviembre de 2019; Oana A. Dumitru, «Constraints on Global Mean Sea Level During Pliocene Warmth», *Nature*, 30 de agosto de 2019; William J. Ripple *et al.*, «The 2023 State of the Climate Report: Entering Uncharted Territory», *BioScience*, 24 de octubre de 2023; Jeremy Lent, «What Will It Really Take to Avoid Collapse?», *Patterns of Meaning*, 19 de diciembre de 2017.

40. Hannah Ritchie y Max Roser, «Pakistan: CO_2 Country Profile», Our World in Data; Jason Hickel, «Degrowth», en Greta Thunberg, *The Climate Book*, Nueva York, Penguin Books, 2022, p. 310 [hay trad. cast.: *El libro del clima*, trad. de Joandomènec Ros i Aragonès, Reyes Quesada Majel y Francesc Pedrosa Martín, Barcelona, Lumen, 2022].

41. «Richest 1% Emit as Much Planet-Heating Pollution as Two-Thirds of Humanity», Oxfam, 19 de noviembre de 2023; «Global Carbon Inequality», World Inequality Report, 2022; Solomon Hsiang, «Warming and Inequality», en *The Climate Book*, cit.

42. Laurie Parsons, *Carbon Colonialism: How Rich Countries Export Climate Breakdown*, Mánchester, Manchester University Press, 2023). Véase también Jag Bhalla, «We Can't Have Climate Justice Without Ending Computational Colonialism», *Current Affairs*, 4 de febrero de 2023.

43. Véase <https://fossilfueltreaty.org/>.

44. Robert Pollin, «How to Pay for a Zero Emissions Economy», *American Prospect*, 5 de diciembre de 2019. Véase también Noam Chomsky y Robert Pollin, *Climate Crisis and the Global Green New Deal*, Londres y Nueva York, Verso, 2020 [hay trad. cast.: *Cambiar o morir. Capitalismo, crisis climática y el Green New Deal*, trad. de Teresita de Vedia e Ignacio Barbetio, Capital Intelectual, 2020].

45. Lisa Friedman, «Trump Rule Would Exclude Climate Change

in Infrastructure Planning», *The New York Times*, 3 de enero de 2020; Juliet Eilperin *et al.*, «Trump Administration Sees a 7-Degree Rise in Global Temperatures by 2100», *The Washington Post*, 28 de septiembre de 2019.

46. Maxime Joselow, «Bills in Red States Punish Climate-Conscious Businesses», *The Washington Post*, 1 de junio de 2022; Saul Elbein, «Documents Reveal How Fossil Fuel Industry Created, Pushed Anti-ESG Campaign», *Hill*, 18 de mayo de 2023.

47. Branko Marcetic, «The Democrats Are Climate Deniers», *Jacobin*, 28 de enero de 2019; «Remarks by the President on American-Made Energy», 22 de marzo de 2012, Oficina del Secretario de Prensa, Casa Blanca; «Barack Obama's Remarks in St. Paul», *The New York Times*, 3 de junio de 2008; George Monbiot, «If You Want to Know Who's to Blame for Copenhagen, Look to the U.S. Senate», *The Guardian*, 21 de diciembre de 2009; Mark Hertsgaard, «The Ugly Truth About Obama's "Copenhagen Accord"», *Vanity Fair*, 21 de diciembre de 2009; Robert Rapier, «The Irony of President Obama's Oil Legacy», *Forbes*, 15 de enero de 2016; Nathan J. Robinson, «We Now Know the Full Extent of Obama's Disastrous Apathy Toward the Climate Crisis», *Current Affairs*, 5 de junio de 2023.

48. Chris Cillizza, «Nancy Pelosi Just Threw Some Serious Shade at Alexandria Ocasio-Cortez's "Green New Deal"», CNN, 8 de febrero de 2019; Lois Beckett, «"You Didn't Vote for Me": Senator Dianne Feinstein Responds to Young Green Activists», *The Guardian*, 23 de febrero de 2019.

49. Nathan J. Robinson, «Exxon Admits Capitalism Created the Climate Crisis», *Current Affairs*, 5 de julio de 2021. Véase también Kate Aronoff, *Overheated: How Capitalism Broke the Planet—and How We Fight Back*, Nueva York, Bold Type Books, 2021.

50. Sammy Westfall, «Why Has It Been So Hard to Get Fossil Fuels Mentioned in UN Climate Deals?», *The Washington Post*, 10 de noviembre de 2021; Ruth Michaelson, «"Explosion" in Number of Fossil Fuel Lobbyists at Cop27 Climate Summit», *The Guardian*, 10 de noviembre de 2022; Hiroko Tabuchi, «Files Suggest Climate Summit's Leader Is Using Event to Promote Fossil Fuels», *The New York Times*, 28 de noviembre de 2023; Julia Conley, «Outrage After Kerry Backs UAE Oil Exec as President of UN Climate Summit», Common Dreams, 16 de enero de 2023; Peter Kalmus, «The Climate Summit Is a Sick Joke. You Should Be Angry and Afraid», *Newsweek*, 1 de diciembre de 2023.

51. Kelsey Vlamis, «Despite Biden Climate Change Pledges and

Conservative Complaints About a War on Energy, the U.S. Is on Pace for Record Oil and Gas Production in 2023», *Business Insider*, 29 de noviembre de 2023.

52. Kejal Vyas, «Global Conflicts Stir Sleeping Energy Giant in South America», *The Wall Street Journal*, 21 de diciembre de 2023; Vlamis, «Despite Biden Climate Change Pledges and Conservative Complaints About a War on Energy», *art. cit.*

53. Clifford Krauss, «Surging U.S. Oil Production Brings Down Prices and Raises Climate Fears», *The New York Times*, 1 de diciembre de 2023; Rachel Frazin y Zack Budryk, «Biden's First-Ever UN Climate Summit Snub Carries Symbolic Weight», *Hill*, 28 de noviembre de 2023; Timothy Puko y Katy Stech Ferek, «Climate Bill Is Boon for Fossil-Fuel Sector», *The Wall Street Journal*, 28 de julio de 2022; James Bikales, «Biden's Latest China Crackdown Puts His EV Ambitions at Risk», *Politico*, 1 de diciembre de 2023. Véase Nathan J. Robinson, «Can a "Boon for the Fossil Fuel Sector" Really Be Called a Climate Bill?», *Current Affairs*, 29 de julio de 2022; Oliver Milman y Nina Lakhani, «Biden Backtracks on Climate Plans and "Walks Tightrop" to Court Both Young Voters and Moderates», *The Guardian*, 8 de marzo de 2024.

54. Jim Takersley y Lisa Friedman, «Biden's Absence at Climate Summit High lights His Fossil Fuel Conundrum», *The New York Times*, 27 de noviembre de 2023; Seth Borenstein, «U.S. Oil Production Hits All-Time High, Conflicting with Efforts to Cut Heat-Trapping Pollution», Associated Press, 20 de octubre de 2023; Nathan J. Robinson, «A Climate Scientist on Why the Global Climate Summit Is a Disaster and a "Sick Joke"», *Current Affairs*, 8 de diciembre de 2023.

55. Véase Nathan J. Robinson, «Turning Down the Money», *Current Affairs*, 16 de mayo de 2019; Robert Sanders, «In Media Coverage of Climate Change, Where Are the Facts?», *Berkeley News*, 19 de septiembre de 2019.

56. Véase Nathan J. Robinson, «The Media's Climate Coverage Is Indefensible», *Current Affairs*, 5 de enero de 2019; Simon Romero y Giulia Heyward, «Colorado Wildfire Inquiry Focuses on Christian Sect», *The New York Times*, 3 de enero de 2022; Sam Brasch, «Why a Fire Scientist Sees Climate Fingerprints on the Suburban Boulder County Fires», *CPR News*, 3 de enero de 2022.

57. Fiona Harvey, «Scientists Deliver "Final Warning" on Climate Crisis: Act Now or It's Too Late», *The Guardian*, 20 de marzo de 2023; Sarah Kaplan, «World Is on Brink of Catastrophic Warming, UN Climate Change Report Says», *The Washington Post*, 20 de marzo de 2023.

9. Las raíces interiores de la política exterior

1. Hans Morgenthau, «Defining the National Interest—Again: Old Superstitions, New Realities», *The New Republic*, 22 de enero de 1977.

2. «Americans Continue to Say the U.S. Should Stay Impartial in Israeli-Palestinian Conflict», Chicago Council on Global Affairs, 28 de febrero de 2024; Brendan Rascius, «Should U.S. Keep Arming Israel? Poll Finds Most Americans Want Weapon Shipments to Stop», *Miami Herald*, 12 de marzo de 2024.

3. David Shribman, «Poll Finds a Lack of Public Support for Latin Policy», *The New York Times*, 29 de abril de 1984; Anthony Leiserowitz, «International Public Opinion, Perception, and Understanding of Global Climate Change», Yale Program on Climate Change Communication, 17 de julio de 2009; «Growing Public Support for U.S. Ties with Cuba—and an End to the Trade Embargo», Pew Research Center, 21 de julio de 2015; Nomaan Merchant y Hannah Fingerhut, «Democrats and Republicans Are Skeptical of U.S. Spying Practices, an AP-NORC Poll Finds», Associated Press, 8 de junio de 2023; «Voters Want the U.S. to Call for a Permanent Ceasefire in Gaza and to Prioritize Diplomacy», DataforProgress.org, 5 de diciembre de 2023.

4. «Jeffrey Sachs W/John Mearsheimer—a Missed Opportunity for Peace», YouTube, 16 de noviembre de 2023.

5. «Jeffrey Sachs W/John Mearsheimer—a Missed Opportunity for Peace», cit.

6. Citado en Christian Appy, *American Reckoning*, Nueva York, Penguin Books, 2015.

7. Benjamin I. Page y Marshall M. Bouton, *The Foreign Policy Disconnect: What Americans Want from Our Leaders but Don't Get*, Chicago, University of Chicago Press, 2006.

8. Carroll Doherty y Jocelyn Kiley, «A Look Back at How Fear and False Beliefs Bolstered U.S. Public Support for War in Iraq», Pew Research Center, 14 de marzo de 2023.

9. Alex Koppelman, «You Don't Care What the American People Think?», *Salon*, 19 de marzo de 2008.

10. «The CIA's Secret Quest for Mind Control: Torture, LSD and a "Poisoner in Chief"», *Fresh Air*, NPR, 9 de septiembre de 2019; «The U.S. Has a History of Testing Biological Weapons on the Public—Were Infected Ticks Used Too?», TheConversation.com, 22 de julio de 2019; George Lardner, «Army Report Details Germ War Exercise in N.Y.

Subway in '66», *The Washington Post*, 21 de abril de 1980; «How the U.S. Government Exposed Thousands of Americans to Lethal Bacteria to Test Biological Warfare», *Democracy Now!*, 13 de julio de 2005; John Hendren, «Cold War Bioweapon Tests Included California», *Los Angeles Times*, 10 de octubre de 2002; Andrew Prokop, «Read the Letter the FBI Sent MLK to Try to Convince Him to Kill Himself», *Vox*, 15 de enero de 2018. Véase también Tim Weiner, *Enemies: A History of the* FBI, Nueva York, Random House, 2013.

11. Bernard Gwertzman, «Kissinger on Central America: A Call for U.S. Firmness», *The New York Times*, 19 de julio de 1983.

12. Lawrence R. Jacobs y Benjamin I. Page, «Who Influences U.S. Foreign Policy?», *American Political Science Review* 99, núm. 1, 2005, pp. 107-123.

13. Thomas Ferguson, *Golden Rule: The Investment Theory of Party Competition and the Logic of Money-Driven Political Systems*, Chicago, University of Chicago Press, 1995. Véase también Martin Gilens, *Affluence and Influence: Economic Inequality and Political Power in America*, Princeton, Princeton University Press, 2014; Benjamin Page y Martin Gilens, *Democracy in America? What Has Gone Wrong and What We Can Do About It*, Chicago, University of Chicago Press, 2017; Larry Bartels, *Unequal Democracy: The Political Economy of the New Gilded Age*, Princeton, Princeton University Press, 2018.

14. Robert Weissman, «Americans Widely Reject Proposals for More Pentagon Spending—so Should Congress», DataforProgress.org, 7 de junio de 2022.

15. Richard J. Barnet, *The Economy of Death*, Nueva York, Atheneum, 1969, p. 9.

16. Edward K. Hall, «Remarks on Public Relations of Utility Companies», Telephone Society of New England, reimpreso en *Public Service*, marzo de 1910.

17. Thomas E. Mann y Norman Jay Ornstein, «Finding the Common Good in an Era of Dysfunctional Governance», *Daedalus*, primavera de 2013.

18. Sobre la ilusión del «mercado libre» véase Noam Chomsky, *Profit over People: Neoliberalism and the Global Order*, Nueva York, Seven Stories Press, 1999 [hay trad. cast.: *El beneficio es lo que cuenta. Neoliberalismo y orden global*, trad. de Antonio Desmonts, Barcelona, Crítica, 2000].

19. Véase Noam Chomsky, «Reinhold Niebuhr», *Grand Street* 6, núm. 2, invierno de 1987.

20. Edward Bernays, *Propaganda*, Nueva York, Horace Liveright, 1928.

21. Walter Lippmann, *The Phantom Public*, Nueva York, Harcourt, Brace and Company, 1925 [hay trad. cast.: *El público fantasma*, trad. de César García Muñoz, Editorial Universidad de Cantabria, 2024].

22. Sobre esta comisión puede verse Holly Sklar (ed.), *Trilateralism*, Boston, South End Press, 1980.

23. Kevin D. Williamson, «Election 2024: You Asked for It, America», *The Wall Street Journal*, 15 de diciembre de 2023.

24. Vandenburg citado en Walter LaFeber *et al.*, *The American Century*, Nueva York, Taylor & Francis, 2015, p. 227; resumen de la conversación entre el vicepresidente y Fidel Castro, 19 de abril de 1959.

25. En *War Stars: The Superweapon and the American Imagination* H. Bruce Franklin explica que hay un tópico fundamental en la literatura popular: la situación en la que estamos a punto de ser destruidos por algún enemigo terrible y formidable, y en el último minuto nos salva un superhéroe o una superarma.

26. Larry Bartels, «"Ethnic Antagonism Erodes Republicans" Commitment to Democracy», *PNAS*, 31 de agosto de 2020; Daniel A. Cox, «After the Ballots Are Counted: Conspiracies, Political Violence, and American Exceptionalism», American Enterprise Institute, 11 de febrero de 2021.

27. Dwight D. Eisenhower, «The Chance for Peace», discurso ante la American Society of Newspaper Editors, 16 de abril de 1953.

28. William Hartung, «Biden's New Whopping $886B Defense Budget Request», Quincy Institute for Responsible Statecraft, 10 de marzo de 2023.

10. El derecho internacional y el «orden basado en reglas»

1. «Panama Sets National Holiday for Victims of 1989 U.S. Invasion», Associated Press, 31 de marzo de 2022; Jeff Cohen y Mark Cook, «How Television Sold the Panama Invasion», FAIR, 1 de enero de 1990; Belén Fernández, «The Truth Behind U.S.' Operation Just Cause in Panama», Al Jazeera English, 31 de enero de 2016; un análisis detallado del contexto de la invasión puede verse en Noam Chomsky, *Deterring Democracy*, Nueva York, Hill and Wang, 1992 [hay trad. cast.: *El miedo a la democracia*, trad. de Mireia Carol, Barcelona, Crítica, 1991].

2. Thomas Powers, «Panama: Our Dangerous Liaison», *The New York Times*, 18 de febrero de 1990.

3. Don Shannon, «UN Assembly Condemns U.S. Invasion», *Los Angeles Times*, 30 de diciembre de 1989; Carl T. Bogus, «The Invasion of Panama and the Rule of Law», *International Lawyer* 26, núm. 3, 1992, pp. 781-787; George H. W. Bush, «Address to Nation on Panama Invasion», 20 de diciembre de 1989.

4. Howard Friel y Richard Falk, *The Record of the Paper: How the 'New York Times' Misreports U.S. Foreign Policy*, Londres y Nueva York, Verso, 2004, ebook.

5. Informes del Tribunal Internacional de Justicia, 1949, 35.

6. «Adopting Annual Resolution, Delegates in General Assembly Urge Immediate Repeal of Embargo on Cuba, Especially amid Mounting Global Food, Fuel Crises», Naciones Unidas, 3 de noviembre de 2022.

7. Stuart Taylor Jr., «Nicaragua Takes Case Against U.S. to World Court», *The New York Times*, 10 de abril de 1984.

8. «Countries Opposed to Signing a U.S. Bilateral Immunity Agreement (BIA): U.S. Aid Lost in FY04 & FY05 and Threatened in FY06», Coalition for the International Criminal Court, noviembre de 2006; David A. Koplow, «Indisputable Violations: What Happens When the United States Unambiguously Breaches a Treaty?», *The Fletcher Forum of World Affairs* 37, núm. 1, invierno de 2013; Steven Mufson y Alan Sipress, "UN Funds in Crossfire over Court," *The Washington Post*, 15 de agosto de 2001; «U.S.: "Hague Invasion Act" Becomes Law», Human Rights Watch, 2002.

9. Christopher J. Dodd y John B. Bellinger III, «How the U.S. Can Support a War Crimes Investigation into Russia», *The Washington Post*, 5 de abril de 2022.

10. Noam Chomsky, Amy Goodman y Jeremy Scahill, «The Truth About America's Secret, Dirty Wars», mesa redonda, Harvard University, 27 de abril de 2013.

11. «Cluster Munitions: Background and Issues for Congress», Congressional Research Service, 20 de marzo de 2024. Véase «U.S.: Commit to Joining Cluster Munitions Ban», Human Rights Watch, 15 de septiembre de 2021, en el que HRW señala que «Estados Unidos cuenta con un terrorífico historial en el uso de municiones de racimo en todo el mundo»; Tom Fawthorp, «The Curse of Cluster Bombs», Institute for Policy Studies, 30 de septiembre de 2011; «U.S. Amends UN Ambassador's Condemnation of Russia's Use of Cluster Bombs», *Democracy Now!*, 10 de marzo de 2022.

12. «U.S. Against 180+: Washington the Solo Dissenter to Biological

Weapons Verification Regime in Intl Community», *Global Times*, 8 de abril de 2022; «International Criminal Court: U.S. Efforts to Obtain Impunity for Genocide, Crimes Against Humanity and War Crimes», Amnistía Internacional, 1 de septiembre de 2002; Samantha Power, «The United States and Genocide Prevention: No Justice Without Risk», *The Brown Journal of World Affairs* 6, núm. 1, 1999, pp. 19-31.

13. Sam Pope Brewer, «U. S., in First Veto in U.N., Backs Britain on Rhodesia», *The New York Times*, 18 de marzo de 1970; Edith M. Lederer, «U.S. Vetoes UN Resolution Condemning All Violence Against Civilians in Israel-Hamas War», AP News, 18 de octubre de 2023.

14. David Kaye, «Stealth Multilateralism», *Foreign Affairs*, septiembre-octubre de 2013.

15. A pesar de estas garantías, el sistema judicial de Estados Unidos sigue teniendo una inclinación favorable al fiscal. El hecho de que no hayan podido ser juzgados en los tribunales nacionales es una muestra de la enorme debilidad de los casos estadounidenses contra los prisioneros de Guantánamo. Véase Stephen Bright y James Kwak, *The Fear of Too Much Justice: Race, Poverty, and the Persistence of Inequality in the Criminal Courts*, Nueva York, New Press, 2023.

16. Marian Wang, «What Exactly Is the War Powers Act and Is Obama Really Violating It?», *ProPublica*, 17 de junio de 2011.

17. Jo Becker y Scott Shane, «Secret "Kill List" Proves a Test of Obama's Principles and Will», *The New York Times*, 29 de mayo de 2012.

18. «The United States Must Stop Providing Weapons Used to Repress Colombia's Protests», Amnistía Internacional, 20 de mayo de 2021; «Colombia Panel's Report Is a Step Toward Mending a Civil War's Scars», *The New York Times*, 28 de junio de 2022; Stephen Zunes, «The United States and the Kurds: A Brief History», Common Dreams, 25 de octubre de 2007; Michelle Ciarrocca, «U.S. Arms for Turkish Abuses», *Mother Jones*, 17 de noviembre de 1999.

19. «Meeks Leads Letter Urging Administration Not to Certify Certain Foreign Military Financing for Egypt», House Foreign Affairs Committee, 10 de agosto de 2023; Michael Crowley y Vivian Yee, «Choosing Security over Rights, U.S. Approves $235 Million in Egypt Aid», *The New York Times*, 14 de septiembre de 2023. Increíblemente, el *Times* nos recuerda que «los 980 millones de dólares restantes de la ayuda militar anual de Estados Unidos [a Egipto] no están sujetos al condicionamiento de los derechos humanos». Esto significa que al Gobierno de Biden ni siquiera se le pidió que retuviera toda la ayuda, solo la parte que está legalmente sujeta a ese condicionamiento.

20. «NSA Surveillance Exposed by Snowden Was Illegal, Court Rules Seven Years On», *The Guardian*, 3 de septiembre de 2020. El caso de Julian Assange, cuya organización, WikiLeaks, sacó a la luz múltiples crímenes de guerra estadounidenses, ha sido igualmente atroz. Véase Noam Chomsky y Alice Walker, «Julian Assange Is Not on Trial for His Personality—but Here's How the U.S. Government Made You Focus on It», *The Independent*, 9 de septiembre de 2020; Chomsky, Goodman y Scahill, «The Truth About America's Secret, Dirty Wars», cit.

21. Nina Tannenwald, *The Nuclear Taboo: The United States and the Non-Use of Nuclear Weapons Since 1945*, Nueva York, Cambridge University Press, 2007, p. 80.

22. Blaine Harden, «The U.S. War Crime North Korea Won't Forget», *The Washington Post*, 24 de marzo de 2015; Max Fisher, «Americans Have Forgotten What We Did to North Korea», *Vox*, 3 de agosto de 2015; «Strategic Air Warfare: An Interview with Generals Curtis E. LeMay, Leon W. Johnson, David A. Burchinal, and Jack J. Catton», Richard H. Kohn y Joseph P. Harahan (eds.), Washington, D. C., Office of Air Force History, 1988.

23. David Coleman (ed.), National Security Archive Electronic Briefing Book No. 513, Archivo de Seguridad Nacional, 28 de abril de 2015.

24. Ishaan Tharoor, «The Bengali Blood on Henry Kissinger's Hands», *The Washington Post*, 1 de diciembre de 2023. Véase también Gary J. Bass, *The Blood Telegram: Nixon, Kissinger, and a Forgotten Genocide*, Nueva York, A. A. Knopf, 2013.

25. Dana Milbank, «1975 East Timor Invasion Got U.S. Go-Ahead», *The Washington Post*, 6 de diciembre de 2001; David F. Schmitz, *The United States and Right-Wing Dictatorships 1965-1989*, Nueva York, Cambridge University Press, 2006, pp. 129-130; Gerald R. Ford, «Letter to the Chairman and Members of the Senate Select Committee to Study Governmental Operations with Respect to Intelligence Activities», 4 de noviembre de 1975.

26. Recuérdese que Estados Unidos vetó por 11 a 1 una resolución del Consejo de Seguridad que condenaba la invasión de Granada. Richard Bernstein, «U.S. Vetoes UN Resolution "Deploring" Grenada Invasion», *The New York Times*, 29 de octubre de 1983. Puede obtenerse más información sobre el bombardeo de Libia por parte de Reagan en 1986 en Noam Chomsky *et al.*, «The First Prime Time Bombing in History», *MERIP Middle East Report* 140, núm. 986, pp. 12-14. También hay informes que señalan al director de la CIA de Reagan, William Casey,

como organizador de un atentado con coche bomba en Beirut que mató a ochenta personas. «Interview: Bob Woodward», PBS *Frontline*, septiembre de 2001; Robert Windrem, «U.S. Government Considered Nelson Mandela a Terrorist Until 2008», NBC News, 7 de diciembre de 2013.

27. John Lancaster y Barton Gellman, «U.S. Calls Baghdad Raid a Qualified Success», *The Washington Post*, 28 de junio de 1993; Dino Kritsiotis, «The Legality of the 1993 U.S. Missile Strike on Iraq and the Right of Self-Defence in International Law», *International and Comparative Law Quarterly* 45, núm. 1, 1996, pp. 162-177; Marc Lacey, «Sudan Says, "Say Sorry", but U.S. Won't», *The New York Times*, 20 de octubre de 2005.

28. «Bringing George W. Bush to Justice: International Obligations of States to Which Former U.S. President George W. Bush May Travel», Amnistía Internacional, 2011. Cabe señalar que el informe de Amnistía Internacional, que documenta una serie de graves crímenes internacionales cometidos por un presidente estadounidense, fue totalmente ignorado por los medios de comunicación norteamericanos.

29. «Getting Away with Torture: The Bush Administration and Mistreatment of Detainees», Human Rights Watch, 12 de julio de 2011; David Hicks, *Guantanamo: My Journey*, Nueva York, Random House, 2010, ebook.

30. Christopher Hitchens, «Believe Me, It's Torture», *Vanity Fair*, 2 de julio de 2008. Véase Carol Rosenberg, «What the C.I.A.'s Torture Program Looked Like to the Tortured», *The New York Times*, 4 de diciembre de 2019.

31. Los defensores de Obama echan la culpa al Congreso, pero la Casa Blanca no hizo ningún esfuerzo para conseguir el cierre de la prisión. La actitud en la Casa Blanca, según contó uno de sus trabajadores a *The New Yorker*, era más bien «¿Por qué vamos a desperdiciar nuestro capital político con los presos? Nadie te va a dar crédito alguno por cerrar Guantánamo». Connie Bruck, «Why Obama Has Failed to Close Guantánamo», *The New Yorker*, 25 de julio de 2016.

32. Josh Gerstein, «Obama: We Tortured Some Folks», *Politico*, 2 de agosto de 2014; David Johnston y Charlie Savage, «Obama Reluctant to Look into Bush Programs», *The New York Times*, 11 de enero de 2009; Murtaza Hussain, «Report to UN Calls Bullshit on Obama's Look Forward, Not Backwards Approach to Torture», *The Intercept*, 30 de octubre de 2014.

33. «Malala to Obama: Drone Strikes "Fueling Terrorism"», CNN, 12 de octubre de 2013; «Living Under Drones: Death, Injury, and Trauma to Civilians», Stanford International Human Rights and Conflict

Resolution Clinic/NYU Global Justice Clinic, septiembre de 2012; «Yemeni Man Brings the Horror of Drone Strikes Home to U.S. Senate», *The Independent*, 24 de abril de 2013. Hay que señalar que la administración Obama presionó al Gobierno yemení para que mantuviera en prisión a un periodista que había informado sobre los efectos de los ataques con drones. «Prominent Yemeni Journalist Lands in Jail; U.S. Wants Him to Stay There», *World*, 6 de abril de 2012.

34. Karen McVeigh, «Drone Strikes: Tears in Congress as Pakistani Family Tells of Mother's Death», *The Guardian*, 29 de octubre de 2013; Matthew Byrne, «Drone Skies», *Current Affairs*, 22 de junio de 2022.

35. Tim Dickinson, «Trump Claims—and Celebrates—Extrajudicial Killing of Antifa Activist», *Rolling Stone*, 15 de octubre de 2020; Stephanie Nebehay, «UN Expert Deems U.S. Drone Strike on Iran's Soleimani an "Unlawful" Killing», Reuters, 6 de julio de 2020.

36. Mark Weisbrot y Jeffrey Sachs, «Economic Sanctions as Collective Punishment: The Case of Venezuela», Center for Economic and Policy Research, abril de 2019.

37. Mike Pompeo, *Never Give an Inch: Fighting for the America I Love*, Nueva York, Broadside Books, 2023, ebook.

38. Adil Ahmad Haque, «Biden's First Strike and the International Law of Self- Defense», JustSecurity.org, 26 de febrero de 2021; William Partlett, «Does It Matter That Strikes Against Syria Violate International Law?», *Pursuit*, 16 de abril de 2018; Julia Conley, «Biden's Expansion of Title 42 Violates International Law: UN», Common Dreams, 6 de enero de 2023.

39. Stephen M. Walt, «Some Rules of Global Politics Matter More Than Others», *Foreign Policy*, 27 de marzo de 2023; Dominic Tierney, «What "All Options Are on the Table" with Iran Actually Means», *The Atlantic*, 10 de agosto de 2012.

40. Michael Byers, *War Law: Understanding International Law and Armed Conflict*, Nueva York, Grove, 2007.

41. Sobre la injusticia estructural del Consejo de Seguridad véase Julian Borger *et al.*, «Vetoed! What's Wrong with the UN Security Council—and How It Could Do Better», *The Guardian*, 23 de septiembre de 2015.

11. Cómo se fabrican las mitologías

1. George Orwell, «The Freedom of the Press», *Times Literary Supplement*, 15 de septiembre de 1972; The Orwell Foundation.

2. Jo Ann Boydston (ed.), *John Dewey: The Later Works*, vol. II, de *Common Sense*, noviembre de 1935.

3. Matthew Yglesias, *One Billion Americans: The Case for Thinking Bigger*, Nueva York, Portfolio/Penguin, 2020. Puesto que en Estados Unidos no hay controversia sobre la premisa, Yglesias la da por cierta y llega a la singular conclusión de que deberíamos aspirar a poblar el mundo con «mil millones de estadounidenses» para no convertirnos en el «perrito» de China.

4. Anthony DiMaggio, *Mass Media, Mass Propaganda: Understanding the News in the "War on Terror"*, Lanham, Rowman & Littlefield, 2008; Bob Herbert, «Dangerous Incompetence», *The New York Times*, 30 de junio de 2005; «A Failed Presidency», *Los Angeles Times*, 1 de noviembre de 2004; *Crossfire*, CNN, 19 de octubre de 2004.

5. «To Save the Future», *The New York Times*, 5 de abril de 1975.

6. Julian E. Zelizer, «Why U.S. Presidents Really Go to War», *Foreign Policy*, 10 de septiembre de 2023.

7. «Is There a Chance in Nicaragua?», *The Washington Post*, 14 de marzo de 1986.

8. Hena Ashraf, «Narrow Afghan Debate on Cable's "Liberal" Channel», FAIR, 1 de mayo de 2011; *The Rachel Maddow Show*, MSNBC, 15 de julio de 2010, transcripción.

9. Nicholas D. Kristof, «Saving the Iraqi Children», *The New York Times*, 27 de noviembre de 2004.

10. «U.S. Media's 5 Most Popular Revisionist Tropes About the Iraq and Vietnam Wars», *Citations Needed*, 10 de mayo de 2023.

11. Haley Britzky y Natasha Bertrand, «U.S. Kills 5 Iran-Backed Militia Members in Drone Strike in Iraq», CNN, 4 de diciembre de 2023. Sobre Haití, específicamente, véase la introducción de Noam Chomsky a Paul Farmer, *The Uses of Haiti*, Monroe, Common Courage Press, 1994; Noam Chomsky y Paul Farmer, «The Uses of Haiti», MIT Technology and Culture Forum, 2004; Cécile Accilien, «U.S. Media Have Distorted Narratives on Haiti Since 1804. It's Still Happening», Truthout. org, 29 de septiembre de 2021.

12. El terrorismo se ha definido también como «el empleo o la amenaza de una acción destinada a influir en el Gobierno o en una organización gubernamental internacional o para intimidar a la población, o a una parte de esta, realizada con el propósito de promover una causa política, religiosa, racial o ideológica, y conlleva u ocasiona violencia grave contra una persona, graves daños a la propiedad, una amenaza para la vida de una persona, un riesgo grave para la salud y seguri-

dad pública, o una grave interferencia o interrupción de un sistema electrónico», Ley contra el Terrorismo del Reino Unido, 2000.

13. Y al final la oferta mantuvo las condiciones previas, lo que llevó a un asistente de Kissinger a concluir: «Bombardeamos a los norvietnamitas para que aceptaran nuestras concesiones».

14. «Hospital Deaths», *The New York Times*, 24 de diciembre de 1972; Brad Lendon, «"Like Walking on Missiles": U.S. Airman Recalls the Horror of the Vietnam "Christmas Bombings" 50 Years On», CNN, 17 de diciembre de 2022.

15. «State Sponsors of Terrorism», Departamento de Estado de Estados Unidos; Ryan Grim, «State Department Stuns Congress, Saying Biden Is Not Even Reviewing Trump's Terror Designation of Cuba», *The Intercept*, 6 de julio de 2020; Mariakarla Nodarse Venancio y Alex Bare, «The Human Cost of Cuba's Inclusion on the State Sponsor of Terrorism List», Washington Office on Latin America, 28 de marzo de 2023.

16. «Russia's Terror Bombing Will Fail if NATO Helps Ukraine Withstand It», *The Washington Post*, 10 de octubre de 2022.

17. Avishay Artsy, «Israeli Settler Violence Against Palestinians in the West Bank, Briefly Explained», *Vox*, 2 de diciembre de 2023; Michael Kinsley, «Down the Memory Hole with the Contras», *The Wall Street Journal*, 26 de marzo de 1987.

18. John F. Burns, «Ringleader of '85 Achille Lauro Hijacking Says Killing Wasn't His Fault», *The New York Times*, 8 de noviembre de 2002. El asesino de Klinghoffer declaró que había elegido deliberadamente «a un inválido» para que supieran que no tenían «piedad de nadie, igual que los estadounidenses, que arman a Israel sin tener en cuenta que [ese país] mata a mujeres y niños» del pueblo palestino. Al parecer, al asesino no le conmovió el argumento de que Israel atropella con sus tanques a personas inválidas de manera negligente, pero no deliberada. Justin Huggler y Phil Reeves, «Why Israel Dreads a Full Investigation», *Arab News*, 28 de abril de 2002.

19. En Tore Bjorgo (ed.), *Root Causes of Terrorism: Myths, Realities, and Ways Forward*, Nueva York, Routledge, 2005, pp. 208-209.

20. Marro citado en DiMaggio, *Mass Media, Mass Propaganda*, cit., p. 183; Harper Lambert, «CBS Reporter Calls Ukraine "Relatively Civilized" as Opposed to Iraq and Afghanistan, Outrage Ensues», TheWrap.com, 26 de febrero de 2022.

21. Para un estudio más detallado del caso véase Edward S. Herman y Noam Chomsky, *Manufacturing Consent: The Political Economy of Mass*

Media, Nueva York, Pantheon, 2002 [hay trad. cast.: *Los guardianes de la libertad: propaganda, desinformación y consenso en los medios de comunicación de masas*, trad. de Carme Castells, Barcelona, Crítica, 2003].

22. Steve Rendell y Tara Broughel, «Amplifying Officials, Squelching Dissent», FAIR, 1 de mayo de 2003.

23. Adam Johnson, «On 50th Anniversary of Israeli Occupation, Palestinian Opinions Largely Ignored», FAIR, 7 de junio de 2017; Conor Smyth, «For Cable News, a Palestinian Life Is Not the Same as an Israeli Life», FAIR, 17 de noviembre de 2023; Gregory Shupak, «When They Don't Ignore, U.S. Media Often Disparage Palestinians' Right of Return», FAIR, 20 de marzo de 2019.

24. Gregory Shupak, «To U.S. Papers, Iranian Weapons Far More Newsworthy Than Those Made in USA», FAIR, 27 de enero de 2023.

25. Adam Johnson, «"Renouncing Violence" Is a Demand Made Almost Exclusively of Muslims», FAIR, 29 de marzo de 2019.

26. Joshua Cho, «Chinese "Imperialism" in Hong Kong Concerns U.S. Media; Puerto Rican, Palestinian Colonies, Not So Much», FAIR, 24 de julio de 2020.

27. Bryce Greene, «NPR Devotes Almost Two Hours to Afghanistan over Two Weeks—and 30 Seconds to U.S. Starving Afghans», FAIR, 2 de septiembre de 2022; Julie Hollar, «Biden's Multi-Billion Afghan Theft Gets Scant Mention on TV News», FAIR, 15 de febrero de 2022.

28. Adam Johnson, «Out of 26 Major Editorials on Trump's Syria Strikes, Zero Opposed», FAIR, 18 de abril de 2018; Adam Johnson, «Few to No Anti-Bombing Voices as Trump Prepares to Escalate Syria War», FAIR, 13 de abril de 2018. Después de que fuera ridiculizado, *The New York Times* cambió el titular. Margaret Sullivan, «The Media Loved Trump's Show of Military Might. Are We Really Doing This Again?», *The Washington Post*, 8 de abril de 2017.

29. Ben Norton, «MSNBC Ignores Catastrophic U.S.-Backed War in Yemen, Finds Russia 5000% More Newsworthy», FAIR, 8 de enero de 2018.

30. Matthew Kimball, «To Corporate Media, an Exercise Bike Ad Is More Newsworthy Than 3/ of a Trillion for the Pentagon», FAIR, 19 de diciembre de 2019.

31. Véase, por ejemplo, Damien Dave, «U.S. Pursues Defense Partnership with India to Deter Chinese Aggression», *The New York Times*, 17 de octubre de 2023; Edward Wong y Steven Lee Myers, «Officials Push U.S.-China Relations Toward Point of No Return», *The New York Times*, 25 de julio de 2020.

32. Nathan J. Robinson, «Why This Foreign Policy Expert Thinks Americans Dangerously Misunderstand China», *Current Affairs*, 16 de mayo de 2023.

33. Natalie Khazaal, «Bias Hiding in Plain Sight: Decades of Analyses Suggest U.S. Media Skews Anti-Palestinian», TheConversation.com, 29 de febrero de 2024; Adam Johnson y Othman Ali, «Coverage of Gaza War in *The New York Times* and Other Major Newspapers Heavily Favored Israel, Analysis Shows», *The Intercept*, 9 de enero de 2024; «Off the Charts: Accuracy in Reporting of Israel/Palestine», IfAmericansKnew.org, 2004; Laura Albast y Cat Knarr, «How Media Coverage Whitewashes Israeli State Violence Against Palestinians», *The Washington Post*, 28 de abril de 2022. Abundantes ejemplos se ofrecen en Norman Solomon, *War Made Easy: How Presidents and Pundits Keep Spinning Us to Death*, Nashville, Turner, 2005, y Norman Solomon, *War Made Invisible: How America Hides the Human Toll of Its Military Machine*, Nueva York, New Press, 2023.

34. El concepto orwelliano de doblepensar: «La Libertad es la esclavitud: sostener simultáneamente dos opiniones sabiendo que son contradictorias y creer sin embargo en ambas [...], olvidar lo que fuera necesario olvidar y, no obstante, recurrir a ello, volver a traerlo a la memoria en cuanto se necesitara y luego olvidarlo de nuevo». Hay una frase de George W. Bush que ilustra muy bien este concepto: «Solo quiero que sepan que, cuando hablamos de guerra, en realidad estamos hablando de paz».

35. James Chace, «How "Moral" Can We Get?», *The New York Times*, 22 de mayo de 1977.

36. Alan MacLeod, «Russia Has "Oligarchs", the U.S. Has "Businessmen"», FAIR, 14 de septiembre de 2019; Alan MacLeod, «Dictator: Media Code for "Government We Don't Like"», FAIR, 11 de abril de 2019.

37. Edward Herman, *The Real Terror Network*, Boston, South End Press, 1982, p. 139.

38. «Some Critical Media Voices Face Censorship», FAIR, 3 de abril de 2003; Chris Hedges, *The Greatest Evil Is War*, Nueva York, Seven Stories Press, 2022, ebook. Los dos autores de este libro han vivido personalmente esta forma de censura corporativa. El libro *Counter-Revolutionary Violence*, de Noam Chomsky (escrito en coautoría con Edward Herman), fue cancelado y retirado por la editorial en 1973, después de que un alto ejecutivo lo calificara de «ataque difamatorio contra respetados estadounidenses». Nathan J. Robinson fue despedido como co-

lumnista político de *The Guardian* tras publicar un tuit irónico en el que criticaba la ayuda militar estadounidense a Israel.

39. John Plunkett, «CNN Star Reporter Attacks War Coverage», *The Guardian*, 16 de septiembre de 2003; Eric Alterman, «The Buck Stops Where?», Center for American Progress, 29 de septiembre de 2005.

40. Entrevista con Dan Rather, *Larry King Live*, CNN, 14 de abril de 2003.

41. Michael Massing, «Now They Tell Us», *The New York Review of Books*, 26 de febrero de 2004.

42. En noviembre de 2023, por ejemplo, la MSNBC canceló el programa de Mehdi Hasan, el crítico más explícito de la cadena con el apoyo de Estados Unidos a Israel. Erum Salam, «Dismay as Mehdi Hasan's MSNBC and Peacock News Show Cancelled», *The Guardian*, 30 de noviembre de 2023; Glenn Greenwald, «The Spirit of Judy Miller Is Alive and Well at the NYT, and It Does Great Damage», *The Intercept*, 21 de julio de 2015; Julie Hollar, «Afghanistan Withdrawal: Sundays with the Military Industrial Complex», FAIR, 20 de octubre de 2021.

43. David Hume, «Of the First Principles of Government», en *Essays, Moral, Political, and Literary*, Hume Texts Online [hay trad. cast.: *Ensayos políticos*, trad. de César Armando Gómez, Madrid, Unión Editorial, 2005, p. 41].

44. Harold Pinter, «Art, Truth & Politics», Discurso por el Premio Nobel de Literatura, 2005.

45. Toda una serie de propuestas claras para reformar el periodismo de modo que sea más democrático y sirva mejor al bien social pueden verse en Victor Pickard, *Democracy Without Journalism? Confronting the Misinformation Society*, Nueva York, Oxford University Press, 2019; Victor Pickard, *America's Battle for Media Democracy: The Triumph of Corporate Libertarianism and the Future of Media Reform*, Nueva York, Cambridge University Press, 2015; Robert W. McChesney, «Rejuvenating American Journalism: Some Tentative Policy Proposals», presentación en el Workshop on Journalism, Federal Trade Commission, Washington, D. C., 10 de marzo de 2010.

Conclusión: ¿Hegemonía o supervivencia?

1. «Introducing Our Special Issue on America at War», *Smithsonian Magazine*, enero de 2019; «U.S. Periods of War and Dates of Recent Conflicts», Congressional Research Service, 5 de febrero de 2024;

carta de George Washington a Lafayette, 15 de agosto de 1786; Barack Obama, «State of the Union Address», Washington, D. C., 12 de enero de 2016. La conquista del territorio fue terrorífica. Los colonos ingleses de Norteamérica no tenían ninguna duda sobre lo que estaban haciendo. Una de las principales historias de la diplomacia de Estados Unidos, escrita por Thomas Bailey, cuenta que los colonos se embarcaron confiadamente en su misión «de talar árboles e indios». El general Henry Knox, héroe de la guerra de Independencia y primer secretario de Guerra en las recién liberadas colonias americanas, habló de «la extirpación total de todos los indios en las partes más pobladas de la Unión» por medios «más destructivos para los nativos indios que la conducta que tuvieron los conquistadores en México y Perú», lo que no es un logro menor. George Washington dijo que los indios eran como lobos, salvajes con forma humana, «bestias» que tenían que ser expulsadas al desierto. Washington, considerado entre nosotros el padre de la patria, era conocido por los iroqueses como el Destructor de Ciudades, porque incluso antes de que terminara la guerra de Independencia inició una importante campaña de destrucción entre las naciones iroquesas. En unas órdenes dirigidas a uno de sus generales, Washington escribió: «Los objetivos inmediatos son la destrucción y devastación total de sus asentamientos y la captura de tantos prisioneros de todas las edades y sexos como sea posible. Será esencial arruinar sus cosechas e impedir que sigan plantando». Washington vio una necesidad estratégica en «la ruina total de sus asentamientos» porque «nuestra seguridad futura estará [...] en el terror» experimentado por los indios. De hecho, el jefe seneca Cornplanter le dijo a Washington: «Cuando tu ejército entró en el país de las Seis Naciones, te llamamos Destructor de Ciudades, y hasta el día de hoy, cuando se oye tu nombre, nuestras mujeres miran hacia atrás y palidecen, y nuestros niños se aferran al cuello de sus madres».

2. Bertrand Russell, discurso del Nobel, 11 de diciembre de 1950; sobre la conquista de las Américas véase David E. Stannard, *American Holocaust*, Nueva York, Oxford University Press, 1993.

3. Thomas Carothers, «The Reagan Years», en A. Lowenthal (ed.), *Exporting Democracy*, Baltimore, Johns Hopkins University Press, 1991. Véase también su *In the Name of Democracy*, Berkeley, University of California Press, 1991.

4. Robert Pastor, *Not Condemned to Repetition: The United States and Nicaragua*, Boulder, Westview Press, 2018, ebook.

5. Véase Nathan J. Robinson, «The Great American World War II

Story», *Current Affairs*, enero-febrero de 2022; John W. Dower, *War Without Mercy: Race & Power in the Pacific War*, Nueva York, W. W. Norton, 1986; David Fedman y Cary Karacas, «A Cartographic Fade to Black: Mapping the Destruction of Urban Japan During World War II», *Journal of Historical Geography* 38, 2012, pp. 306-328; Edwin P. Hoyt, *Inferno: The Fire Bombing of Japan, March 9-August 15, 1945*, Montebello, Madison Books, 2000; Telford Taylor, *Nuremberg and Vietnam*, Chicago, Quadrangle Books, 1970; A. C. Grayling, *Among the Dead Cities: The History and Moral Legacy of the WWII Bombing of Civilians in Germany and Japan*, Londres, Walker Books, 2006.

6. Edward Wong, «On U.S. Foreign Policy, the New Boss Acts a Lot Like the Old One», *The New York Times*, 24 de julio de 2022.

7. De hecho, mientras Mengele se dedicaba a torturar y asesinar a gemelos, parecía convencido de que estaba llevando a cabo una investigación científica legítima, pues incluso le dijo a un amigo que habría sido «un pecado, un crimen [...] y también irresponsable no aprovechar las posibilidades que Auschwitz tenía para la investigación con gemelos». Robert Jay Lifton, «Who Made This Man? Mengele», *The New York Times*, 21 de julio de 1985.

8. John C. Calhoun, «On the Reception of Abolition Petitions», 6 de febrero de 1837, en Robert C. Byrd (ed.), *The Senate, 1789-1989: Classic Speeches, 1830-1993*, Oficina de Publicaciones del Gobierno de Estados Unidos, 1988.

9. Samuel P. Huntington, «The Lonely Superpower», *Foreign Affairs* 78, núm. 2, 1999, pp. 35-49; Robert Jervis, «Weapons Without Purpose? Nuclear Strategy in the Post- Cold War Era», *Foreign Affairs* 80, núm. 4, 2001, pp. 143-148.

10. Informe del U.S. Department of Defense Air, Space, and Supporting Information Systems Science and Technology Program, Washington, D. C., National Academies Press, 2001; Dave Lawler, «U.S. Spent More on Military in 2022 Than Next 10 Countries Combined», *Axios*, 24 de abril de 2023. La Asamblea General de las Naciones Unidas «en votación registrada de 175 a favor, ninguno en contra y 2 abstenciones (Israel y Estados Unidos) [...] aprobó el proyecto de resolución "Prevención de una carrera armamentista en el espacio ultraterrestre"»; Sa'id Mosteshar, «Space Law and Weapons in Space», *Planetary Science*, 2019.

11. Véase Norman Ware, *The Industrial Worker, 1840-1860: The Reaction of American Industrial Society to the Advance of the Industrial Revolution*, Chicago, Ivan R. Dee, 1990; David Milton, *The Politics of U.S. Labor: From*

the Great Depression to the New Deal, Nueva York, Monthly Review Press, 1982.

12. Sobre las réplicas desquiciadas que recibió Zinn, véase David Detmer, *Zinnophobia: The Battle over History in Education, Politics, and Scholarship*, Winchester, Zero Books, 2018; Nicole Gaudiano, «Trump Creates 1776 Commission to Promote "Patriotic Education"», *Politico*, 2 de noviembre de 2020; Caleb Ecarma, «From Florida to Oklahoma, PragerU's Propaganda Project Isn't Slowing Down», *Vanity Fair*, 6 de septiembre de 2023. Véase también Nathan J. Robinson, «Why Critical Race Theory Should Be Taught in Schools», *Current Affairs*, 27 de julio de 2021.

13. Tim Adams, «"A Beautiful Outpouring of Rage": Did Britain's Biggest Ever Protest Change the World?», *The Guardian*, 11 de febrero de 2023.

14. Chiara Eisner, «The U.S. Military Trained Him. Then He Helped Murder Berta Cáceres», *The Guardian*, 21 de diciembre de 2021.

15. Véase Noam Chomsky, «The Revolutionary Pacifism of A. J. Muste», en *American Power and the New Mandarins*, Nueva York, Pantheon, 1969.

16. «It Is Still 90 Seconds to Midnight, 2024 Doomsday Clock Statement», *Bulletin of the Atomic Scientists*, 23 de enero de 2024.

17. «Economy Remains the Public's Top Policy Priority; COVID-19 Concerns Decline Again», Pew Research Center, 6 de febrero de 2023.

Índice analítico

Alian, Ghassan, 206
Allende, Salvador, 41-43
Almutawakel, Radhya, 390n70
Alvandi, Roham, 77
Amanpour, Christiane, 343
América Latina
    Cuba, Castro, y, 56-58
    dictaduras en, 59, 382n40
    masacres en, 63-64
    nacionalismo y, 26-27, 59-60
    «teoría del dominó» y, 51
    (*véanse también los países*
      específicos)
Amnistía Internacional, 85,
    186-187, 191, 233, 319
Andreas, Peter, 216
Annan, Kofi, 235
antifascista, resistencia, 44-47
antisemitismo, 117, 185
Appy, Christian, 95, 97, 259
Arabia Saudita, 79, 216, 390n70
Arakhamia, David, 250
Árbenz, Jacobo, 61
Argentina, 64-65, 382n40
armas de destrucción masiva,
    159-161, 414n43, 416n49
armas nucleares
    activismo contra, 263-264
    amenaza de, 253-254
    bombardeos de Hiroshima y
      Nagasaki, 253, 255, 315
    Carta de las Naciones Unidas
      y, 304
    China y, 262-263
    Crisis de los Misiles de Cuba
      y, 22, 258-259
    de la Unión Soviética y
      Estados Unidos, 256-261
    Declaración de Mainau y, 256
    democracia amenazada por,
      265-266

    desafíos apremiantes, 363-364
    guerra de Vietnam y, 449n24
    Guerra Fría y, 256-261
    Irán y, 79-80, 267
    política de «no first use», 268
    supresión de imágenes de sus
      víctimas, 447n4
    Tratado de No Proliferación,
      262, 269
armas químicas, 99, 102, 145-147,
    414n42
Ash, Timothy, 246-247
Assange, Julian, 460n20
atentados del 11 de septiembre,
    115, 161
Atlácatl, batallón, 68
Atlácatl, Roberto, 67
Australia, 224
Autoridad Palestina, 189
«Autoridad Provisional de la
    Coalición», 154-155
Axelrod, Daniel, 257
Ayalon, Ami, 193

B'Tselem, 187, 191, 427n27
Baaz, Partido, 155, 406n7
Bacon, Kenneth, 165
Baheer, Obaidullah, 136
bahía de Cochinos, 53
bahía de Guantánamo, 58-59,
    311, 320, 380n29
Bai, Akbar, 130-131
Bailey, Thomas, 467n1
Baker, James, 239
Bakunin, Mijaíl, 285
Balch, Jennifer, 283
Banfield, Ashleigh, 28
Bannon, Steve, 211
Banzer, Hugo, 63
Barak, Ehud, 183, 185, 190, 193
Barbie, Klaus, 373n5

475

476

Orwell sobre, 327
participación pública en, 301
política exterior y, 299-300
resistencia ciudadana en,
   356-357
Deni, John, 143
Departamento de Estado, 24-27,
   64, 382n40
derecho internacional
   bahía de Guantánamo y, 311,
      320
   bombas de racimo y, 308-309
   Carta de las Naciones Unidas
      y, 304-305, 324-325
   Convención sobre el Derecho
      del Mar y, 309
   Convención sobre las Armas
      Biológicas y, 309
   Corte Penal Internacional y,
      307-308
   democracia y, 355-356
   denuncias y, 313-315
   ignorado por Estados Unidos,
      301-324
   Obama, B., Libia, y, 311-312
   OTAN, violaciones del,
      239-240
   violacionés de los derechos
      humanos y, 313-314
derechos humanos, 19, 33
   Carter sobre, 74, 84-85
   derecho internacional y
      violaciones de, 313-314
   economía política de, 84-87
   Guatemala y violaciones de, 62
   violaciones cometidas por
      China, 215-216
   violaciones cometidas por
      Colombia, 313
   violaciones cometidas por
      Egipto, 85, 313, 459n19

violaciones cometidas por
   Israel, 85
Dewey, John, 293, 327-328
diarios de la guerra de
   Afganistán, 132
dictaduras, 31, 59, 67, 85-86, 164,
   382n40
DiMaggio, Anthony, 329
Dinges, John, 64
Do Quy, 99
«doblepensar», 466n34
doctrina de la mafia, 19-23, 33,
   49, 368n11
Dodd, Chris, 308
Domínguez, Jorge, 22
Donahue, Phil, 342-343
Doolittle, informe, 84
Dostum, Abdul Rashid,
   130-131
Dower, John, 47
Downing Street memorandos,
   413n41
Drezner, Daniel, 244
Dulles, Allen, 49
Dulles, John Foster, 51-52, 60

Eban, Abba, 184
Egipto, 85, 193, 267, 313-314,
   459n19
Ehrhart, W. D., 112-113
Eiland, Giora, 206
Einstein, Albert, 256
Eisenhower, Dwight, 93-94, 263,
   302, 315-316
El americano impasible (Greene),
   89-90
El complot Lumumba (Reid), 50
El Salvador, 52, 67-68, 384n47,
   384n48
el-Baradei, Mohamed, 269
Eldar, Akiva, 194

Mitchell, Greg, 447n4
MK-ULTRA, 290
Mobutu Sese Seko, 50, 377n15
Moghrabi, Ahmed, 208
monarquía, 285
Morgenthau, Hans, 18
Morris, Benny, 181-184, 187, 194,
    422n9, 424n15, 425n20
Mossadegh, Mohammad, 76, 316,
    389n67
Moulton, Seth, 207
movimientos sindicales, 357
Moynihan, Daniel Patrick, 74
Muste, A. J., 362
musulmanes, 118-119, 173,
    420n70
My Lai, masacre de, 105

nacionalismo
    América Latina y, 26-27, 59-60
    árabe, 176-177
    en Irán, 76, 78
    en Vietnam, 93
    oposición de Estados Unidos
        al, 348
Nairn, Allan, 388n62
nakba, 185, 425n20
Nankín, masacre, 15-16
Nasser, Gamal Abdel, 21
nazis, refugiados en Estados
    Unidos, 373n5
Negbi, Moshe, 194
Netanyahu, Benjamín, 80-81,
    192, 201, 205-206, 267,
    429n37
Ngô Đình Diệm, 90, 94-96
Nguyễn Cao Kỳ, 96
Nguyễn Văn Thiệu, 96
*Nicaragua contra los Estados
    Unidos*, 318
Nicaragua, 65-67, 163, 288, 291,

306-307, 317-318, 331, 336,
    349, 384n16
Niebuhr, Reinhold, 296
Nixon, Richard
    Camboya y, 107-109
    Castro y, 57, 299-300
    golpe en Chile y, 41-43
    guerra de Vietnam y, 97, 112,
        449n24
    sobre armas nucleares,
        265-266
    sobre el poder presidencial,
        311
    terrorismo y, 334
    violaciones del derecho
        internacional, 317
«nobleza de intenciones»,
    mitología, 37
Noriega, Manuel, 303-304
Norris, John, 236
Norton, Augustus Richard, 163
Nuclear Freeze, movimiento,
    263-264
Nunn, Sam, 269

O'Brien, Tim, 103
O'Neill, Paul, 162
Obama, Barack, 16
    Afganistán y, 134, 138
    armas nucleares y, 261-262
    ataque a Libia y, 311-312
    ciberataques a Irán, 82-83
    crisis climática y, 277-278
    críticas a la guerra de Ira, 144
    Cuba y, 335
    Israel y, 197-198
    Premio Nobel de la Paz y,
        320-321
    violaciones del derecho
        internacional por, 321-322
Obama, Michelle, 171, 406n6